Gemeinsame Horizonte

Die Zukunft gestalten mit China

Wei Manske-Wang,
Stephan Jüngling, Tobias W. Loitsch

DRACHENHAUS VERLAG

Impressum

Titel: Gemeinsame Horizonte. Die Zukunft gestalten mit China im Fokus
Herausgeber*innen: Wei Manske-Wang, Stephan Jüngling und Tobias W. Loitsch
Lektorat: Wei Manske-Wang, Stephan Jüngling und Tobias W. Loitsch
Redaktion: Nora Frisch
Covergestaltung: Julia Hofmann
Layout und Satz: Datagrafix GSP GmbH, Berlin

Bibliografische Information der Deutschen Nationalbibliothek: Die Deutsche Nationalbibliothek verzeichnet diese Publikation in der Deutschen Nationalbibliografie; detaillierte bibliografische Daten sind im Internet unter http://dnb.dnb.de abrufbar.

Gedruckt in Tschechien auf FSC-Papier.

ISBN: 978-3-943314-85-4

Lieferbares Programm und weitere Informationen:
www.drachenhaus-verlag.com
www.facebook.com/drachenhaus
www.instagram.com/drachenhaus.verlag

INHALTSVERZEICHNIS

1 Die Zukunft mit China gestalten 7

Vorwort Deutschland
Reinhold Kopp 9

Vorwort Österreich
Irene Giner Reichl 12

Vorwort Schweiz
Ruedi Nützi 14

2 Prolog 17

Gemeinsame Horizonte: Zukunft gestalten mit China
Wei Manske-Wang, Stephan Jüngling und Tobias W. Loitsch 19

3 Wirtschaft und Technologie 25

Made in China: Beschaffungswesen und Lieferketten aus Sicht westlicher Firmen
Adriaan t Gilde 27

Deutsch-Chinesische Organisationsentwicklung
Patrick Sourek 41

Der chinesische Markt: Chancen und Risiken in Post-COVID China
Leo Wu 53

Unternehmen in China: Erfolgsmodelle und Lektionen
Manfred Huschka 71

China Kompetenz – Einblicke in ein interkulturelles und praxisbezogenes Verständnis
Stefan Woditsch 77

Chinas Rolle im Welthandel
Peter Bachmann 99

Marketing in China – Erfahrungen, Trends und aktuelle Entwicklungen rund um das Konsumverhalten von 1.4 Mrd. Menschen
Markus Rach 115

Der kulturelle Konsum im Alltag – im Spannungsfeld zwischen den als chinesisch und als westlich gelesenen Konsumprodukten
Ruirui Zhou 131

Innovation oder Kopie
Yingbo Seiler 147

Revolution auf zwei Rädern. Chinas Fahrradkultur im Wandel der Zeit.
Tobias W. Loitsch 161

Smart Cities in China – Case Studies, Chancen und Risiken, Ansätze & Konkrete Beispiele
Emanuela Hanes 173

China und Europa als Motoren der globalen Energie-Wende?
Irene Giner-Reichl 191

Chemie, deutsche KMU und China: im Dreiklang die Zukunft gestalten
Honghong Xu 203

Swiss Re und der dynamische Versicherungsmarkt Chinas: Eine historische Perspektive
Remo Steinmetz 231

Steuerliche Aspekte der Geschäftstätigkeit in China aus Sicht eines D-A-CH Unternehmers
Clemens Endfellner 241

4 Kultur und Gesellschaft 251

Die Sprache als Schlüssel zum Verständnis
Philipp Ortner 253

Betrachtungen zur chinesischen Sprache als Ausdruck und Träger von Kultur – Vermittlung von Kulturwissen im Sprachunterricht
Ilka Waßmann 261

Die Rolle der Kultur in der chinesisch-deutschsprachigen (Geschäfts-) Beziehung
Simon Franz und Karin Sixl-Daniell 277

Beobachtungen einiger kultureller Erscheinungen – interkulturelle Gegensätze, China vs. Western
Yufan Jiang 297

Nur das Beste für die Kinder – Was ist damit gemeint? Worin unterscheiden sich chinesische und deutsche Eltern?
Hua Wang 313

Chinesisch-Deutsche Studierendenmobilität und individuelle Studienfachentscheidungen für Deutsch
Anno Dederichs 335

Ein Leben mit China, 45 Jahre private und universitäre Zusammenarbeit
Wolf-Dieter Rausch 353

No Visa – No Entry
Hans Erich Grunner 365

Ein Erlebnisbericht und persönliche Ansichten
Toni Lang 377

Sichten auf China geordnet nach den Kategorien von Bloom
Stephan Jüngling 389

5 Epilog 401

1

DIE ZUKUNFT MIT CHINA GESTALTEN

VORWORT – DEUTSCHLAND

„Die Ökonomie ist so kultur- wie geschichtslos. Das ist ihre Stärke, vermag sie doch deshalb Gemeinsamkeiten auch dort zu entdecken, wo Historiker, Anthropologen, und nicht zuletzt die Bewohner eines Landes, Einzigartigkeit beanspruchen. Es ist auch ihre Schwäche, weil nur das sein kann, was gemäß des analytischen Instrumentariums sein darf. Eine positive wirtschaftliche Entwicklung muss durch funktionierende Märkte hervorgerufen worden sein. Eine Zunahme der Faktorproduktivität deutet auf das Funktionieren des Preismechanismus hin, wenn nicht gar Korruption als Pareto-superiore-Lösung und subversiver Weg, mit administrativen Vorschriften umzugehen, gewertet wird. China gibt deshalb konzeptuelle wie empirische Probleme auf. ... Da ist aber auch die Transformation eines Wirtschaftssystems weg von einer Planwirtschaft hin zu einer arbeitsteiligen Konkurrenzwirtschaft, die im Vergleich zu den ehemals sozialistischen Staaten in Mittel- und Osteuropa von geringerer Arbeitslosigkeit, geringeren Inflationsraten und hohen Exporterfolgen begleitet wurde. Das herkömmliche Instrumentarium der Ökonomie kann hier nur wenig befriedigende Erklärungen bieten. Deshalb scheint die Literatur, die in der Kultur die Ursache für den chinesischen Wirtschaftserfolg sieht, vielversprechender zu sein.“ So treffend beschrieb die Expertin für Weltwirtschaft und China, Prof. Barbara Krug von der Erasmus Universität Rotterdam schon 2001 das Dilemma derer, die dieses Land und seine Wirtschaftsdynamik ausschließlich aus der oft überheblichen westlichen, rein ökonomisch verengten Sicht, sich zu beurteilen anmaßten.

Die chinesische und die westlich geprägte Welt sind grundlegend unterschiedlich. So ist es kein Wunder, dass Innovationskraft und Implementierungsgeschwindigkeit neuer Technologien durch die chinesische Gesellschaft unterschätzt wurden. Während man hierzulande vielfach noch die Produktionsmacht verlängerter Werkbänke beschwor, hat China den Westen bereits in mancher Hinsicht überholt. Es schickt sich an, in Bezug auf neue, datenverarbeitende Technologien, wie Künstliche Intelligenz eine ist, eine weltweit führende Macht zu werden. Das Bildungs- und Universitätsprogramm sind seit langem darauf angelegt, dass China eine „AI First

Nation“ wird, wie es die Marketingwissenschaftlerin und Unternehmerin Claudia Bünte formuliert hat.

Es ist also höchste Zeit, sich mit dem größten Testlabor der Welt in Sachen KI“ (Michael Müller, German Centre for Industry and Trade) vertieft zu befassen. Aber weder eindimensional, noch ängstlich, noch oberflächlich oder besserwisserisch, sondern aus möglichst vielen Perspektiven und gespeist aus dem Meinungs- und Erfahrungsspektrum von Wissenschaftlern, Praktikern, Insidern; kritischen Beobachtern. Wie es sich im Jahr des 300. Geburtstages von Immanuel Kant gehört, sind Fragen immer wieder neu zu stellen, zu behandeln, zu durchdenken und vorläufig zu beantworten. Stets im Licht der gegenwärtigen Geschehnisse, sei es mitten in einem Krieg, in einer Krise, oder, wie immer, im nimmer ruhenden Wandel der Zeit, wie es der bodenständige Philosoph vorgegeben hat.

Wir wissen um die Abhängigkeit der Wirtschaft von ihrem Kontext und erforschen zunehmend in unserem europäischen Wirkungskreis, welche Rolle dabei die Kultur spielt. Wie der Einfluss von Kultur auf die Ökonomie konzeptionalisiert wird, hängt zum einen mit dem Verständnis des Verhältnisses von Wirtschaft und Gesellschaft und zum anderen mit der Wertorientierung in der Gesellschaft zusammen. Nun haben wir aus unserer eigenen Rolle und Betroffenheit angesichts der uns vertrauten Umstände unserer Tätigkeit regelmäßig ein weitgehend intuitives Verständnis, wie die kulturellen und wirtschaftlichen Subsysteme miteinander korrespondieren, wenn wir auch hier manchmal der Dynamik der Entwicklung hinterherhinken dürften. Gleichwohl können wir Rahmenbedingungen für unser Handeln recht verlässlich einschätzen und bewegen uns auf sicherem Boden.

Demgegenüber fühlt sich in Bezug auf China nahezu alle kulturellen Aspekte wie Denkweisen, Ideen und Vorstellungen jedenfalls dem nicht sinologisch Vorgebildeten fremd an. Wir müssen uns die materiell gestaltete Lebenswelt, die Sprachen, Religionen und daraus abgeleitete Wertvorstellungen, die sich in Verhaltensweisen, Kulturstandards oder Mentalitäten sowie in politischen Institutionen, wirtschaftlicher Organisation und Rechtsvorstellungen äußern, mühsam erarbeiten.

Man wird dabei angewiesen sein auf die Erläuterungen derjenigen, die Geschichte und Tradition, Philosophie und Medizin, Kultur und Sozialverhalten, Ausbildungs- und Erwerbsbiografien aus der Zugehörigkeit zur chinesischen Gesellschaft oder als intensive Beobachter und mit langjähriger Erfahrung in China ausgestattete Experten vermitteln können. Vielfach werden es sog. Grenzgänger zwischen Kulturen und Identitäten sein, die uns wertvolle Einblicke in das Zusammenspiel der Subsysteme von Wirtschaft und Kultur in China geben.

Solche Autoren und Autorinnen mit Expertise in vielfältigen gesellschaftlichen und wirtschaftlichen Bereichen versammelt die vorliegende Veröffentlichung. Ihre Beiträge aus ganz unterschiedlichen Perspektiven eint das Bemühen der Suche nach einem gemeinsamen Horizont für fruchtbaren Austausch im deutsch-chinesischen Verhältnis, das ja gegenwärtig von grundlegenden, quasi geopolitischen Herausforderungen betroffen ist. Sicherheit und Abhängigkeit, Wandel durch Handel, Rivalitäten und Ordnungsansprüche, Präsenzambitionen und Konfliktprävention stehen als große Themen auf der Tagesordnung.

Es mag mühsam erscheinen, zwischen diesen großen Themen das bisher Erreichte in der deutsch-chinesischen Zusammenarbeit nicht aus den Augen zu verlieren, Kommunikation aufrecht zu erhalten und zu verbessern, Verständnis und Toleranz zu fördern und weiter auf kleine Schritte zu setzen. Aber diese sind unverzichtbar. Nur so werden notwendige Lektionen gelernt, interkulturelle Gegensätze überwunden, Geschäftsbeziehungen verbessert. Das Ziel ist Nachhaltigkeit in den Beziehungen. Und Nachhaltigkeit ist ohne Kultur nicht zu erreichen. Insofern gebührt den Herausgebern und Autoren dieses Werkes ein großer Dank. Der Veröffentlichung wünsche ich zur Ermutigung des deutsch-chinesischen Dialogs eine angemessene Verbreitung.

Reinhold Kopp

Reinhold Kopp.
Rechtsanwalt, Fachanwalt für Arbeitsrecht
Partner HEUSSEN Rechtsanwaltsgesellschaft (Berlin)
Vorsitzender des Deutschlandbeirates der Deutsch-Britischen AHK (London)
1. Stv. Vorsitzender des Instituts für Europäisches Medienrecht e.V.
zuvor Generalbevollmächtigter der Volkswagen AG (Wolfsburg) und Chef Staatskanzlei und Minister für Wirtschaft und Europa (Saarland)

VORWORT – ÖSTERREICH

Die Europäische Union und China pflegen eine langjährige strategische Partnerschaft, die auf einem Fundament von Handel und Wirtschaft aufsetzt, aber weit über rein kommerzielle, wechselseitige Nützlichkeit hinausgeht und letztlich in die Welt hinein weiterwirkt.

Wie in den meisten Partnerschaften ist auch in den Beziehungen zwischen der EU und China nicht alles eitel Wonne. Es gibt unterschiedliche Herangehensweisen, unterschiedliche Interessen, unterschiedliche Prioritäten.

Der vorliegende Band, der die Beziehungen zwischen China und dem deutschsprachigen Raum – also Deutschland, Schweiz, Österreich – herausgreift und keinen Ehrgeiz hat, ein gesamt-europäisches Bild zu zeichnen, zeigt in detailreichen und fundierten Beiträgen unterschiedliche Facetten dieser Beziehungen auf, beschreibt gelungene Kooperationen, geht kulturellen Verschiedenheiten nach. Es wird deutlich, dass es eine Vielzahl von Bereichen in Wirtschaft und Technologie, in Kultur und Gesellschaftsfragen gibt, in denen beide Seiten von Kooperation und Austausch profitiert haben, und weiterhin profitieren.

Als ich zwischen 2012 und 2017 die Ehre hatte, Österreich als Botschafterin in der VR China zu vertreten, dachte ich mir oft, wie wenig wir in Europa (eine Verallgemeinerung, natürlich) eigentlich von China wissen. Vielleicht trägt dieser Band auch dazu bei, in interessierten Kreisen aktuelles Wissen über China zu verbreiten. Vielleicht macht er auch Lust, das Land der Mitte und seine Bewohner und Bewohnerinnen zu bereisen, und vor Ort Einsichten und Ansichten zu entwickeln. Den Initiatoren des Bandes und allen Mitwirkenden gebührt jedenfalls Dank und Anerkennung!

Irene Giner-Reichl, April 2024

Dr. Irene Giner-Reichl. E-Mail: irene.giner.reichl@gmail.com
Dr. Irene Giner-Reichl ist eine österr. Diplomatin i.R.; sie arbeitete viel zu globalen Fragen und nachhaltiger Entwicklung, u.a. als Leiterin der intern. Abteilung des Umweltministeriums, Ständige Österr. Vertreterin bei den Vereinten Nationen in Wien, Sektionschefin für Entwicklungspolitik

und Entwicklungszusammenarbeit im Außenministerium und österr. Botschafterin in China und in Brasilien. Sie ist Präsidentin des Global Forum on Sustainable Energy (www.gfse.at) und Mitbegründerin des Global Women's Networks for the Energy Transition (www.globalwomennet.org)

VORWORT – SCHWEIZ

Wir leben in turbulenten Zeiten. Die weltweiten politischen und wirtschaftlichen Machtverhältnisse verändern sich. Lange Zeit waren die USA und Europa der Taktgeber, das Maß der Dinge. Das 21. Jahrhundert wird insbesondere von Asien geprägt sein. China spielt dabei aus verschiedenen Gründen eine zentrale Rolle. Das Reich der Mitte war bis ins Mittelalter Mittelpunkt kultureller, politischer und wirtschaftlicher Errungenschaften. Europa überflügelte China dank der Aufklärung, der Industrialisierung, dem Wettbewerb der Nationalstaaten.

Aktuell kämpfen die USA und China um die Vorherrschaft in Regionen und Schlüsseltechnologien. Europa hat dank dem Bildungsstand der Erwerbstätigen, der Offenheit, einem liberalisierten Kapitalmarkt, einem funktionierenden Rechtssystem, vitalen Demokratien und flexiblen Märkten gute Zukunftschancen.

Die produktive Auseinandersetzung des Westens mit China ist eine der Schlüssel für eine prosperierende Zukunft. Die aktuelle Lage ist geprägt von Schutzzöllen und Strafmaßnahmen der USA gegenüber China und umgekehrt. Gleichzeitig sind die Abhängigkeiten trotz Strategien wie Decoupling und Derisking groß. Die großen weltweiten Herausforderungen wie der Klimawandel und Lösungen für die internationalen Krisenherde werden aber nur gemeinsam zu bewältigen sein.

Internationale und interdisziplinäre Lösungen sind nur zu erreichen, wenn ein gegenseitiges Verständnis für die Unterschiedlichkeit der Gesellschaften und Wertesysteme vorhanden ist. Heißt konkret: Der Westen tut gut daran, die eigene Wirtschafts- und Gesellschaftsordnung produktiv weiterzuentwickeln und gleichzeitig die Auseinandersetzung mit China nicht zu verdrängen. Eine eigene Zukunftsstrategie beinhaltet ein reflektiertes Selbstbewusstsein bezüglich der eigenen Geschichte, der eigenen Werte, der eigenen Zukunftschancen und fundiertes Wissen über die internationalen Mitbewerber.

China ist in jeder Hinsicht anders. Die kulturelle, historische, wirtschaftliche und politische Entwicklung des Landes ist einzigartig. China ist ein Land mit tausend Unterschieden und großer Vielfalt. Sie treffen in den Mega-Cities jahrhundertealte Traditionen und Superlative der Moderne an.

Eine fundierte Auseinandersetzung mit der Weltmacht China ist nötiger denn je. Ideologische Debatten helfen nicht. Die vorliegende Publikation liefert eine Vielzahl von Perspektiven aus Deutschland, Österreich und der Schweiz. Das Buch bietet Einblick in Bereiche der Wirtschaft, der Technologie, der Sprache, der Kultur, der Umwelt, der Nachhaltigkeit, dem Wertegerüst Chinas.

Die Beiträge fordern heraus. Sie sollen die faktenbasierte, unvoreingenommene Debatte zu China und zum Verhältnis Europas mit China bereichern. Es lohnt sich, den Artikeln mit der Neugier eines Entdeckers und der Offenheit eines Lernenden zu begegnen.

Ziel ist, China besser zu verstehen, und so produktive Brücken zwischen den Machtblöcken des 21. Jahrhunderts zu bauen. Wir wünschen Ihnen eine anregende Lektüre.

Prof. Dr. Ruedi Nützi.
Head FHNW China Centre
Ruedi Nützi ist eine Leader-Figur mit vielfältigen Verbindungen zu China. Als Dozent für Leadership und Kommunikation an der Fachhochschule Nordwestschweiz (FHNW) und Leiter des China Centre hat er sich durch die Durchführung des jährlichen Swiss-China Update Forums, KMU-Leitfäden und Executive Management Programme für chinesische Führungskräfte einen Namen gemacht. Seine Verdienste um die Entwicklung der Provinz Gansu in China wurden 2007 mit dem Dunhuang Award gewürdigt. Darüber hinaus wurde ihm 2014 der Friendship Award von der State Administration of Foreign Experts Affairs in Peking, China, verliehen. Als Verwaltungsrat von drei Schweizer KMUs und Mitglied der Arbeitsgruppe von SwissUniversities zum Thema China bringt Ruedi Nützi auch wertvolle unternehmerische Erfahrungen in seine Arbeit ein. Seine umfassenden Kenntnisse und Erfahrungen machen ihn zu einer angesehenen Autorität in den Bereichen Leadership und Kommunikation, auch in Bezug auf die Schweiz-China-Beziehungen.

2

PROLOG

GEMEINSAME HORIZONTE

DIE ZUKUNFT GESTALTEN MIT CHINA

„Wer lese, lasse andere Perspektiven als die eigene zu, nehme persönlich Anteil an Entwicklungen. Mit jedem Kapitel, mit jeder neuen Seite könnten Gegensätze überwunden werden, die im Alltag unüberbrückbar erschienen..."
Olaf Scholz auf Leipziger Buchmesse, Bundeskanzler, Deutschland

„Es ist wichtig, dass wir die Gespräche mit China auf allen Ebenen fortsetzen."
Alexander Van der Bellen, Bundespräsident, Österreich

„Die Beziehungen zwischen der Schweiz und China sind traditionell gut."
Ueli Maurer, ehemaliger Bundesrat, Schweiz

„Wir sollten uns der Globalisierung anschließen und nicht davon weglaufen. Wir müssen uns dem Protektionismus widersetzen und die Tür zur offenen Zusammenarbeit weiter offenhalten."
Xi Jinping, Staatspräsident der Volksrepublik China

Sommer 2023. Eine Zeit, die von tiefgreifenden globalen Veränderungen und Herausforderungen gezeichnet ist. Ein Wendepunkt, in dem sich die Rolle Chinas auf der Weltbühne sowohl verfestigte als auch komplexer gestaltete. Ereignisse und Entwicklungen bieten einen prägnanten Überblick über die vielschichtigen Dimensionen, die das Verhältnis zwischen China und dem Rest der Welt prägen. Als China sein Wirtschaftswachstumsziel auf etwa 5% festlegte, spiegelte dies die Ambitionen des Landes wider, trotz globaler Unsicherheiten und internen Herausforderungen weiterhin eine führende Rolle in der Weltwirtschaft zu spielen. Das Streben nach technologischer Souveränität und politischer Stabilität. Die Wiedereröffnung der Grenzen nach fast drei Jahren der COVID-Isolation markieren einen entscheidenden Moment für China, sowohl in Bezug auf seine Innenpolitik als auch seine internationale Positionierung.

Die Initiative „Belt and Road“ (BRI), ein ehrgeiziges globales Entwicklungsprogramm, das darauf abzielt, Handels- und Infrastrukturnetzwerke zwischen Asien, Europa und Afrika zu stärken, ist ein Paradebeispiel für Chinas wachsenden Einfluss. Mit Investitionen in Straßen, Eisenbahnen, Häfen und andere Infrastrukturen strebt China danach, seine wirtschaftliche Reichweite zu erweitern und neue Märkte für seine Produkte zu erschließen. Parallel dazu hat die rasante Entwicklung der chinesischen Technologieindustrie die globale Technologielandschaft verändert. Chinesische Unternehmen wie Huawei, Tencent und Alibaba sind zu führenden Akteuren in den Bereichen Telekommunikation, soziale Medien und E-Commerce geworden. Gleichzeitig landen diese neuen Weltmarktführer aus China auf einer Blacklist in den USA. Zusätzliche Spannungen entstehen, weil insbesondere westliche, darunter auch viele europäische Staaten, die chinesische Technologieunternehmen beschuldigen, als verlängerter Arm der chinesischen Regierung zu fungieren und die nationale Sicherheit zu bedrohen.

Auf der anderen Seite steht Chinas Rolle im Kampf gegen den Klimawandel. Als größter Emittent von Treibhausgasen weltweit hat China bedeutende Zusagen gemacht, um seine CO_2-Emissionen zu reduzieren und bis 2060 Kohlenstoffneutralität zu erreichen. Diese Bemühungen sind von entscheidender Bedeutung für die globalen Anstrengungen zur Eindämmung der Erderwärmung und zeigen Chinas Bereitschaft, eine Führungsrolle in der globalen Umweltpolitik zu übernehmen. In vielen Schlüsseltechnologien wie Solarenergie, Windenergie und Elektromobilität ist China bereits marktführend und schafft zusätzliche wirtschaftliche Abhängigkeiten für die Westliche Welt.

In Anbetracht dieser komplexen Dynamiken wird es immer offensichtlicher, dass die internationale Gemeinschaft vor der Aufgabe steht, Wege zu finden, um mit China zusammenzuarbeiten. Dies erfordert einen ausgewogenen Ansatz, der die gemeinsamen und global anerkannten Nachhaltigkeitsziele betont, die von den Vereinten Nationen gemeinsam festgelegt, und unter Sustainable Development Goals (SDGs) oder auch als Agenda 2030 bekannt sind. Dazu braucht es gegenseitiges Verständnis, Dialog und Kooperation, gleichzeitig, aber auch klare Grenzen, wo es um die Verteidigung universeller Prinzipien und die Sicherung der globalen Ordnung geht.

„Die Zukunft mit China gestalten – Zwischen Symbiose und Drachentanz: Moderne Herausforderungen und Sichtweisen aus Deutschland, Österreich und der Schweiz."

Unter diesem Titel beschlossen wir Einblicke, Analysen und Erfahrungen aus unterschiedlichen Bereichen der Wirtschaft, Technologie, aber auch Kultur und Gesellschaft zu präsentieren, welche uns helfen, die aktuellen Entwicklungen in den Blickpunkt zu nehmen. Eine Vielzahl von Perspektiven aus Deutschland, Österreich und der Schweiz soll helfen, ein tieferes Verständnis für die Dynamiken zu entwickeln, die Chinas Rolle in der Welt von heute und in der Zukunft prägen. Diese persönlichen Erfahrungen, Wissen und Analysen mit einem umfassenden und offenen Blick aus der DACH-Region nach China stellen wir Ihnen nun vor.

Den ursprünglichen Titel haben wir vereinfacht, denn die wenigsten Leser dürften bereits einmal einen Drachentanz in China gesehen haben. Die Idee blieb aber dieselbe. Die Illustrationen zu Anfang jedes Beitrages haben wir mit DALLE-3, also mit Hilfe künstlicher Intelligenz generiert, einem ähnlich zu China aktuell vieldiskutierten Thema, und gleichzeitig einem der Gebiete, bei denen China eine führende Rolle übernehmen will. Zudem sind die Titel der Artikel auf Chinesisch übersetzt und sowohl in Hanzi, den chinesischen Schriftzeichen, als auch in Pinyin, der phonetischen Schrift dargestellt.

In einer Ära des unaufhaltsamen Wandels, in der die Zukunft gleichermaßen vielversprechend wie ungewiss erscheint, nimmt China eine zentrale Rolle auf der globalen Bühne ein. Als aufstrebendes Epizentrum der Macht und Innovation beeinflusst es maßgeblich die Richtung, in die sich unsere vernetzte Welt, darunter auch Europa, bewegt. Für die Länder des deutschsprachigen Raumes – Deutschland, Österreich und die Schweiz – ist ein tiefgreifendes Verständnis von und eine konstruktive Beziehung zu China schon längst keine Option mehr, sondern eine zwingende Notwendigkeit – aus eigenem Interesse!

Jedes Kapitel und jeder Beitrag dieses Buches ist geprägt durch die Sichtweisen und Kenntnisse seiner Autoren und Autorinnen. Zusammen bilden sie ein Mosaik, das uns nicht nur ermöglicht, China besser zu verstehen, sondern auch aktiv an der Gestaltung unserer gemeinsamen Zukunft mitzuwirken. Es fordert uns hier in Europa heraus, den Wandel zu begrüßen und uns in den notwendigen Dialog mit China einzubringen. Es soll Leserinnen und Leser ermutigen, mit der Neugier und Offenheit voranzugehen. Stärken unserer eigenen Traditionen zu wahren und gleichzeitig zu erkennen, dass wir auch viel von Chinas Stärken wahrnehmen und lernen können.

Das Buch soll und kann keine definitiven Antworten liefern. Sondern die gesammelten Eindrücke von Expertisen sollen zum Nachdenken anregen und Fragen stellen, die uns alle betreffen. Es geht darum, unsere Gedanken und Ideen zu teilen, um gemeinsam unsere Zukunft zu gestalten, die auf gegenseitigem Respekt, Verständnis und Kooperation basiert. Eine Zukunft, in der die Kulturen und Traditionen beider Seiten nicht nur toleriert, sondern wertgeschätzt und geachtet werden.

Als Leser und Leserin laden wir Sie mit dem Buch ein auf eine Reise durch verschiedene Dimensionen und Stimmen der Expertinnen und Experten aus der DACH-Region auf das Reich der Mitte, die eines gemeinsam haben: den Wunsch, Brücken zu bauen, statt Mauern zu errichten, und den Wunsch, gemeinsam eine bessere Zukunft für uns alle zu gestalten.

Januar 2025
Innsbruck, Wei Manske-Wang
Basel, Stephan Jüngling
Dresden, Tobias W. Loitsch

Prof. Dr. Wei Manske-Wang. E-Mail: wei.manske-wang@mci.edu
Wei Manske-Wang, geboren in der Megastadt Shanghai, hat ihr Germanistik-Studium in China absolviert, bevor sie in Deutschland mit Auszeichnung einen Master in Betriebswirtschaftslehre erlangte und anschließend in Wirtschaftswissenschaften promovierte. Während ihrer 14-jährigen Tätigkeit bei einem bayerischen „Hidden Champion“ leitete sie erfolgreich Internationalisierungsprojekte in den Bereichen Marketing, Vertrieb, Strategie und F&E. Seit September 2020 ist Wei Professorin am MCI | DIE UNTERNEHMERISCHE HOCHSCHULE® in Innsbruck und fokussiert sich dort auf den Aufbau der China Kompetenz und die Stärkung interkultureller Beziehungen. Ihre internationale Erfahrung unterstreicht die Bedeutung der Vernetzung von Wirtschaft und Wissenschaft sowie das

Vertrauen als Grundlage für fruchtbare Zusammenarbeit. Seit Mai 2021 leitet sie das neugegründete CHINA CENTER am MCI, das als Brücke zwischen Europa und China dient. Seit September 2023 bekleidet Wei zudem das Amt der Generalsekretärin der AUSTRIAN HONG KONG SOCIETY, wo sie aktiv die Wirtschaftsbeziehungen zwischen Österreich und Hongkong/Greater Bay Area in China fördert.

Dr. Stephan Jüngling.
Dr. Jüngling ist Dozent an der Hochschule für Wirtschaft der Fachhochschule Nordwestschweiz und Stellvertretender Leiter des FHNW China Centre. Er unterrichtet zu den Themen Business Prozess Management, Model Driven Development, Enterprise Content Management sowie Anwendung von Künstlicher Intelligenz und war mehrmals Gastdozent an der Shenzhen Technology University in China. Er hat zahlreiche Publikationen im Bereich der Anwendung von Machine Learning, Smart City und Circular Economy und ist Gutachter der AAAI MAKE Spring Konferenz und Mitglied des Lenkungsausschusses der Konferenz Society 5.0. Er sucht und nutzt die Möglichkeiten des gegenseitigen Austausches der Studierenden, damit sie sowohl die Unterschiede als auch die Gemeinsamkeiten beider Kulturen erkennen und diese zur gemeinsamen Erreichung der Global Susatinable Development Goals einsezten können.

Tobias W. Loitsch. E-Mail: tobias.loitsch@neuinstitut.de
Tobias W. Loitsch ist Autor, Herausgeber des Magazins China im Blickpunkt, Lehrbeauftragter und Projektmanager. Mit seiner Tätigkeit möchte er zu einem tieferen Verständnis für China beitragen und eine offene Wahrnehmung stärken. Sein Anliegen ist es, Brücken zwischen China und Europa zu bauen. Er beschäftigt sich mit Chinas wirtschaftlicher Entwicklung, technologischen Innovationen und den gesellschaftlichen Veränderungen im Land. Dabei versteht er sich Tobias W. Loitsch als Impulsgeber für Wirtschaft, Politik, Gesellschaft und Kultur.

3

WIRTSCHAFT UND TECHNOLOGIE

中国制造
西方企业视角下的采购和供应链

Zhōngguó zhìzào
Xīfāng qǐyè shìjiǎo xià de cǎigòu hé gōngyìng liàn

MADE IN CHINA

BESCHAFFUNGSWESEN UND LIEFERKETTEN AUS SICHT WESTLICHER FIRMEN

ADRIAAN 'T GILDE

Abstract. Dieser Artikel beschreibt die Entwicklung der Geschäftsbeziehungen mit China in den letzten 30 Jahren aus Sicht der strategischen Beschaffung und der Wertschöpfungskettengestaltung von mitteleuropäischen Unternehmen von 1994 bis 2024.

Am Anfang der Neunzigerjahre stand die Zusammenarbeit im Zeichen von „gegenseitig völlig fremd", misstrauisch und langsam herantastend (die Pionierphase), gefolgt von einer Periode mit starkem Wachstum und Verlagerung bzw. Lokalisierung der Fertigung (die Expansionsphase). Dies resultierte darin, dass China durchaus als „Fabrik der Welt" bezeichnet werden konnte. Ca. ab 2010 folgte eine Phase von Professionalisierung und weiterer Industrialisierung, allerdings mit gebremstem Wachstum. Die Volumina gingen nicht mehr steil nach oben, auch dadurch lenkte China seine Wirtschaft bewusst vermehrt in Richtung hochwertiger Fertigung und Know-how intensive Dienstleistungen (die Konsolidierungsphase). Diese Phase kam mit der COVID-19 Pandemie abrupt zum Stillstand. Die Entwicklung in den letzten Jahren, abschliessend dargestellt, kann als Bruch mit dem Vorherigen verstanden werden: anstelle von direkt wirtschaftlichen treten immer mehr unternehmensstrategischen Überlegungen bezogen auf eine optimale Konfiguration der Lieferketten und damit verbundenen Gefahren (Risk Management) in den Vordergrund (die kritische Phase).

1. DIE PIONIERPHASE

Mitte der Neunzigerjahre und darauffolgend suchten immer mehr Unternehmen, unter Druck von stark zunehmendem internationalem Wettbewerb, nach Beschaffungsmärkten die unter dem Nenner „low cost countries" gehandelt wurden. Gemeint waren damit vor allem die tiefen Lohnkosten (oft nur 20% vom schweizerischen Lohnkostenniveau), die auch auf einem „Total Cost of Ownership" Betrachtung zu Netto-Einsparungen im Range von 10 – 25% führten. In dieser Zeit war der Fernost bei Einkäufern sehr beliebt, auch bei den US-Amerikanischen. Die ersten Erfahrungen wurden vor allem in Ländern wie Thailand, Singapur, Malaysia, Südkorea und nicht zuletzt Taiwan gemacht, die infrastrukturell, kommunikativ (Englisch) und von der industriellen Landschaft her China voraus waren. Die ersten Besuche an chinesischen Fabriken wurden meistens über den Hub Hong Kong abgewickelt, die Fabriken in „Mainland China" gehörten in den meisten Fällen Unternehmer aus Hong Kong oder Taiwan. Das Management dieser Fabriken war fast ausnahmslos in den Händen von gut ausgebildeten Vertretern dieser Besitzerfirmen, vor allem die Taiwanesen waren permanent einquartiert. Als Besucher musste man auf „adventure travel" gefasst sein: in der industriell führenden Provinz Guangdong bedeutete das: eine schlechte Infrastruktur (im Delta des Perlflusses mit seinen unzähligen Nebenflüssen), unkomfortable Sitzungsräume voll Zigarettenrauch, dafür ohne Kaffee), sub-standard Hotels ohne westliches Frühstück. Das Ziel war somit stets, so schnell wie möglich nach Hong Kong zurückzukehren. Aber die Motivation zur Weiterentwicklung und die Investitionsbereitschaft bei den Lieferanten wurden immer grösser (diese Phase betraf vor allem einfache Teile). Sie bildeten die Voraussetzung für die spätere Entwicklung von Megaunternehmen in Elektronikbranche (z.B. die Lieferanten der IT-Branche, wie Apple, Dell, HP) und Automotive. Es entstanden Megastädte, an erster Stelle Shenzhen. Die Mitarbeiter kamen meistens aus dem Norden oder Westen Chinas, die auf dem Fabrikgelände in äusserst einfachen und spärlich eingerichteten „Dormitories" wohnten. Sie wollten so viel Stunden wie möglich arbeiten, um das hartverdiente Geld an ihre Familien daheim zu überweisen. Zu dieser Zeit fehlten die heute üblichen Supplier Codes of Conduct (mit den damit verbundenen Audits) und Themen wie Soziales, Arbeitssicherheit und Gesundheit war bei der Lieferantenevaluation auf Einkaufsseite kaum präsent.

Parallel kamen während dieser Zeit mehrere europäische, amerikanische und japanische Hersteller zum Schluss, die tiefen Lohn- und Standortkostenkosten sowie die steuergünstigen Bedingungen in den Special Economic Zones dafür zu benutzen, eigene Fabriken in China zu bauen (zuerst als verlängerte Werkbank) um damit ihre globale Wettbewerbsfähigkeit zu stärken. In mehreren Fällen war die Begründung auch, sich auf dem chinesischen Markt zu präsentieren und die eigenen Markenprodukte zu verkaufen. Gegründet wurden dazu oft Joint-Ventures, da die chinesische

Gesetzgebung noch keine Unternehmen in vollem ausländischem Besitz erlaubte. Aus Taiwan, Japan, USA und Europa wurden somit grosse Investitionen für Gebäude, Maschinen, usw. getätigt, entsprechend wurde auch viel Wissen transferiert.

Die Kommunikation verlief in dieser Zeit, eher mühsam. In den „Papa & Mama" Firmen (oft mit „fancy" englischen Namen wie Golden Horse, Ever Rich, Lucky Tiger oder Happy Dragon) arbeitete bestenfalls eine junge Dame mit einem Bachelor in Englisch, mit wenigem technischem Verständnis. Die hochanspruchsvollen schweizerischen und deutschen, sehr präzisen technischen Anforderungen wurden von den Chinesen oft als „pingelig" verstanden, was einen oft nahe zur Verzweiflung bringen konnte. Das Bereitstellen von physischen Mustern hilf auch nur bedingt: letztendlich waren die technischen Zeichnungen mit allen Details (inkl. DIN-Normen usw.) entscheidend. Als einkaufende Partei lernte man, dass die beigestellen Muster 100% zeichnungskonform sein mussten und dass Diskrepanzen immer wieder zu Neubemusterungen führten und damit die Projektdauer massiv verlängern würde. Von den hausinternen China-Skeptikern wurden solche Rückschläge gerne grinsend quittiert.

Abhilfe boten (oder mindestens versuchten sie das) Dienstleister, die sich im Sourcing Prozess als Vermittler einschalteten. Einerseits konnten dies Europäer (darunter mehrere aus Deutschland) oder Amerikaner sein, die mit den Lieferanten schon länger zusammenarbeiteten bzw. diese vertraten, anderseits kleine chinesische Dienstleister, die mit gutem Englisch und technischen Kenntnisse Hilfe anboten. Oft war leider in beide Varianten der realisierte Mehrwert deutlich geringer als der Aufpreis für die angebotenen Leistungen. In der Einkäuferwelt wurden diese Dienstleister dann auch gerne als „Durchlauferhitzer" abgestempelt. Davon ausgenommen waren diejenigen, die einen echten Mehrwert durch ausgehende Qualitätsprüfungen und logistische Unterstützung (z.B. Lagerhaltung) anboten. Alternativ gründeten mehrere mitteleuropäische Unternehmen eigene Einkaufsgesellschaften in China, inkl. Hong Kong oder auch in Singapur.

Beschaffungsstrategisch war es dennoch sinnvoll das China Sourcing Model zu verfolgen. Mit der Zeit wurden die Chinesen, und auch die Lieferanten in den anderen Fernostländern, immer leistungsfähiger. Es wurde nun auch komplexere Teile, sowie komplette Baugruppen eingekauft. Mit den dort erzielten Einsparungen konnten die europäischen Lieferanten unter Druck gesetzt werden ihre Wettbewerbsfähigkeit durch Investitionen in Produktivität zu erhöhen – oder ihre Gewinnmargen anzupassen.

War die Kommunikation in Englisch (oder besser: „Chenglish)" bereits sehr anspruchsvoll, dazu kamen grosse kulturelle Unterschiede. Beide Seiten waren praktisch unbekannt mit dem jeweiligen Gegenüber. Der chinesischen Seite waren die Anforderungen an Transparenz und Offenheit und die direkte Kommunikationsart völlig fremd, Deutsche und Schweizer verstanden nicht wirklich, dass die chinesische Seite zuerst die Beziehungsebene (und ein Netzwerk: „guanxi") gestalten wollte. Die Amerikaner sowieso nicht. Da halfen auch die vielen Flaschen Maotai (ein hochalkoholischer, lokaler Schnaps) nicht, die beim Abendessen geleert wurden. In der Anfangsphase fehlte schlichtweg das Vertrauensverhältnis, das auf beiden Seiten Voraussetzung für eine erfolgreiche und langfristig orientierte Zusammenarbeit war. Viele deutsche und schweizerische mittelständische Unternehmen meisterten die Hürden nicht und beendeten das Abenteuer.

2. DIE EXPANSIONSPHASE

Während der Periode ab ca. 2005 wurde China zur Fabrik der Welt. Anfängliche Widerstände lösten sich und der Ruf des „Made in China" verbesserte sich. Die anfänglichen Kleinbetriebe entwickelten sich rasant, nicht zuletzt, weil auch die chinesischen Entrepreneurs massiv investierten. Typischerweise wurden bei Besuchen (nachdem man beim Hotel per Porsche Cayenne abgeholt worden war) Bilder von geplanten Neubauten gezeigt, als ob diese schon bestünden; alle Qualitäts-, technische und organisatorische Probleme würden sich mit der Inbetriebnahme der neuen Gebäude und Maschinen in Luft auflösen, wurde immer wieder kolportiert.

Dennoch: beide Seiten hatten in den Jahren vorher sehr viel dazu gelernt, dass in der Folge die Volumina in die Höhe schossen war fast selbstverständlich. Es entstand eine Art Goldgräberstimmung, wobei in der Einkäuferwelt „alle nach China wollten, weil alle nach China gingen". Die Beschaffungsstrategien wurden angepasst ('t Gilde, 2004), Verwaltungsräte und Konzernleitungen machten Druck und führten manchmal neue KPIs ein, wie z.B. „mindestens 40% des Einkaufsvolumen muss in low cost countries beschafft werden" – allerdings eine fragliche Strategie. Symposien zum

Thema Global Sourcing oder China Sourcing wurden vielfältig organisiert, genauso gab es sehr viele Fachreferate zum Thema, zahlreiche umfassende Publikationen erschienen (Bogaschewsky, 2004) und die Beratergilde hatte ein neues Geschäftsfeld gefunden.

In China selbst entwickelten sich, auch ausserhalb der Special Economic Zones und viele dieser neuen industriellen Zentren entwickelten sich meistens direkt an der Ostküste aber nicht nur in der Provinz Guangdong (Foshan, Jiangmen, Zhuhai), sondern auch in Zhejiang (Hangzhou, Ningbo, Wenzhou, die Halbinsel Yuhuan), Fujian (Xiamen, Fuzhou), mehr im Norden auch Qingdao und Tianjin. Westlich von Shanghai waren die Städte Wuxi, Suzhou und Kunshan sehr beliebt, auch wegen der guten geographischen Lage und die infrastrukturell perfekte Anbindung an Shanghai.

Bei den Intermediates trennte sich die Spreu schnell vom Weizen, generell ging ihre Rolle und Bedeutung zurück. Dafür wuchs die Vertretung von chinesischen (Klein-) Firmen an europäischen Messen sehr stark, oft organisiert und finanziell unterstützt von provinziellen Behörden im Rahmen der Wirtschaftsförderung.

Das Volumenwachstum wurde auch durch die monetäre Politik Chinas stark gefördert, wie das Japan und Südkorea schon früher vorgemacht hatten. Bis 2005 wurde der chinesische Yuan (CNY) fix an den US-Dollar gekoppelt, wodurch das Währungsrisiko auf der einkaufenden Seite blieb und China seine Exporte verbilligt absetzen konnte, wuchs doch der Wert des CNY nicht parallel zum Wirtschaftswachstum und GDP. Der Vorwurf von Dumping, auch wegen anderen staatlichen Subventionen, wurde laut. Die USD-Kopplung wurde später einigermassen aufgelockert, der CNY ist jedoch nach wie vor die Domäne der chinesischen Nationalbank und nicht der freien Marktkräfte.

Verhandlungstechnisch war es in dieser Periode (und auch danach) ratsam, die 36 chinesischen Strategeme zu kennen – und diese eventuell auch selber aktiv einzusetzen. Angewendet wurde oft das Strategem 28: „Auf das Dach locken, um dann die Leiter wegzuziehen." Und als das nicht zum Erfolg führte (weil man gut vorbereitet war!), kam es zu Strategem 36: „Weglaufen ist die beste Methode!" (von Senger, 2016). Verhandlungen mit Chinesen waren und sind oft knallhart und brauchen viel Nerven, Zeit und Beharrvermögen. Manchmal lohnte es sich auch, mit eiserner Miene die Exitstrategie anzudrohen.

Allgemein wird behauptet, dass die chinesische Wirtschaft deutlich vom Beitritt zur WTO (in 2001) profitiert hat. In der Praxis war dies aber nicht so klar, vielmehr führte ein komplexes, intransparentes Mehrwertsteuersystem durch sich oft ändernden Tarifsätze immer wieder zu Intransparenz und Unsicherheit (abhängig von der jeweiligen Produktgruppe). Bei Verhandlungen zu diesem Thema kam dann das Strategem 20 zur Anwendung: „Das Wasser trüben, um die Fische zu ergreifen". Es ist anzunehmen, dass die Beute reich war.

Während dieser Phase wuchsen nicht nur die Handelsvolumina, sondern leider auch die Korruption – und zwar aktiv und passiv, monetär und nichtmonetär. Auf chinesischer Seite wurde die vorhandene Intransparenz missbraucht, nicht nur von den Einkaufsabteilungen der lokal tätigen ausländischen Hersteller. Dabei herrschte auf europäischer Seite eine grosse Menge Naivität, eine schliessende Beweisführung nach unserem Rechtsverständnis war und ist oft schlichtweg unmöglich (schon wieder Strategem 20). Eine Methode war, einmal im Jahr mal zu schauen, wo und wie die einkaufenden Mitarbeitern wohnten und wie deren Lebensstil sich entwickelte: Chinesen können ihr Reichtum oft nur schwierig verstecken, denn Reichtum bedeutet „Face"!

Kulturell und kommunikativ verbesserte sich die Situation aus der Pionierphase sehr stark: das Bildungsniveau ging sehr schnell aufwärts, sprachlich und vor allem technisch. Es entstand gegenseitiges Verständnis, vermehrt auch trat eine jüngere, besser ausgebildete Generation in den Vordergrund. Viele Firmen sahen die Bedeutung von internationalen Standards und Normen ein, und liessen sich ISO 9000 ff zertifizieren. Allerdings war hier für Einkäufer und deren Kollegen aus der Qualitätsabteilung eine gesunde Skepsis angebracht. Aber: es gab Fortschritte, die Professionalisierung war voll im Gange, die Zusammenarbeit intensivierte sich, Ratschläge, technisch und solche bezogen auf Umweltthemen, wurden wohlwollend (obwohl nicht unkritisch) geprüft und umgesetzt.

In diesem Zeitraum wurde durch viele in China einkaufende Grossunternehmen ein sogenannter Supplier Code of Conduct eingeführt. Dies führte dazu, dass Themen wie Umwelt, Arbeitssicherheit, Compliance & Governance (Korruption, Menschenrechte) auf die Agenda kamen. Erstaunlich war (oder gar frustrierend, je nach Interpretation), wie schnell die entsprechenden Dokumente von chinesischer Seite unterschrieben wurden. Es fand jedoch auch echte Kooperation statt, in dem mehrere

Lieferanten tatsächlich bereit waren in die Einhaltung und Verbesserung von Umweltstandards und Erhöhung der Mitarbeitersicherheit zu investieren. Und die chinesische Gesetzgebung hilf mit.

3. DIE KONSOLIDIERUNGSPHASE

„Global Sourcing" wurde zur Normalität, China festigte seine Position als Produktionsland. Gleichzeitig entwickelte es sich stark in Richtung Technologie und Service-Anbieter, adoptierte schnell und innovativ die Modelle von Original Design Manufacturer (ODM) und Original Equipment Manufacturer (OEM). Für grössere (auch europäische) Unternehmen war diese Entwicklung attraktiv, somit wurde auch ein Teil der Produktentwicklung (und noch mehr Wissen) nach China verlagert. Im Allgemeinen wurden damit gute Erfahrungen gemacht, obwohl die nun technische Kommunikation durch die sprachlichen Schwächen (Englisch) auf chinesischer Seite beeinträchtigt wurde, manchmal zum Frust die europäischen Engineers (dessen Englisch allerdings oft auch Verbesserungspotential hatte).

Bei kleineren Unternehmen aus der DACH-Region jedoch wurde das China-Sourcing nicht weiter ausgebaut: das Kostenniveau und die Währungsentwicklung gestaltete sich für China nicht länger als vorteilhaft, durch die Eurokrise (gipfelnd in 2012) wurde die Beschaffung in der Eurozone wieder attraktiver, dazu kam 2015/2016 die Migrationskrise, die weltweit zu Verunsicherungen in den Lieferketten sorgte. Der Hype aus den Nullerjahren ebbte ab.

Ein weiterer Nachteil von Global Sourcing trat bei steigendem Volumen und höheren Preisen verstärkt in den Vordergrund: die Erhöhung des Working Capital durch lange Lieferzeiten (bis zu 6 Wochen) und notwendige Sicherheits- und Pufferbestände, um Nachfragefluktuationen und Qualitätsprobleme aufzufangen (Locker, 2019). Dies konnte von längeren Zahlungsfristen, unbeliebt bei den chinesischen Lieferanten, nur teilweise entschärft werden.

Dieser Gegenwind wurde durch einen Trend in der Produktionslogistik verstärkt: Just In Time Konzepte wurden immer beliebter und zwangen dazu die Lieferketten neu zu gestalten, mit kurzfristigen Anlieferungen in kleineren Mengen. Die entsprechenden Prozesse führten zu Kostenerhöhungen im Nachteil von China.

Während dieser Phase wurde auch Intellectual Property (IP) ein Thema. Bereits in den vorherigen Jahren wurden europäische (Marken-) Produkte, Designs, Logos usw. teils unverschämt kopiert und nachgebaut. Klar führte das zur Missstimmung und Vertrauensverlust gegenüber chinesischen Unternehmen. Zum Glück lohnt es sich manchmal, dagegen gerichtlich vorzugehen. Es zeigte sich auch, dass chinesische und westliche Ansichten zu diesem Thema kulturell geprägt waren. Wichtig war (und ist), das Thema IP ganz konkret und detailliert, mit Unterstützung von Spezialisten im chinesischen Recht, verträglich festzulegen. Entsprechende Verhandlungen stossen auf der chinesischen Seite durchaus auf Verständnis und Zugeständnisse.

Die Entwicklung der Absätze bei den herkömmlichen Fertigungsteilen aus Metall und Kunststoff, auch Elektronik, stabilisierte sich, bzw. fluktuierte mit der Entwicklung der Nachfragemärkte. Wachstum fokussierte sich vor allem im erwähnten ODM/OEM Bereich, bei spezifischen Baugruppen und Geräten mit Elektronik als Kernfunktion. Auf diesem Gebiet waren in Europa die Fertigungskapazitäten praktisch verschwunden, bzw. nicht mehr wettbewerbsfähig.

In dieser Periode entwickelte sich in den globalen Lieferketten eine immer grössere Komplexität: die Frage „wieviel eurer Wertschöpfung kommt aus China" konnte nur noch auf der Ebene 1st Tier beantwortet werden: bei sehr vielen nicht in China eingekauften bzw. hergestellten Produkte, waren auf der Stufe 2nd Tier und 3rd Tier Komponenten aus China eingebaut. Dies erschwerte das Lieferanten- und Supply Chain (Risk) Management und führte zu entsprechenden Verunsicherungen. Dies kam in der darauffolgenden Phase verstärkt zum Ausdruck und wurde sogar ein zentraler Faktor für die zukünftige Gestaltung der Supply Chains.

Die Weiterentwicklung der Betriebsprozesse (i.e. durch Digitalisierung) blieb in China weit hinter den Fortschritten in der Fertigung und Produktionslogistik. Erstens wurde eine effiziente Einführung von ERP-Systemen lange durch bürokratische Vorschriften gebremst, zweitens wurde mit Priorität in Software für die Produktentwicklung (inkl. CAD/CAM Systeme) investiert. Die Logistikprozesse profitierten dagegen von der immer besseren Infrastruktur, aber planerisch blieben und bleiben alte, historisch-kulturell bedingte Hindernisse im Weg stehen: das jährliche Chinese New Year sorgt immer wieder für vermeidbare Vorproduktion mit teuren Überstunden und erhöhten Zwischenläger, verunsichern dazu die Bedarfsplaner der Kunden bereits Monate im Voraus. Die europäischen Zulieferer waren da anpassungsfähiger durch die Einführung von Auslieferzentren, die permanent und sofort lieferbereit sind (z.B. im August in Italien).

4. DIE KRITISCHE PHASE

Bereits vor Anfang der COVID-Pandemie wurde das politische und in der Folge das wirtschaftliche Umfeld von immer mehr Unsicherheiten geprägt und entsprechend instabiler. Während der Präsidentschaft von Donald Trump wurden hohe Zölle für Importe in die U.S.A. eingeführt, wovon insbesondere China schwer betroffen war. In den internationalen Lieferketten waren die Folgen schnell spürbar. China als Hersteller- und Beschaffungsland drohte an Attraktivität zu verlieren, die Investitionen durch ausländischen Firmen in China verlangsamten sich. Dies wurde durch die im Westen als expansionistisch verstandene Geopolitik der chinesischen Regierung (inkl. Belt and Road Initiative) noch verstärkt. In der Kommunikation mit dem chinesischen Zulieferer war klar spürbar, dass auch sie verunsichert waren und auf wirtschaftliche Reformen warteten und warten.

Während der Pandemie hat China als Beschaffungsland weiter an Attraktivität verloren. Ganze Lieferketten kamen durch die lang andauernden Lockdowns ins Stocken, die Situation in den grossen Häfen war zeitweise dramatisch. Viele europäische Unternehmen fingen an, Lieferquellen ausserhalb China aufzubauen. Die eingeschränkten Lieferfähigkeiten bzw. offenen Rückstände führten dazu, dass China (und der Einkauf) vermehrt auf der Agenda bei der Geschäftsleitung der betroffenen Firmen stand. Diese Erhöhung des Stellenwerts des Einkaufs trug auch dazu bei, dass vermehrt Fragen über eine strategische Neuorientierung von Beschaffungs- und auch Fertigungsländer aufgeworfen wurden (Kyburz, 2024). Dazu kamen die explosiv gestiegenen Transportkosten (bis zu 20‘000 € für einen 40 Fuss Container von Shanghai nach Hamburg, von vorher 1‘000 bis 2’000 €) und die Verlängerung der Transportzeiten bis zu 8-10 Wochen. Dass während 3 Jahren keine physischen Meetings möglich waren, keine Besuche in China erlaubt waren (oder nur mit 2–3-wöchiger Hotelquarantäne), war ein Umstand, den die bestehenden guten zwischenmenschlichen Beziehungen in den Hintergrund rücken liess. Auch wenn auf beiden Seiten viel Verständnis bestand für die jeweils prekäre Lage, geschäftlich und menschlich und dank der Möglichkeiten von Video-Calls die Kommunikation nicht ganz zum Stillstand kam.

Während dieser Periode wurden bestenfalls die laufenden Geschäfte fortgesetzt, Projekte für neue Produkte und Technologien wurden nur noch in Einzelfälle gestartet. In den (immer umfassender werdenden) Lieferantenevaluationen schnitten die chinesischen Lieferanten deutlich weniger gut ab, wenn auch nicht aufgrund des angebotenen Preisniveaus, das nach wie vor global kompetitiv blieb und ist.

China kam wirtschaftlich geschwächt und moralisch angeschlagen aus der Pandemie. Die Konsumenten waren verunsichert, die heranwachsende Immobilienkrise hatte und hat grossen Einfluss auf die weitere Entwicklung. Die Exportindustrie tut alles daran, wieder an den bisherigen Märkten und Kunden anzuknüpfen, wobei die aktuell wirtschaftlich schwache Lage von vielen Regionen und Branchen weltweit eine grosse Herausforderung ist.

Seit Anfang 2023 sind Besuche an China wieder möglich und kommen auch, mehr denn je, chinesische Geschäftsleute wieder nach Europa und besuchen Kunden, potentielle Neukunden und Messen. Auch umgekehrt gibt es ein Nachholbedarf und fliegen viele Europäer nach Osten. Aber die Euphorie, die es vor 10-20 Jahren gab, ist weg. Die beiden Seiten haben eher unterschiedliche Erwartungen darüber, wohin eine allfällig gemeinsame Reise führen kann. Die Gespräche sind weniger offen, politische Themen anzusprechen stösst auf Angstgefühle und Funkstille – was zur Vertrauensbildung nicht beiträgt. Ausser, wenn beim gemeinsamen Essen die Türe vom separatem Restaurantraum geschlossen werden und der Maotai reichlich fliesst.

5. AUSBLICK IN DIE ZUKUNFT

Wie sich die Geschäftsbeziehungen in den nächsten 3-5 Jahren entwickeln werden, ist eine Frage, die mit sehr vielen Unsicherheiten umgeben ist. Dabei stehen die politischen Themen stark und mehr denn je im Vordergrund, erst an abgeschlagener zweiter Stelle kommen wirtschaftliche Faktoren.

Die Attraktivität von China als Beschaffungs- und Produktionsstandort wird m.E. in den kommenden Jahren stark unter Druck kommen und damit die Exportvolumina. Die folgenden Punkte tragen dazu bei:

- Die weltweit geopolitische Lage: Wird China seine Hegemonie Ansprüche (Taiwan, Südchinesisches Meer, Konflikte mit Japan und Indien) zurückstellen und wie entwickelt sich das Verhältnis zu den führenden Marktdemokratien (U.S.A., Japan, der E.U.)?
- Was wird aus der aktuellen Menschenrechtssituation in China? Hier steht die Problematik der Uyguren und Tibeter oft im Mittelpunkt der Tagespresse. Es gibt allerdings mehrere andere Punkte. Auch durch neue Gesetzgebungen (EU-Richtlinien) und einer kritisch werdende Konsumentenstimmung kommt China verstärkt unter Druck.
- Kann China seine Rechtsstaatlichkeit und Rechtssicherheit verbessern und das Vertrauen der ausländischen Investoren und einkaufenden Unternehmen verbessern?
- Wie werden sich die Löhne entwickeln? Aus volkswirtschaftlicher Sicht scheint ein weiterer Anstieg vorprogrammiert, es sei denn die Produktivität kann mit der Kostenwicklung mithalten. Die Wahrscheinlichkeit, dass andere Länder (Thailand, Malaysia, Vietnam, in Europa sicher auch Bulgarien und Rumänien) weiter an Attraktivität gewinnen werden, scheint relativ gross.

Mehr denn je werden Unternehmens- und Beschaffungsstrategien in den kommenden Jahren diese politischen Faktoren berücksichtigen müssen – nicht zuletzt aufgrund neuer Lieferkettengesetze. China ist dieser Situation aber nicht ausgeliefert: sie hat viele Trümpfe in eigener Hand, um die Entwicklung in Richtung (geo-)politischer Stabilität und Wirtschaftswachstum zu lenken.

LITERATURVERZEICHNIS

't Gilde, Chancen und Risiken des Sourcing in Asien; in: Boutellier, Roman und Wagner, Stephan (2005): Chancen nutzen, Risiken managen; Herausgeber: SVME.

Bogaschewsky, Ronald (2004). Einkaufen und Investieren in China; BME Leitfaden. Herausgeber: BME.

Kyburz, Andreas (2024). Stellenwert des Einkaufs, Der Einkauf in mittelgrossen Unternehmen; Herausgeber: procure.ch.

Locker, Alwin (2019). Chefsache Finanzen in Einkauf und Supply Chain, 3.Auflage; Verlag Springer Gabler.

von Senger, Harro (2016). 36 Strategeme für Manager; 5.Auflage, Verlag Hanser Fachbuch.

Adriaan ’t Gilde.
Adriaan P.J. ’t Gilde studierte Betriebswirtschaft an der Erasmus Universität Rotterdam (NL). Nach ersten Erfahrungen mit der Implementierung von ERP-Systemen, wanderte er 1989 in die Schweiz aus. Mitte der Neunzigerjahre übernahm er die Verantwortung für Einkauf und Logistik bei einem international tätigen Maschinenhersteller und reiste im Zuge zunehmendem Kostendruck nach Fernost. Nach Erfahrungen in Thailand, Singapur und Taiwan, folgte bald auch China. Als Chief Procurement Officer der Geberit Gruppe folgten bis 2023 zahllose Reisen nach China. Sein grosses Interesse an fremden Kulturen hat dazu beigetragen, die Zusammenarbeit mit chinesischen Geschäftspartnern erfolgreich aufzubauen und langfristig zu etablieren. 2024 gründete er die LIYAD Consulting.

德中组织发展

Dé zhōng zǔzhī fā zhǎn

DEUTSCH-CHINESISCHE ORGANISATIONSENTWICKLUNG

PATRICK SOUREK

Abstract. Gerade chinesische Unternehmen stehen in Deutschland oft unter mehrfachem Druck. Daher sind viele Firmen bemüht, eine positive Unternehmenskultur zu schaffen. Allerdings weisen die verfügbaren Instrumente zur Messung von Unternehmenskultur erhebliche Mängel auf, wie zum Beispiel Mitarbeiterbefragungen, Fragebögen oder Auswertungen von Internet-Bewertungen.

Der Beitrag zeigt zum einen die Herausforderungen von Organisationskulturen in chinesischen Unternehmen, die international tätig sind. Zum anderen wird ein neues, auf künstlicher Intelligenz basierendes Werkzeug zur Erfassung von Organisationskultur vorgestellt, dass sowohl die Passung als auch den möglichen Grad der Anpassung an eine Organisationskultur betrachtet und Tendenzen zur Optimierung aufzeigt.

Keywords: Culture, OD, Chinese Leadership, Globalisation, Language and AI

1. ORGANISATIONSENTWICKLUNG

Edgar Schein (1965) erklärte, dass alle Organisationen, unabhängig von ihrer Größe und Art, mit zwei Arten von Problemen konfrontiert sind:

- die kontinuierliche externe Anpassung an ein sich schnell veränderndes Umfeld;
- die entsprechende interne Integration, die den Erfolg der externen Anpassung unterstützen soll.

Schein nennt die Fähigkeit der Organisation, mit Veränderungen umzugehen und sich effektiv anzupassen, den „adaptiven Bewältigungszyklus", der ein Zeichen für die Effektivität der Organisation ist. Diese beiden Dimensionen helfen, die Beziehung zwischen OD-Praktikern und Strategen zu bestimmen (Schein, 1965). Während die Strategen die Führungskräfte dabei unterstützen, zu bestimmen, wie sich die Organisation extern anpassen sollte, um lebensfähig zu bleiben, unterstützen die OD-Praktiker die Führungskräfte dabei, eine angemessene interne Entwicklung zu gewährleisten, um die Umsetzung dieser identifizierten externen Ziele zu unterstützen. Im Gegensatz zu den Strategen ist die Personalentwicklung dazu da, die Organisation intern darauf vorzubereiten, die anspruchsvollen externen Ziele zu erreichen.

Durch die zunehmende Globalisierung und das Aufstreben neuer Wirtschaftsräume hat die Interkulturelle Managementforschung in den vergangenen vierzig Jahren zahlreiche neue Impulse in das Feld der Organisationsentwicklung (OE) gebracht. In den Achtzigerjahren hat eine Vielzahl von Autoren auf die kulturellen Probleme bei der Anwendung von amerikanischen Managementtheorien im Allgemeinen (Adler, 1991; Boyacigiller & Adler, 1991; Hofstede, 1980a, 1993) und Werte in Organisationsentwicklungsprozessen hingewiesen.

Jaeger (1986) und Davis (1969) stellten fest, dass die im angelsächsischen Raum definierten Werte für OE und der von Hofstede (1980b) entwickelten Kulturdimensionen, nicht mit den Werten der meisten nationalen Kulturen übereinstimmen. In einigen Fällen stehen sie sogar im Widerspruch zueinander. Andere haben Jaegers Kritik in einer Vielzahl von kulturellen Umgebungen aufgegriffen. Richards (1991) stellte fest, dass die Einführung von Veränderungen und die Entwicklung des Managements in Südostasien aufgrund unterschiedlicher kultureller Orientierungen nicht möglich ist.

1.1 Organisationsentwicklung in China

Im Zuge des sich rasant verändernden wirtschaftlichen Umfelds in China, durchliefen chinesische Firmen immer wieder unterschiedliche Veränderungsprozesse. Was Schein in den Sechzigerjahren definierte, gilt so auch für chinesische Organisationen. Jedoch ist der Blick auf das Instrumentarium organisationaler Veränderungsprozesse in konfuzianisch geprägten Kulturrkreisen ein anderer als in der europäischen und angelsächsischen Kultur. Viele der fast selbstverständlichen Annahmen über den Wandel, die der OD zugrunde liegen, unterscheiden sich in ihrer Art oder Auslegung von den kulturellen Überzeugungen über den Wandel in den meisten ostasiatischen Ländern. Unterschiede in den Annahmen könnten zu

Schwierigkeiten bei der Anwendung von OD in Ländern oder Kulturen mit anderen Veränderungskonzepten und/oder -traditionen führen. Von gleicher oder größerer Bedeutung für die OD-Theorie und -Praxis im chinesischen Kontext ist die Anerkennung der potenziellen Grenzen und Beschränkungen aktuelle OD-Theorien des Wandels, sowie ein Bewusstsein für neue Möglichkeiten und Optionen, die sich durch alternative Paradigmen ergeben (Kuhn, 1992). Vergleicht man die Lewinschen und Konfuzianischen (und Daoistischen) Modelle des Wandels, wird deutlich, dass bei Methoden und Werkzeugen im Veränderunsprozess Anpassungen notwendig werden (vgl. Marshak, 1993). Erwähnung sollten hier in Auswahl drei gegensätzliche, aber sich durchaus befruchtende Prinzipien des Wandels gegenübergestellt werden, die verdeutlichen, wo die Herausforderungen in Chinesischen OE-Prozessen bestehen, bei dem sich ein weiterer Kulturraum in der Organisation vorfindet.

Angelsächsische Change Theorie	**Konfuzianische Change Theorie**
Linear Man bewegt sich von einem Zustand zu einem anderen Zustand in einer Vorwärtsrichtung	**Zyklisch** Ein Prinzip von Ebbe und Flut, welches zyklisch ist
Fortschreitend Man bewegt sich von einem weniger gewünschten Zustand zu einem mehr gewünschten Zustand	**Prozesshaft** Man bewegt sich ständig von einem Zustand/einer Form/einem Zustand zum nächsten Zustand/zur nächsten Form/zum nächsten Zustand in einer geordneten Abfolge durch einen Zyklus
(auf ein Ziel hin) orientiert Man bewegt sich auf ein bestimmtes Ziel zu	**„der Weg ist das Ziel"** Da es einen ständigen zyklischen Wandel gibt, kommt es darauf an, wie gut man dem Weg folgt.

1.2 Deutsch-Chinesische OE

Treffen beide Kulturen in einer Organisation/ in einem Unternehmen aufeinander, so gilt es hier gleich mehrere Herausforderungen zu bewerkstelligen. Zum einen ist eine durch die gesamte Organisation dringende Kommunikationsstrategie notwendig, die Sinn und Nutzen einer OE-Maßnahme transparent und verständlich macht. Leider scheitern 70%-80% der

Veränderungsmaßnahmen bereits an dieser Hürde. Hier gilt es also erstmal „Lobbyarbeit" im eigenen Unternehmen zu betreiben. Vielen Managern ist das nicht bewusst. Oder sie wollen es einfach verdrängen. Oftmals wird versucht, eine solche Aufgabe intern abzubilden, um keine Dienstleister beauftragen zu müssen. Dies gelingt allerdings nur bei erfahrenen Teams, die bereits mehrere Entwicklungsprozesse durchlebt und aktiv mitgestaltet haben.

Zum anderen beginnt Kulturarbeit erstmal mit Wertearbeit. Das bedeutet, jeder in der Organisation muss sich darüber Gedanken machen, welche Werte ihm im beruflichen aber auch im privaten Kontext wichtig sind. Zu Werten in chinesischen Unternehmen gibt es zahlreiche Studien (Kulich, 2012; Le & Alon, 2003; Littrell, 2011; Sagie et al., 1996). Bei der Arbeit mit Werten in mehrkulturellen Organisationen kann man fünf Reifegrade definieren:

- Wir haben (überhaupt) Werte und sind uns dessen bewusst
- Wir wissen, die anderen Kulturen haben auch Werte
- Wir verstehen, dass die anderen Werte anders sind, teilweise aber ähnlich
- Wir verstehen die Interpretation der jeweils anderen Werte und können diese auch akzeptieren
- Wir haben gemeinsame Werte definiert und leben diese in der Organisation

Ziel ist es nun, die die ersten vier Stufen gemeinsam zu erarbeiten, um dann die fünfte Stufe zu erreichen. Dies sollte in einem globalen „Culture Change Programm" für beide Niederlassungen und insgesamt 1124 Mitarbeiter, durchgeführt werden. Die kulturelle Verteilung ergab, dass in China 368 Mitarbeiter und in Deutschland 756 Mitarbeiter Teil dieses Programmes werden sollen.

Konzeption, Rollout und Evaluation eines solchen Globalen Programms dieses deutschen Mittelständlers mit chinesischem Mehrheitseigner, soll hier kurz skizziert werden. Zeigt es doch, dass die Beteiligung nicht nur aller Mitarbeiter, sondern auch möglichst vieler Stakeholder, wie Lieferanten und Dienstleister, ein erfolgversprechendes Unterfangen wird, bei dem sich beide Kulturen sehr gut ergänzen und wie wir sehen werden, gemeinsame Potentiale entfalten.

2. PRAKTISCHE UMSETZUNG

2.1 Ausgangssituation

Beide Niederlassungen hatten sowohl in ihrer Funktion als auch in Größe und Mitarbeiterzahl, unterschiedliche Zahlen. Der Stammsitz des Unternehmens produzierte nicht mehr, sondern wurde sukzessive zum F&E-Zentrum umgebaut, während die Mitarbeiter in China die Produkte produzierten. Nach zwei erfolglosen Übernahmen durch amerikanische Unternehmen wurde der Zulieferbetrieb schließlich durch einen chinesischen Mehrheitseigner gekauft. Dies führte bei den deutschen Mitarbeitern zu großen Unruhen und den „üblichen Nachwehen", die leider bis heute anhalten. Um beide Entitäten, beide Kulturen zu einem großen Ganzen zu formen, hat man sich dann durchgerungen, ein globales „Culture Change Programm" aufzusetzen. Zentraler Bestandteil dieses Programms war das „GenFutureLEAD-Programm" (GLFP). Dieses Programm wurde mit sehr hohen Erwartungen gestartet. Es ging nicht nur darum, Fähigkeiten zu trainieren, sondern die Mentalität der Mitarbeiter, in China wie in Deutschland, mit der Unternehmenskultur zu „verschweißen". Angestoßen wurde die Idee eines solchen Programms durch die, zahlenmäßig kleinere Einheit, in China, wo es bereits mit einem weiteren Joint-Venture in derselben Holding, ähnliche Herausforderungen gab.

2.2 Das GenFutureLEAD-Programm (GLFP)

Dieses Programm wurde von einem Deutsch-Chinesischen Team aus (internen) Mitarbeitern dreier Führungsebenen, drei externen Beratern und einem Team von sechs Trainern, vier deutschen und zwei Chinesen, entwickelt. Die Hauptentwickler kommen aus Deutschland und haben viele Jahre in chinesischen Unternehmen vergleichbarer Größer und Branche gearbeitet.

2.2.1 Deutsch-Chinesisches Erfahrungslernen

Das GLFP wendet Lernprinzipien wie das Erfahrungslernen an. Die deutsche Aus- und Weiterbildung hat die positive Wirkung dieser konstruktivistischen Lernprinzipien erkannt, die die Lernenden als aktive Akteure in den gesamten Lernprozess einbeziehen (Weisweiler, 2008). Es gibt jedoch nur begrenzte Erkenntnisse über die Wirksamkeit dieser Schulungsansätze für chinesische Mitarbeiter.

Studien berichteten über die erfolglosen Ergebnisse der Anwendung erlebnisorientierter Lernprinzipien bei chinesischen Lernenden. Sie beschrieben, dass chinesische Lernende nicht in der Lage sind, die eigentliche Bedeutung solcher Lernansätze nachzuvollziehen und daher den Ideen der Trainer nicht folgen können (Berrell et al., 2001). Eine wachsende Zahl von Studien zeigt jedoch auch, dass die konstruktivistischen Lernprinzipien für chinesische Lernende umsetzbar sind (Fok, 2008). Zweifelsohne ist ein geeigneter Lernansatz für einen großen Lerntransfer und einen größeren Trainingseffekt notwendig. Die entscheidende Frage, die sich daher sofort stellen sollte, ist, ob das GLFP bei chinesischen Führungskräften eine vergleichbare Wirkung hat wie bei deutschen Führungskräften. Die klassischen Modelle zur Messung von Trainingserfolgen, wie das Modell von Kirkpatrick (Kirkpatrick, 1994) oder das Learning Transfer System Inventory (LTSI) von Holton et al. (2000), messen die Wirkung eines Trainings auf unterschiedlichen Stufen oder durch Faktoren, die sich auf den Lerntransfer auswirken.

2.3 Lerntransfer durch vertieftes Verständnis von Werten

Maßstab und Ausgangspunkt der Überlegungen zu Machbarkeit und Nachhaltigkeit einer solchen Maßnahme waren die oben erwähnten unterschiedlichen Werte. In der Vergangenheit wurden Veränderungs- und Trainingsmaßnahmen in beiden Kulturen durchgeführt und mittels Fragebogen deren Wirksamkeit abgefragt. Das eine solche Umfrage, wird sie auch noch so gründlich und aus verschiedenen Perspektiven, wie etwa dem 360° Feedback, durchgeführt, liefert doch immer nur subjektive Eindrücke. Da die Umsetzung eines gemeinsamen Wertegerüst für beide Seiten die Grundlage jeglicher weiterer Maßnahmen für Führung und Mitarbeiter darstellen sollte, hat man damit angefangen, die Mitarbeiter zu ihren Werten (erneut) über Fragebögen zu befragen. Doch dabei fiel auf, dass Selbstauskünfte der Mitarbeiter oft unzuverlässig, da sie subjektiv und situativ sind. Die Werte und Überzeugungen, von denen die Mitarbeiter sagen, dass sie ihnen wichtig sind, spiegeln sich oft nicht in ihrem tatsächlichen Verhalten wider. In einer Studie beteuerten beispielsweise 10 von zwölf Führungskräften, dass sie besonders harmoniebedürftig seien. Dies wurde jedoch in 360-Grad-Feedbacks und durch externe Beobachter fast ausnahmslos widerlegt. Zudem liefern Umfragen statische oder bestenfalls episodische Momentaufnahmen von Organisationen, die sich ständig weiterentwickeln. Außerdem werden sie durch eine Tendenz in der interkulturellen Forschung eingeschränkt, davon auszugehen, dass ausgeprägte und idiosynkratische Kulturen sauber in ein paar allgemeine Typen kategorisiert werden können. Diese Kritik trifft auf die bekanntesten Modelle, wie Hofstede (Hofstede et al., 2011), Hall (Berrell et al., 2001) oder Trompenaars (Trompenaars & Hampden-Turner, 1993) zu und bringt die Beteiligten solcher Kulturveränderungsmaßnahmen lediglich auf die Stufe 3 des o.g. Reifegradmodells zu bringen.

2.3.1 Kulturarbeit

In der deutsch-chinesischen Kulturarbeit, die sich über vier Monate und zwei gemeinsame Teamarbeiten in China und in Deutschland vor Ort, sowie in weiteren zweiwöchentlichen regelmäßigen Online-Konferenzen der Steuerungsgruppe erstreckte, kam man zu folgender Erkenntnis: Zentrale Werte für das Unternehmen sind: (1) Vertrauen, (2) Offenheit (3) 中庸zhong yong und (4) 和为贵 hé wéi guì. Begriffe wie „Vertrauen“ und „Offenheit“ lassen sich natürlich nicht nur sprachlich (nach Englisch, als Unternehmenssprache und nch Chinesisch) übersetzen, sondern haben im jeweils anderen Kulturkreis auch ein dem europäischen Kulturraum entsprechendes Äquivalent. Schwieriger wird es bei den beiden chinesischen Werten, die man mit „die goldene Mitte“ und „Harmonie“ übersetzen kann. Ihre Interpretation hingegen, fiel beiden Seiten schwer. Letztlich gelang es aber, die deutschen Mitarbeiter davon zu überzeigen, dass diese Werte eine wichtige Ergänzung im Repertoire der Unternehmenskultur darstellen.

3. ANPASSUNGSFÄHIGKEIT ALS SCHLÜSSELKOMPETENZ

In der Überlegung und auf der Suche nach einem validen Konzept gemeinsam gelebter Werte und Haltungen in der Gesamtbelegschaft, orientierte sich das GLFP an neueren Studien von Srivastava, Manian und Goldberg, die am „Institute for Research on Labor and Employment“ in Berkeley, Kalifornien arbeiten. In einem 2016 veröffentlichen Arbeitspapier, untersuchen sie die Anpassungsfähigkeit von Menschen an Organisationskulturen und ihre Auswirkung auf ihre Leistungsfähigkeit (Lu et al., 2024).

Dieses Modell verspricht drei Ergebnisse:

- Gibt es eine Voraussage für die individuelle Leistung;
- zeigt es unterschiedliche Anpassungsmuster für Mitarbeiter, die freiwillig oder unfreiwillig das Unternehmen verlassen ebenso für Mitarbeiter, die im Unternehmen verbleiben
- zeigt es, dass eine schnelle, frühe kulturelle Anpassung das Risiko eines unfreiwilligen, aber nicht eines freiwilligen Ausscheidens verringert.

3.1 Kognitive Vielfalt

Die Befürworter kultureller Vielfalt in Teams gehen davon aus, dass diese zu kognitiver Vielfalt führt, d. h. zu einer Vielfalt der Gedanken und Ideen. Die Erkenntnisse darüber, ob kognitive Vielfalt die Teamleistung fördert oder behindert, sind bis heute nicht eindeutig geklärt (vgl. Guimarães, 2023; Hesse & Witte, 2023). Ein Teil des Problems besteht darin, dass diese Studien unvollkommene Ersatzwerte für kognitive Vielfalt verwenden, wie z. B. demografische Vielfalt, Persönlichkeitsmerkmale oder selbstberichtete Überzeugungen und Werte. Außerdem wurde in dieser Forschungsrichtung nur selten untersucht, wie sich die Vielfalt in der Kommunikation und in den Interaktionen tatsächlich äußert, was problematisch ist, da die Teammitglieder manchmal zögern, ihre wahren Gefühle und Meinungen mitzuteilen. Und schließlich wird die kognitive Vielfalt oft als statisch angenommen, obwohl wir wissen, dass sich die Teamdynamik im Laufe eines Projektlebenszyklus häufig ändert (vgl. Lu et al., 2024).

3.2 Die eigene technische Umsetzung

Hier beginnt die eigentliche „Erfolgsstory“ dieses deutsch-chinesischen Unterfangens. In den Forschungsarbeiten aus Berkeley aber auch in einem anderen multidisziplinär arbeitenden Team von Forschern an der Stanford Universität, hat man den Inhalt von Slack-Nachrichten, E-Mails und Beiträge in Intranet-Foren computerlinguistisch ausgewertet (Lix et al., 2022). Dies schien in einem technikbasierten deutsch-chinesischen Unternehmen, dass darüber hinaus die Mehrheit der Ingenieure als Software-Ingenieure bereithielt, als kulturübergreifende Aufgabe. Und hierin liegt schon die erste

Leistung des GLFP: Der Ansporn der Software-Entwickler in China wie in Deutschland, ein auf künstlicher Intelligenz basiertes Programm zu schreiben, dass die Architekten des GLFP über die Anpassungsfähigkeit an die Unternehmenskultur informiert, war der Motor des gesamten Unternehmens. Eine „Taskforce KI" bildete sich umgehend. Bestehend aus vier Softwareentwicklern, die alle solide Erfahrung mit Sprachmodellen für Navigationssysteme in Automobilen besitzen und zwei Organisationsentwicklern, die beide in der jeweils anderen Kultur längere Zeit gelebt und gearbeitet haben. Eine chinesische Kollegin, die darüber hinaus einen technischen Hintergrund besitzt und ein deutscher Kollege, aus dem Beratergremium, der einen arbeits- und organisationspsychologischen Hintergrund besitzt.

Basierend auf Standardprodukten der Softwareentwicklung gelang es diesem Team, in nur sechs Monaten, ein brauchbares Anwendungs-Tool zu kreieren, welches es ermöglichte, den E-Mail-Verkehr eines gesamten Jahres zwischen den Entwicklerteams in Deutschland und China sprachlich zu analysieren und Algorithmen zu entwickeln, die es Führungskräften erlauben eine Vorhersagbarkeit der Passung von Mitarbeitern in einer Organisationskultur zu bestimmen. Essenziell ist hier nicht nur die gemeinsame Entwicklung einer neuen Technologie, sondern die kulturübergreifende Kooperation, die selbst hartnäckige Datenschutzbestimmungen in Deutschland und zweifelnde chinesische Kollegen überwinden konnte.

Algorithmische Vorhersagen erzeugen bei den Führungskräften oft ein falsches Gefühl der Sicherheit; und schließlich kann es unbeabsichtigte Folgen haben, wenn einem Algorithmus unangemessenes Gewicht beigemessen wird – z. B. die Verschärfung menschlicher Vorurteile, die sich negativ auf Frauen und Mitglieder unterrepräsentierter sozialer Gruppen auswirken.

Algorithmen nehmen zwar Schätzungen vor, aber es liegt letztendlich in der Verantwortung der Führungskräfte, fundierte Urteile zu treffen. Beide Seiten haben bei diesem Prozess der Tool-Entwicklung akribisch auf die Anonymität der Metadaten geachtet, um auch Datenschutzbestimmungen einzuhalten. Um eine algorithmische Entscheidungsfindung regelmäßig auf Voreingenommenheit überprüfen, um sicherzustellen, dass die Verwendung sprachbasierter Tools keine unbeabsichtigten negativen Auswirkungen auf die Organisationskultur selbst hat, indem sie beispielsweise das Misstrauen der Mitarbeiter fördert, bedarf es aber nach wie vor des menschlichen Verstandes. Kulturunabhängig.

4. FAZIT

Algorithmische Vorhersagen erzeugen bei Managern oft ein falsches Gefühl der Sicherheit; und schließlich kann es unbeabsichtigte Folgen haben, wenn einem Algorithmus unangemessenes Gewicht beigemessen wird – z. B. die Verschärfung menschlicher Vorurteile, die sich negativ auf Frauen und Mitglieder unterrepräsentierter sozialer Gruppen auswirken. Den Beteiligten der Entwicklung dieser Kulturveränderung ist klar geworden, dass es ohne verständige Menschen, die Daten lesen und auswerten können, nicht geht. Der Faktor „Mensch" ist besonders in bikulturellen technikorientierten Organisationen nicht weg zu denken. Ungeachtet dieser wichtigen ethischen Fragen sind die chinesischen und deutschen Entwickler davon überzeugt, dass dieses Werkzeug auch in Zukunft Erkenntnisse liefern werden, die es Führungskräften ermöglichen, die Kultur eines Unternehmens, endlich als strategische Ressource zu managen, was letztlich zu kulturell vielfältigeren und integrativeren Teams und Organisationen führt.

LITERATURVERZEICHNIS

Berrell, M., Wrathall, J., & Wright, P. (2001). A model for Chinese management education: Adapting the case study method to transfer management knowledge. Cross Cultural Management: An International Journal, 8, 28–44.

Fok, A. W. (2008). Does a critical constructivist learning environment encourage a deeper approach to learning? Asia-Pacific Education Researcher, 16, 1–10.

Guimarães, D. S. (2023). Der unendliche Prozess der dialogischen Multiplikation: Überlegungen für die psychologische Forschung und die berufliche Praxis. In D. S. Guimarães (Hrsg.), Dialogische Multiplikation: Grundsätze für eine indigene Psychologie (S. 147–151). Springer International Publishing. https://doi.org/10.1007/978-3-031-22713-4_6.

Hesse, F., & Witte, J. (2023). Ambivalenz der Vielfalt: Reflexionen zu den Vorträgen der Sektion 12, Literar- und medienästhetisches Lernen, beim 24. Symposion Deutschdidaktik (18.-22.09.2022) in Wien. Zeitschrift für Sprachlich-Literarisches Lernen und Deutschdidaktik, 3. https://doi.org/10.46586/SLLD.Z.2023.10240.

Hofstede, G., Hofstede, G. J., & Mayer, P. (2011). Lokales Denken, globales Handeln: Interkulturelle Zusammenarbeit und globales Management (Orig.-Ausg., 5., durchges. Aufl.). Dt. Taschenbuch-Verl. [u.a.].

Kulich, S. J.; Z. (2012). The multiple frames of 'Chinese' values: From tradition to modernity and beyond. In Oxford Handbook of Chinese Psychology.

Le, L., & Alon, I. (2003). Changing cultural and economic values of the young and educated in China.

Littrell, R. F. (2011). Manufacturing quality and cultural values in China. https://www.academia.edu/19514660/Manufacturing_quality_and_cultural_values_in_China.

Lix, K., Goldberg, A., Srivastava, S. B., & Valentine, M. A. (2022). Aligning Differences: Discursive Diversity and Team Performance. Management Science, 68(11), 8430–8448. https://doi.org/10.1287/mnsc.2021.4274.

Lu, R., Chatman, J. A., Goldberg, A., & Srivastava, S. B. (2024). Two-Sided Cultural Fit: The Differing Behavioral Consequences of Cultural Congruence Based on Values Versus Perceptions. Organization Science, 35(1), 71–91. https://doi.org/10.1287/orsc.2023.1659.

Sagie, A., Elizur, D., & Koslowsky, M. (1996). Work Values: A Theoretical Overview and a Model of Their Effects. Journal of Organizational Behavior, 17, 503–514. JSTOR.

Trompenaars, F., & Hampden-Turner, C. (1993). Riding the waves of culture understanding cultural diversity in business (2.).

Weisweiler, S. (2008). Der Einfluss von Individuum, Trainingsmaßnahme und Umfeld: Eine Untersuchung zum Transferprozess in der Weiterbildung. na. https://books.google.de/books?id=mfOCYgEACAAJ.

Patrick Sourek. E-Mail: p.sourek@pang-partner.com

Mit mehr als 18 Jahren Erfahrung im Bereich Learning and Development hat Patrick Sourek für internationale Unternehmen wie Lufthansa und Hutchison Whampoa als Management-Trainer und Berater gearbeitet. Mit den Schwerpunkten Organisationsentwicklung, Führung und interkulturelle Kommunikation in deutsch-chinesischen Unternehmen wurde er von verschiedenen chinesischen Institutionen für seine Arbeit geehrt.

Er hat einen Hintergrund in Politik- und Wirtschaftswissenschaften mit Schwerpunkt Ostasien, sowie das 1. und 2. Staatsexamen in Philosophie, Theologie und Geschichte.

Als Experte für interkulturelle Führung und Dozent für Globales Management an der „International School of Management“ in Köln und häufiger Gastdozent an Universitäten in Deutschland, Italien und China. Er ist Gründer und Vorsitzender des Shanghai Leadership Institute und Generalsekretär der „Federation of German-Chinese Alliance, BDCA e.V.“.

中国市场：后疫情时代中国的机遇与风险

Zhōngguó shìchǎng: Hòu yìqíng shídài zhōngguó de jīyù yǔ fēngxiǎn

DER CHINESISCHE MARKT
CHANCEN UND RISIKEN IN POST-COVID CHINA

LEO WU

Abstract. Der Beitrag gibt einen Überblick über die wirtschaftliche Lage Post-COVID Chinas und die strukturellen Herausforderungen, vor denen die zweitgrößte Volkswirtschaft der Welt in dieser kritischen Transformationsphase steht. Zugleich wird aufgezeigt, welche Chancen und Risiken sich dadurch für ausländische Unternehmen ergeben und welche Erfolgsfaktoren für ein langfristiges Wachstum in einem innovativen, dynamischen, aber auch wettbewerbsintensiven Markt wie China ausschlaggebend sind. Dies wird auch anhand von Best Practices und persönlichen Erfahrungen des Autors anschaulich dargestellt.

Stichwörter: Post-Covid Wirtschaft China, Chancen und Herausforderungen des chinesischen Marktes, Erfolgsfaktoren Markteintritt China

1. POST-COVID CHINA

Am 07. Dezember 2022 veröffentlichte der chinesische Staatsrat einen 10-Punkte-Plan mit Erleichterungen der Quarantäne und Lockdownbestimmungen. Damit wurde die radikale Kehrtwende und das Ende der rigiden Null-COVID Politik nach fast 3 Jahren aufgrund zunehmender Proteste in der Bevölkerung eingeleitet.

Ich erinnere mich, dass damals einer meiner chinesischen Geschäftspartner sehr euphorisch über die unerwartete Öffnung in Shanghai, das sowohl gesellschaftlich also auch wirtschaftlich von den vielen Lockdowns sehr betroffen war, berichtete und eine baldige Erholung der Wirtschaft prognostizierte. Dieser anfängliche Optimismus ist inzwischen verflogen, da China mit einigen konjunkturellen, demografischen und strukturellen Herausforderungen kämpft

1.1 Demografische Entwicklung: Das Dilemma der Ein-Kind-Politik

Die Ein-Kind-Politik wurde im Jahre 1979 aufgrund des explosionsartigen Bevölkerungswachstums nach dem chinesischen Bürgerkrieg 1927–1949 eingeführt, um Hungernöten vorzubeugen.

Mit dem ökonomischen Aufschwung und der Verbesserung der medizinischen Versorgung, reduzierte sich die Säuglingssterblichkeit, zugleich stieg die Lebenserwartung, aber auch der Bedarf an Arbeitskräften.

Zu spät erkannte die chinesische Regierung diese Signale und die Aufhebung der Ein-Kind-Politik im Jänner 2016 konnte den Negativtrend in der Geburtenrate kaum abschwächen, da für einen erheblichen Teil der jungen städtischen Mittelschicht die eigene Karriere, Konsum und Freizeit im Vordergrund standen. Auch die hohen Wohn- und Bildungskosten in den Städten sprach gegen den Kinderwunsch. Als Folge dieser Ein-Kind-Politik sank erstmals im Jahre 2022 seit den Hungersnöten der Kulturrevolution die chinesische Gesamtbevölkerung und das Land wurde im April 2023 von Indien als bevölkerungsreichstes Land der Erde mit 1.43 Mrd. Einwohnern überholt (UN, 2023).

Mit der Veralterung der Gesellschaft sinkt auch der arbeitsfähige Anteil der Bevölkerung und der zusätzliche Mangel an Fachkräften hindert China daran, zur industriellen Supermacht aufzusteigen. Zudem sorgte die Rekord-Jugendarbeitslosigkeit von über 20% (!) im Juni 2023 sowohl in China als auch in der ausländischen Presse (Handelsblatt, 2023) für so großes Aufregen, dass das nationale Statistikamt NSB die Zahlen seitdem nicht mehr veröffentlicht.

Abbildung 1: Jugendarbeitslosigkeit China (Handelsblatt 2023, 15. August)

Die hohe Post-COVID Jugendarbeitslosigkeit resultiert nicht nur aus der temporären Krise des Dienstleistungssektors oder der Baubranche, die in der Pandemie völlig eingebrochen waren, sondern auch in der IT Branche haben Konzerne wie Alibaba oder Tencent seit 2020 begonnen, tausende Arbeitsplätze abzubauen.

Auf den ersten Blick scheint die hohe Jugendarbeitslosigkeit sich mit dem Mangel an qualifizierten Fachkräften zu widersprechen, aber das derzeitige Bildungssystem schafft eine Diskrepanz zwischen Ausbildung und Anforderungsprofil (Merics, 2015):

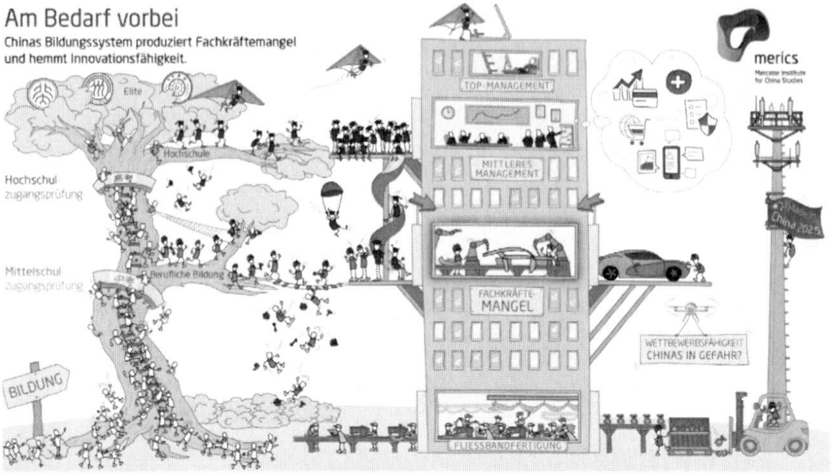

Abbildung 2: Ausbildung am Bedarf vorbei (Merics, 2015)

Alleine im Jahre 2023 strömten knapp 12 Mio. Hochschulabsolventen auf den Arbeitsmarkt, mit der Hoffnung auf einen qualifizierten Job, die es angesichts des Wirtschaftsabschwunges nicht mehr gab und die enttäuschten Bachelors und Masters mussten sich teilweise mit Nebenjobs versuchen oder kehrten ins Elternhaus als *„Full-time-children"* (BBC, 2023) zurück. Versuche der Regierung, die Attraktivität einer Fachausbildung zu fördern, scheitern an der konfuzianistischen Wertvorstellung der chinesischen Gesellschaft, die eine höhere universitäre Ausbildung als erstrebenswertes Gut ansieht.

Als Vorbild wird in China oft das duale Lehrlingssystem im deutschsprachigen Raum gepriesen und es gibt daher Bestrebungen seitens des chinesischen Bildungsministeriums, hier Kooperation mit deutschen Institutionen einzugehen. (Merics, Sep 2015)

Zudem versucht die Regierung, Jugendliche dazu zu bewegen, auf das Land zu ziehen, um das ländliche Gebiet wirtschaftlich zu beleben. Dieses Programm erinnert stark an Maos Maßnahmen während der Kulturrevolution der 60er-Jahre.

1.2 Immobilienkrise

Aufgrund des Immobilienbooms vor der Pandemie legten viele Konsumenten den Großteil des gesparten Geldes in Immobilien an. Die Banken gewährten den Baufirmen und Privatanleger lockere Kredite, da sie mit steigenden Immobilienpreisen spekulierten. Diese Rechnung ging in der Vergangenheit aufgrund des enormen Wirtschaftswachstums auch auf, doch als diese ins Stocken geriet, sank die Nachfrage nach Immobilien und die Abwärtsspirale in der Branche begann, da auch die Banken vorsichtiger wurden.

Bald fehlte den Baufirmen die Liquidität, um Projekte weiterzuführen und die Insolvenz der Evergrande Gruppe oder die Liquiditätskrise von Country Garden – Chinas größtem privaten Immobilienentwickler, sind nur die Spitze des Eisbergs.

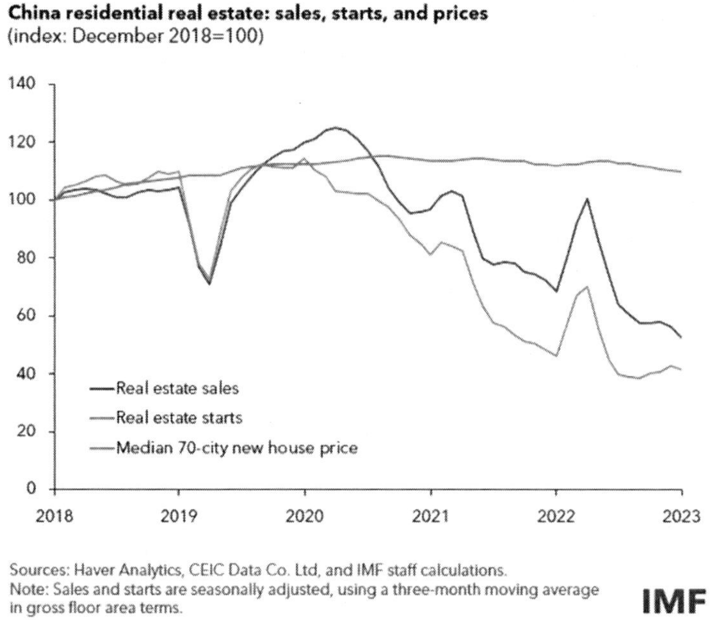

Abbildung 3: Chinas Immobilienpreise und Anzahl der Neubauprojekte (IMF, 2024)

Da die Immobilienbranche ca. 20% des BIP ausmacht (IMF, 2024), versucht die chinesische Regierung mit verschiedenen Mitteln den Zusammenbruch dieses enorm wichtigen Wirtschaftszweigs zu verhindern. Beispiele dafür sind die Erleichterungen bei den Eigenmitteln für Wohnungskredite oder die Aufhebung der Beschränkung von zwei Wohnungen pro Familie.

Sollten diese Maßnahmen nicht ausreichend sein und eine strukturelle Reform des Kreditvergabesystems und der gesamten Baubranche nicht voranschreiten, hätte dies fatale Folgen für den chinesischen Finanzmarkt und würde auch viele andere Branchen mit in die Krise ziehen. Vor allem werden auch soziale Unruhen befürchtet, sollte die Immobilienblase platzen.

1.3 Schwacher Inlandskonsum

Da viele Konsumenten ihr erspartes Geld in Immobilien angelegt haben und ihre Kredite zurückzahlen müssen, sind viele Menschen in China verunsichert und konsumieren weniger. Dies ist auch am sinkenden Einkaufsmanagerindex (EMI) erkennbar:

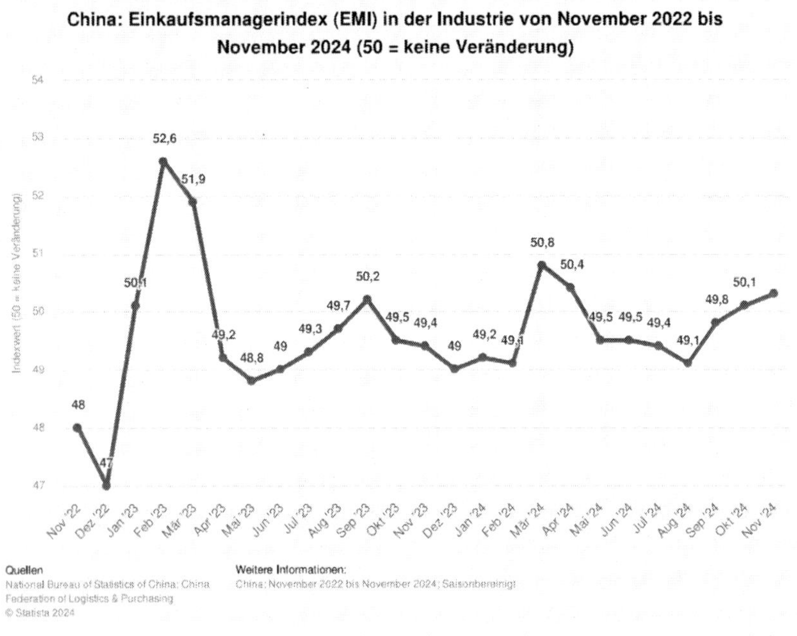

Abbildung 4: China EMI/PMI (Statistikamt China, 2024): Ein Wert unter 50 wird als Indikator für eine rückläufige Industrieproduktion angesehen.

Dies ist besorgniserregend für die Regierung, da sie die Abhängigkeit des Landes vom Außenhandel verringern möchte und den Inlandskonsum als Wachstumsträger der Wirtschaft fördern will, ähnlich den USA.

Daher versucht die Partei etwa die für China so wichtige Automobilbranche mit Förderungen für Elektroautos anzukurbeln oder den Tourismus durch Senkung von Eintrittspreisen bei Nationalparks zu stimulieren und verteilt auch Einkaufsgutscheine. Ob diese Maßnahmen ausreichend sind, um den Inlandskonsum wieder in Gang zu bringen, muss noch weiter beobachtet werden, denn für große Konjunkturpakete und Infrastrukturprojekte fehlt der chinesischen Regierung nach den hohen Kosten der Pandemie das Geld.

2. CHANCEN UND RISIKEN FÜR UNTERNEHMEN

Trotz der vielen Post-Covid Herausforderung ist China für viele westliche Firmen noch immer ein wichtiger Beschaffungs- und Absatzmarkt und in vielen Industriesektoren hat China die USA oder die EU bereits überholt:

China ist inzwischen in 7 der 10 wichtigsten Schlüsselindustrien Weltmarktführer, darunter Leitsektoren wie Automobil, Computer/Elektronik, Chemie oder Maschinenbau (ITIF, 2023).

Welche Chancen und Risiken ergeben sich aus dieser Transformation Chinas für ausländische Unternehmen? Dieser Frage stellen wir uns im nächsten Kapitel.

2.1 Vom Imitator zum Innovator

Längst hat sich China von der „Werksbank der Welt" zum Innovationsführer in vielen Schlüsselindustrien hochgearbeitet. Selbst chinesische Firmen verlagern ihre Produktion nach Vietnam oder Indien, da dort die Lohnkosten wesentlich niedriger sind. War China am Beginn des wirtschaftlichen Aufschwungs noch bekannt für seine Imitationen und Kopien in vielen Industrien, kommen inzwischen viele neue Impulse und Ideen aus China, auch zum Teil angetrieben durch die Vernetzung und Digitalisierung unserer Gesellschaft.

Ein gutes Beispiel für die Marktführerschaft ist der Maschinenbau. Traditionell von den zwei großen Industrienationen Deutschland und Japan dominiert, hat sich der Weltmarktanteil Chinas von unter 10% im Jahre 2006 auf fast 30% innerhalb von 12 Jahre verdreifacht (siehe Abbild 5). China ist inzwischen in dieser Branche unangefochtener Weltmarktführer. In vielen Produktionsstätten Chinas stehen nicht mehr deutsche und japanische, sondern immer mehr chinesische Anlagen. Selbst westliche Firmen in China setzen inzwischen aufgrund des guten Preis-Leistungsverhältnisses immer mehr auf chinesische Maschinen in der Produktion. Die westlichen Maschinen kommen meist im Hochpräzisionsbereich zum Einsatz, was aber eher einen kleinen Teil des gesamten Maschinenparks ausmacht.

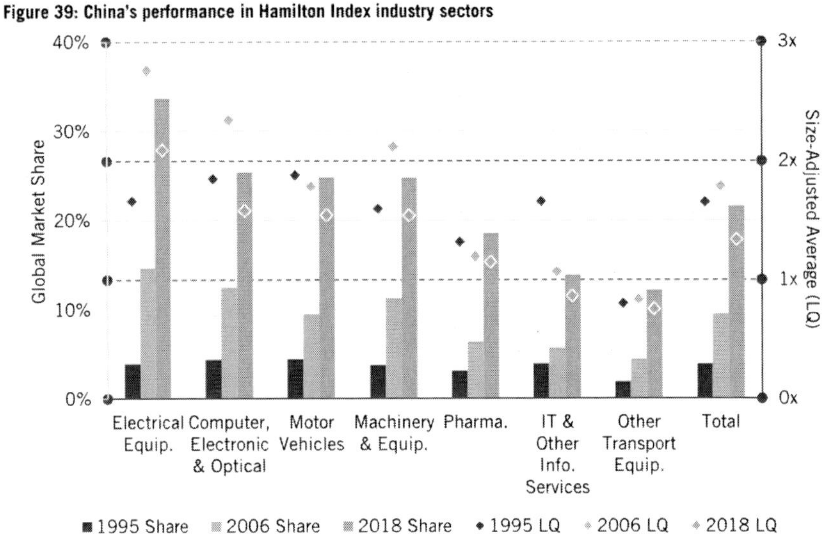

Abbildung 5: Chinas Weltmarktanteil in den wichtigsten Industriesekto-ren (ITIF, 2023)

Neben dem guten Preis-Leistungsverhältnis („*fit-for-purpose*") ist aber auch die Innovationskraft aufgrund der hohen Marktdynamik, ein treibender Faktor, wieso auch viele ausländische Firmen (e.g. ABB, BMW, DuPont) ihre R&D Centers in China aufbauen. Chinesische Unternehmen sind nicht innovativer als westliche Unternehmen, aber es ist sowohl die Geschwindigkeit mit der neue Produkte auf den Markt kommen, als auch die Anpassungsfähigkeit und Bereitschaft der chinesischen Konsumenten Neues auszuprobieren, die den Unterschied ausmachen.

Ein gutes Beispiel dafür ist der Online Paymentdienst WeChat Pay, der etwa zur gleichen Zeit (2014) wie Apple Pay auf dem Markt gekommen sind. Beide waren was Timing und technologische Innovation betrifft etwa gleich, aber der Marktlaunch unterschied sich aufgrund der Akzeptanz der Konsumenten dramatisch: Nach nur 5 Jahren hatte WeChat Pay ein Transaktionsvolumen von 1.2 Mrd. *pro Tag* verglichen mit Apple Pays 1 Mrd. *pro Monat* (HBR, May-June 2021).

Es ist daher nicht nur das große Marktpotenzial für viele Firmen von immenser Bedeutung, sondern auch die Dynamik, und Innovationskraft, die für eine Präsenz in China spricht.

Dieser Innovationsschub bietet auch westlichen Firmen neue Geschäftschancen, v.a. in den großen Themenblöcken Ökologisierung (Umwelttechnologie, Energieeffizienz), Gesundheitswesen (Life Science, Biotechnology, Pharmazeutik, Spitalswesen) und Industrie 4.0 (Produktivitätssteigerung, Automatisierung, Digitalisierung).

2.2 „*China for China*": Marktdynamik und lokaler Wettbewerb

Das dynamische Wirtschaftswachstum, gekoppelt mit dem Unternehmergeist, das Teil des chinesischen DNAs ist, hat in vielen Branchen chinesische Wettbewerber hervorgebracht, die inzwischen nicht nur im lokalen Markt als erstzunehmende Gegner auftreten, sondern auch global ihre Fingerabdrücke hinterlassen, ähnlich wie die japanischen Automobil- (Toyota) und Elektronikkonzerne (Sony) der 70/80er Jahre oder die Koreaner (Hyundai-Kia, Samsung) der 90er Jahre. Zwei gute Beispiele für global expandierende Unternehmen aus China sind der Automobilhersteller BYD und der Elektronikkonzern Xiaomi:

BYD („*Build Your Dreams*") wurde 1995 vom damals 29jährigen Chemiker Wang Chuanfu gegründet und startete damals als Handy-Batteriehersteller. Im Jahre 2003 stieg BYD mit dem Kauf eines angeschlagenen Automobilherstellers in diese Branche ein, da Wang damals schon die Synergien von Batterieherstellung und Automobilbranche sah. Inzwischen hat

BYD Volkswagen als Marktführer in China abgelöst und produziert schon mehr Elektrofahrzeuge als Tesla weltweit. Im Jahre 2022 begann BYD auch mit der Expansion in den wichtigen deutschen Automobilmarkt.

Abbildung 6: BYD und CEO Wang Chuanfu

Xiaomi, auch *„Apple von China“* genannt, wurde erst 2010 vom Softwareentwickler LeiJun in Peking gegründet. Damals begann der Boom der Smartphones mit Apple/Samsung im Hochpreissegment und chinesischen Herstellern im mittleren und niedrigen Preissegment. Lei Jun wollte ein hochwertiges, aber kostengünstiges chinesisches Handy produzieren und gilt seitdem als Inbegriff eines chinesischen Produktes mit einem guten Preis-Leistungs-Verhältnis. Innerhalb von nur 4 Jahren wurde Xiaomi nach Apple und Samsung zum weltweit drittgrößten Hersteller von Smartphones und hat seine Produktpalette auch auf Haushaltsgeräte und Heimelektronik ausgeweitet, von einem digitalen Wasserkocher bis zur Drohne, alles natürlich mit einem Xiaomi Handy steuerbar. Die Expansion nach Europa startete im Jahre 2018 in der Designmetropole Paris.

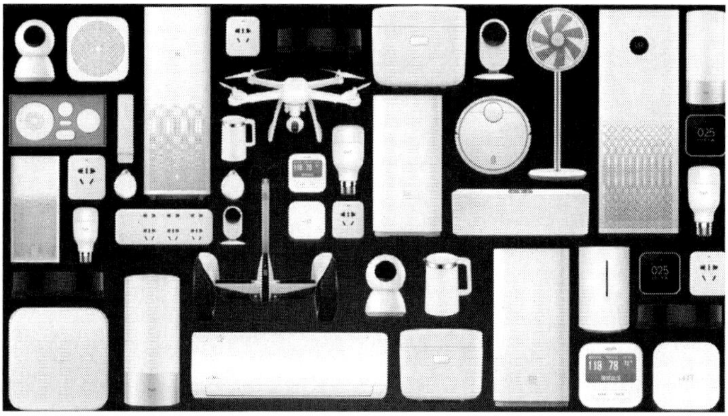

Abbildung 7: Xiaomi Produktpalette Heimelektronik

Diese zwei Beispiele zeigen, wie innovativ chinesische Firmen in vielen Branchen geworden sind und wie wichtig es für westliche Unternehmen ist, in diesem Markt aktiv zu sein, um sich den chinesischen Wettbewerbern in ihrem Heimmarkt entgegenzustellen:

In der von der deutschen Handelskammer Anfang 2024 veröffentlichten „Business Confidence Survey China" (AHK, 2024) planen über 50% der deutschen Unternehmen in den nächsten Jahren weiterhin in China zu investieren, nicht aber wegen des Marktwachstums, sondern um im chinesischen Markt gegenüber den lokalen Gegenspielern wettbewerbsfähig zu bleiben:

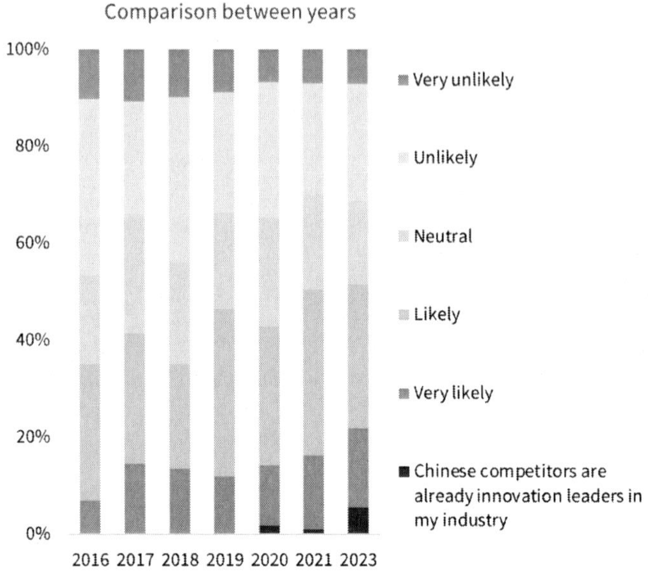

Abbildung 8: Chinesische Unternehmen als Innovationsführer (AHK, 2024)

Zusätzlich werden viele Branchen durch staatliche Subventionen oder langfristige Entwicklungspläne gefördert, wie die „*Made in China 2025*" Strategie des ehemaligen Premierministers Li Keqiang zeigt: Dieser ambitionierte 10 Jahresplan hat zum Ziel, die Wertschöpfungskette Chinas zu erhöhen und 10 High-Tech und Schlüsselindustrien unabhängiger vom Ausland zu machen. Dazu gehören u.a. Pharmazeutik/Medizintechnik, Robotik, Maschinenbaum IT, Elektromobilität oder Luft & Raumfahrt (Merics 2016). Dieser Plan eröffnet auch westlichen Firmen aus diesen Branchen eine Chance, am Upgrade in diesen 10 strategischen Industrien zu partizipieren und viele Industrieparks oder Regionen bieten Anreize und Subventionen für ausländische Unternehmen an, die sich dort niederlassen.

2.3 „Finding the right partner" – Greenfield oder Joint-Venture?

Viele Firmen, die das erste Mal nach China expandieren, sehen einen riesigen Markt mit 1,4 Milliarden Konsumenten als potenzielle Kunden.

Doch das Land ist immer noch aufgeteilt in die reichen Küstenregionen wie das Yangtze Delta (Shanghai, Zhejiang, Jiangsu), Fujian Provinz oder Greater Bay Area (Guangzhou, Shenzhen) mit einem BIP pro Kopf von etwa 15–20.000 USD und ärmeren Regionen im Landesinneren mit einem 1/4 des BIP von etwa 5.000 USD (z.B.: Yunnan, Sichuan). Außerdem besteht das Land aus 56 ethnischen Volksgruppen, obwohl die Han-Chinesen über 90% der Bevölkerung ausmachen. Daher ist die Betrachtung Chinas als einheitlicher Binnenmarkt nicht immer sinnvoll. Auch die Mentalität zeigt große Unterschiede- von den eher wortkargen Nordost-Chinesen der Mandschurei, zu den kosmopolitischen Shanghaiern oder „mediterranen" Südchinesen von Guangdong/Fujian.

Es ist daher bei der Marktbearbeitung ratsam, sich eine Fokusregion für sein Engagement in China auszusuchen, die dann intensiver bearbeitet wird und von der man aus in die umliegenden Provinzen expandiert. Dabei bietet das Landesinnere wie zum Beispiel die Provinz Sichuan eventuell einen profitableren Markteintritt als die heiß umkämpften Küstenregionen, wo schon viele andere westliche Firmen ihren Stammsitz haben.

Eines der wichtigsten Entscheidungen des Markteintrittes in China aufgrund der geografischen Größe und kulturellen Vielfältigkeit ist, ob man diesen Schritt allein wagt (Greenfield Investment) oder sich einen lokalen Partner sucht via eines Joint-Ventures oder Kooperationen.

Abgesehen von den rechtlichen Rahmenbedingungen, die in einigen speziellen Sektoren entweder keine ausländischen Beteiligungen in China erlauben (z.B.: Rüstungsindustrie, Bergbau,) oder nur mit einem chinesischen Joint-Venture Partner (z.B.: Infrastruktur, Medizintechnik/Pharmazeutik, Chemie), spielen betriebswirtschaftliche und strategische Faktoren die entscheidende Rolle.

Greenfield Investments – der Aufbau einer eigenen Produktionsstätte- – haben den Vorteil, dass man unabhängiger agieren kann und auch kein Technologietransfer zu einem externen Partner nötig ist, wobei in Joint-Ventures der Partner den Marktzugang meistens schon mit sich bringt.

Ein gutes Beispiel, wie beides reibungslos funktionieren kann, ist die Plansee Gruppe, ein weltweit führender Technologiekonzern und Hidden-Champion für Komponenten aus Molybdän, Wolfram (PLANSEE) und

Hartmetall (CERATIZIT) für die Elektronik, Medizintechnik sowie den Maschinen und Anlagenbau, mit Sitz in Reutte/Tirol in Österreich.

PLANSEE startete seine China Aktivitäten Anfang der 90er-Jahre mit einer Repräsentanz in Hong Kong, wie so viele westliche Firmen damals aufgrund der Rechtssicherheit, Infrastruktur aber auch Lebensbedingungen für Expats vor Ort und expandierte danach mit weiteren Vertriebsbüros in Shanghai und Peking. Im neuen Millennium wurde jedoch klar, dass mit einer kleinen Vertriebsmannschaft allein, der boomende chinesische Markt nicht zu bewältigen war. Außerdem forderten auch viele westliche Kunden, die selbst eine Produktion in China aufgebaut hatten, ihre Schlüssellieferanten auf, ebenfalls diesen Weg zu beschreiten. PLANSEE stand damals vor der Entscheidung diesen Schritt selbst zu wagen oder ein Joint-Venture mit einem lokalen Partner einzugehen. Da in dieser Industrie die meisten chinesischen Firmen entweder in staatlicher Hand oder börsennotierte Unternehmen waren, entschied sich PLANSEE, ein traditionelles Familienunternehmen in 3.Generation, schlussendlich für ein eigenes Greenfield Projekt.

Anders war die Situation in der Hartmetall Division CERATIZIT. Hier hatte man neben dem Vertriebsbüro in Shanghai auch eine kleine Fertigung in der Nähe Pekings im Jahre 1997 aufgebaut, erkannte aber ebenfalls bald aufgrund der dynamischen Entwicklung des chinesischen Marktes, dass dies für eine intensive Marktdurchdringung nicht ausreichend war. Auch in der Hartmetallindustrie waren die meisten potenziellen chinesischen Partner Staatsunternehmen, aber man fand in CB-CARBIDE, einem taiwanesischen Familienunternehmen mit Produktionsstätten in der Küstenprovinz Fujian, wo sich aufgrund der geografischen Nähe, viele taiwanesische Firmen in den 90er-Jahren niedergelassen hatten, einen geeigneten Joint-Venture Partner.

Während CB-CARBIDE einen kompetenten Technologiepartner suchte, um sich langfristig gegen lokale chinesische Wettbewerber behaupten zu können und in Europa und Amerika wachsen wollte, fand CERATIZIT mit CB-CARBIDE einen schon etablierten erfolgreichen Player im größten Hartmetallmarkt der Welt mit einer gut ausgebauten Vertriebsstruktur und Produktionsstätten in China und Taiwan.

Für die PLANSEE Gruppe waren beide Entscheidungen ausschlaggebend für den Erfolg des Unternehmens in China, das neben Deutschland und den USA inzwischen der wichtigste Markt der Unternehmensgruppe ist.

Für welche Form des Markteintritts man sich schlussendlich entscheidet, wichtig ist die aktive Partizipation am chinesischen Markt.

Post-Covid China steht zwar vor vielen Herausforderungen, sei es die demographische Entwicklung, die Immobilienkrise oder der schwache Inlandskonsum, aber der Markt birgt immer noch ein großes Potential für ausländische Firmen mit sich, aber der Druck lokaler Wettbewerber steigt. Nur durch Differenzierung, Innovation und Flexibilität kann man sich im chinesischen Market behaupten, um von der Dynamik des Marktes zu lernen und zu profitieren!

LITERATURVERZEICHNIS

UN DESA Policy Brief No. 153. (2023, 24. April): India overtakes China as the world's most populous country | Department of Economic and Social Affairs.

Handelsblatt. (2023,15. August): https://www.handelsblatt.com/politik/international/wirtschaftliche-probleme-china-verheimlicht-ploetzlich-daten-zur-jugendarbeitslosigkeit/29332136.html.

Merics. (2015, 2. September): China Monitor Nummer 24. Ausbildung am Bedarf vorbei.

BBC News. (2023, 17. Juli). Burnt out or jobless – meet China's „full-time-children". https://www.bbc.com/news/world-asia-china-66172192.

International Monetary Fund. (2024, 2. Februar). China's Real Estate Sector: Managing the Medium-Term Slowdown. https://www.imf.org/en/News/Articles/2024/02/02/cf-chinas-real-estate-sector-managing-the-medium-term-slowdown.

Information Technology and Innovation Forum ITIF (2023, 8. Juni). The Hamilton Index: Assessing national performance in the competition for advanced industries. https://itif.org/publications/2022/06/08/the-hamilton-index-assessing-national-performance-in-the-competition-for-advanced-industries/.

Harvard Business Review. (2021, Mai-Juni Ausgabe). China's new innovation advantage. https://hbr.org/2021/05/chinas-new-innovation-advantage.

AHK Greater China – German Chamber of Commerce China. (2024). Business Confidence Survey. https://china.ahk.de/publications/business-confidence-survey.

Merics. (2016, September): Made in China 2025.

Leo Wu. E-Mail: consulting@leo.wu.com
Leo Wu, geboren in Wien als Kind chinesisch-taiwanesischer Musiker, studierte Handelswissenschaft und Sinologie an der Wirtschaftsuniversität Wien und begann seine Karriere 2001 beim österreichischen Technologiekonzern PLANSEE, baute deren Vertriebstochter in Taiwan auf und leitete im Anschluss am Stammsitz in Reutte/Tirol die weltweite Vertriebsorganisation und das Marketing. 2011 die Rückkehr nach China als Vorstand des Joint-Ventures CB-CERATIZIT mit 1.8000 Mitarbeitern und Produktionsstätten in Xiamen, Shanghai, Tianjin und Taipeh. Seit 2020 zurück in Österreich, berät er mittelständische Unternehmen im DACH-Raum in ihrer Asienstrategie und ist Gastdozent am MCI | Die Unternehmerische Hochschule®.

中国的企业：成功模式和经验教训

Zhōngguó shāngyè: Chénggōng móshì hé jīngyàn jiàoxùn

UNTERNEHMEN IN CHINA

ERFOLGSMODELLE UND LEKTIONEN

MANFRED HUSCHKA

Abstract. In diesem Kapitel werden mehrere „Best Practice"-Beispiele des technologischen Aufstieges von chinesischen Firmen aus der Sicht eines von daran beteiligten Unterlieferanten geschildert.

In meiner vorherigen Firma haben wir Basismaterial für Hochfrequenz-Leiterplatten (HF-Laminat bzw. HF-Leiterplatte genannt) hergestellt, damit z.B. Mobilfunkantennen für die drahtlose Mobilfunkkommunikation funktionieren. Das bedeutete auch, daß wir mit den Entwicklungsingenieuren von Endverbrauchern (sogenannten OEMs) zusammenarbeiten mußten, damit diese unsere Materialien für ihre Antennenleiterplatten spezifizierten, die deren Leiterplattenhersteller anschließend von uns kaufen mußten.

Als Unternehmen mit Hauptsitz und Stammwerk in den USA und einer Fabrik in Irland befanden sich unsere Kunden Ende der 90er Jahre in den USA und Europa. Asien steckte noch in den Kinderschuhen. Einer unserer OEMs war das Schweizer Unternehmen Huber + Suhner, das TLY-5A-0200 unseres Unternehmens als geeignetes Basismaterial für seine Mobiltelefonantennen-Leiterplatten qualifiziert hatte.

Im Jahr 2005 erwarb Huawei Agisson, damals eine Tochtergesellschaft von Huawei, das Mobilfunk-Basisstationsgeschäft von Huber + Suhner, einschließlich kompletter Montagelinie usw., um das eigene Geschäft in China und im Ausland auf- und danach auszubauen.

Als Vice President Global Sales war ich im Wesentlichen für die globalen Kunden unseres Unternehmens verantwortlich, zu denen auch Huawei gehörte – damals ein aufstrebendes Unternehmen in China.

Ich erinnere mich noch lebhaft an mein erstes Treffen mit Huaweis F&E-Manager Antenna Products, das unser damaliger Vertriebsingenieur für mich arrangiert hatte. Dieser Manager erklärte stolz die Arbeit von Huawei und daß unser Basismaterial TLY-5A-0200 wirklich das am besten geeignete Material für ihre Antennenleiterplatten sei.

Er war verblüfft, als ich ihn über unseren Vertriebsingenieur (der das gesamte Gespräch übersetzen mußte) fragte, ob auf allen Zeichnungen bereits der Name und das Logo von Huawei standen oder noch die Angaben von Huber + Suhner verwendet wurden. Ich erklärte ihm dann, daß der technische Vertriebsingenieur unseres Unternehmens in Europa etwa fünf Jahre zuvor für die ursprünglichen Design-In-Arbeiten bei Huber + Suhner verantwortlich war.

Ein paar Jahre später hatte Huawei dessen Geschäft mit drahtlosen Kommunikationsantennen erheblich ausgebaut und seine Agisson-Produktlinie in die Marke Huawei integriert. Die Infrastruktur des drahtlosen Kommunikationssystems GSM (Global Systems for Mobile) 2G wurde zu UMTS (Universal Mobile Telecommunications System) – genannt 3G, wobei sog. W-CDMA und TD-SCDMA (nur in China) zu dessen wichtigsten Funkschnittstelle wurden. Und aus den Single-Band-Antennen der vorherigen Generation wurden Dual-Band- und schließlich Multi-Band-Antennenserien.

Eine große Herausforderung für alle Hersteller von Basisstationsantennen war ein Phänomen namens Passive Intermodulation (PIM). Einige der Basismaterialtypen unseres Unternehmens galten weltweit als einige der besten in Bezug auf PIM, auch aufgrund der Zusammenarbeit mit z. B. Queen's University in Belfast (Nordirland). Irgendwann wurde ich dann auch gefragt, ob ich ein Treffen zwischen einem Huawei Antennas Chefingenieur und der Queen's University ermöglichen könnte, der speziell für dieses Treffen aus China angereisen würde. Dieses Treffen führte dazu, daß ein Forscher der Queen's University für eine Woche nach Shenzhen (China) in die Forschungs- und Entwicklungsabteilung von Huawei Antennas flog.

Ich wurde zu den meisten Treffen dort eingeladen und sogar gebeten, ihr Antennen-Forschungs- und Entwicklungslabor zu besuchen – als erster nicht-chinesischer Besucher, der kein Kunde war. Obwohl unser Unternehmen auch Basismaterialien an die meisten Konkurrenten von Huawei lieferte, war keine Geheimhaltungsvereinbarung erforderlich: „Sie sind in unserem Unternehmen seit vielen Jahren bekannt; sonst hätten wir Sie nicht eingeladen." Dies war das erste Mal, daß ich die Kraft von 关系 Guanxi in China erlebte, was fälschlicherweise nur mit „Beziehung" übersetzt wird, obwohl es so viel mehr bedeutet.

Mittlerweile wurden für die etwas weniger empfindlichen TD-SCDMA-Antennen Basismaterialien lokaler chinesischer Wettbewerber verwendet, während für alle W-CDMA-Exportantennen eines unserer Materialien und eines unserer „westlichen" Konkurrenten verwendet wurden.

Eines Tages erhielt ich eine Einladung, einen Tag in der Antennenmontagefabrik von Huawei zu verbringen, obwohl ich keine Erfahrung in der Antennenfertigung habe. „Sie leiteten eine Fabrik, daher können Sie mit Ihrer Erfahrung Dinge aufgreifen, die wir möglicherweise übersehen haben oder die wir verbessern müssen ..." Es erübrigt sich zu erwähnen, daß aufgrund der Kraft von 关系 Guanxi auch für diesen Besuch keine Geheimhaltungsvereinbarung erforderlich war.

Während eines Brainstorming-Treffens in einem Huawei Campus-Café mit dem damaligen Antennen-Forschungs- und Entwicklungsleiter über die Reduzierung von Kupferkabellängen in Antennen schlug ich vor, vielleicht mäandrierende Kupferleiterbahnen in Leiterplatten einzubauen, also „mehrschichtige Leiterplatten" sogenannte Multilayer, anstelle der herkömmlichen doppelseitigen Leiterplatten zu verwenden -seitige Leiterplatten.

Innerhalb von 1,5 Jahren war Huawei weltweit der erste Mobilfunk-Antennenhersteller, der für viele seiner Antennensysteme Multilayer-Leiterplattentechnologie einsetzte. Es ging nicht darum, die Kabellänge zu reduzieren, sondern um die Erhöhung des Signaldichte – obwohl das Grundkonzept dasselbe ist.

Als die Arbeiten für 4G-Antennen begannen, war Huawei sowohl bei der Anzahl der installierten Antennen als auch beim Umsatz mit verkauften Antennen weltweit die Nummer eins. Aufgrund der großen Anzahl installierter 3G-TD-SCDMA-Antennen in China hatten lokale Wettbewerber mit deren HF-Laminaten ausreichend Erfahrung und Fachwissen gesammelt. Uns wurde erklärt, daß die Standardisierung aller Komponenten zu einer treibenden Kraft geworden sei um die Kosten zu senken, da die Huawei Antenna Business Unit von nun an nur noch die Verteidigung ihrer Nr. 1-Position erreichen könne. Das Ergebnis des HF-Laminat-Standardisierungs-Round-Robin-Programms war, daß ein Basismaterial unseres Unternehmens und eines unserer lokalen Wettbewerber für alle Neuentwicklungen qualifiziert waren, wobei jedoch der Laminatpreis entscheidend sein würde. Mit anderen Worten: Der technologische Vorsprung unseres westlichen Unternehmens war nicht mehr vorhanden und Rohstoffpreise und Qualität wurden zum Entscheidungsträger.

Beim größten lokalen Konkurrenten von Huawei Antennas war es ein wenig ähnlich. Alle Leiterplattenlaminate für deren Mobilfunkantennen wurden lokal hergestellt. Ich hatte dieses Unternehmen zu einem meiner persönlichen Ziele gemacht um dort einen Marktanteil zu gewinnen. Der örtliche Vertriebsingenieur unseres Unternehmens versuchte mich davon abzubringen, indem er sagte, daß wir mit den lokalen Preisen nicht konkurrieren könnten. Dennoch gelang es ihm, für mich einen Termin beim Forschungs- und Entwicklungsleiter dieses Antennenherstellers zu vereinbaren. Ich erinnere mich an die Worte, mit denen ich begrüßt wurde: „Wir wissen, daß Ihre Basismaterialien die beste PIM-Leistung in Mobilfunkantennen-Leiterplatten aufweisen, deshalb würden wir uns gerne Ihre Vorschläge anhören."

In den folgenden sechs Monaten besuchte ich dieses Unternehmen noch zweimal, wobei der Forschungs- und Entwicklungsleiter mich beim letzten Mal fragte, warum ich immer noch zu ihm komme, obwohl sie unsere HF-Laminate überhaupt nicht verwenden. Meine Antwort war einfach: „Da ich die Größe und Bedeutung ihres Unternehmens auf dem Mobilfunk-Antennenmarkt kenne, würde ich gerne von Zeit zu Zeit Markt- und Technologieinformationen mit Ihnen austauschen."

Vier Wochen später erhielt unser örtlicher Vertriebsingenieur eine SMS mit der Nachricht, daß von nun an nur noch die HF-Basismaterialien unseres Unternehmens für die Exportantennen dieses OEMs verwendet würden, die alle strenge PIM-Anforderungen hatten.

Auch bei dieser Firma erfreute sich unser Unternehmen mehrere Jahre lang großer Beliebtheit, bis die Qualität und Konsistenz der inländischen HF-Basismaterialien fast mit unseren mithalten konnte, allerdings zu 20 % niedrigeren Preisen.

Beide Beispiele zeigen den rasanten Aufstieg chinesischer Technologie-Firmen – vom Mitläufer zum Marktführer.

Manfred Huschka. E-Mail: manfred@hushmail.com
Manfred Huschka verbrachte seine gesamte Karriere in der Leiterplattenindustrie, und die letzten 25 Jahre davon in verschiedenen Senior Management-Positionen.
Nach 43 Jahren Corporate Life gründete er im April 2023 die Manfred Huschka Management Consulting (Shenzhen) Ltd. company 深圳瑞羽咨询管理有限公司, und ist deren Geschäftsführer.
Manfred ist Autor von mehreren Büchern und zahlreichen Technischen Berichten über die Leiterplattenindustrie. Er ist auch Redner technischer Vorträge bei nationalen und internationalen Veranstaltungen.
Aufgrund sehr vieler Geschäftsreisen nach China in the letzten 20 Jahren entwickelte Manfred Huschka ein reges Interesse an China, und spricht zwischenzeitlich sogar recht gutes Mandarin. Im Februar 2024 veröffentlichte er seinen ersten Bildband über das wirkliche Leben in China.

中国理解力——对跨文化和实践的洞察

Zhōngguó lǐjiě lì——duì kuà wénhuà hé shíjiàn de dòngchá

CHINA KOMPETENZ

EINBLICKE IN EIN INTERKULTURELLES UND PRAXISBEZOGENES VERSTÄNDNIS

STEFAN WODITSCH

Abstract. Dieser Artikel beschäftigt sich mit China-Kompetenz und der Geschäftswelt im Reich der Mitte, um sich erfolgreich im chinesischen kulturellen und geschäftlichen Kontext zu bewegen und zu agieren. Dabei ist das Erlernen der chinesischen Sprache nicht nur ein Werkzeug, um in den Alltag des Landes einzutauchen, sondern auch elementar, um Kompetenzen zu entwickeln und auszubauen. Hierbei liegt jedoch nicht nur der Fokus auf Sprachkenntnissen. Es beinhaltet ebenfalls das Grundverständnis der chinesischen Lebensweise, Neugierde sowie die Ermutigung, Interesse zu zeigen um über den besagten „Tellerrand" zu schauen und Neues zu erleben. Dieser Beitrag bietet einen groben Überblick über elementare interkulturelle Fähigkeiten, die benötigt werden, um Geschäftsbeziehungen aufzubauen und zu pflegen. Des Weiteren werden Herangehensweisen von Unternehmen aus der DACH-Region beim Markteintritt in China beleuchtet. Durch eine Vielzahl von persönlichen Erfahrungen und praxisnahen Inhalten vermittelt der Artikel ein umfassendes Verständnis für Herausforderungen und Chancen und weist auf Stolpersteine hin, die im chinesischen Umfeld alltäglich bestehen.

Stichwörter: China-Kompetenz, Sprache, interkulturelle Fähigkeiten, Geschäftswelt, Neugier

1. DIE CHINA-KOMPETENZ

Chinas Bedeutung in der globalisierten Welt von heute steht außer Frage. In den Nachrichten hören wir vermehrt, dass Kenner des asiatischen Landes fehlen. Dies sind Personen mit sogenannter China-Kompetenz, die Ost und West kennen und eine objektive Sicht auf die Dinge haben. Personen mit China-Erfahrung, die in der Lage sind, politische und wirtschaftliche Entscheidungsträger zu beraten. Doch was ist mit dieser Kompetenz genau gemeint? Aus meiner Sicht handelt es sich hierbei um ein Grundverständnis von China mit elementaren Kenntnissen von Kultur, Wirtschaft, moderner Geschichte und Politik. Es beinhaltet ebenfalls interkulturelle Fähigkeiten und Erfahrungen, Sprachkenntnisse und Wissen zu Gesellschaft und Branchen. Wie wir sehen, ist die Liste sehr lang und könnte beliebig weitergeführt werden.

China-Kompetenz entwickelt sich nicht über Nacht, sondern erfordert ein kontinuierliches Lernen, Aufsaugen und Engagement über viele Jahre hinweg. Würde man Menschen zur China-Kompetenz befragen, egal ob China-Kenner oder China-Neulinge, gäbe es bei 100 Fragen sicherlich 100 verschiedene Antworten. China-Kompetenz ist etwas Subjektives, welches sich Menschen durch Neugier und den Drang, etwas zu erfahren, aneignen. Einen „China-Knigge" oder DAS Konzept zum Reich der Mitte gibt es in der Praxis nicht. Vielmehr sind es viele Puzzle-Teile, die für jeden ein individuelles Bild ergeben. Zu jeder Interpretation zählen persönliche Erfahrungen, die eigene Herkunft und der Wille, sich auf das Unbekannte einzulassen.

China zählt nicht nur zu den größten Volkswirtschaften der Welt und besitzt eine sehr hohe Bevölkerungszahl, sondern ist in unserem Alltag allgegenwärtig: Unzählige Produkte werden in der Volksrepublik hergestellt und es gibt zahlreiche chinesische Marken, die mehr und mehr im Westen präsent sind und international expandieren. Angesichts des schnellen Aufstiegs der Volkrepublik in den letzten Jahrzehnten ist es unumgänglich, sich aktiv mit China als einem globalen Akteur auf der Weltbühne zu befassen.

Heutzutage wird in den Medien viel über das aktuelle und moderne China geschrieben, welches nur einen Bruchteil der über Jahrtausende andauernden Landesgeschichte ausmacht. Seit den Reformen in 1978 öffnete sich das Land, ist aber nach wie vor tief in seiner Geschichte verwurzelt. Um das Denken, Handeln und die Mentalität von Einheimischen zu verstehen, ist es wichtig, einen Blick in die Historie zu werfen. Der Blick in den Rückspiegel hilft, Merkmale einzuordnen und zu beurteilen. Die lange Geschichte und frühe Entwicklung lässt sich anhand von Chinas Erfindungen beschreiben, wie zum Beispiel dem Kompass, sowie der Herstellung von Seide und Porzellan (Chengze, 1989)[1]. China war über einen langen Zeitraum eines der führenden und meist entwickelten Länder der Erde. Die Menschen sind sehr stolz auf dieses historische Erbe.

1 Chengze, Z. (1989). Die Seide und die Technik der Seidenherstellung. In Birkhäuser Basel eBooks (S. 481–492).

In weiten Teilen der westlichen Bevölkerung ist China noch sehr klischeehaft behaftet, sei es, dass alle Chinesen Kung-Fu betreiben oder eine kleine Körpergröße besitzen. Diese Stereotype blenden die bestehende Vielfalt und Komplexität aus. Das Land wird nach wie vor häufig mit günstiger Arbeitskraft und Massenproduktion in Verbindung gebracht. Die Realität sieht oft anders aus. Besucher, die ich empfange, geben nicht selten die wertfreie Rückmeldung, dass sie sich das Land ganz anders vorgestellt hätten. Maßgeblich ist es, sich von simplen Vorurteilen zu lösen und ein differenzierteres Bild von China zu entwickeln. Die Vielfalt und Komplexität Chinas ist divers und verdient eine gründliche und auf Fakten basierte kritische Auseinandersetzung.

China wird oft als das „Reich der Mitte" bezeichnet, welches eine Übersetzung des chinesischen Wortes für China, bestehend aus den zwei Zeichen für „Mitte" und „Land", ist. Die Volksrepublik ist viel mehr als die entwickelten Tier-1 Metropolen Peking, Shanghai, Guangzhou und Shenzhen. Im Land werden Städte seit Jahren in verschiedene Gruppen eingeteilt (Tier-1 bis Tier-5). Parameter zur Bestimmung der Einteilung sind in der Regel makroökonomische Faktoren: der Beitrag zum Bruttoinlandsprodukt, Einwohnerzahl und Politik (China Briefing, 2019)[2].

Tier-1 Städtenamen sind einem eher geläufig. China-Erfahrene kennen ebenfalls Tier-2 Städte und einige Tier-3 Städte, v.a. aufgrund von Reisen innerhalb des Landes. Bei weiteren „kleineren" Tier-Unterstädten, Millionenstädten wohl bemerkt, lässt die Bekanntheit nach. Immer mehr Städte spezialisieren sich auf eine Branche, z.B. Hefei (Hauptstadt der Provinz Anhui) auf Elektrofahrzeuge oder die Provinz Guizhou auf die Stationierung von IT-Servern zur Lagerung von Datensätzen. Grund für die Wahl der in der Vergangenheit weniger entwickelten Provinz Guizhou sind gute klimatische Bedingungen, günstige Energiepreise durch Wasserenergie und eine relativ geringe Gefahr von Naturkatastrophen.

Das Leben in in der Volksrepublik ist von einer hohen Geschwindigkeit geprägt, welche viele westliche Ausländer „China-Speed" nennen. Dies bedeutet eine hohe Taktung im Vergleich zu anderen Ländern, z.B. aus der DACH-Region. Mit dem Begriff wird ebenfalls impliziert, wie schnell eine Planung umgesetzt wird. Ein gutes Beispiel hierfür sind zwei

2 China Briefing (2019): China's City-Tier Classification: How Does it Work?

Krankenhäuser in Wuhan, welche nach Ausbruch der Corona-Pandemie innerhalb von wenigen Tagen errichtet wurden. In täglichen Veränderungen, wie dem Bau neuer Wolkenkratzer, innerstädtischer Autobahnen und weiterer Infrastrukturprojekte, lässt sich dies hautnah spüren.

China besteht aus einer Vielzahl an Städten, deren Einwohnerzahl eine Million übersteigt, angeführt von der über 30-Millionen-Einwohnerstadt Chongqing, die die Fläche von Österreich besitzt und wie die Städte Peking, Shanghai und Tianjin eine von der Zentralregierung direkt verwaltete Stadt ist. Chongqing war bis Ende der 1990er Jahre Teil der Provinz Sichuan und ist seitdem eine eigenständige Kommune. Neben Chongqing gibt es noch eine Reihe von weiteren interessanten Städten mit einer enormen und langen Geschichte, wie die von Wuhan. Diese alte Handelsstadt wird ebenfalls als „Dreistädte“ bezeichnet, aufgrund der Zusammenlegung der drei ehemaligen Städte Hankow, Wuchang und Hanyang. Wuhan mit seiner 3000 Jahre alten Historie ist nicht nur die bevölkerungsreichste Stadt Zentralchinas, ein Knotenpunkt des Hochgeschwindigkeitszug-Systems und ein starker Automobilsektor, sondern ebenfalls Heimat von ausländischen Konsulaten, zum Beispiel einem amerikanischen und einem französischen.

China ist technologisch fortschrittlich und insbesondere in der Digitalisierung weiter auf dem Vormarsch. Beispiele hierfür sind Kerntechnologien für Elektroautos, vornehmlich im Bereich der Herstellung von Batterien mit stetig höherer Reichweite. Einen großen Anteil an Neuzulassungen haben bereits Elektroautos, die im gesamten Land durch eigene Nummernschilder erkennbar sind. Ein weiteres Beispiel für die Technologie ist das fast ausschließlich bargeldlose Bezahlen im ganzen Land. Zwei Anbieter teilen sich hier den Markt auf. Der digitale chinesische Yuan (Währung der Volksrepublik China) wird bereits aktiv getestet und steht vor einer kompletten Einführung. Das Ökosystem von Apps und soziale Medien ist grundlegend anders als im westlichen Ausland.

Meines Erachtens ist es essenziell, sich objektive und neutrale Kenntnisse in und über China anzueignen, um die Seele dieses Landes verstehen zu können. Dies ist ein kontinuierlicher Prozess und es gibt immer Neues zu entdecken. Wer hat schon einmal von den historischen Städten Nanjing (ehemalige Hauptstadt), Baoji (Provinz Shaanxi) und Qufu (Heimatstadt von Konfuzius) gehört? Ein längerer Aufenthalt in der Volksrepublik oder regelmäßige Besuche vor Ort sind von entscheidender Bedeutung, um ein tiefes Verständnis zu entwickeln. Die Betonung hierbei liegt auf dem Wort „vertieft" und nicht nur an der Oberfläche kratzend. Anders als in der westlichen Welt ist es in China schwieriger, verlässliche Daten zu erhalten, da gewünschte Informationen teils veraltet sind oder nicht zur Verfügung stehen. Aus diesem Grund ist ein Austausch mit Einheimischen vor Ort eine wertvolle Gelegenheit, um auf einem aktuellen Stand zu bleiben.

In Shanghai und auf Reisen unterhalte ich mich immer gerne mit Taxifahrern, die größtenteils nicht aus der Region stammen, in der sie arbeiten. Es sind Hinzugezogene, die Geld für die Familie verdienen, welche oft in ihrer ländlichen Heimat zurückbleibt. Kinder wachsen nicht selten bei ihren Großeltern auf. Es ist erstaunlich, wie viele von ihnen etwas über Deutschland wissen. Sie stellen mir neugierige Fragen zu deutschen Automarken, Bundesligavereinen, Karl Marx und vielem mehr. Das Interessante daran ist das Wissbegierige und dies trifft nicht nur auf Taxifahrer zu, sondern generell auf den Austausch mit Einheimischen.

Das Reich der Mitte erscheint vielen Menschen immer noch als etwas Fremdes. Das Unbekannte ist für einige von uns faszinierend, während es für andere befremdlich wirkt. Meiner Meinung nach ist der Aufbau von China-Kompetenz ein wichtiges Instrument, um das Gefühl der Unbekanntheit ein Stück weit zu überwinden, das „Fremde" etwas vertrauter zu machen und das Gefühl von Andersartigkeit Stück für Stück zu beheben. Dies kann die Sprache betreffen und ihre Zeichen, Begegnungen mit Einheimischen, die chinesische Küche und ihre Gerüche, um nur einige zu nennen.

Trotz und aufgrund meiner über 20-jährigen China-Erfahrung ist mir bewusst, dass ich nur einen Bruchteil über dieses Land weiß. Durch die Fülle an Informationen auf ganz verschiedenen Gebieten ist es selbst für im Land lebende Ausländer schwer, China-Experten zu werden. Denn China ist nicht gleich China: Die Größe eines Kontinents, eine enorm hohe Diversität und verschiedene Kulturen in unterschiedlichen Teilen des Landes führen zu einer großen Vielfalt und Komplexität. An jedem Tag kommt eine neue Erfahrung hinzu. China ist ein Land der Extreme und Unterschiede, das eine große Faszination entfachen kann, auch wenn dies nicht von allen so gesehen wird und dies respektiert werden sollte.

Der Blick auf China sollte nicht nur auf seine Wirtschaft oder sein politisches System reduziert werden. Ein Verständnis für kulturelle Traditionen und Bräuche hilft, die chinesische Denkweise und Mentalität besser zu verstehen. Selbstredend gibt es bei der Größe dieses Landes erhebliche regionale Unterschiede. Es ist wichtig, China als ein facettenreiches und komplexes Land zu betrachten, das weit mehr zu bieten hat, als viele vermuten mögen. Dieser Bericht soll einen Ansatz bieten, um aus dem breiten Spektrum von Informationen ein umfassend praktisches Chinabild zu vermitteln.

2. DIE INTERKULTURELLE-KOMPETENZ

In diesem Kapitel widmen wir uns der Interkulturellen-Kompetenz. Das Bild von „dem Chinesen", „dem Schweizer" und „dem Österreicher" gibt es nur, wenn klassische Klischees verwendet werden, die nicht immer der Realität entsprechen. Sind alle kulturellen, gesellschaftlichen und wirtschaftlichen Aspekte der DACH-Länder gleich, nur weil alle deutsch sprechen? Nur durch das Erlernen von Kompetenzen können Stereotype aufgebrochen werden, die insbesondere von der Gesellschaft und Medien vermittelt werden. Glückskekse aus chinesischen Restaurants in Deutschland oder aus Hollywoodfilmen suche ich nach all den Jahren in Asien weiterhin vergeblich.

„Leben" von interkulturellen Fähigkeiten ist eine Gabe, mit der nicht früh genug angefangen werden kann. Es herrscht die verbreitete Meinung, dass es nicht sinnvoll sei, mit sehr jungen Kindern Fernreisen zu unternehmen, da diese die Erlebnisse vergessen würden. Doch warum sollte man eigentlich nicht mit dem Nachwuchs im Kindesalter neue Eindrücke sammeln und andere Gepflogenheiten kennenlernen? „Andere Länder, andere Sitten", wie wir so schön sagen. Es sind tolle Erlebnisse, gemeinsam ein einfaches chinesisches Frühstück (in der Regel „warmes" Essen) oder Lammspieße in den Provinzen Nord-West Chinas zu probieren, chinesische Hochzeiten in Dörfern zu erleben, in denen die ganze Dorfgemeinde zusammenkommt, anpackt und gemeinsam unter freiem Himmel das Hochzeitsessen zubereitet.

Ich hatte das große Glück, zu Schulzeiten ein Austauschjahr an einem örtlichen chinesischen Gymnasium in Hongkong zu verbringen. Unter den 800 Schülerinnen und Schülern war ich der einzige Ausländer an der Schule. Ich lebte in einer lokalen Gastfamilie in einer Satellitenstadt außerhalb des Stadtzentrums. Meine Gastmutter stammte aus Hongkong und mein Gastvater aus Shanghai. Sie sprechen bis heute kein Englisch. Das

Leben der Schülerinnen und Schüler fand größtenteils in der Schule statt. Die Lehrer waren sehr streng und erwarteten eine enorme Disziplin, die bereits mit der täglichen Morgenversammlung startete. Wenn ich jedoch an das Verhältnis der Lehrer im Umgang mit ihren Schülerinnen und Schülern zurückdenke, war dieses dennoch eine engere Beziehung, als ich es aus meiner Schulzeit in Deutschland kannte. Das Austauschjahr hat mich sehr geprägt, erste interkulturelle Erfahrungen in Asien zu sammeln. Ich bin dankbar für die Erfahrung, kulturelle Unterschiede im Schul- sowie im Familienalltag erlebt zu haben.

Seit Ende der 1980er Jahre betreibt meine Gastfamilie, wie damals andere „Pioniere“ aus Hongkong, eine Fabrik in der südchinesischen Provinz Guangdong. Ich erinnere mich an das chinesische Neujahr 2001, als meine Gastfamilie mich zum zweiten Mal in meinem Austauschjahr in ihre Fabrik in Südchina mitnahm. Meine Gastmutter gab den Fabrikarbeitern „rote Umschläge“ mit Geld – eine Tradition in China. Ich sollte ihnen zusätzlich etwas Gebäck für das Neujahr geben. Viele von ihnen, größtenteils Wanderarbeiter, hatten noch nie zuvor einen Ausländer gesehen und nahmen das Gebäck nicht an, weil es ihnen vermutlich als unhöflich erschien, dieses Geschenk anzunehmen. Ich kann bis heute nur über den Grund spekulieren. Die Fabrik ist vor 15 Jahren in eine andere Provinz „weitergezogen“ und ich besuchte sie vor einigen Jahren. Der Gegensatz war ein Unterschied von „Tag und Nacht“ in Bezug auf Sauberkeit, Hygiene, Umweltvorschriften, Ruhepausen und erhöhten Arbeitgeberkosten. Alles wurde in nur 20 Jahren erreicht, was wiederum den beschriebenen China-Speed widerspiegelt.

Während meines Austauschjahres fuhr ich mit anderen Austauschschülern in 28 Stunden mit dem Zug von Hongkong nach Peking hin und zurück. Die Transitzeit wurde nun mit den hochmodernen Hochgeschwindigkeitszügen enorm verkürzt. Diese Züge haben eine Geschwindigkeit von bis zu 350km/h und fahren weitestgehend ohne Verspätung ab. Die Züge fahren auf eigenen Trassen, die in der Regel auf Stelzen gebaut sind und nicht mit dem herkömmlichen Gleissystem verbunden sind. Das Hinterland ist dadurch enger mit den Küstenregionen verbunden und es ist wesentlich einfacher und schneller geworden, im Inland zu reisen. In Peking verbrachte ich wenige Wochen in einer lokalen Gastfamilie und besuchte dort ebenfalls eine örtliche Schule. Auch diese Erfahrung war Gold wert, um einen Unterschied in verschiedenen Teilen des Landes zu erfahren.

In der deutschen Presse wird viel über „Werte" geschrieben. In der DACH-Region sind unsere Grundsätze durch unsere Erziehung und Historie geprägt. Andere Kulturkreise und Länder haben sich durch Erfahrungen ebenfalls Lebensvorstellungen, Traditionen und Tugenden aufgebaut. Diese können im Gegensatz zu unserem deutschen, österreichischen oder schweizerischen Wertekanon stehen, ohne, dass etwas richtig oder falsch ist. In Diskussionen sehe ich vermehrt, dass eine Seite versucht, die anderen Ideale nicht anzuerkennen und ihren eigenen Standpunkt dominant vertritt. Es ist unzureichend, sich ausschließlich auf die eigenen Werte zu konzentrieren, ohne der Gegenseite zuzuhören. Es sollte nicht jedem Vorschlag der chinesischen Seite zugestimmt werden; als auch nicht angemessen gilt, nur die eigenen Vorstellungen durchsetzen zu wollen. Es sollte stets eine Offenheit für Kompromisse bestehen.

Ein einfaches Beispiel zum Thema interkulturelle Kenntnisse ist die Überlegung, wie ein Brot korrekt geschmiert wird. Sie werden bei diesem Beispiel bestimmt schmunzeln, aber was ist denn der richtige Ansatz, ein „deutsches Brot" zu schmieren: längs aufschneiden, Butter oder keine Butter, wie belegen, mit der Hand essen oder nicht? Woher weiß mein asiatischer Gast, wie dies im Unterschied zu einem gekauften Sandwich zu handhaben ist? Dieses Beispiel könnte auf unterschiedliche Bereiche übertragen werden und dient sinnbildlich dazu, dass nicht jede Betrachtung schwarz oder weiß ist.

Wenn wir bereits beim Essen sind, hat eine gemeinsame Mahlzeit in vielen asiatischen Ländern einen sehr hohen Stellenwert. Zur China-Kompetenz gehört ein Grundwissen zu Unterschieden und Eigenheiten der acht verschiedenen Regionalküchen Chinas. Die Peking-Küche zeichnet sich durch ihre Spezialitäten wie „Peking-Ente" aus. Die Sichuan-Küche hingegen ist bekannt für ihre würzigen und scharfen Gerichte, die durch den „zungenbetäubenden" Sichuan-Pfeffer geprägt sind (Tipp: Nicht auf den Pfeffer beißen). Die Kanton-Küche ist eher ausgewogen und verfügt über einen leichteren Geschmack. Brühen werden in Südchina sehr gerne gekocht, wobei Teigtaschen eher im Norden Chinas gegessen werden. In Nordwestchina, insbesondere in den Provinzen Xinjiang und Gansu, dominiert das muslimische Essen mit seiner eigenen Würze und den Einflüssen der Seidenstraße.

Vor vielen Jahren, damals im Süden Chinas, lud unser seinerzeitiger Geschäftsführer aus der deutschen Unternehmenszentrale die gesamte

Niederlassung während seines Besuches zum Mittagessen ein. Im Restaurant fragte er uns, welches Gericht vor ihm lag. Daraufhin probierte der Manager die Hühnerfüße und das Eis war gebrochen. Mein Ansatz ist, nicht alles probieren und für gutheißen zu müssen. Chinesen können – entgegen der oftmals fälschlichen Wahrnehmung im Westen – sehr direkt sein. Auch wir können sagen, wenn uns etwas nicht schmeckt oder wir etwas als nicht gut empfinden. Allerdings sollte eine gewisse Form von gegenseitigem Respekt und Wertschätzung füreinander bestehen. Das „Gesicht wahren" und anderen Personen „Gesicht geben" als eine Form von sozialer Achtung und Respekt spielt in der chinesischen Mentalität eine große Rolle. Der Verlust des „Gesichts" durch Düpieren meines Gegenübers sollte allerdings auch im westlichen Kontext vermieden werden.

Es wird deutlich, dass die Interkulturelle-Kompetenz eine besondere Bedeutung hat. Die Verständigung und der Umgang mit unterschiedlichen Kulturen ist nicht leicht und auch nicht innerhalb kurzer Zeit zu erlernen. Es existiert keine universell „richtige" Methode, um mit Chinesen zu kommunizieren. Dennoch ist das Bemühen, den Anderen zu verstehen, sei es verbal oder non-verbal, ein wichtiger Punkt, um sich anzunähern. Die genannten Praxisbeispiele und Erfahrungen sind nicht vollständig und stellen nur einen Teil der Interkulturellen-Kompetenz dar.

3. DIE SPRACH-KOMPETENZ

In der DACH-Region beschäftigen sich zahlreiche renommierte Sprachwissenschaftler und Professoren intensiv mit der chinesischen Sprache. Dieses Kapitel betrachtet keine akademischen Aspekte, sondern teilt Erfahrungen zur chinesischen Sprache aus einer praktischen Perspektive.

Es ist häufig der Fall, dass Ausländer, die in der Volksrepublik leben, gefragt werden, ob sie chinesisch sprechen. Hier könnte eine rhetorische Gegenfrage gestellt werden, welche chinesische Sprache gemeint ist? Dies ist überzogen und würde zu weit führen, dennoch spiegelt sie die Realität von zahlreichen Regionalsprachen wider. Neben der Amtssprache Mandarin oder putonghua genannt, die der Großteil der Bevölkerung spricht, gibt es in China weitere regionale Sprachen und Dialekte. Einheimische aus Shanghai sprechen „shanghainesisch", in Guangdong überwiegend „kantonesisch" und in der Provinz Fujian „minnanhua", welches in Südostasien auch „hokkien" genannt wird und „taiwanesisch" ähnelt. Der Unterschied dieser Sprachen und Dialekte ist nicht selten so gravierend, dass Chinesen sich untereinander nicht verständigen können, falls es keine gemeinsame Sprachbasis in Mandarin gibt.

Ein weit verbreiteter Mythos der Sprache, der chinesisch als „unerlernbare" Sprache sieht, ist schwer zu widerlegen, wenn sich nicht damit auseinandergesetzt wird (Guder et al., 2021)[3]. Chinesisch lernen ist ein Weg, der nicht endet und interessierte Menschen ihr ganzes Leben begleitet. Durch die Digitalisierung gibt es heutzutage viel mehr Möglichkeiten und Wege, eine Fremdsprache zu lernen. Ein Lehrer kann einem nur den Weg aufzeigen. Verantwortlich ist jeder Einzelne dafür, ob Fortschritte erzielt werden.

Vor einigen Jahren hielt ich einen Vortrag am „Tag der chinesischen Sprache der Vereinten Nationen" an der österreichischen Hochschule „Management Center Innsbruck" (MCI). Dieser Tag wurde 2010 von den Vereinten Nationen ins Leben gerufen und wird jährlich am 20. April begangen (UN, 2023).[4] Studenten fragten mich, ob es wichtig sei, chinesisch zu lernen. Wie bei den besagten 100 Fragen gibt es auch hier unterschiedliche Einschätzungen und subjektive Meinungen. Das Erlernen der chinesischen Sprache kann als Werkzeug zur Vertiefung des Verständnisses für die chinesische Kultur und zur Stärkung der Interkulturellen-Kompetenz betrachtet werden. Dieses sprachliche Mittel ermöglicht es, in die lokale Denkweise einzutauchen, ein umfassenderes kulturelles Verständnis zu entwickeln und einen direkten Austausch mit Einheimischen zu ermöglichen. Dieses wiederum stärkt die persönliche China-Kompetenz. Meiner Erfahrung nach verschafft es einen positiven Eindruck gegenüber Chinesen, ein wenig chinesisch zu sprechen, da es das Interesse am Reich der Mitte, dem Land und den Menschen widerspiegelt. Vieles des heutigen Wissens und der Publikationen in China findet online statt und ein Großteil der Texte in und über China sind auf chinesisch.

Eine verbreitete Regionalsprache ist kantonesisch. Diese wird von mehr Menschen weltweit gesprochen als deutsch (Statista, 2023)[5]. Kantonesisch

---

3 Guder, A., You, W., Frenzel, A., Willems, A. S., Bildungsnetzwerk China & Ernst, B. (2021). Bildungsnetzwerk China: Wirklichkeiten und Möglichkeiten des Schulfachs in Deutschland.

4 United Nations Chinese Language Day.

5 Statista. (2023, 31. März). Population of Guangdong province, China 2012-2022.

besitzt eine Jahrtausende alte Historie im Vergleich zum „moderneren" Mandarin. Kantonesisch wird überwiegend in der Provinz Guangdong, in Teilen von Nachbarprovinzen (z.B. Guangxi) als auch von kantonesisch/Hongkong-stämmigen Menschen, u.a. in Australien, den USA, England, den Niederlanden und Malaysia gesprochen. Es ist vielen Menschen nicht bewusst, dass Musiker aus China alleine durch die verbreiteten Sprachen weltweit auftreten können. Ein Beispiel dafür ist die Hongkonger Musik- und Filmindustrie, die sich vor Jahrzehnten von einer lokalen Szene zu einem globalen Phänomen entwickelt hat. Als ich einmal in Vancouver war, sprach ich so viel kantonesisch wie selten zuvor außerhalb Chinas. In diesen Ländern gibt es einen Trend zu mehr Mandarin, da sich dort mehr und mehr Festlandchinesen in der jüngeren Vergangenheit angesiedelt haben. Neben den Regionalsprachen gibt es eine Reihe von Minoritäten in China in verschiedenen Provinzen, die ebenfalls ihre eigene Sprache sprechen.

Ich bin einer Reihe von Menschen begegnet, die chinesisch nicht in einem formellen akademischen Umfeld gelernt haben, sondern sich die Sprache eigenständig angeeignet haben. Praktische Beispiele sind das Lernen durch Onlinevideos, Podcasts und Wiederholungsübungen. Weitere Möglichkeiten aus der Praxis sind Post-its an verschiedene Stellen in der Wohnung kleben, chinesische Musik hören, das Handy-Betriebssystem auf chinesisch umzustellen oder eine/n geeigneten Sprachpartner/in zu finden. Kinderserien schauen hatte für mich keinen Erfolg, da das Vokabular von chinesischen Muttersprachlern das Niveau von Lernanfängern übersteigt. Chinesische Sendungen und Filme sind dahingehend besser zu verstehen, da diese in der Regel Untertitel tragen, welches für das Verständnis von Sprache und Schriftzeichen einen erheblichen Vorteil bietet. In der jüngeren Zeit lese ich von weltweiten „Communities" von Nicht-Chinesen, die sich treffen, um chinesisch zu sprechen. Es gibt die zweigeteilte Meinung, ob es sinnvoll ist, zuerst zu sprechen und danach Zeichen zu lernen oder erst zu sprechen, wenn ausreichend Vokabular aufgebaut wurde. Ich bevorzuge das Sprechen.

Die chinesische Sprache unterscheidet sich nicht nur durch ihr Schriftsystem, sondern sie beinhaltet viele Metaphern, beispielsweise den „Cheng Yu" (成语). Diese bestehen in der Regel aus vier Schriftzeichen und bieten mit nur wenigen Zeichen Redewendungen und Deutungen, in der Interpretationsspielräume bestehen. Sie werden in Alltagssituationen, in der

Literatur, in Reden und formellen Schriften verwendet und sind verwurzelt in Geschichte, Literatur und Philosophie. Es kommt vor, dass westliche Ausländer in Gesprächen ein gutes Verständnis aufweisen und einiges verstehen. Wenn dann zwischendurch ein Wort nicht verstanden wird, kann dies dazu führen, dass für eine Weile nicht mehr aktiv an dem Gespräch teilgenommen werden kann. Dieses Nichtverständnis kann ein nicht verstandener Begriff sein, eine falsche Interpretation des Gesagten oder ein Cheng Yu, das nicht verstanden wird.

Somit besteht die chinesische Sprache aus einer Vielzahl von kulturellen Kontexten. Diese können im chinesischsprachigen Kontext eine andere Bedeutung als im Westen haben. Die Deutung von Inhalten zwischen den Zeilen, jenseits des Gesprochenen und jenseits der formellen Kommunikation, sollte richtig verstanden und gedeutet werden. Die Ressource an Übersetzern mit China-Kompetenz sollte verstärkt gefördert werden, um Missverständnisse zu vermeiden, die durch Übersetzungsfehler entstehen können. Dies ist insbesondere bei hochrangigen Treffen in Politik und Wirtschaft eminent wichtig.

Insbesondere in Shanghai und in Peking begegne ich vielen Chinesen, die deutsch sprechen, da diese vorrangig in Deutschland studiert haben. Nach Jahren in der DACH-Region kehrten sie in ihr Heimatland zurück und bringen ihre erworbenen Kompetenzen in guten Positionen ein. Ihre Kinder gehen oft auf die deutschen Schulen in China, um ihnen die deutsche Sprache und Kultur näher zu bringen. In der DACH-Region, wie auch in anderen Ländern, gibt es chinesische Sprachangebote für Kinder von Chinesen, die in der DACH-Region leben; diese sind zugänglich für jene Kinder bzw. deren Eltern, die eine deutsch-chinesische Ausbildung möchten (z.B. der deutsch-chinesische Kindergarten in Hamburg). Hier ist kein Trend erkennbar. Es ist interessant zu sehen, dass es diese Angebote auf beiden Seiten gibt.

In der Vergangenheit besuchte ich einmal die „Kleinstadt" Ma'an Shan in der Provinz Anhui mit einer Einwohnerzahl von etwas mehr als 2 Millionen Menschen. Der Vize-Bürgermeister lud eine Gruppe von deutschsprachigen Geschäftsleuten und örtlichen Wirtschaftsvertretern zum Abendessen ein. Nach der Begrüßung sagte er uns, dass wir gerne auf deutsch kommunizieren könnten, da er in Deutschland studiert hatte. An diesem Abend wurde jedem Ausländer ein(e) Übersetzer/in zur Seite gestellt, die teilweise nicht nur englisch, sondern auch etwas deutsch beherrschten. Eine respektvolle Geste. Dieses Beispiel zeigt, dass Deutschkenntnisse und Deutschland-Kompetenz nicht nur auf die großen Metropolen begrenzt ist.

Die Möglichkeiten des „chinesisch Lernens" und daraus resultierende Lernerfolge bringen Spaß, sobald unser Gegenüber stetig besser verstanden wird. Aus eigener Erfahrung ist das Erlernen der chinesischen Sprache mit viel Disziplin möglich und wird schwieriger, umso tiefer man in die Sprachvielfalt eintaucht. Die Schwierigkeit liegt nicht darin, chinesisch an sich zu lernen. Sie liegt darin, die eigene Motivation über einen längeren Zeitraum aufrechtzuerhalten, v.a. wenn ein Niveau erreicht wird, von dem man glaubt, sich nicht weiter verbessern zu können („intermediate plateaux"). Dort erfolgt die Lernkurve viel langsamer als zu Beginn. Es ist nicht erheblich, die vier Tonlagen in Mandarin oder die neun Tonlagen in kantonesisch richtig auszusprechen. Allein die Tatsache, dass man es versucht, kann unserem Gegenüber ein Lächeln auf die Lippen zaubern.

4. DIE GESCHÄFTSWELT-KOMPETENZ

Um sich in der komplexen Geschäftswelt im Reich der Mitte zurechtzufinden, zielt der folgende Abschnitt darauf ab, praxisnahe Einblicke zu vermitteln und Hilfestellungen anzubieten.

Früher galt China vielen als „Werkbank der Welt". In der Zwischenzeit hat neben dem verarbeitenden Gewerbe auch der Dienstleistungssektor eine tragende Rolle eingenommen. Derzeit vollzieht sich weiterhin der Übergang von der Produktion einfacher zu mehr und mehr technologisch höherwertigen Produkten Gütern. Das entspricht auch dem Wunsch der Zentral-Regierung eines erhöhten Binnenkonsums. Unternehmen aus aller Welt konzentrieren sich auch vermehrt auf andere Märkte, v.a. auf südostasiatische Länder wie Vietnam. Diese Strategie, in der sich Firmen auf ein oder zwei weitere Länder konzentrieren, wird auch als China+1 oder China+2 bezeichnet. Dennoch bleibt China für ausländische Investoren aufgrund seiner Marktgröße, verfügbaren Ressourcen und Lieferantenangeboten nach wie vor ein attraktiver Standort trotz bestehender Marktzugangsbeschränkungen, Kapitalverkehrskontrollen und weiteren (Handels-) Hindernissen.

China ist ein sehr umkämpfter Markt. Ein Kunde sagte mir einmal, das Reich der Mitte sei „nicht die Bundesliga, sondern die Champions League". Für alle nicht fußballinteressierten Leser bedeutet dies, dass China ein sehr kompetitiver Markt ist, bei dem Unternehmen aus aller Welt miteinander konkurrieren. Ob alle Unternehmen „Champions" sind, sei einmal dahingestellt, Firmen wollen es in der Volksrepublik allerdings werden und es bis ganz nach oben schaffen. Das Land ist nicht nur für multinationale Konzerne, sondern auch für mittelständische Unternehmen aus der DACH-Region ein relevanter Markt. Der Fokus der chinesischen Regierung auf den Binnenmarkt und das Konsumieren der Bevölkerung bietet Chancen. Jedoch sollten sich ausländische Firmenzentralen nicht von der Größe des Marktes blenden lassen und Risiken beachten. Hierbei sprechen wir nicht nur von einer harten Wettbewerbsdynamik, sondern ebenfalls vom ausreichenden Schutz des geistigen Eigentums.

China kann nicht als „ein" Markt betrachtet werden. Dies wird anhand eines Seminars einer „Big Five" Prüfungsgesellschaft in Shanghai illustriert, an dem ich vor kurzem teilgenommen habe. Ein hochrangiger Vertreter von einem bekannten Brausegetränke-Hersteller sagte, dass sein Konzern China in der Fläche als mehrere Märkte betrachte und je nach Marke anders anspreche. Der Manager gab als vergleichbares Beispiel an, dass Europa ebenfalls nach Ländermärkten und Kulturkreisen aufgeteilt werde. Er nannte die Niederlande und Polen als Beispiele für unterschiedliche Kundenansprachen. Könnte ein Oberbayer in Hamburg genauso erfolgreich Produkte vertreiben und Verkäufer aus der Steiermark in Zürich dasselbe Ergebnis erzielen wie örtliche Vertriebsteams, nur weil beide deutsch sprechen? Eine Antwort auf die Frage kann nicht generell mit Ja oder Nein beantwortet werden. Dies trifft in besonderem Maße ebenfalls auf China zu.

Wie könnte der chinesische Markt gesehen werden, wenn dieser sich in verschiedene Submärkte aufteilen ließe? Um dies zu beantworten, schauen wir etwas zurück. „Made in DACH", sei es aus Deutschland, Österreich oder der Schweiz, genießt nach wie vor einen exzellenten Ruf im Land. In der Vergangenheit haben multinationale Unternehmen dieselben Produkte weltweit vertrieben und örtliche Konsumenten nicht marktspezifisch genug angesprochen. Heute hat sich China dahingehend gewandelt, dass das Kundenklientel lokal wahrgenommen werden möchte. Dies hat zu einem Umdenken von ausländischen Wirtschaftsunternehmen geführt, um in der umkämpften „Höhle des Löwen“ zu bestehen. Eine Formel dafür lautet: „In China, für China“.

Dies bedeutet, dass ausländische Hersteller, die in China ansässig sind, ihre Strategie zum Verkauf von Produkten und Dienstleistungen zunehmend maßgeschneidert für den chinesischen Markt ausrichten. Der Fokus liegt hierbei auf den chinesischen Konsumenten und dem örtlichen Verbrauchermarkt. Diese Neuausrichtung bedeutet nicht, dass sich chinesische Niederlassungen von ihren im Ausland ansässigen Unternehmenszentralen distanzieren. Vielmehr erhalten lokale Dependancen ein größeres Maß an Autonomie, um zielgerichteter zu agieren. Aktuelle Beispiele, wo dieses Umdenken stattgefunden hat, sind der Automobilsektor und die Konsumgüterindustrie.

Chinesische Konsumenten zählen zu den anspruchsvollsten Klientelgruppen der Welt. Vorlieben der Konsumenten ändern sich schnell und die Erwartungshaltung an eine Servicedienstleistung ist sehr hoch. Der Erfolg des Mittelstandes wie auch international weniger bekannter Marken wird davon abhängen, ob sie in der Lage sind, neue Kundengruppen (z.B. die Generation Z) örtlich und gezielt anzusprechen. Jene Unternehmen und Marken sind im Vorteil, die sich schnell an wechselnde Trends anpassen können. Was ist hierfür der richtige Weg? Dies ist nicht pauschal zu beantworten und hängt von mehreren Faktoren ab, beispielsweise der Branche, der Größe des Unternehmens, bereits gesammelte Erfahrungen in Asien, sowie regulatorischen Rahmenbedingungen.

Unternehmen, die noch nicht in der Volksrepublik aktiv sind, stellen sich häufig die Frage nach geeigneten Eintrittsmöglichkeiten. Ein Vertriebshändler, der Produkte einkauft, mit einer Marge versieht und auf eigenes Risiko vertreibt, ist ein klassischer erster Einstieg. Erhält der Distributeur die Exklusivrechte für das gesamte Land? Sollte ein Unternehmen eine eigene Gesellschaft gründen? Wann ist der richtige Zeitpunkt? Sind Direktinvestitionen im Land geplant oder gewünscht und generell ratsam? Macht es Sinn eine rechtliche Holdingstruktur in der Sonderverwaltungszone Hongkong aufzubauen und deren Tochterunternehmen auf dem chinesischen Festland zu gründen? Sollen Rechte eines Produktes in China lizenziert werden? Aufgrund der Nähe zum Markt und der Kostenstruktur, könnte auch eine örtliche Produktion in Erwägung gezogen werden?

Es gibt nicht das Patentrezept und auch keinen „Markteintritts-Knigge“. Es hängt von den Gegebenheiten ab. Aus Erfahrung ist es wichtig, einen zuverlässigen und vertrauenswürdigen Geschäftspartner vor Ort zu haben, der im Markt verankert ist, die nötige Erfahrung mitbringt und einen „langen Atem" in China hat. Dies ist unabhängig von der Markteintrittsvariante und der Kooperationsform. Dazu zählen Unternehmen, die lange im chinesischen Markt aktiv sind und eine makellose Historic und Referenzen aufweisen können. Kontakte können vor diesem Hintergrund auch Lieferanten sein, die Unternehmen im Inland unterstützen können.

Bei einem Markteintritt sind zwei Ressourcen elementar wichtig, die oft vernachlässigt werden: ausreichende Management-Ressourcen in der Firmenzentrale, sowie ein für den örtlichen chinesischen Markt ausreichendes Marketing-Budget, insbesondere bei Online-/E-Commerce Verkauf. Die Unternehmenszentrale sollte ebenfalls mit abgestellten Ressourcen für den chinesischen Markt (z.B. einem China-Team) und schnellem Handeln unterstützen. Darüber hinaus ist eine gesunde und realistische Erwartungshaltung gegenüber dem Potential des chinesischen Marktes ein großes Plus.

Effektiv mit chinesischen Partnern zu interagieren, ist ein entscheidender Erfolgsfaktor für Unternehmen und Fachkräfte. In verschiedenen Teilen der Volksrepublik werden Verhandlungen anders geführt. Verträge werden nicht selten von chinesischer Seite als der Anfang der Geschäftsbeziehung und weiteren Verhandlungen empfunden. Bei Gesprächen sollte nicht direkt „all in" gegangen werden, das heißt, dass man nicht alle Karten sofort auf den Tisch legen sollte. Im asiatischen Umfeld wenig erfahrene Firmen machen manchmal den Fehler, sich dem erstbesten Geschäftspartner anzuschließen, nur weil dieser „nett" war und man beim Geschäftsessen „üppig" bewirtet wurde. Es ist zu raten, vorsichtig bei der Geschäftspartnersuche vorzugehen, sich die Zeit zu nehmen und den Prozess einer „Risikoprüfung" (due diligence) sorgfältig durchzuführen. Mangelnde Vorbereitung auf Meetings in China ist ein Fallstrick, der nicht oft genug betont werden kann. Chinesische Geschäftsleute sind in der Regel gut vorbereitet, was einen Vorsprung gegenüber ausländischen Besuchern darstellt.

Neben wirtschaftlichen und kulturellen Faktoren spielen auch rechtliche Rahmenbedingungen eine entscheidende Rolle. Neue Gesetze und Regularien können verabschiedet werden, die jedoch nicht sofort umgesetzt werden. Es kommt vor, dass dies erst Jahre später erfolgt und Anwendung findet. In China gibt es nicht nur „ein Gesetz", sondern eine Vielzahl an Regularien. Vergangene Gerichtsentscheidungen können ebenfalls zur rechtlichen Grundlage hinzugezogen werden. Gesetze können sich auch „über Nacht“ ändern. Die Rahmenbedingungen sind nicht selten ein Dschungel an Entscheidungen, der v.a. für ausländische klein- und mittelständische Unternehmen schwer zu navigieren ist. Chinas Gesetze verlangen beispielsweise, dass Kundendaten nur im Inland gespeichert werden dürfen und nur mit Sondergenehmigung ins Ausland übertragen werden können.

Ein weiterer Faktor ist die Hoheit des „Rechtsvertreters“ (legal representative), z.B. des Geschäftsführers einer chinesisch eingetragenen Gesellschaft. Bei Verfehlungen des Unternehmens können neben rechtlichen Risiken auch persönlich strafrechtliche Haftung drohen. Es ist in der Vergangenheit vorgekommen, dass Geschäftslizenzen von multinationalen Unternehmen in der Volksrepublik für eine Zeit ausgesetzt wurden. Der Firmenstempel spielt in China eine wichtige Rolle. Verträge nur mit Firmenstempel haben auch ohne Unterschrift ihre Gültigkeit. Daher ist die sichere Aufbewahrung und Nutzung des Stempels innerhalb eines Unternehmens in verantwortungsvolle Hände zu geben.

Im Reich der Mitte spielt das persönliche Netzwerk eine große Rolle. Gegebenenfalls haben Sie, liebe Leser, schon einmal von dem Begriff „Guanxi“ gehört. In der DACH-Region würden wir dies als „Beziehungen“ bezeichnen. Guanxi ist ein kulturelles Konzept, das tief in der chinesischen Kultur verankert ist. Es bezieht sich auf die Entwicklung von Beziehungen und Netzwerken, sei es im sozialen oder geschäftlichen Kontext. Guanxi spielt nicht nur für den Geschäftserfolg eine wichtige Rolle, sondern auch im allgemeinen sozialen Leben. Guanxi ist ein wichtiges Element, das den Wert persönlicher Beziehungen, des Vertrauens und gegenseitiger Unterstützung widerspiegelt. Nicht nur der Aufbau von persönlichen Beziehungen, sondern ebenfalls die Pflege von Kontakten in China schafft eine gegenseitige Vertrauensbasis (Kern, 2021)[6]. Sehr hilfreich ist ein Netzwerk an Personen in verschiedenen Branchen und Bereichen, um verlässliche Informationen aus „erster Hand“ zu gewinnen.

Ich bin regelmäßig an verschiedenen Orten in China unterwegs. Durch den regen Austausch und das gemeinsame Essen, sowie die Verknüpfung über WeChat bleibt der Kontakt bestehen. WeChat ist eine „Super-App“,

6 Kern, J. S. (2021). Guanxi im chinesischen Geschäftsleben.

mit der neben Nachrichten, sozialen Medien und mobilen Zahlungsapplikationen der Großteil des Lebens organisiert, Dinge gekauft und bezahlt werden können. Physische Visitenkarten sind auf dem Rückzug und werden immer seltener genutzt. Stattdessen werden vermehrt digitale Versionen ausgetauscht. WeChat wird als primäres Medium für die Kommunikation genutzt.

Ich erinnere mich, als ich zu Beginn meines Arbeitslebens eine Delegation einer bekannten Firma aus der Automobilstadt Changchun aus Nord-Ost China bei einem Besuch der norddeutschen Häfen Hamburg, Cuxhaven, Wilhelmshaven und Bremerhaven betreute. Unsere damaligen Niederlassungsleiter verbeugten sich bei der Ankunft vor den Delegierten, die verdutzt dastanden und dies nicht einordnen konnten, da Chinesen sich – anders als einige andere Länder in Asien – eben nicht in der Form verbeugen, wie viele Menschen in Europa sich dies vorstellen.

Ein Zeichen, dem Gegenüber seinen Respekt zu zollen, ist es, den Namen richtig auszusprechen und, wenn nötig, Hilfe bei der Aussprache anzunehmen. Es gibt Unterschiede zwischen Herrn Chen und Herrn Cheng. Für China-Kenner sind typische Nachnamen, die aus Taiwan, Macau oder dem Festland stammen, ersichtlich. Nicht selten bringt dieser erste Eindruck ein respektvolles Entrée. Ebenfalls ist es förderlich zu wissen, dass es dieselben Städtenamen auch in verschiedenen Provinzen geben kann (z.B. Beihai).

Ein guter Eindruck kann auch geschaffen werden, indem wenige chinesische Wörter gelernt werden, sei es „nǐ hǎo“ (hallo) oder „xiè xie“ (danke). Nicht selten werden Ausländer aus Höflichkeit für ihre „sehr guten“ Sprachkenntnisse gelobt. Unter Beachtung der Firmen-Compliance-Regeln freuen sich chinesische Geschäftspartner oder Kollegen über kleine Präsente aus Europa und kleine „Mitbringsel“. Vorteilhaft bei der Vorbereitung einer Geschäftsreise ist zu wissen, in welche Städte diese führt und sich etwas einzulesen. Hier geht es nicht nur um den richtig auszusprechenden Städtenamen und das Wahrzeichen der Stadt, sondern auch um kulturelle Besonderheiten.

Es ist ebenfalls üblich, am Arbeitsplatz nach dem Privatleben gefragt zu werden. Fragen über das Wochenende, die Kinder oder andere persönliche Angelegenheiten sind normal und werden als freundlich angesehen. In Ländern der DACH-Region wird die Grenze zwischen Arbeits- und Privatleben strikter gezogen.

Zur China-Kompetenz im Geschäftsleben zählen ebenfalls die Platzwahl am Tisch, die richtige Art anzustoßen und auch, welches Datum und welche Uhrzeit gewählt wird, um eine wichtige Veranstaltung durchzuführen. Ausländer aus der DACH-Region, insbesondere der deutschen Kultur nahestehend, wollen schnell Erfolg haben und somit auch Verträge schnell unterzeichnen. In China ist es wichtig, sich auch einmal – im positiven Sinne – „treiben" zu lassen. Analog zu den vorherigen Kapiteln lässt sich auch hier eine Kompetenz nicht über Nacht entwickeln. Geschäftspraktiken im Land der Mitte können für Ausländer fremd wirken und erfordern eine aktive Auseinandersetzung mit Entscheidungen und der sorgfältigen Abwägung vieler Faktoren.

Weitere Beispiele, über die im Geschäftsumfeld geschrieben werden könnte sind das verarbeitende Gewerbe, die Produktentwicklung, globale Wertschöpfungsketten, deutsche Firmen in den Städten Taicang und Suzhou (Provinz Jiangsu), die Freihandelszone der Insel Hainan, Umweltfragen und natürlich auch die Künstliche Intelligenz, welche in allen Bereichen des (Geschäfts-)lebens bereits einen enormen Stellenwert genießen. Es gibt eine ganze Reihe von Beispielen mit denen weitere Seiten gefüllt werden könnten.

5. DAS SCHLUSSKAPITEL

Mein Vorgehen in diesem Gastbeitrag war es, praxisnahe und persönliche Erfahrungen darzustellen und China-Kompetenz in interkultureller, sprachlicher und geschäftlicher Hinsicht etwas „greifbarer und lebendiger" zu machen. Aufgabe dieses Artikels war es nicht, einen Leitfaden für China-Kompetenz zu geben und ebenfalls nicht jedes Feld zu beleuchten. Es ging darum, besagte „Puzzle-Teilchen" sichtbarer zu machen. Es ist ein Plädoyer für die Neugierde auf das „Fremde" und nicht voreingenommen das „Andere" kategorisch auszuschließen.

Ein tieferes Verständnis von China ermöglicht es, Handlungsweisen des Landes und die Mentalität der Einheimischen nachzuvollziehen. Es ermöglicht einen differenzierteren Blickwinkel, der nicht automatisch „unbekannt" mit „schlecht" gleichsetzt. Durch dieses Auseinandersetzen eröffnen sich neue Perspektiven, die es erleichtern, komplexe Situationen zu bewerten und diese vollständig zu hinterfragen. Es fördert den Dialog und trägt dazu bei, Konflikten konstruktiv vorzubeugen und gemeinsame Lösungen zu finden, die den Bedürfnissen aller Beteiligten gerecht werden.

Das Erlernen von China-Kompetenz endet nicht und geht stets weiter. Ein Bemühen, sich vorurteilsfrei und objektiv mit dem Land auseinanderzusetzen, wird von der Gegenseite in der Regel positiv wahrgenommen und honoriert. Studierende und junge Berufseinsteiger stehen vor der Frage, wie wichtig China-Kompetenz für ihren beruflichen Werdegang ist. Es steht außer Frage, dass Personen mit der nötigen Kompetenz stets einen Vorteil gegenüber denjenigen haben werden, die nicht über entsprechende Erfahrungen verfügen.

China-Kenner, die sich seit langer Zeit mit dem Land befassen und lange dort leben (oder gelebt haben), werden oft als „Old China Hands" bezeichnet. Wenn Sie, liebe Leser, einmal einen „Old China Hand" treffen, hören Sie ihm doch einfach zu. Machen Sie sich bei einem Besuch in China Ihr eigenes Bild, was Ihnen gefällt oder missfällt. Warum also nicht einmal nach China in den Urlaub fliegen oder eine Messe vor Ort besuchen?

LITERATURVERZEICHNIS

China Briefing (2019): China Briefing: China's City-Tier Classification: How Does it Work? https://www.china-briefing.com/news/chinas-city-tier-classification-defined/#:~:text=The%20most%20common%20system%20of,them%20into%20four%20respective%20tiers.&text=Traditionally%2C%20Tier%201%20cities%20are,further%20away%20from%20prime%20locations.

Chengze, Z. (1989). Die Seide und die Technik der Seidenherstellung. In *Birkhäuser Basel eBooks* (S. 481–492) https://doi.org/10.1007/978-3-0348-6379-7_47.

Guder, A., You, W., Frenzel, A., Willems, A. S., Bildungsnetzwerk China & Ernst, B. (2021). Bildungsnetzwerk China: Wirklichkeiten und Möglichkeiten des Schulfachs in Deutschland. In *Bildungsnetzwerk China* (Seite 6) https://bildungsnetzwerk-hina.de/fileadmin/user_upload/download-bereich/08_macht_mehr_chinesisch_2021.pdf.

Kern, J. S. (2021). Guanxi im chinesischen Geschäftsleben. In *Essentials*. https://doi.org/10.1007/978-3-658-33781-0.

Statista (2023, 31. März). *Population of Guangdong province, China 2012-2022* https://www.statista.com/statistics/1033846/china-population-of-guangdong/.

United Nations Day Chinese Language Day https://www.un.org/zh/observances/chinese-language-day/english.

Stefan Woditsch.
Stefan Woditsch begann seine China- und Asien-Reise bereits im Jahre 2000 mit einem einjährigen Schüleraustausch in einer lokalen Schule in Hongkong. Damals noch eine eher ungewöhnliche Wahl für einen Austausch, sammelte er dort bereits erste Berührungspunkte mit Land und Leuten und verbrachte eine kurze Zeit an einer örtlichen Schule in Peking. Nach einem erfolgreich absolvierten Studium mit diversen Praktika in China und anschließendem Trainee-Programm zog es ihn wieder nach Asien. In Singapur verbrachte er sechs Jahre in regionalen Positionen und konnte Erfahrungen in der Geschäftswelt Südostasiens sammeln. Im Jahre 2017 wechselte er den Standort nach Guangzhou. Er lebt seit 2020 in Shanghai und bekleidet eine Führungsposition in einem deutschen Unternehmen, welches insbesondere Firmen aus der DACH-Region betreut. Nach insgesamt über 20 Jahren Asien- und Chinaerfahrung kann er von diversen Erlebnissen berichten, die er im kulturellen und auch im geschäftlichen Kontext erfahren hat. Stefan Woditsch beherrscht neben Mandarin auch die kantonesische Sprache.

中国在世界贸易中的角色

Zhōngguó zài shìjiè màoyì zhōng de Juésè

CHINAS ROLLE IM WELTHANDEL

PETER BACHMANN

Abstract. Als ich im Mai 2005 mit zwei Koffern in Shanghai ankam, hatte ich einen Haartrockner im Gepäck. Darauf stand „Mio Star, Prod. Suisse". Ein Migros Produkt hergestellt in der Schweiz. Der Föhn, wie wir in der Schweiz dem Haartrockner umgangssprachlich sagen, funktioniert auch heute noch. Auf der Webseite der Migros hat es weiterhin Haartrockner „made in Switzerland". Das ist bemerkenswert, wenn man bedenkt, dass heutzutage der Grossteil der elektrischen Produkte aus Asien, und sehr oft, aus China stammen.

Trotz des Schweizer Föhns: Ohne China geht heute kaum mehr etwas. Wir sehen das nicht nur an Handelsbilanzen, sondern auch ganz einfach, wenn man einkaufen geht. „Made in China" ist überall. Früher waren es vor allem günstige Produkte wie Spielzeuge, Radios und Kleider. Später waren es Computer, Drucker und Apple Gadgets wie der iPod oder das iPhone. Heute sind es Solaranlagen, Telekom-Ausrüstungen und elektrische Autos.

Stickwörter: Globalisierung, Internationaler Handel, Handelsströme, wirtschaftliche Abhängigkeit

1. CHINA IST HEUTE DIE DOMINANTE MACHT IM WELTHANDEL

Wie erfolgreich und führend China geworden ist, kann man am besten mit ein paar Zahlen belegen. Seit China im Jahr 2002 der Welthandelsorganisation beigetreten ist, hat sich das Land zum grössten Produzenten von Waren, zum grössten Exporteur und zum zweitgrössten Importeur (hinter den Vereinigten Staaten) entwickelt. Im Jahr 2023 exportierte China Produkte im Wert von 3.38 Billionen Dollar, welche einem Wert von 2.55 Billionen Dollar an Importen gegenüberstanden (CNN, 2023). Der Handelsüberschuss von 820 Milliarden Dollar ist genauso beeindruckend wie die Marktdominanz. Am gesamten Export-Handel hat China einen Anteil von 14% (die Sonderverwaltungszone Hong Kong ist nicht einberechnet und hat einen Anteil von rund 2%). Bei den Importen hat China einen

Anteil von 10.58% (Hong Kong steht bei 2.6%). An der weltweiten Wirtschaftsleistung hat China einen Anteil von 16.9% (Nikkei Asia, 2024). Zusammengefasst sieht das so aus: Chinas Wirtschaftsleistung beträgt rund 18 Billionen Dollar im Jahr 2023. Die Wirtschaft ist daher rund viermal grösser als diejenige Japans, fünfmal grösser als jene der ASEAN Staaten oder sechsmal grösser als jene von Indien.

Trotz diesen schwindelerregenden Zahlen, im Jahr 2023 gab es einen Dämpfer was den Handel angeht: Exporte (-4.6%) wie auch Importe (-7.7%) waren rückläufig gegenüber dem Vorjahr. Die Strategien der Vereinigten Staaten, der EU und anderen Staaten um die Abhängigkeit von China zu verkleinern, zeigen erste Resultate. De-Risking, Friend-Shoring, Nearshoring und sogar On-Shoring zeigen Wirkung und asiatische, amerikanische wie auch europäische Firmen investieren weniger im Reich der Mitte als früher. Das hat auch dazu geführt, dass Mexiko China als grössten Importeur der Vereinigten Staaten abgelöst hat (VOA, 2024).

Trotzdem, China dominiert wichtige Industrien. Und das ist nichts neues. Bereits 2012 konnte man lesen, dass sich das Reich der Mitte in wichtigen Sektoren hochgearbeitet hat (NBC News, 2012). Und das waren oft Industrien, in denen die Vereinigten Staaten während Jahrzehnten führend waren: Stahl, Autos, Tabak, Baumwolle, Kohle, oder beim Export von Hightech Produkten. 11 Jahre später hat sich die Liste deutlich verlängert. China ist nun führend in vielen Bereichen: Drohnen, Nuklear Energie, Quantum Sensor, Photovoltaik, Batterien, Machine Learning, oder auch Robotik, Künstliche Intelligenz und Biotechnologie. Gemäss dem australischen Think Tank Australian Strategic Policy Institute (ASPI) sind die Chinesen in 37 von 44 Schlüsselindustrien führend (ASPI, 2023).

Über Jahrzehnte war China der grösste Handelspartner der Vereinigten Staaten. Im Spitzenjahr 2017 kamen über 21% aller Einfuhren aus China. Im Jahr 2022 waren es noch rund 13%, was ein deutlicher Rückgang darstellt und dem De-Risking und der wechselnden wirtschaftspolitischen Umgebung geschuldet ist. Ein weiterer Grund ist, dass viele chinesische Firmen in anderen asiatischen Ländern sowie in Mexiko investiert haben, um weiterhin günstig und schnell in die USA liefern zu können.

Während sich die Amerikaner immer wieder über das mehrjährige Handelsdefizit mit China aufregen, so sind die wachsenden China Importe in der Schweiz ebenfalls seit Jahren ein Thema. Seit 2012 importiert die

Schweiz mehr als dass sie nach China exportiert, wobei der Goldhandel von diesen Statistiken ausgeschlossen ist (Bachmann, 2024). Und dies obwohl das Reich der Mitte für die Schweizer Pharma-, Chemie-, Maschinen- und Uhrenbranche zu den wichtigsten Absatzmärkten gehört. Das Handelsdefizit konnte auch das Freihandelsabkommen zwischen den beiden Ländern, welches seit 2014 in Kraft ist, nicht ändern. Während sich die Schweiz und die Vereinigten Staaten seit Jahren mit einem Defizit abmühen, so ist das für Südkorea ein ganz neues Gefühl. Das Land verzeichnete seit 1992 einen Handelsüberschuss, welcher nun im letzten Jahr in ein deutliches Defizit von rund 18 Milliarden Dollar mündete (PIIE, 2024).

Gemäss Statistiken der chinesischen Zollverwaltung hat China im Jahr 2022 mit 174 Ländern und Regionen einen Handelsüberschuss erwirtschaftet (Visual Capitalist, 2023). Nur gerade 60 Länder hatten eine positive Bilanz gegenüber China, darunter waren unter anderem Japan und Australien.

Trotz diesen beeindruckenden Zahlen hat der Handel mit China immer noch viel Potential. Schweizer Lebensmittel sind eher schwierig zu finden. Es gibt die bekannten Namen wie die Toblerone oder Frey Schokolade, ein grosses Lindt Sortiment und Biscuits wie Kambly, Wernli oder Kägi und auch Schweizer Wein. Aber Klassiker wie Aromat, Zweifel Chips, Rivella, oder Maestrani fehlen. Zudem muss man bedenken, dass die Toblerone die in China verkauft wird nicht in der Schweiz hergestellt wird, sondern in der Slowakei. Dasselbe gilt für viele Lindt Produkte. Die stammen oft aus Deutschland oder Frankreich und finden dann den Weg nach China. Für Lindt ist das ein gutes Geschäft, kann man doch von den günstigeren Herstellungskosten in den Nachbarländern der Schweiz profitieren und dann den hohen Verkaufspreis in China verlangen (100 Gramm Lindt Schokolade kostet in Shanghai gut und gerne zwischen CHF 4-5). Bei den Käsesorten haben die Neuseeländer, Australier, Dänen und Franzosen die Nase vorn. Schweizer Käse ist schwierig zu finden.

Aber das geht nicht nur der Schweiz so. Obwohl China der zweitgrößte Importeur der Welt ist, so hinkt der Vergleich gewaltig. Denn der Grossteil der Importe bestehen aus Maschinen, Eisenerz, Oel, Gas und Halbleitern. Interessant ist, dass das Land 2023 mehr Geld für Halbleiter ausgab als für Öl (New York Times, 2023). Der chinesische Markt ist nicht annähernd so offen wie die Märkte in der EU oder den Vereinigten Staaten.

Der ehemalige Präsident der Europäischen Handelskammer in China, Joerg Wuttke, brachte es in der NZZ auf den Punkt: „Die Exporte der EU nach China im vergangenen Jahr (2022) waren wertmässig bloss 23% höher als die Exporte der EU in die Schweiz. Das sagt schon alles (NZZ, 2023)." Wuttke führte weiter aus, dass Firmen aus der Europäischen Union rund 9 Milliarden Euro in China investiert hätten, während sich die Investitionen in die USA auf rund 160 Milliarden Euro belaufen würden. Da habe viel damit zu tun, dass China viele Industrien nicht für ausländische Investoren öffnet und daher weniger Übernahmen und M&A zulässt.

2. ABHÄNGIGKEIT VON CHINA

Wie dominant China im Welthandel geworden ist, zeigen nicht nur die Handelszahlen, sondern es zeigt sich auch ganz konkret im Leben der Menschen. China hat sich in den letzten 20 Jahren zum wichtigsten Handelspartner von über 120 Ländern entwickelt (Wilson Center, 2023). Wie wichtig China ist und wie abhängig die Schweiz und ihre Nachbarn geworden sind konnte man im Jahr 2020 deutlich erkennen. Die Corona-Pandemie breitete sich von Wuhan in andere Städte und Regionen in China aus bevor dann Menschen rund um den Globus damit infiziert wurden. Während man in China die Produktion von Masken, Schutzanzügen, Schutzbrillen und Desinfektionsmittel im Rekordtempo aufnahm und sogar solche Produkte im Ausland aufkaufte, sah man sich anderswo schnell mit Engpässen konfrontiert. Als dann die Gewissheit da war, dass COVID hochansteckend ist, war es schon zu spät. Es war nicht genug Schutzmaterial vorhanden um die Bevölkerung zu schützen. Und nicht nur das. China, von wo man das Schutzmaterial importieren wollte, untersagte den Export, und dies sogar von Produkten, die von ausländischen Firmen in China produziert wurden (Peterson Institute, 2020).

Es gab Stimmen die sagen, dass die Schweizer Regierung versagt habe und es extrem naiv gewesen sei sich auf China im Notfall zu verlassen. Das sei nun die Quittung. Möglicherweise hat man im Bundesrat gedacht, dass man eine spezielle Beziehung zu China aufgebaut hat. Es gab genügend Gründe dies so zu sehen, hat man sich doch seit der Gründung der Volksrepublik viel Mühe gegeben um sich mit den Führern der kommunistischen Partei gut zu verstehen:

- 1950 war man unter den ersten Ländern der Welt, die Maos kommunistisches China offiziell anerkannt haben (während das für uns heutzutage als nebensächlich erscheint, wird das praktisch bei jedem hochrangigen Treffen von der chinesischen Seite erwähnt).
- 1980 etablierte Schindler das erste Joint-Venture einer ausländischen Firma in China und brachte wertvolles Wissen und wichtige Technologie ins Land
- 1991 hat China eingewilligt, einen Menschenrechtsdialog mit der Schweiz einzuführen
- 2001 stimmte die Schweiz für die Aufnahme von China in die Welthandelsorganisation
- Ein Freihandelsabkommen mit Peking, notabene als einziges europäisches Land neben Island, wurde 2014 in Kraft gesetzt
- Gemäss Informationen des Eidgenössischen Departments für Ausländische Angelegenheiten wurde 2016 eine innovative strategische Partnerschaft vereinbart
- Seit 2018 besteht ein strategischer Dialog zwischen den Aussenministerien der beiden Länder
- Es existieren fast vierzig Fachdialoge zwischen schweizerischen und chinesischen Behörden

All diese Entwicklungen hätten doch ausreichen sollen, um etwas mehr Spielraum bei Verhandlungen für Masken und Schutzmaterial zu haben. Weit gefehlt. Erst nach und nach liess sich China zum Export bewegen und dies zu stattlichen Preisen. Drittbrettfahrer in China und der Schweiz machten sich das zu Nutze, und verdienten herrlich auf Kosten der Schweizer Steuerzahler.

Das ist nur ein Beispiel wie dominant China heute ist und wie extrem die Welt von Peking abhängig ist. Andere Beispiele sind in der Pharma Industrie zu finden sowie bei den Seltenen Erden.

Arzneimittel sind knapp. Arzneimittel sind in der Schweiz knapp, weil die sogenannten APIs (active pharmaceutical ingredients) schwierig zu erhalten sind. 40% des API Marktes wird von China dominiert (Nikkei, 2022). Sogar Indien, welches selbst ein großer Exporteur von API ist, ist zu 70% von China abhängig um eigene Basisstoffe herzustellen. In der Schweiz führt die Knappheit an APIs zu Engpässen. Gemäss www.drugshortage.ch

sind über 350 Wirkstoffe nicht vorhanden, was dazu führt, dass über 700 Produkte und Dosierungen nicht lieferbar sind. Das hat Auswirkungen auf Arzneimittel von führenden Anbietern wie zum Beispiel Sandoz, Pfizer, Sanofi oder GSK.

Seltene Erden. China ist der grösste Abbauer und Verwerter von Seltenen Erden (Politico, 2022). Viele der ingesamt 17 Elementen werden für die Herstellung von Produkten verwendet welche wir heute im täglichen Gebrauch einsetzen. Smartphones, Computer, Batterien und Elektro-Autos sind bekannte Beispiele. Die Abhängigkeit wird von der chinesischen Regierung ab und zu ausgenutzt. Bereits im Jahr 2011 stoppte China vorübergehend den Export von Seltenen Erden nach Japan da die beiden Länder einen territorialen Disput über die Senkaku Inseln hatten. 2023 entschied China, dass es illegal ist die Technologie und das Know-how für die Weiterverarbeitung von den Seltenen Erden außer Land zu schaffen (Financial Times, 2023).

3. EIN ÜBERHOLTES WELTBILD

Die Abhängigkeit ist einmalig und wird erst durch das De-Risking ganz langsam etwas durchweicht. Nun, soll man China jetzt an den Pranger stellen? Oder ist es vielmehr die Naivität der Wirtschaftselite und der Politik in der Schweiz, Europa, Japan, den Vereinigten Staaten und anderswo, welche in diese Abhängigkeit einwilligten, ja sie sogar förderten?

In den 1990er Jahren wurde uns bereits gelehrt, dass die Globalisierung unaufhaltbar sei. Es mache wirtschaftlich Sinn, die Produktion nach Asien auszulagern da ja dort die Kosten tiefer seien. Wir in Europa sollen uns in eine Wissensgesellschaft entwickeln, in der man sich neue Produkte ausdenkt und entwirft, und dann in Asien herstellen lässt. An den Universitäten wurde der Shareholder Value gepusht, und man fragte sich allgemein, ob man den Staat überhaupt noch bräuchte. Die Wirtschaft könne doch vieles selbst regeln und habe nun in Asien, und vermehrt in China, den optimalen Partner für die Optimierung des Shareholder Value gefunden.

Diese Rhetorik ist gut und schön, und hat ohne Zweifel viele Anhänger gefunden. China trat 2002 der Welthandelsorganisation bei und dann startete die Globalisierung 2.0 so richtig durch. Seither hat China die kühnsten Erwartungen übertroffen und dank den hunderten Millionen von Arbeitskräften die Produktionszeit und die Kosten aller nur erdenklichen Waren minimiert und deren Herstellung ganz im passenden Jargon der „Economy of scale" revolutioniert. Kein anderes Land hat so eine grosse Produktionsmacht, eine so etablierte Supply Chain und so ein grosses Angebot von Arbeitenden. Die chinesische Regierung galt als wirtschaftsfreundlich und die Produktionsfirmen spriessen wie Pilze aus dem Boden. „Geht nicht" gab es kaum. Alle kamen. Die Amerikaner, die Deutschen, die Japaner, die Koreaner und auch die Schweizer Grosskonzerne und die KMU. Gemäss Zahlen der Schweizer Regierung gibt es rund 800 Niederlassungen von Schweizer Firmen in China welche rund 160›000 chinesische Mitarbeitende beschäftigen.

Viele chinesische wie auch ausländische Firmen werden in China in sogenannten Industrie Parks oder Entwicklungszonen zusammengefasst. Da können Unternehmen effizient arbeiten lassen und profitieren oft von Steuervergünstigungen und weiteren Vorteilen, welche der Park Betreiber dank Subventionen der Lokalregierung offerieren kann. Bei einem Besuch in so einem Park im Jahr 2010 erhielt ich einen Eindruck, was in den nächsten Jahren so alles auf den Rest der Welt zukommen könnte. Während des Mittagessens erklärte der Direktor des Parks, dass sich hier bald zwei grosse Zulieferer für Apples iPhone niederlassen werden. Diese Investitionen bringen mehrere tausend Arbeiter in die Region und wird die lokale Wirtschaft beflügeln. Man kann sich vorstellen, dass all diese Arbeiter irgendwo wohnen, essen und sich entspannen müssen. Das wiederum generiert neue Arbeitsplätze und zusätzliche Steuereinnahmen für die Lokalregierung.

Zu dieser Zeit flossen unglaubliche Summen an Investitionen aus der ganzen Welt nach China. Japan war seit jeher der grösste Investor im Land und man sah praktisch alle Namen die uns an „Japan Inc." erinnern: Sony, Toyota, Honda, Mitsubishi, Hitachi, Nikon, Canon, Toshiba, Sharp, NEC, Panasonic und viele mehr. Das gleiche galt für die Amerikaner, die Europäer und die Koreaner. Wer noch nicht da war hat was falsch gemacht und probierte so schnell wie möglich in den Markt der zweitgrössten Wirtschaft der Welt einzutreten.

Eine ganz spezielle Beziehung zu China hat Apple. Das teuerste Unternehmen der Welt wäre nicht so erfolgreich, hätte es nicht eine massive Präsenz in China aufgebaut. Die Produkte der Firma aus Cupertino werden nicht nur hier zusammengestellt. China ist auch einer der wichtigsten

Absatzmärkte für das iPhone und den iPad. Dazu kommen mir gleich zwei Anekdoten in den Sinn.

Im Jahr 2012 arbeitete ich für CBC, eine Schweizer Marktforschungsfirma. Das mehrstöckige Geschäftsgebäude war nicht weit weg von meiner Wohnung. Es war am einfachsten mit dem Bus zur Arbeit zu fahren da es zu dieser Zeit noch keine U-Bahn in der Nähe meiner Wohnung gab. Die Fahrt mit dem Bus ging rund 20 Minuten, obwohl es nur eine Distanz von rund 3 Kilometern zurückzulegen galt. Der langsame Verkehr und die stete Umgehung der Verkehrsregeln machten es allen schwer, zügig voranzukommen. In den oft überfüllten Bussen fiel mir auf, dass viele Passagiere zwei Dinge mit sich trugen: Ein Smartphone, überwiegend war es ein iPhone, und in der anderen Hand eine kleine farbige Tasche, die Lunch Box. Zu dieser Zeit kostete das iPhone über die Hälfte eines Monatslohns eines Arbeitnehmenden mit ein paar Jahren Arbeitserfahrung im Büro / Admin Bereich in Shanghai, rund RMB 5,000 (damals waren das rund CHF 800). Ich fragte mich oft, warum Leute die ein so teures Smartphone kaufen den billigen Bus zur Arbeit nehmen und auch noch das Mittagessen von zu Hause mitbringen. Ein chinesischer Freund erklärte es mir so: Wenn jemand ein iPhone besitzt, so ist das ein Statussymbol. Man kann zeigen, dass man sich etwas Teures leisten kann und es wird der Eindruck vermittelt, dass man (mindestens) zur oberen Mittelschicht gehört. Das leuchtete mir ein. Vor allem in China, wo man sich gerne von anderen Leuten mit Äußerlichkeiten abhebt, kann man dieses Argument verstehen. Und warum spart man beim Essen und Transport? Viele können sich tägliche Ausgaben für Taxis und Mittagessen nicht leisten. Daher wird beim Transport und beim Essen gespart, um ein Statussymbol finanzieren zu können.

Im Jahr 2021 wollte ich mir ein neues iPad kaufen. Die neuesten Modelle kamen gerade auf den Markt und es schien mir eine gute Zeit mein schwächelndes iPad 2 zu ersetzen. Ich wollte das iPad nicht online kaufen, sondern ging in einen Apple Store in Shanghai. Der Shop war voll von Leuten obwohl zu diesem Zeitpunkt amerikanische und andere ausländische Produkte es schwer hatten bei den chinesischen Konsumenten; so stellte es wenigstens die chinesische Staatspresse dar. Die Anschuldigungen aus dem Ausland betreffend dem Ausbruch des COVID hatte die Chinesische Regierung satt. Daher instrumentalisierte man die Bevölkerung und wiegelte sie gegen ausländische Firmen und Produkte und generell gegen

Ausländer auf. In Peking wurde zum Beispiel auf Plakaten vor ausländischen Personen gewarnt. Sie könnten Spione sein und hätten das Ziel das chinesische Volk gegen die Regierung aufzuwiegeln und den Ruf Chinas zu beschmutzen. Während man in Shanghai weniger oft solche Kampagnen sehen konnte, gab es Indizien, dass man auch hier gerne mal die Muskeln spielen lässt. So erschien es mir wenigstens als ich in den Apple Shop kam. Als ich nach einem neuen iPad fragte entgegnete mir der Verkäufer, dass diese neuen Modelle für die Chinesischen Schüler und Studenten reserviert seien. Übersetzt heisst das: Wir wollen Dir keinen iPad verkaufen. Das fand ich natürlich interessant, um nicht zu sagen unverschämt, aber ich wusste sofort, was nun zu tun war. Ich sagte dem Verkäufer, dass ich schon lange in Shanghai lebe und schon viel im Land herumgereist sei. Das Interesse am Land verfehlte seine Wirkung nicht. Er fragte mich, woher ich komme und ich sagte aus der Schweiz. Da hellte sich seine Miene sofort auf. Er musterte mich von Kopf bis Fuss und nach einem Moment sagte er es könne sein, dass es noch ein paar iPads im Lager habe. Ein paar Minuten später brachte er mir ein neues iPad, mit den Spezifikationen, die ich wollte.

4. RESTRUKTURIERUNG DER WIRTSCHAFT FÜR DIE ZUKUNFT

Chinas Wirtschaft geht nun durch eine strukturelle Veränderung, welche so wichtig und zukunftsweisend sein wird, wie der Beitritt zur Welthandelsorganisation vor über 20 Jahren.

Die alten Wachstumsstützen wie Investitionen, die Produktion und der Export von günstigen Gebrauchsgegenständen und Immobilien werden an Wichtigkeit verlieren. Allerdings ist das nicht so einfach. Man sei daran erinnert, dass der Immobilien und Bausektor, mit den gesamten Up- und Down-Stream Produkten wie Kühlschränke, Mikrowellen, Möbel und Betten noch im Jahr 2021 rund 28% der jährlichen Wirtschaftsleistung ausmachte. Der Plan der Regierung ist den Immobiliensektor zu schrumpfen. Dieser Vorgang hat bereits eingesetzt und hat unter anderem dazu geführt, dass einer der größten Immobilienkonzerne Chinas, Evergrande, als bankrott erklärt wurde. Grund: Man konnte die Zinszahlungen in China und im Ausland nicht mehr bedienen. Die Firma hatte zur Zeit der Urteilsverkündung Anfang Januar 2023 rund 300 Milliarden Dollar Schulden angehäuft.

China will zudem wegkommen vom einfachen Bild des Billigwarenproduzenten. Ein chinesischer Freund hat mir mal gesagt, wie sehr ihn das kränkt, dass China im Ausland nur als die billige Werkbank für die Welt wahrgenommen wird. Dabei habe sein Land doch viel mehr zu bieten als Plastikspielsachen und Wegwerfartikel. Das stimmt natürlich. Wie am Anfang des Kapitels erwähnt, stellt die chinesische Wirtschaft viel anspruchsvollere Produkte her also noch vor ein paar Jahren. Wie jedes andere Land möchte China in größerem Ausmaß von der Wertschöpfungskette profitieren und mehr Profite im Land (zurück-) behalten. Und das gelingt immer besser. Länder wie Indonesien, Serbien oder Argentinien importieren ganze Zugkompositionen und U-Bahn Züge aus China. Peking arbeitet nun auch daran den eigenen Passagierjet C919 als Mitbewerber zu Airbus und Boeing aufzubauen. Rund 1700 Airbus Flugzeuge sind in China in Betrieb. Der Heimmarkt ist der wichtigste Absatzmarkt für den C919 und die chinesische Regierung will der ausländischen Konkurrenz das Leben schwer machen. Zugleich muss man festhalten, dass viele der wichtigen Komponenten im C919 von ausländischen Firmen hergestellt werden. Dies trifft zum Beispiel für die Triebwerke, das Navigations- oder das Anti-Vereisungssystem zu. Ohne ausländische Hersteller wäre China nicht in der Lage ein Flugzeug zu bauen, so wie es auch extrem schwierig wäre für die Vereinigten Staaten oder europäische Länder ohne gezielte Importe von Komponenten Boeing und Airbus Maschinen zu bauen.

Die neuen und zukunftsgerichteten Wachstumsbranchen sind, gemäss Regierung: Künstliche Intelligenz, Halbleiter, Elektro-Autos, Advanced Manufacturing, Super Computing und so weiter. Das tönt sehr interessant und erfolgversprechend, doch man kann nicht einfach den Schalter umlegen und nun auf diese neuen Branchen setzen. Das braucht Jahre, wenn nicht Jahrzehnte, bis sich die zweitgrößte Wirtschaft der Welt so entwickeln kann, wie sich das die Regierung wünscht. Der Grund: Die „alte Wirtschaft" ist (noch) viel zu wichtig und ist existenziell für das ganze Land wie auch für die vielen Arbeitnehmenden. Günstige Gadgets, Spielzeuge oder Kleider kommen auch in Zukunft aus China da sie das Einkommen von Millionen von Chinesen generieren. Das hat auch mit der (Weiter-) Bildung zu tun. Ein Mitarbeiter in einer Spielzeugfabrik kann nicht von heute auf morgen in einer Halbleiterfabrik arbeiten. Diese Millionen von

Menschen müssen weiter beschäftigt werden und das geht am besten, wenn man sie den Job machen lässt, den sie schon in der Vergangenheit gemacht haben. Das ist auch ein Hauptgrund, warum Firmen wie Aliexpress (Alibaba), Shine oder Temu in den letzten Jahren die Welt mit billigen Kleidern und anderen Produkten überschwemmt haben. Dank Subventionen und Export-Vergünstigungen können diese Firmen billig produzieren und somit weiterhin die Mitarbeiter anstellen, die sonst auf der Strasse landen würden. Um nur ein Beispiel zu nennen: Über 87% des weltweiten Weihnachtsdekorationsmaterials kommt aus China. Das entsprach 2020 einem Umsatz von 6.6 Milliarden Dollar (Visual Capitalist, 2021). Warum soll man diese Umsätze aufgeben?

Andere Branchen haben da viel eher das Potential in kurzer Zeit zu einer grossen Stütze der Wirtschaft zu werden. Zum Beispiel die Seniorenbetreuung. Heute gibt es rund 280 Millionen Menschen im Rentenalter von 60 Jahren oder älter. Das entspricht 20% der Bevölkerung. Diese haben Zeit, eine Pension und beanspruchen immer mehr und bessere Dienstleistungen. Die Regierung schätzt, dass bis gegen Ende 2025 die sogenannte „Grauhaar Industrie" auf rund 800 Milliarden Dollar anwachsen wird. Allein der Markt für medizinische Geräte für den Eigengebrauch wird dann 52 Milliarden Dollar umfassen können. Dazu gehören zum Beispiel Lifte in grösseren Häusern, Rollstuhllifte oder speziell angefertigte Inneinrichtungen in Badezimmern oder den Schlafzimmern, welche es den Senioren erlaubt ein angenehmeres Leben zu führen. Dazu kommen Hardware und Software für Überwachungssysteme, welche Ärzten erlauben die Gesundheit der Menschen online zu überwachen, oder auch Medizin direkt zu bestellen.

Für das Angebot ausser Haus werden bereits Ideen umgesetzt, welche auf die Präferenzen der Pensionierten zugeschnitten sind, zum Beispiel im Lifestyle Bereich, in der Unterhaltung und der Kultur. All dies kann dazu führen, dass sich die gesamte Wirtschaft mehr und mehr von Service und Dienstleistungen getragen werden. Die Entwicklungen werden sich auch auf den Welthandel auswirken. Viele ausländische Firmen haben diesen Trend bereits erkannt und verkaufen ihre Produkte und Dienstleistungen in den erwähnten Bereichen. Dazu kommt die internationale Pharma Industrie, welche bereits mehrere Milliarden in China umsetzt und immer öfter an Medikamenten in China forscht.

Importierte Pharmaprodukte unterstehen oft einem Preisdeckel. Das heisst, die Regierung setzt den Verkaufspreis fest. Einerseits ist das gut für die Patienten. Andererseits erwirtschaften so die ausländischen Pharmafirmen weniger Profit und müssen so Kapital aus anderen Märkten oder aus dem Hauptsitz nach China transferieren, um die Investitionen und die Forschung zu finanzieren.

5. AUSLÄNDISCHE MEDIZIN KAUFEN KANN MÜHSAM SEIN

Generell hat man seine liebe Mühe mit ausländischen Pharma Produkten in China. Geht man in eine Apotheke in Shanghai und fragt nach einem ausländischen Produkt, so wird einem erst mal die chinesische Konkurrenz vorgeschlagen. Es sei besser und erst noch billiger. Besteht man auf den Kauf des ausländischen Produkts, so stellt man fest, dass der Kauf gar nicht so einfach ist. Diese ausländischen Produkte, und sei es nur ein Mittel gegen Halsschmerzen oder eine Erkältung, sind in einem separaten Gestell hinter einer Glastüre abgeschlossen. Zudem muss man sich beim Kauf mit einer Identitätskarte oder einem Pass ausweisen können. Ausländer bekommen in China keine ID bei der Wohnsitznahme, daher muss man den Pass dabeihaben. Kein Pass, kein ausländisches Medikament. Zum Trost: Die Chinesen müssen sich ebenfalls ausweisen. Warum das so ist, wird einem nicht erklärt. Es ist einfach so. Stört das die ausländischen Pharmafirmen? Wohl kaum. Sie machen das Geschäft mit den Spitälern und weniger mit individuellen Verkäufen. Umso mehr es in China keine Arztpraxen gibt. Es gibt nur Spitäler. Und diese sind auf Umsatz getrimmt. Und so ist auch der Doktor, den man da trifft. Je mehr Produkte er an Patienten verschreiben kann, desto mehr Kommission wird fällig. Das führt oft dazu, dass zu viele Medikamente verschrieben werden. Ein Freund machte diese Erfahrung, als er seinen verstauchten Knöchel röntgen liess und dann nicht eine oder zwei Tuben kühlende Creme erhielt, sondern gleich eine ganze Schachtel mit 10 Tuben. Man kann natürlich sagen, dass man nicht 10 Tuben will, und ein Ausländer macht das vielleicht. Aber bei den chinesischen Patienten funktioniert dieser Trick sehr oft. Wer will schon den Rat des Doktors anzweifeln. Man glaubt hier dem Mann oder der Frau im Weissen Kittel. Darum ist man ja schließlich ins Spital gegangen. Gemäß Medienberichten wurden im Jahr 2022 rund 166 Milliarden Dollar für Medikamente ausgegeben, wovon rund 50 Milliarden Dollar auf das Konto von OTC (over the counter) Produkten gingen (Wall Street Journal, 2023).

LITERATURVERZEICHNIS

ASPI 2023. Critical technology tracker abgerufen von https://www.aspi.org.au/report/critical-technology-tracker.

Bachmann, P. (2024). Swiss trade update for 2023 abgerufen von https://www.linkedin.com/feed/update/urn:li:activity:7158027264599744513/?update.

CNN, 2023. Exports fell for the first time in 7 years, as domestic demand dips abgerufen von https://edition.cnn.com/2024/01/12/business/china-exports-drop-intl-hnk/index.html.

EDA, 2013. Botschaft zum Freihandelsabkommen abgerufen von https://www.admin.ch/gov/de/start/dokumentation/medienmitteilungen.msg-id-50112.html.

EDA, 2016. Bilaterale Beziehungen abgerufen von https://www.eda.admin.ch/countries/china/de/home/bilaterale-beziehungen/in-kuerze.html.

EDA, 2018. Bilaterale Beziehungen Schweiz China abgerufen von https://www.eda.admin.ch/eda/de/home/vertretungen-und-reisehinweise/china/bilatereale-beziehungen-schweiz-china.html.

Financial Times, 2023. China bans export of rare earth processing technologies abgerufen von https://www.ft.com/content/5b031db7-23dd-43d3-afe1-cef14817296f.

New York Times, 2023. Inside America's silicon blockade against China abgerufen von https://www.nytimes.com/2023/07/12/magazine/semiconductor-chips-us-china.html.

NBC News, 2012. 8 industries China leads where the US used to abgerufen von https://www.nbcnews.com/id/wbna46181723.

Nikkei Asia, 2022. How China took control of key global pharmaceutical supplies abgerufen von https://asia.nikkei.com/static/vdata/infographics/chinavaccine-3/.

NZZ, 2023. China ist viel abhängiger von Europa als umgekehrt abgerufen von https://themarket.ch/interview/joerg-wuttke-china-ist-viel-abhaengiger-von-europa-als-umgekehrt-ld.8574.

Peterson Institute, 2020. China should export more medical gear abgerufen von https://www.piie.com/blogs/trade-and-investment-policy-watch/china-should-export-more-medical-gear-battle-covid-19.

PIIE, 2024. Is South Korea de-risking? abgerufen von https://www.piie.com/blogs/realtime-economics/2024/south-korea-de-risking.

Politico, 2022. China Dominates the rare earths market abgerufen von https://www.politico.com/news/magazine/2022/12/14/rare-earth-mines-00071102.

Visual Capitalist, 2021. Where do your Christmas decorations come from abgerufen von https://www.visualcapitalist.com/where-do-your-christmas-decorations-come-from/.

Visual Capitalist, 2023. China's trade partners abgerufen von https://www.visualcapitalist.com/cp/china-trade-partners/.

VOA, 2024. Mexico Unseats China as Top Exporter to US abgerufen von https://www.voanews.com/a/mexico-unseats-china-as-top-importer-to-us/7438109.html.

Wall Street Journal, 2023. Big pharma bets big on China abgerufen von https://www.wsj.com/articles/big-pharma-bets-big-on-china-2383e6ec.
Wilson Center, 2023. China's top trading partners abgerufen von https://www.wilsoncenter.org/blog-post/china-top-trading-partner-more-120-countries.
Nikkei Asia, 2024. China's dollar-denominated GDP and share of global economy fall abgerufen von https://asia.nikkei.com/Economy/China-s-dollar-denominated-GDP-and-share-of-global-economy-fall.

Peter Bachmann.
Peter Bachmann hat 2004 sein Studium mit der Vertiefung International Management an der Fachhochschule Nordwestschweiz (FHNW) in Olten abgeschlossen. Er lebt seit 2005 in China und hat in den Bereichen Marketing und Kommunikation bei der Schweizer Firma CBC gearbeitet und bei zwei Startups in Shanghai und Hong Kong mitgewirkt. Von 2014 bis 2023 war Peter Bachmann der Executive Director der schweizerisch-chinesischen Handelskammer in Shanghai. Seit 2021 ist er im Beirat des China Centre der FHNW.

中国营销 与14亿人
消费行为相关的
经验、趋势和发展

Zhōngguó yíng xiāo
yǔ 14 yì rén xiāofèi xíng
wéi xiāng guān de jīng yàn,
qūshì hé fā zhǎn

MARKETING IN CHINA

ERFAHRUNGEN, TRENDS UND AKTUELLE ENTWICKLUNGEN RUND UM DAS KONSUMVERHALTEN VON 1.4 MRD. MENSCHEN

MARKUS RACH

Abstract. China, die zweit grösste Volkswirtschaft der Welt gilt als einer der fortschrittlichsten Konsummärkte. Was in vielen Ländern wie Zukunftsmusik klingt, ist Alltag in China. Bargeldlose Märkte, mobile only, Kleidung massgeschneidert durch 3D Körper-Scanner, Take-Away Lieferungen per Drohne, Sales Festivals im Metaverse und AI-Influencer sind nur einige der Beispiele, die den Konsum in China massgeblich prägen. Aber warum gibt es in China kaum Second Hand Märkte, warum sind Online-Bewertungen und die Anzahl der Verkäufe pro Monat unabdingbare Kauf-Entscheidungskriterien der Verbraucher, Li-Ning oder Nike, und was ist die Rolle des Staates in Bezug auf das Nachfrageverhalten? All diese Phänomene, Fragen, und noch vieles mehr, werden in diesem Kapitel praxisnah, verständlich und aus verschiedenen Blickwinkeln behandelt. Das Zwischenspiel von Konsumenten, Technologie, Marken und Staat zu erörtern steht dabei im Vordergrund.

Stickwörter: Konsum, Marketing, Konsumentenverhalten

1. KONSUMMARKT CHINA UND RELEVANTE ENTWICKLUNGEN

Der private Konsum in China wuchs vom Jahr 2010 bis 2019 von 34% GDP auf 39% GDP an. Seither fällt der private Konsum stetig. Ende 2021 lag der private Konsumanteil noch knapp über 38% (CEIC, NA). Im Kontrast liegt der private Konsumanteil der Schweiz bei ca. 51%, in der Europäischen Union bei 52% und in den USA sogar bei 68%.

Trotz des vergleichsweisen geringen Anteils des privaten Konsums am GDP, prägen Schwankungen des privaten Konsums in China die globalen Nachrichten wie in fast keinem anderen Land der Welt. Denn Konsumausgaben in China gelten als wichtiger Gradmesser des Verbrauchervertrauens.

Über Jahre wurden Konsumausgaben medienwirksam inszeniert, unter anderem auch, um die Kraft Chinas im Vergleich zum Westen zu demonstrieren.

So wurden sogenannte Sales Festivals, beispielsweise Alibabas Singles Day am 11.11., oder das konkurrierende 618 Shopping Festival von Jingdong (JD) durch medial perfekt inszenierte Begleitshows weltbekannt. Verkaufsrekorde und Superlativen in jeder Hinsicht gehörten mit zum Programm. Am Singles Day 2019 wurden allein in den ersten 24 Stunden USD 38 Milliarden umgesetzt, insgesamt über USD 586 Milliarden. Das Faszinierende daran, bereits 2019 fanden knapp 90% aller Transaktionen mobil statt. Zum Kontrast erzielte Amazons Black Friday & Cyber Monday, im gleichen Zeitraum, lediglich ein Umsatzvolumen von USD 7.4 Milliarden, respektive USD 9.2 Milliarden.Direkte Vergleiche von chinesischen und westlichen Verkaufs-Events sind allerdings aufgrund unterschiedlicher Populationsgrössen, als auch unterschiedlichen Aktionsdauern, nur bedingt möglich. Seit dem Jahr 2020 und der globalen COVID-19 Pandemie veränderte sich jedoch das Konsumverhalten in China massgeblich. Getrieben durch eine unsichere Zukunft, begann die Sparquote in China zu steigen, folglich flachte der Konsum ab. Post-Covid Rebound Kaufverhalten, ähnlich wie in der westlichen Welt, blieb grösstenteils aus. Lediglich Kategorien im Luxus- und Premiumsegment zeigten eine Art Rebound, d.h. sprunghaft ansteigende Verkaufszahlen. Einschnitte im volkswirtschaftlichen Wachstum, politische Spannungen und ein drohender Kollaps der Immobilienwirtschaft, dem Motor chinesischer Vermögensbildung als auch Treiber von Staatseinnahmen, verunsicherte Konsumenten zusätzlich (Rogoff, 2023). Die Sparquote wuchs, der Konsum sank weiter. Allein im Jahr 2022 wuchs die private Sparquote um USD 2.6 Billionen, oder 80% im Vergleich zum Jahr 2021 (Hee, 2023). In 2022 führten die hierdurch bedingten Veränderungen im Konsumverhalten dazu, dass Alibaba und JD die Umsatzkommunikation rund um den Singles Day einstellten. Gerüchten zufolge wollten die beiden Technologie-Konzerne hierdurch ein weiteres Abflachen der Verbraucherzuversicht, durch ausbleibende Rekordumsätze, vermeiden (Zhang, 2022). 2023 wurden Händler aufgefordert, vorrangig niedrig- und mittelpreisige Ware anzubieten, während 77% der Konsumenten sich gegen eine Konsumsteigerung aussprachen und sich primär auf den Erwerb von Alltagsgegenständen konzentrieren wollten (Koutsou-Wehling, 2024).

Einschnitte im Lohnwachstum führten zu weiteren Einschnitten (Zhang & Zaharia, 2023). Offizielle Umfragen deuten auf Kürzungen im einstelligen Prozentbereich hin, während private Quellen bis zu 25% an Lohneinbussen beklagen. Arbeiter und junge Menschen sind besonders stark getroffen. Arbeiter müssen im Schnitt die höchsten Lohneinbussen in Kauf nehmen. Junge Menschen sind dagegen von schlechten Job-Aussichten und sinkenden Löhnen doppelt getroffen. Ein Indiz hierfür ist die seit 2023 nicht mehr ausgewiesene Jugendarbeitslosigkeit. Mitte 2023 betrug diese, nach offiziellen Angaben, 21.3% (Fu, 2024). Inoffizielle Schätzungen gehen von einer Arbeitslosenquote, bis 46% aus (He & Zhu, 2023). Ausgelöst hiervon ist eine vermehrte Rückkehr von jungen Menschen zu deren Eltern zu verzeichnen. So können die hohen Lebenshaltungskosten der Tier 1 Metropolen gespart werden. Die jungen Menschen werden in diesem Zusammenhang oft als „Vollzeitkindern" bezeichnet. Als Gegenleistung übernehmen sie Tätigkeiten im Haushalt oder im Betrieb der Familie (Le, 2024). Andere nehmen geringfügige oder gering-qualifizierte Stellen an. So ist es nicht selten, in Shenzhen einen Akademiker als Didi-, oder gar Meituan-Fahrer anzutreffen. Angeheizt hiervon entstand durch einen viralen Post im Jahr 2021 der Begriff „tang ping", welcher wörtlich übersetzt als „Flach liegen" bezeichnet werden kann. So lösten sich vor allem junge Akademiker von der traditionellen Einstellung zu langen Arbeitszeiten inmitten von steigender Unsicherheit. Die Zahlenfolge 996 verkörpert hierbei oft die traditionelle Leistungserwartung an junge Menschen. Von 9 Uhr morgens bis 9 Uhr abends, 6 Tage die Woche. Diese Entwicklungen zu verstehen sind wichtig, da vor allem junge Menschen eine der wichtigsten Käufergruppen einer Volkswirtschaft darstellen. In China haben junge Menschen bisher massgeblich zum Markenkonsum, speziell westlicher Marken, beigetragen. Eine Veränderung der Kaufkraft, Einstellung und schlussendlich des Konsumentenverhaltens verändert die Konsumlandschaft nachhaltig und fordert ein schnelles und vor allem agiles Handeln von Marken, um weiterhin in der zweitgrössten Volkswirtschaft der Welt bestehen zu können. Hierfür ist es unabdingbar Konsumenten, deren Handeln und vor allem auch die dahinterliegenden Treiber zu verstehen.

2. Konsumenten und das Konsumverhalten

Es ist äusserst schwer, das Konsumverhalten von über 1.4 Milliarden Menschen in wenigen Sätzen zu beschreiben, noch schwerer ist es, die Eigenschaften von Konsumenten generalistisch festzuhalten. In China gibt es mindestens ebenso viel Individualität, wie irgendwo sonst auf der Welt. Trotzdem lassen sich Konsumenten in China als äusserst ungeduldig, fordernd, schnell-lebig und als stark preisgetrieben beschreiben. Fast ein Jahrzehnt „Mobile First", was in den letzten Jahren als „Mobile Only" Konsum bezeichnet werden muss, schafft ein Gefühl des Dauerkonsum. Ein Swipe mit dem Daumen genügt um den nächsten bargeldlosen Einkauf in einer der unzähligen, schnell-lebigen und Überkonsum-fokussierten Shopping-Apps auszulösen. Sofortige Verfügbarkeit ist unabdingbar, oder die Konsumenten springen ab. In Tier-1 Metropolen wie Shenzhen, ist ein Grossteil der Waren innert eines Tages geliefert, Lebensmittel und ausgewählte Waren sogar oftmals in unter einer Stunde. Eine Tasse Kaffee ist in unter 15 Minuten, schön verpackt, an der Wohnungstüre; natürlich heiss. Millionen an Lieferdienstfahrern, ausgerüstet mit elektrischen Rollern, machen dies möglich. So wird des einen Leid, des anderen Freud. Gleichzeitig werden so Gewohnheit, aber auch Konsumerwartungen geschaffen. Nach knapp 2 Jahren China fühlt sich eine Warenbestellung in der Schweiz, inklusive Mindermengenzuschlag, durchaus antiquiert an. Ebenso hat sich die Erwartungshaltung an die Qualität der Ware und oder Dienstleistung in die Höhe geschraubt. Was nicht den Erwartungen entspricht, wird sofort zurückgeschickt. Ausgelöst per Smartphone natürlich. Es folgt die umgehende Bewertung in der App, gerne auch mit Kommentar und Bildern. Chinesische Konsumenten sind nicht zurückhaltend und machen ihrem Unmut schnell Luft. Daher verwundert es nicht, dass Marken, Händler und Dienstleister oftmals äusserst kulant, schnell und vor allem sensibel mit Kundenfeedback umgehen. Denn jede negative Kritik kann das Ranking einer Marke, oder eines Dienstleisters in den Shopping-Plattformen negativ beeinflussen. Ein niedrigerer Listenrang kann schnell das Aus bedeuten. Somit ist eine kulante Abwicklung einer Reklamation oftmals ökonomisch sinnvoller.

Hinzu kommt, dass chinesische Konsumenten äusserst misstrauisch sind. Konsum auf Vertrauensbasis findet nicht statt. Generell ist Misstrauen tief in der chinesischen Gesellschaft verankert (Zhao et al., 2021).

Dies gilt im Arbeitsleben, im täglichen Leben, im Umgang mit Staatsorganen und somit natürlich auch im Konsumverhalten. Somit wird in China gerne fotografiert und gefilmt – nicht als Erinnerung, sondern zum Beweis. Gärtner werden beim Büsche schneiden fotografiert, Studierende beim Klausur schreiben und selbst der Erwerb einer Mobilfunknummer ist nur mit mehrfachem Abfotografieren der Antragsstellenden möglich. Es gilt Vertrauen ist gut, Kontrolle ist besser. Im täglichen Konsum bedeutet dies, dass der erste Blick von Konsumenten, in den gängigen Shopping-Portalen, stehts auf die Anzahl der aktuellen monatlichen Verkäufe, als auch deren Bewertung gerichtet ist. Aufgrund der absoluten Grösse des Marktes, kann es sich hier schnell um 10tausende Verkäufen und Bewertungen im Laufe eines Monats handeln. Dies schafft Konsumvertrauen und ist eine massgebliche Komponente im Kaufentscheidungsprozess. Die dahinterstehenden Plattformen wie Alibaba oder JD buhlen um das Vertrauen der Konsumenten und bestrafen jede Form der Bewertungs- oder Verkaufszahlenverfälschung gelisteter Marken und Händler scharf. In Kombination mit der Vielzahl an preisgünstigen Angeboten, verhindert dieses Misstrauen das Aufkommen von Second Hand Märkten. Fehlendes Vertrauen, sowohl von Verkäufer- als auch Käuferseite, gestaltet den Verkauf gebrauchter Waren als unpraktikabel. So werden selbst gebrauchte Stühle für RMB 5 pro Stück, umgerechnet 60 Rappen, von der ganzen kaufenden Familie probegesessen. Somit wird der Verkauf gebrauchter Stühle schnell zum zeitlichen und ökonomischen Desaster. Billigangebote schaffen die notwendige Alternative. So kann beispielsweise ein Kinderfahrrad für weniger als eine durchschnittliche Pizza in der Schweiz neu gekauft werden, natürlich inklusive Transport.

Zuletzt ist die Preissensibilität zu nennen. Zwar geniessen chinesische Konsumenten, gerade im Ausland, oftmals den Ruf der Luxuskäuferschaft, verhalten sich jedoch äusserst preissensibel. Hierbei wird zwischen öffentlichem und privatem Konsum unterschieden. Als öffentlicher Konsum werden Waren und Dienstleistungen bezeichnet, welche in der Akquise, oder bei der Verwendung von Dritten gesehen werden. Hierzu gehören beispielsweise Kleidung, Fahrzeuge, oder Kleinelektrogeräte. In diesen Kategorien wird gerne auf Marken geachtet, welche Ansehen und Prestige bieten. Im Gegensatz ist man im privaten Konsum gerne sparsam. So bilden Chinesen weltweit das Schlusslicht, was die Ausgaben für

Wohnungsausstattungen angeht. Teure ausländische TV-Geräte, oder die in der Schweiz üblichen Vitra-Sessel, sucht man oftmals vergeblich im Angebot der grossen Metropolen.

Marken und Händler haben längst hierauf reagiert und bieten Konsumenten eine nie endende Flut an Discounts und Coupons. Somit ist der Kauf eines Kaffee To Go mit bis zu 75% Discount keine Seltenheit. Zusätzlich ist seit Mitte 2023 eine anhaltende Preiserosion zu beobachten. Eine verzweifelte Strategie des Handels, um die zunehmend zurückhaltenden Verbraucher an die Kassen zu locken. Auf Konsumentenseite ist eine Substitution von Premiummarken zu mittel- und niedrigpreisigen Marken zu verzeichnen. Dies wurde unter anderem am Singles Day 2023 deutlich als Alibaba Händler aufforderte, vorranging Angebote im niedrig- und mittelpreisigen Bereich anzubieten (Hall & Yu, 2023). Ob diese Konsumveränderung nachhaltig ist, kann zum jetzigen Zeitpunkt nur schwer beurteilt werden. Eines ist allerdings klar, lokale Marken profitieren von dieser Trendwende. Waren sie bisher nur die billige Alternative zu den etablierten Marken des Auslands, beanspruchen sie nun den Markt für sich. Qualitativ hochwertig, konsumentenfokussiert und mit Angeboten in allen Preisklassen.

3. DER EINFLUSS VON TECHNOLOGIE AUF VERBRAUCHER, STAAT UND MÄRKTE

Technologie spielt in China eine wichtige Rolle. Vor allem das Internet und die schnelle Smartphone-Penetration hat das Leben in China verändert, wie in kaum einem anderen Markt der Welt. Doch wie kam es dazu? Nach Jahrzehnten der Billigproduktion für westliche Märkte, welche das Wachstum der Mittelschicht in China ermöglichte, zeichneten sich die Folgen der 1979 eingeführten Einkindpolitik ab (Dychtwald, 2021). Prognose Bevölkerungsrückgang. Im Jahr 2022 schrumpfte Chinas Bevölkerung zum ersten Mal seit 60 Jahren; ein Trend, welcher sich im Jahr 2023 fortsetzen sollte (Mao, 2024). Somit war klar, dass China nicht weiterhin auf Wachstum durch billige Arbeitskraft setzen kann, sondern Wachstum und Wohlstand nur durch Innovation zu sichern ist. Ähnlich wie in der westlichen Welt, zeigte das Internet seine disruptive Kraft und ermöglichte das Aufkommen von digitalen Innovationen. Die im Kontext Wichtigsten waren die Gründung von Alibaba und Tencent. Wenngleich der Westen mit Amazon, Facebook (heute Meta) & Co nicht auf der Strecke blieb, unterschied sich der beginnende Internet-Innovations-Boom in China gravierend. Zum einen veränderte Alibaba, der führende Online-Marktplatz in China, mit knapp 900 Millionen Kunden im Jahr 2023, den Detailhandel in China über Nacht. Alibaba verstand sich, im Vergleich zu Amazon, nicht als geschlossene Handelsplattform, sondern als offener Marktplatz. Dies ermöglichte tausenden Kleinunternehmen den landesweiten Handel Ihrer Waren. Die aber wohl bedeutendste Innovation liess noch ein paar Jahre auf sich warten. Es waren die Mobile Wallets, welche die grösste Veränderung brachten. Allen voran Alipay und WeChat Pay. Über Nacht wurde China, durch die tiefe Integration dieser digitalen Wallets, zur bargeldlosen Nation. Monetäre Transaktionen fanden neu mobil statt. Die Nutzung von QR-Codes machten digitale Bezahlsysteme für fast die gesamte chinesischen Bevölkerung zugänglich, da selbst Feature-Phones über Kameras verfügen. So wurde der komplette Detailhandel über Nacht digital. Selbst Bettler baten nicht mehr um Bargeld, sondern bieten WeChat Pay und Alipay QR-Codes zum digitalen Transfer von Spenden an. Die Grössenordnung dieser Veränderung, wird allerdings erst im Vergleich mit der westlichen Welt deutlich. Apple Pay, welches fast zeitgleich in der westlichen Welt gelauncht wurde, verzeichnete Ende 2019 384 Millionen registrierte Smartphones (Dychtwald, 2021). Im gleichen Zeitraum erreichte WeChat Pay ca. 80% der 1.2 Milliarden Wechat Nutzer Chinas und generierte ein unglaubliches Transaktionsvolumen von 1.2 Milliarden Transkation – pro Tag.

Der tragende Punkt liegt allerdings nicht in der genutzten Technologie, sondern im Adoptionsverhalten der Nutzer. Während sich die westliche Welt gerne skeptisch gegenüber neuen Technologien zeigt, hat die chinesische Bevölkerung historisch ein äusserst agiles Technologie-Adoptionsverhalten erlernt. Jahre des Wandels, der schnellen und vor allem stetigen Veränderung haben hierzu beigetragen. Als solches ist es nicht verwunderlich, dass weitere Technologien ebenso rasant und vorbehaltslos angenommen werden. Die hohe EV-Adoptionsrate in China verdeutlicht dies nahezu perfekt. Seit 2022 stellt China ca. 60% der globalen EV-Nachfrage, selbst mit gedrosselten staatlichen Subventionsprogrammen. In Shenzhen sind gefühlt über 50% aller PKWs Elektroautos. 2023 begannen in Shenzhen die ersten Meituan-Lieferungen per Drohne, während in Shenzhens Pingshan District die ersten autonomen Fahrdienste aufkamen. Gebucht wird per

WeChat Mini Programm, bezahlt über WeChat Pay. Die gemachte Erfahrung wird anschliessend in WeChat Moments geteilt. Schnelle Technologie-Adoption ist Teil des Lebens in China. Bequemlichkeit steht dabei im Zentrum. Chinesische Konsumenten gelten als äusserst ungeduldig und fordernd. Cool und neu ist gut, aber Bequemlichkeit ist besser. Was keinen merkbaren Nutzen schafft, wird ebenso schnell fallen gelassen, wie es zuvor adoptiert wurde. Dies hält den Markt frisch und schafft ständig neue Innovations-Erlebnisse, wie zum Beispiel die Zuckerwatte aus dem 3D-Drucker, Kleidung massgeschneidert vom 3D-Körperscanner, oder natürlich die Interaktion mit künstlichen Intelligenzen in Krankenhäusern, oder in Shenzhens modernster voll-autonomer U-Bahn – Linie 16.

4. DER STAAT, DIE PARTEI UND DIE REGULIERUNG DER KAUFLUST

Der Regierung und damit auch regierungsnahen Organen kommt ein besonderer Stellenwert in China zu. Dies gilt in allen Bereichen des Lebens in China. So haben favorisierende Regulatorien den schnellen Aufstieg des digitalen Technologie-Sektors vorangetrieben. Dies galt von den ersten Internet-Unternehmen bis hin zu den gerade beschriebenen mobilen Wallets. Die durch die strenge Medienzensur bedingte Ausgrenzung westlicher Unternehmen wie Google, Facebook (heute Meta), Amazon & Co, verhalf dem schnellen und durchdringenden Wachstum der heimischen Technologieunternehmen um so mehr. Dies schürte einen florierenden privaten Sektor, welcher als Nährboden und Karrieremagnet für hunderttausende Absolventen galt. 2020 begann sich der Kurs allerdings zu ändern. Die Regierung um Chinas Präsidenten Xi Jinping nahm die immer mächtiger werdenden Technologie-Konzerne ins Visier; der „Big Tech Crackdown" begann (Kwok & Murdoch, 2023). Um den weiteren Machtanstieg dieser Konzerne zu verhindern, wurden strenge Gesetze und Bestimmungen geschaffen, unzählige CEOs zum Rücktritt bewegt und Konzernstrukturen aufgebrochen. Das wohl bekannteste Beispiel galt um den bis dato sehr medienpräsenten Jack Ma. Jack Ma war Gründer und CEO des Technologie-Riesen Alibaba und einst als der reichste Mann Chinas. Kurz vor dem geplanten Börsengang seines Unternehmens und der Ausweitung des Alipay Universums, sprach sich Ma kritisch gegenüber geltenden

Finanzregulierungen aus (Nakazawa, 2020). Seither zog sich Ma sowohl aus dem Rampenlicht als auch von seinen operativen Rollen Alibabas, zurück. Ein weiteres Beispiel ist Chinas Gaming Industrie. Gravierende Restriktionen liessen den weltweiten Spitzenrang ins Wanken geraten (Huang, 2018). Die Folge des „Big Tech Crackdowns" trug ebenso massgeblich zum Anstieg der Jugendarbeitslosigkeit bei. Der Einstieg im „Big-Tech" galt nun für Absolventen nicht mehr als Karrieresprungbrett, sondern als äusserst riskant. Lange Arbeitszeiten und die Gefahr der drohenden Arbeitslosigkeit durch regulierende Massnahmen lenkten die Aufmerksamkeit junger Menschen in andere Bereiche. Die damit verbundenen Einkommenseinbussen trugen weitläufig zu den bisherigen Konsumveränderungen bei. Neben dem „Big Tech Crackdown" lassen sich auch weitere Veränderungsdrücke auf das Konsumverhalten durch staatliche Massnahmen erkennen. Westliche Marken gerieten vermehrt unter Druck. So wurde beispielsweise im Jahr 2023, im Rahmen des neuen Antispionage-Gesetzes, Druck auf Tesla und Apple ausgeübt. Einige Städte sprachen Fahrverbote für Tesla Fahrzeuge um Regierungsgebäude und Flughäfen aus (Cheng & Shunshuke, 2024), während Apple aufgrund von Verbotsgerüchten für Regierungsangestellte in die Schlagzeilen geriet (Bajwa, 2023). In beiden Fällen handelt es sich um Premium-Marken mit hohem öffentlichen Image-Faktor. Allfällige Konsumeinschränkungen sorgen für Verunsicherungen bei den Konsumenten und lassen Alternativangebote als weniger risikoreich bzw. attraktiver erscheinen. In Kombination mit dem zunehmenden lokalen Markenangebot, welches sich qualitativ den westlichen Konkurrenten annähert, dem bestehenden Preisdruck und der starken Zunahme nationalistischer Markenpräferenzen (Barclay, 2023), gerade in jungen Generationen, finden sich viele westliche Marken einem strengen Verdrängungswettbewerb ausgesetzt.

5. NATIONALE MARKEN VERSUS INTERNATIONALE MARKEN

Bis zum Aufkommen der Gen-Z, war China für westliche Marken ein wahres Umsatz-Eldorado. In den Köpfen der Konsumenten galten sie als innovativ, qualitativ dem lokalen Angebot überlegen und damit als Imageträchtig. Somit hatten westliche Marken fast automatisch Anspruch auf ein Preis-Premium, welches von Konsumenten billigend akzeptiert wurde.

Durch den steigenden Fokus auf die Innovationskraft in China und den Ausbau von Marketing-Fähigkeiten, welche unter anderem im „Made in China 2025" als Kernkompetenz verankert wurden, veränderte sich die Konkurrenzsituation in China dramatisch. Innovationen schossen aus dem Boden, neue Marken wurden geboren und sie alle hatten eines gemeinsam: die Nähe zum Markt und Konsumenten. Lokale Marken verstehen lokale Kultur und Geschmäcke. Sie verstehen es sich authentisch, nah und kontextuell relevant zu platzieren, an relevanten Diskussionen online teilzunehmen und allem voran, nationale Identitätsansprüche gelten zu machen. Gerade für die Gen-Z, welche sich im Vergleich zu Ihren Vorgangsgenerationen, deutlich patriotischer zeigen und authentische Markenerlebnisse fordern, stehen im Fokus der neuen Chinesischen Markenwelt (Langer, 2023). Um Ihre Kaufkraft wird gebuhlt. Mit Erfolg. So überholte Luckin Coffee in nur 2 Jahren Starbucks als die Top-Marke in Chinas Kaffee-Geschäft (He, 2024). Dies sowohl auf Umsatz- als auch Filialbasis. Luckin verstand es sich gegen Starbucks preislich nah zu positionieren und dabei den Gaumen der Konsumenten besser zu treffen. Luckins Kooperation mit dem chinesischen Luxus-Likör Moutai traf den Nagel auf den Kopf. Nicht nur ging diese Kooperation über Nacht viral, sondern vereinte die Kraft 2 lokaler Marken in ungeahnter Art und Weise. Latte mit Schuss wurde zum Gen-Z Kassenschlager. In wenigen Minuten nach Bekanntgabe der Kooperation waren die Tagesvorräte der Luckin Coffee Filialen bereits aufgebraucht. Es gibt unzählige ähnliche Beispiele, welche die aufstrebende Markenkraft chinesischer Unternehmen verdeutlicht. Sportbekleidungshersteller Li-Ning macht Nike das Leben schwer. BYD, NIO & Co verdrängen ausländischen Automobilhersteller mit einem bestechend-guten Produktportfolio. Huawei bietet Apple die Stirn, mit Erfolg und steigendem Marktanteil. In fast jeder Kategorie finden sich neu starke lokale Anbieter, welche durch Innovationskraft, Kundennähe, Agilität und aggressiven Penetrationsstrategien punkten. Three Squirrels, ein 2012 gegründetes Snack-Startup, anfänglich als reiner Online-Anbieter gestartet, entwickelte sich in wenigen Jahren durch überlegene, kulturell affine und marktnahe Kommunikation zur Nummer 1 im Snackmarkt (Neo, 2019). Das aber wohl eindrucksvollste Beispiel ist das Aufkommen der Parfum-Marke To Summer. Während Chanel auch in China die Referenz im Parfum-Markt darstellt, gilt, wie bei fast allen grossen Marken „one fits all". Im Vergleich wurde To Summer für den chinesischen Markt konzipiert und auf Gen-Zs ausgerichtet. Bisher mit Erfolg – es lassen sich kaum Studierende finden, welche To Summer nicht kennen.

Für internationale Marken steht der Markt China in einem Umbruch. Ein sich veränderndes Kaufverhalten der Gen-Z, getrieben durch einen Anstieg an Patriotismus, ein Absinken der Kaufkraft und dem beginnenden Drang nach Nachhaltigkeit lassen Jahrzehnte an Premium-Markenführerschaft ins Wanken geraten. Konsumenten wollen gezielt und lokalisiert angesprochen werden und erwarten, durch neuzeitige Kauferlebnisse von Marken angeworben und überzeugt zu werden. Dabei sinkt die Markenloyalität, analog zur westlichen Welt, auf einen absoluten Tiefpunkt. Die kleinsten Fehler oder Unachtsamkeiten genügen, um einen Shit-Storm in den Sozialen Medien anzuziehen. Disney musste so schmerzlich lernen, dass „Woke" in China nicht funktioniert. So erfuhr der Konzern mit der Neuinszenierung des Klassikers „Ariel" einen wahren Flop in einem der grössten Kinomarkt der Welt (Hale, 2023).

Wer allerdings versteht, sich positiv in lokale Medien zu positionieren, kann weiterhin auf ein „Umsatz-Wow" zählen. So schaffte es NBA-Star James Harden, mit lokalen Influencern, 10.000 Weinflaschen innert 14 Sekunden via Livestream zu verkaufen (Yeung, 2023). China Speed gilt es nun auch im Marken-Management zu beherrschen, je früher, desto besser.

6. AUSBLICK UND FAZIT

China ist und bleibt einer der grössten und wichtigsten Konsummärkte der Welt. Ein Markt, welcher sich durch eine hohe Dynamik und Wandelbereitschaft auszeichnet. Unternehmen sind somit einem ständigen Anpassungsbedarf ausgesetzt. Es gilt Veränderungen in China aktiv zu erfassen und das Angebot proaktiv anzupassen. Hierzu gehören ebenso Produkt- oder Dienstleistungsanpassungen, wie Anpassungen in der Kommunikation. China und Chinas Konsumenten fordern ein zunehmend lokalisiertes Angebot und eine kontextuell-relevante Markenkommunikation. Dies gilt es zu liefern. Dabei sind die Reaktionen von Konsumenten, als auch der chinesischen Regierung und relevanter Wettbewerber, stetig zu beobachten. Mit einem weiteren Anstieg des lokalen Wettbewerbs muss gerechnet werden; in allen wirtschaftlichen Bereichen Chinas.

Weiterhin ist davon auszugehen, dass die chinesische Regierung die Innovationskraft zukünftig stärken wird, um die Abhängigkeit vom Ausland weiterhin zu reduzieren, als auch den sektoralen und gesellschaftlichen Wandel Chinas zu unterstützen. In diesem Zusammenhang ist davon auszugehen, dass wirtschaftspolitische Entscheidungen nicht zu Gunsten von ausländischen Unternehmen gefällt werden. Die anhaltenden Spannungen zwischen den USA und Chinas, welche unter anderem stark an die Halbleiterindustrie und damit der Zukunft Taiwans gekoppelt sind, geben Aufschluss über die Handlungsbereitschaft Chinas. Ebenso die Reaktion Pekings auf die Anti-Subventions-Untersuchung der europäischen Union aufgrund steigender chinesischer EV-Importe (Gill & Apse-Paese, 2023).

Unternehmen sind gut beraten mit Bezug auf Ihre China-Strategie optimistisch zu bleiben, sich aber in ihrer Handlungsagilität zu verbessern. Gleichzeitig empfiehlt es sich, eine solide Risikomanagement-Strategie zu entwickeln, welche sowohl systemische Risiken als auch sektorale oder gar direkte Unternehmensrisiken beinhaltet. So können Überraschungen und damit ein reaktiv-panisches Handeln vermieden werden.

LITERATURVERZEICHNIS

CEIC. (NA). China Private Consumption: % of GDP, CEIC. https://www.ceicdata.com/en/indicator/china/private-consumption--of-nominal-gdp.

Rogoff, K. (2023, December 7), Diminishing returns on real estate threaten Chinese economic growth. EastAsiaForum. https://eastasiaforum.org/2023/12/07/diminishing-returns-on-real-estate-threaten-chinese-economic-growth/.

Hee, L. (2023, February 7). Chinese savers stashed away $2.6 trillion last year but property crash will cool 'revenge spending'. CNN. https://edition.cnn.com/2023/02/07/economy/china-record-savings-revenge-spending-intl-hnk/index.html.

Zhang, J. (2022, November 11). Alibaba Singles' Day Sales Kept a Secret for the First Time. Bloomberg. https://www.bloomberg.com/news/articles/2022-11-11/alibaba-decides-not-to-reveal-singles-day-sales-for-first-time?leadSource=uverify%20wall.

Zhang, E & Zaharia, M. (2023, July 28). White-collar wage cuts in China fuel deflation risks, hurt consumption. Reuters. https://www.reuters.com/markets/asia/white-collar-wage-cuts-china-fuel-deflation-risks-hurt-consumption-2023-07-27/.

Fu, C. (2024, January 17). China's Youth Unemployment Rate Is Back, and Better. NYTimes. https://www.nytimes.com/2024/01/17/business/china-youth-unemployment.html.

He, L. & Zhu, C. (2023, July 27). Young Chinese are getting paid to be 'full-time children' as jobs become harder to find. CNN. https://edition.cnn.com/2023/07/26/economy/china-youth-unemployment-intl-hnk/index.html.

Le, K. (2024, February 17). China's young adults choose to be 'full-time children', paid by their parents to do chores amid record-high youth unemployment. South China Morning Post. https://www.scmp.com/economy/china-economy/article/3252039/chinas-young-adults-choose-be-full-time-children-paid-their-parents-do-chores-amid-record-high-youth#:~:text=China%27s%20young%20adults%20choose%20to,unemployment%20%7C%20South%20China%20Morning%20Post.

Dychtwald, Z. (2021, May – June). China's New Innovation Advantage. Harvard Business Review. https://hbr.org/2021/05/chinas-new-innovation-advantage.

Mao, F. (2024, January 17). China records population decline for second straight year. BBC. https://www.bbc.com/news/world-asia-china-68002803#.

Kwok, D. & Murdoch, S. (2023, July 12). Beijing's regulatory crackdown wipes $1.1 trillion off Chinese Big Tech. Reuters. https://www.reuters.com/technology/beijings-regulatory-crackdown-wipes-11-trln-off-chinese-big-tech-2023-07-12/.

Nakazawa, K. (2020, November 19). Analysis: Xi's message to Jack Ma, 'You're nothing but a cloud'. NIKKEI Asia. https://asia.nikkei.com/Editor-s-Picks/China-up-close/Analysis-Xi-s-message-to-Jack-Ma-You-re-nothing-but-a-cloud.

Huang, Z. (2018, August 8). China's gaming industry suffers revenue slowdown as new government body kills approval of upcoming titles. South China Morning Post. https://www.scmp.com/tech/article/2158743/chinas-gaming-industry-suffers-revenue-slowdown-new-government-body-kills.

Cheng, TF. & Shunshuke, T. (2024, January 24). Tesla cars face more entry bans in China as 'security concerns' accelerate. NIKKEI Asia. https://asia.nikkei.com/Spotlight/Supply-Chain/Tesla-cars-face-more-entry-bans-in-China-as-security-concerns-accelerate.

Bajwa, A. (2023, December 15). China's ban on Apple's iPhone accelerates- Bloomberg News. Reuters. https://www.reuters.com/technology/chinas-ban-apples-iphone-accelerates-bloomberg-news-2023-12-15/.

Barclay, B. (2023, March). „Generation N": The Impact of China's Youth Nationalism. Asia Society. https://asiasociety.org/policy-institute/generation-n-impact-chinas-youth-nationalism.

Langer, D. (2023, June 5). 5 reasons many Western luxury brands are losing luster with China's Gen Z. Jing Daily. https://jingdaily.com/posts/new-codes-luxury-western-luxury-china-gen-z.

He, L. (2024, February 26). In China's battle of the lattes, Luckin Coffee keeps beating Starbucks. CNN. https://edition.cnn.com/2024/02/26/business/china-luckin-coffee-surpasses-starbucks-sales-intl-hnk/index.html.

Neo, P. (2019, December 5). A tale of Three Squirrels: How China went nuts for nation's largest online snacks retailer. FoodNavigator Asia. https://www.foodnavigator-asia.com/Article/2019/12/05/A-tale-of-Three-Squirrels-How-China-went-nuts-for-nation-s-largest-online-snacks-retailer.

Hale, E. (2023, June 8). China's backlash against Little Mermaid exposes Hollywood bind. Aljazeera. https://www.aljazeera.com/economy/2023/6/8/chinas-backlash-against-little-mermaid-exposes-hollywood-dilemma.

Yeung, J. (2023, August 17). NBA star James Harden sells out 10,000 bottles of wine in seconds on Chinese livestream. CNN. https://edition.cnn.com/2023/08/17/china/james-harden-nba-china-livestream-wine-intl-hnk/index.html#:~:text=NBA%20star%20James%20Harden%20expressed,basketball%20is%20loved%20by%20millions.

Gill, O. & Apse-Paese, A. (2023, October 4). Commission launches investigation on subsidised electric cars from China. European Commission. https://ec.europa.eu/commission/presscorner/detail/en/ip_23_4752.

Koutsou-Wehling, N. (2024, January 10). Singles' Day 2023: Stagnant Growth or Surprising Sales Surge?. ECDB. https://ecommercedb.com/insights/singles-day-2023-stagnant-growth-or-surprising-sales-surge/4693.

Hall, C. & Yu, S. (2023, October 31). Alibaba banks on aggressive Singles Day pricing to recoup sales mojo. Reuters. https://www.reuters.com/technology/alibaba-banks-aggressive-singles-day-pricing-recoup-sales-mojo-2023-10-31/.

Zhao, D., Shi, X., Wei, S., & Ren, J. (2021). Comparing antecedents of Chinese consumers' trust and distrust. Frontiers in Psychology, 12, 648883.

Markus Rach. E-Mail: markus.rach@fhnw.ch

Dr. Markus Rach ist seit April 2024 Professor für digitales Marketing an der FHNW. Zuvor forschte und lehrte er an der Shenzhen Technology University als Associate Professor Marketing und begleitete verschiedene in- und ausländische Firmen in Marketingfragen rund um China. Markus Rach erhielt 2023 einen Guangdong Science Award und spezialisiert sich auf die Erforschung von Technologieeinflüssen auf Kaufentscheidungsprozesse. Durch das Leben und Arbeiten in China, verbindet er akademisches Wissen mit persönlichen Eindrücken und Erfahrungen, welche er allein oder mit der ganzen Familie in China gesammelt hat.

日常生活中的文化消费——中西消费品之间的紧张关系

Rìcháng shēnghuó zhōng de wénhuà xiāofèi——zhōngxī xiāofèipǐn zhī jiān de jǐnzhāng guānxì

DER KULTURELLE KONSUM IM ALLTAG

IM SPANNUNGSFELD ZWISCHEN DEN ALS CHINESISCH UND ALS WESTLICH GELESENEN KONSUMPRODUKTEN

RUIRUI ZHOU

Abstract. Vor dem Hintergrund einer neuen Wandlung der Konsumkultur unter der jüngeren urbanen Mittelschicht Chinas und der Bedeutungskrise der westlichen Marke in China, argumentiert dieser Beitrag für die Notwendigkeit der Einführung eines kultursoziologischen Perspektivs zu dem tieferen Verständnisse über die chinesische Konsumlandschaft. Mit Blick auf der ästhetischen Eigenschaft der chinesischen Kultur wird ein Trend des kulturellen Konsums im Alltagskonsum skizziert. Anhand konkreter Beispiele werden die Pitfalls der westlichen Marke aus einem vergleichenden Perspektiv in China diskutiert.

1. EINLEITUNG

Der Alltagskonsum hat eine herausragende soziale Bedeutung, indem er Einblicke in die scheinbar privaten Präferenzen gewährt und damit aber die kollektive Identität einer bestimmten Gesellschaftsgruppe reflektieren kann. Seit der Reform und Öffnung Chinas hat der chinesische Markt wegen seiner beachtlichen Kaufkraft und seines erheblichen Wachstumspotenzials die Aufmerksamkeit westlicher Marken als attraktive Investitionsdestination auf sich gezogen. In jüngster Zeit jedoch hat das Wachstum westlicher Marken auf dem chinesischen Markt spürbar abgenommen. Die Ursachen hierfür sind vielfältig: Lange Zeit standen westliche Marken für Qualität und soziale Status, und die hohen Preise schienen dafür gerechtfertigt. Nun ist die jüngere urbane Mittelschicht, die in eine regressive Wirtschaftslage ihre finanziellen Ressourcen mit mehr Bedacht verwaltet und einen rationaleren Umgang mit ihren Ausgaben pflegt, nicht mehr bereit, die exorbitanten Preise blind zu akzeptieren, zumal, wenn die chinesischen Produkte nicht mehr unbedingt als qualitativ schlechter gelten. Zusätzlich beeinflussen internationale geopolitische Ereignisse sowie Chinas eigene Wirtschaftsstrategien zur Stimulierung der Binnennachfrage das

Konsumverhalten. Doch ist dies allein ausreichend, um die gesamte Konsumlandschaft zu erklären?

In China ist beispielsweise der Umsatz von Adidas seit 2020 rückläufig.[1] Der frühere CEO Kasper Rorsted führte dies auf ein mangelndes Verständnis des Geschmacks der chinesischen Konsumenten und eine nachlassende Strahlkraft der Marke in China zurück.[2] Als Reaktion auf die Krise will der deutsche Sportartikelkonzern mit einem Nachfolger von Rorsted und einem neuen China-Chef die chinesischen Konsumenten mit „patriotischen Produkten" zurückgewinnen.[3] Liegt damit der neuen Strategie nun ein raffiniertes Verständnis ihrer Krise zugrunde?

Dieser Beitrag wird anhand der Auseinandersetzung mit einem Trend im alltäglichen Konsumverhalten Chinas in den letzten Jahren über die Konsumgewohnheiten und die damit einhergehende Identität der Mittelschicht im Wandel diskutieren, was ein tieferes Verständnis der chinesischen Kunden und der Herausforderungen der für die in China bereits bestehenden internationalen Marken ermöglichen soll. Im kulturellen Kaleidoskop hat sich in China eine Synthese von Kultur- und Konsumlandschaft unter einem alles umfassenden Schlagwort manifestiert: Nationaltrend (*Guochao*). Nachdem sie 2018 zum ersten Mal auf der New York Fashion Week aufgetreten ist, hat die chinesische Sportmarke Li Ning mit traditionellen chinesischen Elementen, die von Zen-Philosophie, Yin und Yang und der chinesischen Landschaftsmalerei inspiriert sind, viele junge Menschen angezogen. Der Pyjama mit Fledermäusen und Kranichen als Themenmotive, gemischt mit zwei von der Verbotenen Stadt inspirierten Grundfarben, der in der ersten Staffel der kulturellen Varietéshow „Das Neue aus der Verbotenen Stadt", die jetzt in die vierte Staffel geht, vorgestellt wurde, erreichte innerhalb eines Monats nach der Ausstrahlung der Show 17.000 Bestellungszusagen und einen Crowdfunding-Betrag von fast

---

1 https://www.handelsblatt.com/unternehmen/handel-konsumgueter/sportartikelindustrie-adidas-meldet-erneut-kraeftigen-einbruch-im-china-geschaeft/28567450.html. https://www.handelsblatt.com/unternehmen/handel-konsumgueter/bilanzcheck-so-tief-steckt-adidas-wirklich-in-der-krise/29139814.html.

2 https://www.handelsblatt.com/unternehmen/handel-konsumgueter/sportartikelindustrie-krise-bei-adidas-diese-probleme-muss-der-neue-vorstandschef-loesen/28751044.html.

3 https://www.handelsblatt.com/unternehmen/handel-konsumgueter/adidas-patriotische-produkte-wie-adidas-chinesische-kunden-zurueckgewinnen-will-/29111196.html. https://www.ft.com/content/ae53b8af-4741-43ba-bd31-a1b539728f9f.

zehn Millionen RMB[4]. Einer Studie zufolge bevorzugen junge chinesische Konsumenten heute die als einheimisch wahrgenommenen Marken, und zwar in einer Vielzahl von Produktkategorien, die bei der Produktgestaltung und -kommunikation mehr Wert auf chinesische kulturelle Konnotationen legen, als die westlichen Marken, die in den letzten vier Jahrzehnten einen hohen Marktanteil auf dem chinesischen Markt hatten (Zhu 2022). Einige chinesische Beobachter bezeichnen diesen wichtigen Trend als Konsum des Nationaltrends und sehen darin den jüngsten Beweis für einen langjährigen und erkennbaren Trend im Konsumverhalten der zeitgenössischen chinesischen Jugend (Liu 2023).

Der Begriff setzt sich aus zwei Teilen zusammen: „national" (Guo) als Beschreibung für die Präferenz, das Attribut für Produkte sowie für die von Produkten verkörperte Ästhetik, und chao metaphorisch sowohl als Flut (in Konnotation des Volumens) als auch als (Ästhetik-)Trend. Somit ist Guochao grundsätzlich als ein ästhetischer Trend zu verstehen, der stärkeren Bezug zu den als „national" (chinesisch) gelesenen ästhetischen Stilen aufweist und enorme Umsatzvolumen mit sich bringt (Zhou 2024a, Zhou 2024b). Die erste Generation der aufstrebenden jungen städtischen Mittelschicht nach der Reform und Öffnung ist zu einem entscheidenden Akteur im urbanen Lebensstil und der Konsumlandschaft geworden. Diese Gruppe ist zunehmend bereit, nicht nur für die pragmatische Funktionalität von Produkten zu zahlen, sondern auch für die ästhetische Erfahrung und den damit verbundenen emotionalen Wert. Social-Media-Plattformen wie Littel Red Book, auf denen Lifestyle und ästhetische Konsumerlebnisse geteilt werden, gingen bereits lange vor dem „Nationaltrend" viral. Ob es sich um kulturelle und kreative Produkte aus der Verbotenen Stadt handelt, die 2019 an Popularität gewannen, oder um Hanfu (traditionelle chinesische Kleidung), dessen Beliebtheit Anfang 2024 aufgrund seiner Präsenz in der Frühlingsfest-Gala vom CCTV explodierte, beide sind aufgrund ihrer einzigartigen ästhetischen Erlebnisse begehrt. Bei diesem Aufschwung werden die wirtschaftlichen Vorteile durch eine erfolgreiche kulturelle Kommunikation erzielt, ein Doing Culture, das einige westliche Marken, die bereits in China Fuß gefasst haben, mit ihren nicht mehr so nachgefragten

4 http://ent.sina.com.cn/tv/zy/2018-12-12/doc-ihqackaa4577707.shtml.

„Frühlingsfest-Produkten mit typisch chinesischen Merkmalen in limitierter Auflage“ nicht erkannt haben.

2. PROTAGONISTEN UND ALLTAGSKONSUM IM WANDELN

Die Annahmen, dass die Produkte nur wegen der wirtschaftsnationalistischen Forderung nach der Stärkung des Eigenkapitals beliebt sind, wie in den früheren Inlandsproduktbewegungen der Fall war, oder nur, weil sie „typisch chinesisch“ aussehen, wäre voreilig. Denn eine Reihe von gut verkauften Marken und Produkten gehören wirtschaftsrechtlich zu multinationalen Unternehmen, mit überwiegend westlichem Kapitalanteil. Die erste Investition in „Documents“, eine jung gegründete Parfummarke mit einer hohen Wiederkaufsrate von 60 %, die sich durch die Aufarbeitung und Integration von verschiedene klassisch-chinesischen Duftnoten wie Beifuß, Walnuss, Anis, chinesische Zeder und Magnolie auszeichnet, kam von L'Oreal.[5]

Zum Verständnis des Guochao-Phänomens ist ein intersektionaler Ansatz von Konsumsoziologie und Kultursoziologie hilfreich. Denn nicht zuletzt ist „Nationaltrend“ eine Kulturproduktion mit einer Produktionskette, die über eine Reihe von Teilnehmern verfügt, deren wirtschaftliche Vorteile vor allem durch Hervorrufung und Kommunikation von affektiven, positiven Wahrnehmungen, Erfahrungen und Vorstellungen durch kulturelle Ausdrücke und ästhetische Merkmalen, erzeugt werden (Zhou 2024a). Über einen langen Zeitraum hinweg richteten sowohl die Entwicklungspraxis in China als auch die Forschung darüber ihre Aufmerksamkeit in erster Linie auf die Produktion, wobei dem Konsum vergleichsweise wenig Beachtung zuteilwurde. Jenseits der großen Erzählungen ist Konsum jedoch als ein kleiner, alltäglicher Teil der Geschichte, auf realistische und triviale Weise im Alltag verankert und hat die Urbanisierung Chinas begleitet. Die historischen Details knüpfen an das Gewebe der Lokalisierung des Konsums in China an, so dass jeder Konsument unbewusst an dieser Geschichte teilnimmt und sie durch sein Kaufverhalten beeinflusst (Sun 2019).

Mit dem Übergang von einer Produktions- zu einer Konsumgesellschaft werden Produktion und Konsum immer stärker integriert, und der

5 Yao: https://36kr.com/p/1955549443644549.

Konsum im privaten Bereich, der weniger dem äußeren Zwang unterliegt, hat aufgrund seines intimen Charakters einen stärkeren Selbstbezug (Goffmann 1951). Denn man gibt das Geld im Alltag am liebsten für das aus, was einem tatsächlich gefällt. Der Kulturkonsum im Alltag liegt nahe an einem instinktiven Gefallensurteil: Die Konsumenten achten auf die Befriedigung ihrer seelischen oder kognitiven Bedürfnisse, die Produzenten versuchen, diese Bedürfnisse zu erfassen und zu befriedigen, und die öffentliche Meinung beurteilt und revidiert die Rezeption der Bedürfnisse.

Die urbane Mittelschicht, die durch Geschmack und ästhetische Selektion ihre Identität bilden, spielt eine essentielle Rolle für die Entstehung der Konsumgesellschaft und des Massenkulturkonsums (Bourdieu 1984; Lamont 1992; DiMaggio 1987; Peterson 2004). Identitätsbildung anhand von Konsum erfolgt nämlich zum Teil durch Distinktion, die nicht zuletzt im Geschmack in einer ästhetischen Hierarchie in entsprechenden historischen und sozialen Kontexte zur Geltung kommt. Der Fall der chinesischen Mittelschicht weist im Vergleich zum Westen sowohl horizontale als auch vertikale Veränderungen auf (Zhou 2024a). Die vertikale Verschiebung bezieht sich auf den historisch beispielslosen raschen Zuwachs der urbanen Mittelschicht in China, der in den letzten Jahrzehnten eine grundlegende Umgestaltung der Konsumkultur und -wirtschaft zur Folge hatte. Diese Entwicklung erfordert eine umfassende Betrachtung der historischen Entwicklung und der sozialen Konstellationen in nationaler und globaler Konsumgesellschaft. Die horizontale Veränderung betrifft die Neudefinition der Selbstidentifikation im Verhältnis zum Westen und zur globalen Kultur. Der Globalisierungstrend Chinas seit den 1990er Jahren hat sich signifikant verstärkt,[6] zeitlich parallel zu der bewussten Integration der Generationen der Achtziger- und Neunzigerjahre mit der Warenwelt und kommerzieller Ästhetik. Diese Generation, geprägt von einer Phase des Wachstums, der Öffnung und politischer und sozialer Stabilität, übt nun Einfluss auf die Warenwelt aus und befinden sich im Vergleich zu ihren Vorgängergenerationen in einem historisch einmaligen globalen Umfeld, indem sie selbstbewusst ihr Leben durch Konsum aufbauen, nachdem sie generell in eine nicht vom Staat zugewiesene Berufswelt eingestiegen ist und über eigenes Budget verfügt.

6 siehe: xxx global index.

Im Gefolge des 14. Fünfjahresplans hat der Konsum eine transzendente Metamorphose durchlaufen, von einer unterstützenden Funktion in der Produktivitätsentwicklung Chinas zu einer dominierenden Rolle. Der Konsum, früher als Duldung der ‚kapitalistischen Lebensweise', wird nun zum Dreh- und Angelpunkt gesellschaftlicher Entwicklung, und Förderung des Konsumverhaltens wird innenpolitisch als Maßnahme zur Anregung der Binnennachfrage begrüßt. Das Konzept des selbstorientierten Konsums als Reaktion auf die traditionelle Neigung zum „fremdorientierten" Konsum wurde von der jüngeren urbanen Mittelschicht eingeleitet. Sie betont die Bedürfnisbefriedigung der Verbraucher, die sowohl körperliche als auch geistige Befriedigung, Vergnügen, Selbstbelohnung und Selbstverwirklichung umfasst. Zugleich wird darauf hingewiesen, dass der „selbstorientierte" Konsum der städtischen Mittelschicht nicht homogen ist und dass er zunehmend an Bedeutung gewinnt (Zhu 2012). Im gleichen Zusammenhang ist der „selbstgefällige Konsum", der eine neue Ausrichtung des Konsums um das „Selbst" darstellt. Dieser Konsumlebensstil basiert auf dem Verbrauch materieller Güter, übersteigt jedoch materielle Bedürfnisse und spiegelt die Ausdehnung des individuellen Geistes über materielle Grenzen hinweg wider (vlg. Zhou 2019). Spielten westliche Marken in der früheren Phasen der Bestrebung der Integration Chinas in den Globalisierungsprozess die Rolle einer materiellen Verkörperung der Eintrittskarte in die moderne Welt, die die Chinesen nutzten, um sich ihren idealen Lebensstil in Wohlstand vorzustellen und um die Distinktion durch die Darstellung oder Nachahmung eines als fortschrittlich und privilegiert geltenden (westlichen) Lebensstils zu zeigen, unterliegen auch ihre ästhetische Qualität nun mehr und mehr einer nüchternen Überprüfung des Preis-Leistungs-Verhältnisses.

3. Die ästhetischen Eigenschaften der chinesischen Kultur

Ästhetik als Zweig der Philosophie, der unter anderem durch die Werke von Kant und Hegel verkörpert wird, zeichnet sich im Westen durch einen analytischen und systematischen Theoriezusammenhang von hoher Komplexität aus. In China hingegen handelt es sich begrifflich um die „Lehre des Schönen" (meixue), wenn man das chinesische Konzept von Ästhetik wörtlich übersetzt. Im Gegensatz zur westlichen Konzeption, die in der ersten Linie ein Netzwerk von Begriffen und Sachartikeln mit jeweiligen Theorien- und Anwendungszusammenhängen anbietet, umfasst der Diskurs über Ästhetik in China eine Sammlung von Zusammenfassungen und Diskussionen über fragmentierte Erfahrungen, Wahrnehmungen sowie die daraus abgeleitete Weltanschauung, die von Literaten, Malern, Kalligraphen und anderen Kulturschaffenden zusammengefasst und ständig weiterentwickelt wird und durch Kunst und Kultur zum Ausdruck kommen. Im Vergleich zur Auseinandersetzung mit Ästhetik im Westen sind die chinesischen Ausdrücke unsystematisch und metaphorisch (Pohl 2006), und verweisen nicht auf die Identifizierung und Entwicklung von Begriffen und deren theoretischen Zwischenverhältnisse, sondern auf die Emotionen und Gefühle des Menschen im Leben und in der Natur. Das heißt, sie ist fragmentiert und nah am Leben. Aber gerade wegen ihrer Fragmentierung und Lebensnähe ist sie die „Religion der Chinesen" geworden (Lin 2006), d.h. zur Stütze der chinesischen Geisteswelt.

Aus den vorangegangenen Darlegungen geht hervor, dass die Konzeption der Ästhetik in China eigentlich mit der Kunstphilosophie im Westen korreliert, welche als integraler Bestandteil der chinesischen Geisteswelt zu verstehen ist. Im Gegensatz zur antiken griechischen Kunstphilosophie, die das Wesen der Kunst im Rahmen der „Nachahmung" betrachtete (Siegmund 2022), liegt in der traditionellen chinesischen Kunstphilosophie der Schwerpunkt auf dem Ausdruck von Wahrnehmungen und den daraus entstandenen Gefühlen und steht in einem engen Zusammenhang mit Ethik. Die traditionelle chinesische Ethik gründet sich auf der Wahrnehmung und Praxis sozialer Beziehungen im Sinne von „Nähe und Distanz" (Fei 2001), wobei die emotionale Verbindung ein entscheidender Faktor in zwischenmenschlichen Verhältnissen ist und der emotionale Konsens zu einem bedeutenden Instrument zur Aufrechterhaltung der sozialen Ordnung geworden ist. Somit manifestiert sich die traditionelle chinesische Ethik nicht bloß als äußerer Verhaltenskodex, sondern ist eng mit den inneren emotionalen menschlichen Bedürfnissen auf der Grundlage dieses Verhältnisses verbunden (Liu 2006). Dieses Verständnis umfasst nicht nur die Selbstwahrnehmung und Emotionen des Einzelnen im Leben, sondern erstreckt sich auch auf die Emotionen der Menschen in der sozialen Realität oder in spezifischen Kontexten. Die Vereinigung der Doppelfunktion der Kunst und Kultur als Ziel wie als Mittel manifestiert sich gerade dadurch, dass sie in der Lage sind, Wahrnehmungen und Emotionen zu sensibilisieren, hervorzurufen, darzustellen und zu verbreiten. Daher ist die chinesische Konzeption der Ästhetik untrennbar mit dem kulturellen Selbstverständnis Chinas verbunden. Ob Konfuzianismus, Taoismus oder Buddhismus, die chinesischen geistigen Systeme der Naturphilosophie, politischen Philosophie oder Theologie – sowohl indigene als auch sinisierte, alle haben Emotionen thematisiert und erläutert, was wiederum von der Kunstphilosophie aufgenommen wird . In ihrem richtungweisenden Werk „History of Chinese Aesthetics" bezeichnen Li Zehou und Liu Gangji das ästhetische Bewusstsein als das edelste und wertvollste Bewusstsein des Lebens, als das letzte und wichtigste Merkmal der traditionellen chinesischen Ästhetik (Liu/Li 1984; Liu 2006).

Ästhetik in China nimmt durch ihre Lebensnähe – wenn auch auf eine fragmentierte und metaphorische Art – einen höheren Stellenwert in der chinesischen Kulturwelt ein. Auch Ästhetische Kultivierung wird von den chinesischen Intellektuellen als den Hauptakteuren der chinesischen Kulturwelt immer als ein unverzichtbarer Bestandteil der Bildung betrachtet – von der Tang-Dynastie (617-907) bis zur Ming-Dynastie (1368-1644) waren das Verfassen von Gedichten und poetischen Essays Prüfungsfächer in den kaiserlichen Prüfungen Keju, die seit ihrer Erfindung in Tang-Dynastie bis zum Untergang des Kaiserreich Chinas am Anfang des 20sten Jahrhunderts als wichtigster Mechanismus zur Auswahl von Talente für den Staatsdienst gegolten haben. Dieser Mechanismus sollte es den Lesern ermöglichen, durch Bildung „Gelehrte" zu werden und durch gute Leistung in den Prüfungen Zugang zu offiziellen Positionen in der politischen Hierarchie, die Anerkennung als „Gelehrte-Beamter" und damit zum sozialen Aufstieg zu erlangen (Yu 1984). Trotz der Weiterentwicklung der kaiserlichen Prüfungen im Laufe der Zeit würde ein Beamter oder ein Minister, der weder dichten noch malen noch kalligraphieren konnte und dem es an Einsicht und Geschmack für die Kunst und Kultur mangelte, als unqualifiziert angesehen und von seinen Kollegen verachtet werden, wodurch er die Anerkennung von seiner stolzen kulturellen Identität als „Gelehrter" verlieren und zu einem „einfachen Bürokraten" degradiert werden würde.

Die Terminologie der chinesischen Kunstkritik und ihre facettenreiche, ansteckende Charakteristik fanden Bewunderung unter zahlreichen westlichen Kunsttheoretikern (vgl. Baxandell 1985). Jeder der Termini und Jargons verweist in der ersten Linie auf eine spezifische Erfahrung, Wahrnehmung, ein Szenario oder einen emotionalen Zustand. Ein exemplarisches Beispiel stellt dabei die Sammlung der „Vierundzwanzig Poesieeigenschaften" von Sikong Tu dar, ein herausragendes Werk in der chinesischen Kunstgeschichte. Dieses Werk gilt als klassisch, da es zu den ersten zählt, welches die chinesischen Wahrnehmungen von Welt und Leben in literarischer Form systematisch kategorisierte. Die Schrift umfasst vierundzwanzig Gedichtstile in vierundzwanzig Gruppen von zwölf Vierzeilern, die sich mit der Stimmung und dem Rhythmus der Poesie befassen. Hierbei werden abstrakte ästhetische Erfahrungen anhand konkreter Motiven oder Szenarien beschrieben, interpretiert und in geistige und emotionale Zustände geordnet. Somit werden die Interpretationen zu Termini der chinesischen Kunstgeschichte und Kunstphilosophie. Die Begriffe und die ihnen zugrundeliegenden Motive fungieren gleichsam wie ein Index der chinesischen ästhetischen Kultur und weisen daher sowohl theoretischen als auch ästhetischen Wert auf.

Um ein paar Beispiele zu nennen: „Eleganz" bezieht sich auf ein Szenario von „Blumen fallen ruhig, ein Mensch so still wie Chrysanthemen", „Subtilität" hingegen „das fließende Wasser wie heute, der helle Mond wie das Vorleben". „Kühnheit" offenbart sich in Motiven wie „der Wind am Himmel wogt wie eine Welle, das Meer und die Berge sind blass und weit", und ihre gemäße Interpretation zum geistlichen Zustand ist „mit voller wahren Kraft sich alle Scheinen einlassen". „Feierliche Mitreißendheit" schließlich drückt sich aus wie ein Gedicht: „Ein Sturm tobt über das Wasser und zerstört den Wald. Das Leid der Menschen ist ewig und die Ruhe kommt nicht. Hundert Jahre vergehen wie ein Strom, Wohlstand und Reichtum werden kalt und grau. Auch ein Talent kann dem Umstand nichts entgegensetzen, wenn das große Tao seinen Weg verliert. Der Held bürstet sein Schwert, die Weite der Welt ist mittraurig. Die Blätter fallen, der Regen tropft, und das Moos ist blass".

Anhand dieser exemplarischen Darlegungen wird deutlich, dass diese Termini nicht nur dazu dienen, künstlerische Stile zu beschreiben, systematisch zuzuordnen und imaginäre Zusammenhänge herzustellen, sondern ebenso Erfahrungen, Lebenssituationen und Emotionen zu erfassen, die an sich eine künstlerische Qualität innehaben. Dieses Phänomen gründet auf die Synthese von „Kunst und Kultur“ und „Tao“ innerhalb der chinesischen Kunstphilosophie. Zong Baihua resümiert dies eloquent: „Die Requisiten fungieren als Spiegelbild des Lebens und des Systems der Rituale und der Musik. Das Tao manifestiert sich besonders eindrücklich in der Kunst. Die Pracht der Kunst verleiht dem Tao Form und Leben, während das Tao der Kunst eine tiefgründige Dimension und Seele verleiht.“ (Zong 1981)

4. DIE SYNERGIE VON ÄSTHETISCHER KULTUR UND KONSUM

Wie aus einer vergleichenden Perspektive darlegt wird, handelt es sich bei der ästhetischen Kultur Chinas nicht nur um eine ästhetische Kategorie, die die Weisheit des Lebens enthält, sondern auch um eine gegenwärtige Tradition, die auf die Praxis des Diesseits fokussiert ist (Grousset 1950). Die Lebensnähe der chinesischen ästhetischen Kultur und ihre Fähigkeit zur Ausdrucks- und Interpretationsvielfalt von Emotionen und Erfahrungen haben die Fragmente der traditionellen chinesischen Kultur auch nach einer Periode der Unterbrechung der Überlieferung zu einem Erbe gemacht, welches nun in einer zunehmend individualisierten Konsumkultur, die sich auf spirituelle Bedürfnisse fokussiert und dabei kommerzielle Ästhetik und kulturellen Konsum miteinander verwebt, genutzt wird. Die Gesamtheit der fragmentierten Motive und Szenarien, die in den klassischen Werken verankert und erweitert elaboriert werden, finden ihre Wurzeln in der subjektiven Wahrnehmung von Leben und Natur und sind gerade durch ihre metaphorischen Imaginationsräume besonders kommunikativ.

Während in den früheren „Nationalproduktbewegungen“ in den früheren Phasen der Bestrebung der Integration Chinas in den Globalisierungsprozess der Kauf nationaler Produkte von politischem Wirtschaftsnationalismus oder individuellem Rational Choice aus wirtschaftlichem Zwang heraus geprägt war, bieten nun die Produkte im „Nationaltrend“ den Konsumenten eher Zufluchtsorte vor dem anhaltenden Drucks im Stadtleben durch die Berufung des Schönen und die Herstellung der poetischen Imaginationsräume für geistiges Wohlbefinden an. Aus demselben Grund geht der Konsum des Nationaltrends nicht mit der allgemeinen Ausschließung oder Ablehnung westlicher Produkte und westlicher Stile einher. Die Konsumenten sind nur empfänglicher und empfindlicher geworden. Nachdem der frische Glanz westlicher Marken im Zuge ihrer Expansion in China allmählich nachgelassen und sich die Warenwelt in China zunehmend der Globalisierung ausgesetzt hat, entstehen erhöht individualisierte Nachfrage nach der Qualität der kommerziellen Ästhetik. Dort, wo die kulturelle Disposition unberücksichtigt bleibt und die Feinarbeit fehlt, werden die positiven Vorurteile gegenüber den westlichen Produkten unter der jüngeren urbanen Mittelschicht abgebaut. Die kreative Aufarbeitung der Motive und Anekdoten der klassischen chinesischen Kultur auf eine kommunikative Art hingegen könnte an die Selbstidentität der jüngeren Mittelschicht appellieren: selbstbewusst, gebildet und urteilsfähig.

Gemäß einem Forschungsbericht zur chinesischen Parfümindustrie haben chinesische jüngere Konsument in Großstädten heute ein höheres Maß an Geschmacksreife und Selbstbewusstsein erreicht (Kantar Group 2022). Sie zeigen eine offene Haltung und sind bereit, in innerliches Erlebnis sowie emotionalen Wert zu investieren. Eine Umfrage unter jüngeren chinesischen Konsumenten ergab, dass 93% statt „Wohlstand zeigen" und „Markenloyalität" emotionale Faktoren wie die „Verbesserung des persönlichen Temperaments", „Darstellung des persönlichen Stils und Geschmacks" sowie das „Fühlen von Glück und besserer Stimmung" als Hauptgründe nannten (CBN Data 2023). Einem Forschungsbericht zufolge wird der chinesische Parfümmarkt zwar weiterhin von internationalen Unternehmen beherrscht, die Konzentration der Branche insgesamt jedoch abnimmt[7]. Dies ist ein ähnlicher Trend wie auf den westlichen Märkten (Euromonitor International 2023). Einige westliche Nischendüfte, die einen stärkeren Sinn für Individualität und Kunstfertigkeit aufweisen, haben in China eine Phase schnellen Wachstums erlebt.

Währenddessen sehen die jungen Parfümmarken wie Guanxia und Documents im „Nationaltrend" mit dem interpretativen Zugriff auf die in der chinesischen Kultur verwurzelten Duftnoten wie Gardenie, Osmanthus und Magnolie im Vergleich zu den traditionellen westlichen Duftnoten wie Rose, Thymian oder Rosmarin das Potential, eine Inspirationsquelle für die

7 https://www.linkedin.com/pulse/change-evolve-fast-growing-china-perfume-market-john-huang/.

Gestaltung der Imaginationsräume zu erschließen und emotionale Resonanz herzurufen. Obwohl einige westliche Marken wie Hermes und Lutens auch nach Gardenie, Osmanthus und Magnolie duftende Produkte hergestellt haben, ist es nur wenigen gelungen, den Duft mit einer chinesischen Kultur zu integrieren. Als eine Reaktion darauf enthält der Inhalt von Guanxia-Produkten oft Beschreibungen der Verwendung von Düften durch die alten Literaten und ihre Lebensweise. Des Weiteren experimentieren diese neue Marken auch mit strukturierteren künstlerischen Ausdrucksformen, um mit den Konsumenten zu kommunizieren. Guanxia führte 2021 das Magazin Kunlun mit 10 Künstlern zur Erkundung der chinesischen Lebensstile ein. Bedeutungsvolle und bildhafte Produktnamen wie „Tee aus dem Tau der Pflaumenblühten", „Golderner Osmanthus im Sommerpalast" und „Schneekochen im Kunlun-Gebirge" dienen als Träger der ästhetischen Assoziation von Guanxiaund wurden zu einem wesentlichen Bestandteil des Markenwerts.[8] Seit seiner Gründung wird „Documents" von der Zeitschrift Documental begleitet, die in einem illustrierten Katalog die Inspiration hinter den Duftkollektionen und dem originellen „Zen Cool"-Stil erläutert.[9] Auch wenn die Texte der Magazine aufgrund der Abwesenheit wesentlicher historischer, sozialer und humanistischer Reflexion unweigerlich oberflächlich und prätentiös wirken, reicht diese Art des seichten kulturellen Geschichtenerzählens für den Konsumgüterkreislauf auf kurze Sicht völlig aus. Ob Guanxia, das den „chinesische Innenhof" durch ihre Produktreihe veranschaulicht, oder Documents, das eine „Tempelphilosophie" vorschlägt, die Marke verkörpert einen starken Stil des spirituellen Konsums.

5. SCHLUSS

Dieser Beitrag setzt sich mit einem Trend der chinesischen Konsumlandschaft im Spannungsfeld zwischen den als chinesisch und als westlich gelesenen Produkten, die durch die Wandlung der sozialen Realität der Protagonisten sowie der Konsumkultur bedingt ist, auseinander. Er zentriert sich um eine Geschmacksbildung, die vorwiegend im Konsum für das private Alltagsleben zum Ausdruck kommt, der aber nicht als Mikropraktik zu verstehen

8 https://m.thepaper.cn/newsDetail_forward_19264079.

9 https://www.brandstar.com.cn/navigation/1710.

ist, sondern als Mikropraktiken, die sich zu einem aus Lebensstilen, Klassen und sozialen Feldern zusammengesetzten Praxiskomplex vernetzen.

Jedes Motiv, jede Farbe oder jeder Stil der Nationaltrend-Produkte ruft nicht nur Wissen über sie auf, sondern eine Geschichte, die durch die Vorstellungskraft zu vervollständigen ist, einen emotionalen Zustand, der durch eine ästhetische Erfahrung belebt wird. Ihr Erfolg liegt weniger in der bloßen Aneinanderreihung „chinesischer Elemente", sondern vielmehr in der Erzählung der Szenerie, die stets mit bestimmten Motiven und kohärenten Emotionen verbunden ist. Dies steht im Zusammenhang mit der ästhetischen Kultur Chinas.

Im Mittelpunkt steht die Forderung der jüngeren urbanen Mittelschicht, durch Konsum und Warenwelt einen schönen Alltag zu gestalten (Zhou 2024b). Es handelt sich hierbei nicht um eine Abkehr von oder Ablehnung gegenüber den westlichen Waren oder der westlichen Ästhetik, sondern vielmehr um die Artikulation der Individualisierung und Subjektivierung in der Konsumkultur. Diese Einstellung reflektiert sich auch im Verständnis der gegenwärtigen Krise, in der sich einige westliche Marken in China befinden. Trotz ihrer Bemühungen, den chinesischen Konsumenten entgegenzukommen, greifen viele westliche Marken bei der Gestaltung ihrer Produkte auf stereotype Elemente wie Drachen, Tierkreiszeichen und chinesische Schriftzeichen zurück. Diese werden jedoch oft auf eine Weise präsentiert, die sie aus ihrem ursprünglichen chinesischen ästhetischen Kontext herauslöst.

In einer Ära, in der westliche Marken häufig blind verehrt wurden, haben die Konsumenten möglicherweise einen hohen Preis für den sozialen Status bezahlt, der mit der Marke verbunden ist. Im Gegensatz dazu legen Produkte des Nationaltrend einen stärkeren Fokus auf die Funktion der kulturellen Kommunikation. Sie streben danach, die spezifische ästhetische Stimmung, die durch ihre kulturellen Wurzeln hervorgerufen wird, wiederherzustellen und diese auf möglichst authentische Weise zu vermitteln.

6. DANKSAGUNG

Ich möchte meine aufrichtige Dankbarkeit zum Ausdruck bringen für die Unterstützung und Zusammenarbeit, die diesen Beitrag ermöglicht haben. Ein besonderer Dank gilt Dr. Anno Dederichs vom China Center

Tübingen, der mir mit wertvollen Ratschlägen, geistiger Unterstützung und fachkundiger Anleitung zur Seite stand.

LITERATURVERZEICHNIS

Baxandall Michael (1985): Patterns of Intention: On the Historical Explanation of Pictures. Yale University Press.

Bourdieu, Pierre (1984): Distinction: a social critique of the judgement of taste. Cambridge MA: Harvard University Press.

CBN Data (2023): Wie können Nischenparfüms auf dem chinesischen Markt die breite Masse erreichen? (06.12.2023). URL: https://www.cbndata.com/information/289278. Zugegriffen: 31.03.2024.

DiMaggio, Paul (1987): Classification in Art, in: American Sociological Review 52(4).

Euromonitor International (2023): Fragrances in the US. URL: https://www.euromonitor.com/fragrances-in-the-us/report. Zugegriffen: 31.032024.

Fei, Xiaotong (2015): From the soil. Beijing: People's Press.

Goffmann, Erving (1951): „Symbols of Class Status". in: The British Journal of Sociology 2(4): 294-304.

Grousset René (1950): Bilanz der Geschichte. Zürich: Europa Verlag.

Kantar Group (2022): China Perfume Industry White Paper.

Lamont, Michel (1992): Money, morals and manners: the culture of the French and the American upper-middle class. Chicago: University of Chicago Presse.

Lin, Yutang (2006): My country and my people. Xian: Shanxi Normal University Press.

Liu, Gangji (2006): Kunstphilosophie. Wuhan: Wuhan University Press.

Liu, Gangji; Li Zehou (1984): History of Chinese Aesthetics. Beijing: China Social Science Press.

Liu, Neng (2023): Strukturwandel, Vergesellschaftung des Konsums und politisches Konsumverhalten. in: New Horizont, Vol. 5.

Peterson, Richard/Anand, N(2004): „The production of culture perspective", in: Annual Review of Sociology (30): 311-334.

Pohl, Karl-Heinz (2006): Ästhetik und Literaturtheorie in China – Von der Tradition bis zur Moderne. München: Saur Verlag.

Siegmund, Judith (2022): Handbuch Kunstphilosophie. Transcript Verlag.

Sikong, Tu (837-908): „Vierundzwanzig Poesieeigenschaften" 二十四诗品.

Sun, Xiaoji (2019): Shopping Mania – Konsumgeschichte des 20sten Jahrhunderts Chinas. Shanghai: Dongfang Verlag.

Yu, Yingshi (1984): Gelehrter-Beamter und die chinesische Kultur. Shanghai: Shanghai Peoples' Press.

Zhou, Changcheng (2019): Selbstgefälliger Konsum: die Ausdehnung des individuellen Geistes an der materiellen Grenze. In: Renminluntan. URL: http://www.rmlt.com.cn/2019/0520/547264.shtml. Zugegriffen: 31.03.2024.

Zhou, Ruirui (2024a): Geschmack und Sozialität beim „Nationaltrend“ in China. in: ASIEN, im Erscheinen.
Zhou, Ruirui (2024b): Wichtig ist nicht nur national, sondern auch ästhetisch. In: Kulturpolitische Mitteilungen, im Erscheinen.
Zhu, Di (2022): Weißbuch für Marktentwicklung der inländischen Produkte. Beijing.
Zhu, Di (2012): Ein theoretischer Rahmen für soziologische Studien zum Konsum. In: Sozialwissenschaften im Ausland, Vol. 2.
Zong, Baihua (1981): Äshtetischer Spaziergang. Shanghai: Shanghai People’s Press.

创新还是抄袭？

Chuàngxīn háishì chāoxí?

INNOVATION ODER KOPIE?

YINGBO SEILER-ZHAO

Abstract. Was wird unter Innovation verstanden und wie wird sie implementiert? Basierend auf dieser Frage gibt der Artikel einen Überblick über die Definitionen von Innovation und beschreibt die Entwicklung und Transformation der chinesischen Industrie. Beispiele stammen von Shen Zhen, dem chinesischen „Silicon Valley", welche die Situation der technologischen Innovation in China aufzeigen sollen. Dieser Artikel untersucht, wie man in einer globalisierten und geopolitischen Welt mit China kooperieren kann. Das Thema beschäftigt sich insbesondere unter Berücksichtigung des Austauschs und der Zusammenarbeit zwischen der Schweiz und China, in Bezug auf Innovation. Es zeigt deren Positionierung und welche Herausforderungen und Chancen sich dabei entwickeln auf. Dabei werden folgende Fragen behandelt: Stellt „Made in China" Kopien oder Innovationen dar, oder ist es unser Vorurteil? Wie hat sich China von einem globalen Kopierer zu einer technologischen Supermacht entwickelt? Der Artikel beschreibt die historischen Ursprünge, von „Made in XX" und wie sich Deutschland im 19. Jahrhundert von einem rückständigen Hersteller zu einem führenden Innovator wandelte. Der Artikel kommt zum Schluss, dass Innovation kein Nullsummenspiel ist, sondern Möglichkeiten für Zusammenarbeit und gegenseitiges Lernen, auch zwischen gegensätzlichen Ländern bietet.

Stichwörter: Made in China, Kopie, Innovation

1. DIE BEZIEHUNGEN INNOVATION UND KOPIE

Beim Hören des Begriffs „Made in China" denken viele Menschen zuerst an Kopien, niedrige Preise und schlechte Qualität. Doch was ist der Grund für diese Assoziationen? Gibt es in China nennenswerte Innovationen? Was wird unter Innovation verstanden und wie wird sie implementiert?

Innovation und Erfindungen, sind zwei unterschiedliche Konzepte. Innovation ist der Prozess, welcher neue Ideen, Methoden, Produkte oder Lösungen hervorbringt. Innovationen bringen einen erheblichen positiven

Einfluss und Wert auf das Endresultat (Jain. N. 2023). Innovation ist ein weites Feld, in dem es nicht nur um technologische Innovationen geht. Beispiele hierfür sind der Übergang von Offline- zu Online-Shops, von traditionellen Geschäftsmodellen zu gross angelegtem E-Commerce und von herkömmlichen Autos zu Elektroautos. Es ist wichtig, auch diese Aspekte zu berücksichtigen, wenn es darum geht, über Innovation in China zu sprechen.

In einer Podcast-Episode von „Inside the Strategy Room" betont die McKinsey-Senior-Partnerin Laura Furstenthal: „Wie auch immer Sie es messen, Innovation muss den Wert steigern und das Wachstum vorantreiben" (Furstenthal, 2021).

Ist Kopie oder Plagiat das Gegenteil von Innovation? Es gestaltet sich schwierig, diese Frage zu beantworten. Möglicherweise sollte man eine Unterscheidung zwischen Kopie und minderwertigem Kopieren treffen. „... Selbst auf entwickelten Märkten wie Westeuropa und den USA kopieren Unternehmen – wenn auch mit genug Raffinesse, um rechtliche Probleme zu vermeiden. „Trotz aller Markenunterschiede ahmen Apple iCloud, Microsoft SkyDrive, Google Cloud Storage und Dropbox einander nach. Niemand kann bestreiten, dass Smartphone-Hersteller sich nicht gegenseitig kopieren?" (Ekekwe, 2012).

In seinem Buch Copy, Copy, Copy weist Mark Earls darauf hin, dass das Kopieren (aber nicht das Replizieren) von Ideen und Erfahrungen etwas ist, was wir von Natur aus tun. Es ist die effizienteste Innovationsmethode. Das Kopieren ist einfach und ein toller Trick, um schnell Fortschritte zu machen und Probleme nicht isoliert zu betrachten. Sie profitieren von den Fehlern und dem Erfolg anderer, die Sie noch nie getroffen haben. Dies könnte erklären, warum es selten von Vorteil ist, als Erster eine neue Innovation auf den Markt zu bringen.

Im Allgemeinen beginnen Länder, die den Übergang von einem Entwicklungsland zu einer erfolgreichen Marktwirtschaft vollziehen, mit preiswerten Produkten, die schnell und einfach die Grundbedürfnisse der Bevölkerung befriedigen sollen. Es ist jedoch wichtig zu beachten, dass das Kopieren von bereits erfolgreichen Volkswirtschaften keine nachhaltige Lösung darstellt.

2. DER ENTWICKLUNGSPFAD DER „MADE IN CHINA“

Der folgende Inhalt gibt einen kurzen Überblick über Chinas Produktion Geschichte ab 1949.

Wenn wir davon diskutieren, ob Made in China eine Kopie oder eine Innovation sein könnte, sollten wir vielleicht die Geschichte der industriellen Entwicklung Chinas verstehen. Im Jahr 1949 war China ein armes und unterentwickeltes Land, in dem mehr als 500 Millionen Menschen lebten. Davon waren mehr als 400 Millionen Menschen Analphabeten. Die Gesamt-Analphabetenrate lag bei etwa 80 Prozent, während sie in ländlichen Gebieten sogar bei 95 % lag. Die durchschnittliche Lebenserwartung in China betrug im Jahre 1950 nur 35 Jahre.

Laut Kai (2020), „Das Bruttoinlandsprodukt wuchs 1952 bis 1975 um jährlich mehr als 5 Prozent, allerdings unter extremer Bevorzugung des Investitionsgütersektors und unter Vernachlässigung der Bedürfnisse der Bevölkerung“ (p.58). Und „das Pro-Kopf-Einkommen in China war 20 % niedriger als das von Indien, das lange Zeit eine Kolonie war“ (Ju, 2019).

Die Entwicklungsgeschichte der Fertigung in China nach 1949 lässt sich in mehrere Phasen einteilen:

- **1949–1978: Die sozialistische Planwirtschaft**: In dieser Phase orientierte sich China an der Sowjetunion und baute eine zentral gesteuerte Planwirtschaft auf, die vor allem auf die Schwerindustrie ausgerichtet war. Die Fertigung war ineffizient, qualitativ minderwertig und von Importen abhängig. Die Landwirtschaft wurde kollektiviert und die Privatwirtschaft unterdrückt. Wie Prof. Dr. Schmidt-Glintzer (2008) geschrieben: „Die politischen Turbulenzen wie der Grosse Sprung nach vorn und die Kulturrevolution führten zu wirtschaftlichen Rückschlägen und sozialen Unruhen“ (Schmidt-Glintzer, 2018).
- **1978–1992: Die Reform- und Öffnungspolitik**: In dieser Phase leitete Deng Xiaoping eine Reihe von Reformen ein, die die Marktkräfte in die Planwirtschaft einführten und die Fertigung diversifizierten und modernisierten. Die Landwirtschaft wurde demokratisiert und die Privatwirtschaft wurde gefördert. Die Fertigung profitierte von ausländischen Investitionen, Technologietransfer und Exportorientierung.

„Die Fertigung konzentrierte sich zunächst auf arbeitsintensiven und niederwertigen Produkten wie Textilien, Spielzeug und Haushaltswaren, die den Weltmarkt überschwemmten" (Kreft, 2010).

- **1992–2012: Die sozialistische Marktwirtschaft**: In dieser Phase vertiefte China seine Reformen und integrierte sich stärker in die globale Wirtschaft. Die Fertigung wurde weiter ausgebaut und aufgewertet, indem sie sich auf höherwertige und technologieintensive Produkte wie Elektronik, Maschinen, Fahrzeuge und Chemikalien verlagerte. Die Fertigung profitierte von der steigenden Binnennachfrage, der Verbesserung der Infrastruktur und der Bildung sowie der Entwicklung von Wissenschaft und Innovation. „Die Fertigung wurde zum Motor des Wirtschaftswachstums und der sozialen Entwicklung Chinas. China wurde zum grössten Fertigungsland der Welt und zur weltweit zweitgrössten Wirtschaftsmacht" (Settelen, 2023).
- **2012–heute: Die neue Normalität**: In dieser Phase steht China vor neuen Herausforderungen und Chancen in der Fertigung. Die Fertigung muss sich an die Verlangsamung des Wirtschaftswachstums, die steigenden Produktionskosten, die wachsende Umweltbelastung, die zunehmende internationale Konkurrenz und die veränderten Verbraucherpräferenzen anpassen. Die Fertigung muss sich von der Quantität zur Qualität, von der Nachahmung zur Innovation, von der Niedrigpreisstrategie zur Wertschöpfung, von der Massenproduktion zur Individualisierung und von der Ressourcenabhängigkeit zur Nachhaltigkeit wandeln. Die Fertigung muss sich auch an die digitale Transformation, die Industrie 4.0, die künstliche Intelligenz und die neue Seidenstrasse anpassen. Die Fertigung soll zu einem wichtigen Bestandteil der nationalen Strategie „Made in China 2025" werden, die China zu einer führenden Fertigungsmacht machen soll (Prof. Dr. Schmidt-Glintzer, 2008).

2.1 Die Innovationsreise des chinesischen Silicon Valley Shenzhen

Wenn man im Westen über chinesische Städte denkt, welche Stadt kommt zuerst: Shanghai, Beijing, oder Hongkong? Kaum jemand denkt, an die Sonderwirtschaftszone Shen Zhen. Von einem kleinen Fischerdorf an der

Grenze zu Hongkong hat sich Shenzhen zu einer Megastadt mit mehr als 20 Millionen Einwohnern entwickelt. Die im Volksmund auch als „chinesisches Silicon Valley" bekannt ist. Von fast Null BIP 1979 bis heute, ist „das regionale BIP der Stadt im Jahr 2023 auf 482 Milliarden USD gestiegen, was einen Anstieg von 6,0 % gegenüber dem Vorjahr entspricht". (The State Council, 2024). Shenzhen ist eine Stadt, die in den letzten vier Jahrzehnten eine erstaunliche Transformation erlebt hat. Shenzhen ist auch die Heimat vieler weltbekannte Technologieunternehmen wie Huawei, ZTE, Tencent, BYD, BGI Group und DJI, die in den Bereichen wie Telekommunikation, Internet, Drohnen und Elektroautos führend sind. Zusätzlich ist Shenzhen auch ein Hotspot für Start-ups, die innovative Lösungen für verschiedene Branchen und Märkte anbieten. Shenzhen gilt als das Innovationslabor der Welt, das neue Trends und Standards für die globale Technologieentwicklung setzt.

Innovation liegt Shenzhen im Blut. Als erste nationale Demonstrationsstadt für Innovation in China beschleunigt Shenzhen seine Entwicklung zu einem internationalen Zentrum für Technologie und industrielle Innovation. In den Branchen wie Elektronik- und Informationstechnologie, Internet, Biotechnologie und Neue Energie nimmt die Stadt eine führende Position ein. Man kann Shenzhen auch als eine Stadt der Innovationen bezeichnen. Seit 2008 steht Shenzhen an der Spitze der Liste der innovativen Städte in China und hat Hongkong überholt.

Shenzhen ist Pionier neuer Reformen Chinas und hat im neuen China viele Neuheiten geprägt.

- Die erste Anwaltskanzlei in China;
- Die erste Stadt, die ein Gesetz für Privatkredite erliess;
- Der erste offizielle anerkannte Arbeitsvertrag;
- Das erste zollfrei Gebiet in China;
- Die erste Stadt, die Rationierte Lebensmittelgutscheine ab geschaffen;
- Das erste Wertpapierunternehmen in Neu-China

Shenzhens „Weg zur wissenschaftlichen und technologischen Innovation" verläuft nicht reibungslos. Fünf wichtige Phasen hat die Entwicklung von Shenzhen durchlaufen.

- 1979-1985: Verarbeitung in Shen Zhen
- 1985-1992: Fertigung in Shen Zhen
- 1993–2003: Vom OEM zur technologischen Transformation
- 2004–2012: Von „Made in Shen Zhen“ zu „Created in Shen Zhen“.
- 2013-heute: Shen Zhen-Qualität mit Shenzhen Innovation

Von 1979 bis 1985 wurde die Sonderwirtschaftszone Shenzhen hauptsächlich in Form einer „Drei-zu-eins-Ergänzung“ in der Gründungsphase eingerichtet, d. h. Verarbeitung der gelieferten Materialien, Verarbeitung der gelieferten Materialien, Muster und Montage der gelieferten Komponenten.

Die Fertigungsphase fand zwischen 1985 und 1992 in Shenzhen statt. Shenzhen produziert derzeit hauptsächlich elektronische Informationsprodukte wie Leiterplatten, Halbleiter und elektronische Komponenten. 1988 wurde die Shenzhen Ping An Insurance Company, die erste Aktienversicherungsgesellschaft auf dem chinesischen Festland, in Shenzhen gegründet. Im Jahr 1990 übernahm Shenzhen Stock Exchange als erste Börse Chinas, den Testbetrieb.

Von 1993 bis 2003 erlebte die Stadt einen industriellen Wandel und eine Modernisierung von der Verarbeitung zur Fertigung, durch vielfältige Investitionen.

Von 2004 bis 2012 beschloss Shen Zhen, von der Geschwindigkeit auf die Effizienz umzusteigen. Strategische, aufstrebende Industrien zu entwickeln und sich darum zu bemühen, vom mittleren und unteren Ende der globalen Industrie wegzukommen. Der Weg zu den Top Industrien aufzusteigen, führten über die alte faktorgesteuerte zu innovationsgesteuerte Strategie.

Von 2013 bis heute ist Shenzhen offiziell in eine neue Phase der innovationsgetriebenen Entwicklung eingetreten, indem es seine Innovationen nutzt, um Qualitätsstandards zu schaffen.Wie hat Shenzhen diese beeindruckende Innovationsreise geschafft? Es gibt mehrere Faktoren, die zu Shen Zhens Erfolg beigetragen haben, wie z. B.:

- **Die geografische Lage und die Öffnungspolitik:** Shenzhen profitierte von seiner Nähe zu Hongkong, einem internationalen Finanz- und Handelszentrum, das den Zugang zu Kapital, Talenten und Märkten erleichterte. Shenzhen wurde 1980 zur ersten Sonderwirtschaftszone Chinas erklärt, was bedeutete, dass es mehr Autonomie und Flexibilität bei der Gestaltung seiner Wirtschaftspolitik hatte. Dies ermutigte ausländische Investoren, Technologietransfers zu tätigen und vorher nichtexistierende Exportorientierung einzuleiten. Welche das Wachstum der Fertigungsindustrie zusätzlich antrieben.

- **Die Unternehmenskultur und die Innovationsmentalität:** Shenzhen ist bekannt für seine dynamische und unternehmerische Unternehmenskultur, die Risikobereitschaft, Experimentierfreude und Kundenorientierung fördert. Die Unternehmen in Shenzhen sind ständig auf der Suche nach neuen Möglichkeiten, ihre Produkte und Dienstleistungen zu verbessern, zu differenzieren und anzupassen. Sie sind auch bereit, von anderen zu lernen, zu kopieren und zu verbessern, was als „Shanzhai" bezeichnet wird. Dies hat zu einer schnellen Iteration und Innovation geführt, die oft die Bedürfnisse und Erwartungen der Verbraucher erfüllt oder sogar übertrifft. Flueckiger (2016) schreibt dazu folgendes: „Startups können von Shanzhai lernen, wie man in kürzester Zeit hochwertige Prototypen und serientaugliche Hardware herstellt und gleichzeitig sehr schnell Feedback von echten Konsumenten am Markt erhält."
- **Die Regierungsunterstützung und die Innovationsinfrastruktur:** Die Regierung in Shenzhen hat eine wichtige Rolle bei der Schaffung eines günstigen Umfelds für Innovation gespielt. Sie hat strategische Richtlinien und Initiativen erlassen, die die Entwicklung von Schlüsselindustrien, die Förderung von Forschung und Entwicklung, die Anziehung von Top-Talenten und die Verbesserung der Infrastruktur unterstützen. Shenzhen verfügt über eine Reihe von Innovationsplattformen, wie z. B. Industrieparks, Inkubatoren, Beschleuniger, Maker-Spaces und Co-Working-Spaces, die die Zusammenarbeit und den Wissensaustausch zwischen verschiedenen Akteuren im Innovationsökosystemen erleichtern. Shenzhen hat eine kleine, aber entschlossene Regierung.

Shenzhen ist ein gutes Beispiel dafür, wie Innovation eine Stadt und eine Nation verändern kann. Shenzhen steht jedoch auch vor neuen Herausforderungen und Chancen in seiner Innovationsreise, wie z. B.:

- **Die Qualität und die Originalität der Innovation:** Shenzhen muss sich von der Quantität zur Qualität, von der Nachahmung (Kopie) zur Innovation, von der Niedrigpreisstrategie zur Wertschöpfung, von der Massenproduktion zur Individualisierung und von der Ressourcenabhängigkeit zur Nachhaltigkeit wandeln. Shenzhen muss seine Innovationsfähigkeit und -leistung verbessern, um seine Wettbewerbsfähigkeit und seinen Ruf zu stärken. Shenzhen muss auch die Qualität und den Schutz des geistigen Eigentums gewährleisten, um das Vertrauen und die Anerkennung der globalen Märkte zu gewinnen.
- **Die digitale Transformation und die Industrie 4.0:** Shenzhen muss sich an die digitale Transformation anpassen, die durch die rasante Entwicklung von Technologien wie künstlicher Intelligenz (AI), Big Data, Cloud-Computing und dem Internet welche Auswirkungen auf die Geschäftswelt und Gesellschaft haben können. Diese Technologien eröffnen neue Möglichkeiten für Innovationen, aber auch neue Herausforderungen für Datenschutz, Cybersicherheit und Ethik. Shenzhen muss auch die Industrie 4.0 umsetzen, die eine intelligente und vernetzte Fertigung ermöglicht, die die Effizienz, Flexibilität und Qualität der Produktion erhöht.
- **Die globale Integration und die neue Seidenstrasse:** Shenzhen ist nicht besonders international, obwohl es die Innovationshauptstadt Chinas ist. Shenzhen muss sich stärker in die globale Wirtschaft integrieren, um von der Zusammenarbeit und dem Wissensaustausch mit anderen Ländern und Regionen zu profitieren. Shenzhen muss auch die Rolle der neuen Seidenstrasse nutzen, die eine Initiative Chinas ist, um die Infrastruktur, den Handel und die Investitionen entlang der alten Handelsrouten zwischen Asien, Europa und Afrika zu fördern. Die neue Seidenstrasse bietet Shenzhen die Möglichkeit, seine Innovationen und seinen Einfluss in den Schwellenländern zu erweitern.

Viele Menschen sagen, dass man nach Peking gehen sollte, wenn man Chinas Vergangenheit verstehen möchte, nach Shanghai, wenn man Chinas Gegenwart verstehen möchte, und nach Shen Zhen, wenn man Chinas Zukunft verstehen möchte. Shenzhen ist eine Stadt, die Innovation lebt. Shenzhen ist eine Stadt, die die Zukunft gestaltet. Shenzhen ist eine Stadt, die die Welt inspirieren kann.

3. UMGANG MIT CHINA UND CHINESISCHER WIRTSCHAFT

Warum haben wir eine gewisse Abneigung gegenüber dem Label „Made in China". Handelt es sich um eine Vermutung oder ein Vorurteil? Sollten wir nach einer gemeinsamen Basis suchen und dabei kleinere Differenzen beiseitelegen, eine Win-Win-Kooperation anstreben, oder sollten wir uns gegenseitig ablehnen? Diese Fragen sind auch für die Schweiz-Wirtschaft. Bevor wir eine mögliche Antwort finden, können wir uns ein paar Gedanken über die Geschichte im Verlauf „Made in XX" machen.

3.1 Geschichte „Made in XX"

Die Innovation und Entwicklung jedes Landes ist ein langer Prozess, der von Nachahmung und Lernen am Anfang bis zur Entwicklung der eigenen Kerntechnologie reicht. Auch „Made in Germany", das heutige Symbol für hochwertige Produkte, hat einen langen und schwierigen Entwicklungsprozess hinter sich. Das bekannte XX-Made-Logo hat seinen Ursprung in Deutschland. Den historischen Ursprüngen von „Made in XX" und wie sich Deutschland im 19. Jahrhundert von einem rückständigen Hersteller zu einem führenden Innovator wandelte.

Im August 1887 verabschiedete das britische Parlament Bestimmungen zum Markenrecht, die darauf abzielten, alle aus Deutschland importierten Waren mit dem Label „Made in Germany" zu kennzeichnen. Diese Massnahme diente dazu, billige und minderwertige deutsche Produkte von hochwertigen britischen Produkten zu unterscheiden.

Ursprünglich war diese Kennzeichnung jedoch nicht als Kompliment gedacht. Vielmehr sollte sie britische Käufer vor minderwertigen deutschen Waren warnen. Zu dieser Zeit galt Deutschland als rückständiger Hersteller, und die britische Regierung wollte ihre eigenen Produkte schützen.

Made in Germany wurde also ursprünglich nicht als Qualitätssiegel verwendet, sondern als Warnung. Doch die Geschichte nahm eine interessante Wendung: deutsche Hersteller erkannten die Chance, sich durch Qualität und Innovation zu profilieren. Sie begannen, die Kennzeichnung stolz zu verwenden, und im Laufe der Zeit wandelte sich das Image von „Made in Germany".

Heute ist „Made in Germany" weltweit ein Symbol für Qualität, Präzision und technologische Innovation. Es zeigt, wie sich Deutschland im

19. Jahrhundert von einem rückständigen Hersteller zu einem führenden Innovator entwickelte.

3.2 Wie man mit China umgeht und zusammenarbeitet

Vielleicht fällt einem das Wort „Erfindung" ein, wenn man den Mangel an Innovation in der chinesischen Produktion in Frage stellt? Innovation und Erfindung sind jedoch nicht gleichwertig. Innovation ist die Idee der „Nutzung" von Ideen oder Methoden, während eine Erfindung die Schaffung neuer Dinge ist. Aber die Frage, warum westliche Länder bei der Erwähnung von „Made in China" mehr oder weniger an Kopie als an Innovation denken, ist nicht einfach zu beantworten. Es gibt verschiedene Faktoren, die zu diesem Eindruck beitragen können, wie z. B.:

- Die historische Entwicklung der chinesischen Fertigung, die lange Zeit auf die Massenproduktion von billigen und oft minderwertigen Waren angewiesen war, die in viele Länder exportiert wurden. Dies hat zu einem negativen Image von „Made in China" geführt, dass mit geringer Qualität, mangelnder Kreativität und Verletzung von geistigen Eigentumsrechten verbunden wurde (Angerbauer, Ch, König, T 2017).
- Die politischen Spannungen zwischen China und dem Westen, die zu einem Wettbewerb und Misstrauen in Bezug auf die technologische Entwicklung führen können. Der Westen sieht China oft als eine Bedrohung für seine eigene Wettbewerbsfähigkeit und Sicherheit an und wirft China vor, unfaire Handelspraktiken anzuwenden, die seine Innovation behindern oder untergraben. China sieht sich oft als ein Opfer von Diskriminierung und Doppelstandards und strebt nach technologischer Unabhängigkeit und Führung.
- Ethnozentrismus und Stereotyp. Menschen können in vielerlei Hinsicht ethnozentrisch sein, indem sie ihre eigene Kultur oder ethnische Gruppe als Massstab für andere verwenden. Dies kann dazu führen, dass man glaubt, die eigene Kultur oder ethnische Gruppe sei allen anderen Gruppen überlegen, was zu Vorurteilen oder verzerrten Wahrnehmungen gegenüber Gruppen führt, die nicht der eigenen angehören. So „sehen wir die Welt durch eine enge Linse, deren wir uns weitgehend nicht bewusst sind" (Hilty, 2013). Dies führt zur Bildung von Stereotypen.

> Stereotypen schaffen Vorurteile gegenüber anderen und führen zu einer Haltung gegenseitiger Verurteilung, die wiederum das Verständnis von Informationen beeinträchtigt und Feindseligkeit hervorruft. Ethnozentrismus zu überwinden und sich in andere hineinzuversetzen, ist von entscheidender Bedeutung. Dies betrifft auch die Art und Weise der Wahrnehmung von Produkten mit dem Label „Made in China". Es erfordert Offenheit, Empathie und den Willen, über den eigenen kulturellen Rahmen hinauszublicken und die Vielfalt der Welt zu schätzen. Indem wir uns in die Perspektiven anderer Menschen versetzen, können wir Vorurteile abbauen und ein tieferes Verständnis für die globalen Zusammenhänge entwickeln.

Diese Faktoren können dazu führen, dass der Westen die Innovationsfähigkeit und Leistungen Chinas unterschätzt oder ignoriert, während China sich bemüht, sein Image zu verbessern und seine Innovation zu fördern. Es ist wichtig, sich darüber zu informieren und kritisch zu hinterfragen, was hinter dem Label „Made in China" steckt und welche Chancen und Herausforderungen es für die globale Innovation birgt.

Die Beziehungen der Schweiz zu China reichen weit zurück. Die Schweiz hat als eines der ersten westlichen Länder das neue China anerkannt, das erste westliche Land, das Chinas Marktwirtschaftsstatus anerkannte, und das erste europäische Land, das ein Freihandelsabkommen mit China unterzeichnete. Um die Zusammenarbeit zwischen den beiden Regionen zu vertiefen, hat die Schweiz 2016 ein innovatives strategisches Partnerschaftsabkommen mit China unterzeichnet und ist damit bisher das einzige westliche Land, dass ein solches Abkommen mit China unterzeichnet hat. Die Schweiz sollte ihre Neutralität als grossen Vorteil nutzen und als Chance sehen und nicht als Risiken zu einem gewohnten näherliegenden Umfeld. Unter der Prämisse, die eigenen Kerninteressen zu schützen, können Schweizer Unternehmen intensiv mit chinesischen Unternehmen zusammenarbeiten. Schliesslich sind die meisten Schweizer Firmen Exportunternehmen, und China ist ein grosser Markt. Chinesen gibt es überall in Südostasien und sogar in ganz Asien.

So stellt sich beispielsweise auch die Frage für international tätige Schweizer Firmen: Wieso suchen wir Geschäfte mit China? Was ist unsere Absicht? Was sind Vorteile und Risiken? Wie erreichen wir unsere Zeile?

Wenn es um in China hergestellte Produkte geht, muss dies als Plagiat betrachtet werden. Eine solche Idee ist voreingenommen und unverantwortlich, und zeugt als Respektlosigkeit. Wie jedes Land der Welt hat auch China seine Vor- und Nachteile. China kann nicht ausgeschlossen oder seine Bemühungen und Fortschritte geleugnet werden, nur weil sein politisches System anders ist. Innovation ist kein Nullsummenspiel, sondern bietet eine Möglichkeit für eine Zusammenarbeiten und gegenseitiges Lernen zwischen den Ländern. Wenn man die innovativen Elemente von „Made in China" ignoriert oder verallgemeinert, kann ein Stereotyp oder Vorurteil durchaus hervorgerufen werden. Es wird empfohlen, dass die Länder voneinander lernen, ihre gegenseitigen Stärken nutzen und ihre Schwächen überwinden, um gemeinsam eine nachhaltige und resiliente Zukunft zu gestalten.

Zum Schluss: Globalisierung und Geopolitik erfordern heute mehr Zusammenarbeit und Austausch zwischen Ländern. Nur wenn wir die Unterschiede zwischen den Ländern respektieren und Vorurteile und Überheblichkeit beiseitelassen, können wir auf lange Sicht eine Win-Win-Situation erreichen. Alles basiert auf Respekt. Es gibt nicht nur Innovation oder Kopie, es geht auch um Geschäftswerte.

LITERATURVERZEICHNIS

Jain, N. (2023, Juli 15). Was ist Innovation? Definition, Typen, Beispiele und Verfahren. https://ideascale.com/de/der-blog/was-ist-innovation/.

Kai, L. (2020). Der Wettlauf um die Digitalisierung: Potenziale und Hürden in Industrie. Schäffer-Poeschel.

Schmidt, N. A., & Brown, J. M. (2017). Evidence-based practice for nurses: Appraisal and application of research (4th ed.). Jones & Bartlett Learning, LLC.

Ju, L. (2019, October 16). Betrachten Sie Chinas Wirtschaftsentwicklungswunder von drei historischen Knotenpunkten aus. http://www.qstheory.cn/dukan/qs/2019-10/16/c_1125102396.htm.

Furstenthal, L. (2021). Strategy & Corporate Finance Practice/Innovation Launchpad out of the crisis/ How organizations can innovate their way in the post-pandemic era. In Sean Brown (Moderator), the Inside the Strategy Room Podcast. McKinsey & Company. https://www.mckinsey.com/capabilities/strategy-and-corporate-finance/our-insights/innovation-the-launchpad-out-of-the-crisis.

Schmidt-Glintzer, H. (2008, August 07). 1949 bis heute / Politische Geschichte Chinas. Bundeszentrale für politische Bildung BPb. https://www.bpb.de/themen/asien/china/44253/1949-bis-heute/.

Ekekwe, N. (2012, May 24). When You Can't Innovate, Copy. Harvard Business Review. https://hbr.org/2012/05/when-you-cant-innovate-copy.

Earls, M. (2015). Copy, Copy, Copy: How to Do Smarter Marketing using Other People's ideas (Paperback-Illustrated).

Kreft, H. (2010). Chinas Aufstieg – eine Herausforderung für den „Westen". https://www.bpb.de/shop/zeitschriften/apuz/32507/chinas-aufstieg-ee-herausforderung-fuer-den-westen/.

Prof. Dr. Schmidt-Glintzer, H. (2008). 1949 bis heute / Politische Geschichte Chinas. Bpb.de. https://www.bpb.de/themen/asien/china/44253/1949-bis-heute/.

Settelen, M. (2023). „Made in China 2025" und die Entwicklung der Industriepolitik Chinas. https://www.s-ge.com/de/article/expertise/2022-e-china-c5-industrial-policy.

The State Council. (2024, January 31). Shenzhen's GDP grew by 6% in 2023. https://english.www.gov.cn/archive/statistics/202401/31/content_WS65b9e801c6d0868f4e8e3aa0.html.

Flueckiger, O. (2016, May 23). Shanzhai: Innovation auf Chinesisch. Handelszeitung. https://www.handelszeitung.ch/blogs/startup/shanzhai-innovation-auf-chinesisch-1091136.

Angerbauer, Ch., & König, T. (2017, September 16). Von „Made in China" zu „Invented in China" – China auf dem Weg zur Industrie-Supermacht? https://link.springer.com/chapter/10.1007/978-3-658-17651-8_2.

Hilty, A. (2023, November 5). Developing a „Global Mind", Ch.2: Barriers: Ethnocentrism & Stereotypes. LinkedIn. https://www.linkedin.com/pulse/developing-global-mind-ch2-barriers-ethnocentrism-dr-anne-hilty-lzcxf/.

Yingbo Seiler. E-Mail: yingbo.seiler@fhnw.ch
Dank ihrer langjährigen Erfahrung im Bereich der Telekommunikationstechnologie hilft sie Schweizer KMU dabei, mit ihren chinesischen Lieferanten besser zu kommunizieren, und hilft ihnen, potenzielle Kunden und Geschäftspartner durch professionelle Marktforschung und Lieferantenbewertungen zu finden. Sie begann ihre Bildungsreise in China, den USA und der Schweiz. Sie studierte Betriebswirtschaft und konzentrierte sich darauf, interkulturelle Kommunikation in nicht-englischsprachigen Organisationen und multikulturellen Arbeitsplätzen zu fördern. Sie arbeitet derzeit im China-Center der FHNW in Olten.

两个轮子上的革命。中国的自行车文化源远流长

Liǎng gè lúnzi shàng de gémìng. Zhōngguó de zìxíngchē wénhuà yuanyuǎn liú cháng

REVOLUTION AUF ZWEI RÄDERN
CHINAS FAHRRADKULTUR IM WANDEL DER ZEIT

TOBIAS W. LOITSCH

Abstract. Die Regentschaft von Puyi, dem letzten Kaiser Chinas, markierte einen Meilenstein in der Entwicklung des Landes hin zur modernen Mobilität. In dieser Ära erlebte China eine florierende Fahrradkultur, in der Fahrräder so begehrt waren, dass Wartelisten für ihren Kauf üblich wurden. Das Fahrrad avancierte zum Symbol eines zeitgemäßen Lebensstils und wurde zu einem der begehrtesten Besitztümer. Heute haben sich Fahrräder im Reich der Mitte zu digitalen Weggefährten gewandelt, die maßgeblich zum dynamischen Wachstum der digitalen Wirtschaft und insbesondere zur Share Economy beitragen.

1. DREI RUNDEN UND EIN GERÄUSCH

Im Jahr 1891 unternahmen die amerikanischen Weltenbummler Thomas Allen und William Sachtleben eine dreijährige Fahrradreise, die sie nach China führte. Die Fahrräder mit luftgefüllten Gummireifen, die sie mitbrachten, waren in China zuvor noch nie gesehen worden und sorgten entsprechend für großes Staunen, wie im Buch „Across Asia on a Bicycle" festgehalten ist.

Kurz nach dem Besuch dieser ausländischen Abenteurer wurde Puyi, der letzte Kaiser von China, einer der ersten Radfahrer im Reich der Mitte. Bereits im Alter von zwei Jahren wurde er 1908 zum Kaiser ernannt und erhielt von seinem schottischen Lehrer ein Fahrrad geschenkt. Diese Geste entfachte eine Leidenschaft für das Radfahren in ihm, sodass er sogar die Türschwellen in seiner Residenz in der Verbotenen Stadt in Peking entfernen ließ, um ungehindert überall fahren zu können.

So wurde der Ausdruck „Sanzhuan Yixiang" oder „drei Runden und ein Geräusch" schnell zu einer populären Metapher für ein erfülltes Leben. Die „drei Runden" symbolisieren die Räder eines Fahrrads, das Ziffernblatt einer Uhr und die Spindel einer Nähmaschine, während das „Geräusch" auf den Ton eines Transistorradios verweist. Von diesen vier Gegenständen wurde das Fahrrad zweifellos als das wertvollste angesehen.

Für die renommierteste Fahrradmarke des Landes, die Flying Pigeon (Fliegende Taube), erstreckten sich Wartelisten über mehrere Jahre. Wozu sich Maos Nachfolger Deng Xiaoping äußerte, dass seine Vision für ein wohlhabendes China eine „Taube in jedem Haushalt" sei. Chinesen schätzten Fahrräder auch aufgrund der mangelhaften Qualität des öffentlichen Nahverkehrs und der Unmöglichkeit, ein Auto zu besitzen. Viele Städte verfügten über breite Radwege, ausreichend Parkplätze auf Gehwegen und gewährten Fahrrädern Vorfahrt.

Die Gründung der Volksrepublik China im Jahr 1949 markierte einen Wendepunkt für die Fahrradindustrie des Landes. Die Regierung beschloss, das Fahrrad als Volksfahrzeug zu fördern und startete eine umfassende Initiative zur Produktion. Fahrräder wurden nun integraler Bestandteil der Stadtplanung, und Pendler, die das Fahrrad für ihren täglichen Weg zur Arbeit nutzten, erhielten zusätzliche Anreize.

In den Jahren nach 1970 dominierten fünf einheimische Marken den Markt und kontrollierten etwa 70 Prozent des Fahrradsektors: Phoenix, Yongjiu, Fliegende Taube, Goldlöwe und Fünf Widder.

Diese Entwicklung wurde unter der Führung von Parteiführer Deng Xiaoping ab 1978 fortgesetzt. Seine Öffnungspolitik brachte das Land weiter voran und hatte einen stark positiven Einfluss auf die Wirtschaft sowie die Nachfrage der Verbraucher.

> Als im Herbst 1981 ein Bauer aus der Provinz Hubei 10.000 Kilogramm mehr Getreide als die vorgeschriebene Quote an den Staat verkaufte, antwortete er auf die Frage, was er sich denn nun als Belohnung am meisten wünsche: „Ich möchte ein Fahrrad der Marke Yongjiu."

2. MOBILITÄT, KOMFORT UND PRESTIGE

Der Blick in die Geschichte enthüllt: Fahrräder waren schon immer Symbole für Mobilität, Komfort und Prestige. Diese Drahtesel, die einst die Straßen bevölkerten, dienten nicht nur als kostengünstiges Fortbewegungsmittel, sondern symbolisierten auch den gemeinsamen Wunsch nach Wohlstand. China, das Land mit der weltweit höchsten Fahrradnutzung, zählt heute etwa 500 Millionen Fahrräder auf seinen Straßen – das entspricht ungefähr einem Fahrrad pro Haushalt und übertrifft die Zahlen jedes anderen Landes.

Mit dem aufkommenden Wirtschaftswachstum verschiebt sich jedoch das Interesse der Menschen zunehmend hin zu den neuen Autos, die dank steigender Einkommen für immer mehr Chinesen erschwinglich werden. Dadurch wird das Fahrrad etwas in den Hintergrund gerückt und verliert seine einst so bedeutende Rolle.

Fahrräder haben sich zu einem integralen Bestandteil moderner Verkehrssysteme entwickelt, was das Stadtbild nachhaltig verändert. In großen Metropolen wie Peking, Shanghai oder Hangzhou, die unter langen Staus und Smog leiden, gewinnen Fahrräder zunehmend an Bedeutung und werden als attraktive Alternative zu Autos und E-Bikes betrachtet.

Infolgedessen hat sich die Infrastruktur für Fahrräder deutlich verbessert. In Peking wurde beispielsweise ein eigener Fahrrad-Highway eröffnet, der ausschließlich Fahrradfahrern zugänglich ist. Dieser spezielle Weg wurde entwickelt, um die Überlastung des öffentlichen Nahverkehrs durch die täglichen Pendler zu reduzieren. Laut einem Bericht der China Daily wurde der Radweg in den ersten drei Tagen nach seiner Eröffnung mehr als 40.000 Mal genutzt.

3. FAHRRÄDER SIND ZU DIGITALEN GERÄTEN GEWORDEN

Doch diese neuen Fahrräder sind längst nicht mehr nur reine Transportmittel. Sie haben sich zu digitalen Geräten entwickelt, die einen bedeutenden Beitrag zur rasant wachsenden digitalen Wirtschaft und insbesondere zur Share Economy in China leisten.

Es ist nicht mehr notwendig, etwas zu besitzen, um es nutzen zu können, wenn man es braucht. Die Maxime der Sharing Economy, dass Dienstleistungen, Ressourcen oder Produkte geteilt oder verliehen werden können, bildet das Fundament des Geschäftsmodells von Sharing-Dienstleistern.

Das starke Wachstum und die Entwicklung im Bereich Bike Sharing wurden besonders durch digitale Innovationen und kostengünstig herzustellende Technologie vorangetrieben. Hinzu kommt die weitverbreitete Nutzung von Smartphone-Anwendungen, die die Handhabung der Fahrräder erleichtern. Die Registrierung und Abrechnung erfolgen über das Scannen eines QR-Codes in Verbindung mit einer Mobile-Payment-App.

4. DIE VIER GROSSARTIGEN ERFINDUNGEN DES NEUEN CHINAS

Die staatliche chinesische Nachrichtenagentur Xinhua hat das Teilen von Fahrrädern als eine der „vier großartigen Erfindungen des neuen Chinas" bezeichnet. Die anderen drei sind mobiles Bezahlen, E-Commerce und Hochgeschwindigkeitszüge. Präsident Xi Jinping lobte zudem die Expansion der Sharing Economy.

Für die westliche Welt mag es ungewöhnlich erscheinen, dass Leihräder und die Sharing Economy als wirtschaftlich prägend betrachtet und mit historischen Erfindungen wie Papier, Schießpulver und dem Kompass gleichgesetzt werden. Dies unterstreicht jedoch die hohe Bedeutung, die der chinesische Staat der Sharing Economy beimisst.

> Die Idee des Teilens ist natürlich nicht neu. Schon in altertümlichen Stammesverbänden wurden Ressourcen gemeinsam genutzt. Auch in modernen Industriegesellschaften gab es schon immer Möglichkeiten, Güter zu pachten, zu mieten, zu leihen oder unentgeltlich weiterzugeben.

China ist jedoch das erste Land, das diese wirtschaftliche Entwicklung als nationale Priorität einstuft.

5. OFFENHEIT GEGENÜBER NEUEN TECHNOLOGIEN

Diese Entwicklung wurde grundlegend durch technologische Komponenten ermöglicht, die kostengünstig produziert werden konnten. Darüber hinaus ist die chinesische Bevölkerung sehr technikaffin und zeigt eine große Offenheit gegenüber neuen Technologien, die sie in ihrem Alltag umfassend nutzen. Dadurch können Menschen auf Dinge und Dienstleistungen zugreifen, die zuvor für bestimmte Bevölkerungsgruppen finanziell unerreichbar waren.

Die Möglichkeiten und Anwendungen der Share Economy haben eine stärkere wirtschaftliche Teilhabe geschaffen, indem sie das gegenseitige

Verleihen und Mieten von Gütern förderten, die aktuell nicht genutzt werden. In China hat sich die Share Economy vor allem auf die kurzfristige Vermietung von Produkten und Dienstleistungen spezialisiert.

Robin Li, Gründer der Suchmaschine Baidu, bemerkte, dass „die Idee einer Sharing Economy einer kommunistischen Gesellschaft sehr ähnlich ist", da beide Systeme auf Verteilung nach Bedarf basieren. Diese neue Form der Kameradschaft begeistert die chinesischen Verbraucher so sehr, dass es den Anschein erweckt, als sei die Idee des Teilens selbst eine chinesische Erfindung.

> Ein Gefühl von Zusammenhalt entsteht, wenn Menschen die Mittel haben, etwas zu besitzen, sich aber dafür entscheiden, es zu teilen. Dieses Gefühl und die große Marktgröße in China bieten Unternehmen enorme Möglichkeiten, neue Geschäftsmodelle zu entwickeln.

Technologische Fortschritte eröffnen neue Wege der Zusammenarbeit. Plattformen, die den Austausch von Informationen ermöglichen, schaffen innovative Geschäftsmodelle. Die Share Economy bietet enormes Potenzial für die Zusammenarbeit mit China, da das Teilen hier zum Alltag gehört und durch Technologie alltagstauglich gemacht wurde.

Insbesondere zahlreiche urbane Bike-Sharing-Programme sind entstanden, die es Nutzern ermöglichen, Fahrräder mit einer Smartcard oder per Münze zu entsperren. Diese zweite Ära der docklosen Mikromobilität erlebte mit dem Aufkommen von Smartphones und GPS-Sensoren ihren Höhepunkt. Die Innovation wurde zu einem großen Phänomen in China, wo Unternehmen wie Ofo und Mobike Millionen von Fahrrädern bereitstellten. Dies führte jedoch zu überfüllten Bürgersteigen und zog viel Kritik von Anwohnern und Behörden nach sich.

Als 2019 eine Welle chinesischer Bike-Sharing-Unternehmen Insolvenz anmelden musste, vermuteten einige Beobachter, dass die Nachfrage ihren Höhepunkt erreicht habe. Der aktuelle Aufwärtstrend im Bike-Sharing deutet jedoch darauf hin, dass das Problem eher in den Geschäftsmodellen als in der Verbrauchernachfrage lag.

Eine Folge des technologischen Fortschritts ist die zunehmende Nutzung von Elektrofahrrädern und -rollern, die lange Fahrten bequemer machen.

Da diese teurer als herkömmliche Fahrräder sind, werden E-Bikes und E-Scooter eher geteilt, insbesondere von jungen und mobilen Menschen, die möglicherweise nur etwa ein Jahr in einer bestimmten Stadt bleiben, bevor sie anderswo Bildungs- oder Beschäftigungsmöglichkeiten erkunden. Sharing-Plattformen bieten unbegrenzten Zugang zu diesen Fahrzeugen für nur 200 Yuan (weniger als 30 US-Dollar) pro Monat, während ein neuer E-Scooter mehrere tausend Yuan kosten würde.

Zuvor waren Elektrofahrräder und -roller in China ein eher übersehener Trend, teilweise weil sie in Städten der unteren Kategorie mit weniger öffentlichen Verkehrsmitteln verbreitet waren. In diesen Städten übertraf ihre Nutzung jedoch bereits vor Corona die herkömmlichen Fahrräder bei weitem.

Nach Angaben von Hellobike, einem Bike-Sharing-Unternehmen, werden in China etwa 300 Millionen Fahrten pro Tag mit herkömmlichen Fahrrädern unternommen. Mit Elektrofahrrädern und Elektrorollern werden jedoch mehr als doppelt so viele Fahrten absolviert, etwa 700 Millionen pro Tag. In der Stadt Nanning in der Provinz Guangxi machten die Fahrten mit Elektrofahrzeugen in diesem Jahr über 34 Prozent aller Transportmittel aus und übertrafen damit die öffentlichen Verkehrsmittel und Privatautos.

6. STANDARDS FÜR ELEKTROFAHRZEUGE

Städte passen sich an, um Elektrofahrzeuge zu integrieren. Für die Politik bedeutet das, Regelungen zu erarbeiten und die nötige Infrastruktur zu schaffen. China hat 2019 nationale Standards für Elektrofahrzeuge eingeführt, die Anforderungen für zentrales Laden und den Austausch von Batterien festlegen.

Bike-Sharing-Unternehmen haben sich mit Batterieherstellern zusammengetan, um diese technologischen Herausforderungen zu bewältigen und über 1 Million Elektroroller in ganz China bereitzustellen. An speziellen Kiosken können E-Bike-Nutzer ihre leeren oder defekten Akkus gegen neue austauschen, ohne auf das Aufladen warten zu müssen.

Zusätzliche technische Anforderungen umfassen manipulationssichere, feuerfeste und Ladeschutzsysteme. Diese Sicherheitsvorschriften werden die Herstellungs- und Betriebskosten der E-Bike-Unternehmen erhöhen.

Kleinere Städte scheinen jedoch lockerere Vorschriften zu haben, was dazu geführt hat, dass die meisten aufstrebenden E-Bike-Unternehmen Städte der dritten und vierten Ebene für ihre Markteintritte wählen. So vertreibt Hellobike beispielsweise seine E-Bikes in Provinzen wie Henan, Jiangsu, Yunnan und Hubei.

China ist derzeit der weltweit größte Exporteur von E-Bikes, was den E-Bike-Dienstleistern eine konsolidierte Lieferkette bietet. Unternehmen müssen sich an die neuen nationalen Standards anpassen und gleichzeitig Innovation und Entwicklung fördern, um neue Benutzer zu gewinnen.

Mit dieser Perspektive erhält der Trend zur Share Economy eine neue Bedeutung. Es müssen nicht nur Fragen der wirtschaftlichen Bewertung und rechtlichen Einstufung einer Ökonomie des Teilens geklärt werden, sondern es ist auch gesellschaftlich zu diskutieren, welches Potenzial diese Form des alternativen Wirtschaftens besitzt.

7. DER WANDEL ZUR ELEKTROMOBILITÄT UND DIE ZUKUNFT DER MIKROMOBILITÄT

Die Transformation in der Welt der Mobilität ist ein Phänomen von historischer Tragweite. Traditionelle Verbrennungsmotoren, die einst die Straßen dominierten, werden zunehmend durch moderne elektrische Antriebe ersetzt, die nicht nur umweltfreundlicher sind, sondern auch neue Möglichkeiten für die Mobilität der Zukunft eröffnen. Diese Veränderung geht einher mit einem Paradigmenwechsel weg vom Besitz individueller Fahrzeuge hin zu geteilten Mobilitätsdiensten, die die Art und Weise, wie wir uns fortbewegen, grundlegend verändern.

> In diesem Wandel spielt die „Mikromobilität“ eine entscheidende Rolle. Ursprünglich war Mikromobilität nicht elektrisch und hat ihre Wurzeln in den 1960er Jahren, als die Provo-Gegenkulturbewegung in Amsterdam das erste kommunale Fahrradprogramm ins Leben rief. Dieser revolutionäre Schritt markierte den Beginn einer neuen Ära der urbanen Mobilität, die auf Gemeinschaft und Nachhaltigkeit basiert.

Ein weiterer Meilenstein in der Entwicklung der Mikromobilität war die Einführung von Copenhagen City Bikes im Jahr 1995. Dieser stationäre

Fahrradverleih war der Vorläufer moderner Bike-Sharing-Systeme und legte den Grundstein für eine neue Ära der urbanen Mobilität. Mit 1.000 Einheiten startete Copenhagen City Bikes den ersten großen stationären Betrieb in Kopenhagen und ebnete den Weg für eine weltweite Verbreitung dieses innovativen Konzepts.

Seitdem haben innovative Mikromobilitätsdienste das Stadtbild zahlreicher Metropolen weltweit nachhaltig verändert. Von Fahrrädern über Elektroroller bis hin zu Elektrofahrzeugen bieten diese Dienste eine vielfältige Auswahl an Fahrzeugen, die es den Menschen ermöglichen, sich effizient und umweltbewusst in der Stadt zu bewegen. Das Grundprinzip der Mikromobilität besteht darin, die Abhängigkeit vom Auto zu reduzieren und stattdessen je nach Bedarf ein passendes Fahrzeug auszuwählen.

Die Zukunft der Mikromobilität verspricht eine noch größere Vielfalt an Optionen und eine nahtlose Integration in das städtische Verkehrsnetz. Mit der Weiterentwicklung von Technologien wie autonomem Fahren und intelligenten Verkehrsmanagementsystemen wird die Mikromobilität zunehmend effizienter und benutzerfreundlicher. Diese Entwicklung trägt nicht nur zur Entlastung des Verkehrs und zur Reduzierung der Umweltbelastung bei, sondern bietet auch neue Chancen für eine nachhaltige und vernetzte Stadtentwicklung.

8. DIE EVOLUTION DER MIKROMOBILITÄT: ELEKTRISCHE FORTBEWEGUNGSMITTEL IM FOKUS

Mikromobilität hat sich heute zu einem bedeutenden Bestandteil der städtischen Mobilität entwickelt, insbesondere durch elektrisch betriebene Fortbewegungsmittel wie E-Bikes und Elektroroller. Diese Lösungen bieten eine flexible und umweltfreundliche Alternative für den Nahverkehr und werden von einer Vielzahl von Benutzern gemeinsam genutzt. Doch warum hat die Mikromobilität in der modernen Mobilitätslandschaft rasant an Bedeutung gewonnen, statt eine Randnotiz zu bleiben?

Die Bedeutung der Mikromobilität liegt darin, Menschen an das bestehende Verkehrsnetz anzubinden und das gemeinsame Problem der sogenannten „ersten und letzten Meile“ zu lösen. Während der öffentliche Verkehr nach wie vor das effizienteste Mittel ist, um eine große Anzahl von Menschen zu befördern, ermöglicht die Mikromobilität eine flexible und individuelle Fortbewegung innerhalb der Stadt. Dieses Konzept ist nicht nur praktisch, sondern auch umweltfreundlich, da es dazu beiträgt, den Verkehr und die Luftverschmutzung in urbanen Gebieten zu reduzieren.

Die zunehmende Bedeutung der Mikromobilität ist auch ein Indikator für die Notwendigkeit eines nachhaltigen Mobilitätskonzepts angesichts der Herausforderungen durch überfüllte Städte und den fortschreitenden Klimawandel. In dieser Hinsicht wird Mobilität zu einem Motor für Innovation und Technologie. Die Entwicklung von umweltschonenden und smarten Fortbewegungsmitteln wird immer wichtiger für eine nachhaltige Zukunft der Mobilität, in der das Fahrrad eine entscheidende Rolle spielen wird.

> Die Einführung elektrischer Fortbewegungsmittel hat die Mikromobilität revolutioniert und ihr Potenzial als umweltfreundliche Alternative im städtischen Verkehr erheblich gesteigert. E-Bikes und Elektroroller bieten eine effiziente Möglichkeit, kurze Strecken zurückzulegen, ohne auf individuelle Mobilität verzichten zu müssen. Diese Fahrzeuge sind nicht nur emissionsfrei, sondern auch leise und platzsparend, was sie ideal für den Einsatz in stark frequentierten städtischen Gebieten macht.

Ein weiterer wichtiger Faktor, der zur Popularität elektrischer Mikromobilität beigetragen hat, ist die steigende Nachfrage nach flexiblen und kostengünstigen Transportlösungen in urbanen Gebieten. Insbesondere in Ballungsräumen, in denen der Verkehrsstau zunimmt und die öffentlichen Verkehrsmittel nicht immer eine praktische Option darstellen, bieten E-Bikes und Elektroroller eine attraktive Alternative für Pendler und Stadtbesucher.

Darüber hinaus haben Fortschritte in der Batterietechnologie und im Design dazu beigetragen, dass elektrische Fortbewegungsmittel immer erschwinglicher und benutzerfreundlicher werden. Die Verfügbarkeit von Ladestationen und Sharing-Plattformen hat ebenfalls dazu beigetragen, die Nutzung elektrischer Mikromobilität zu erleichtern und zu fördern.

Die sozioökonomischen Auswirkungen der elektrischen Mikromobilität

Die Einführung elektrischer Mikromobilität hat nicht nur Auswirkungen auf die Umwelt und die städtische Mobilität, sondern auch auf die sozioökonomischen Aspekte des städtischen Lebens. Indem sie eine erschwingliche und flexible Transportmöglichkeit bieten, tragen E-Bikes und

Elektroroller zur Verbesserung der Mobilität für Menschen bei, die keinen Zugang zu einem eigenen Fahrzeug haben oder sich den Besitz eines Autos nicht leisten können.

Darüber hinaus kann die Förderung elektrischer Mikromobilität auch zu einer Reduzierung sozialer Ungleichheiten beitragen, indem sie den Zugang zu Bildung, Arbeit und anderen wichtigen Ressourcen erleichtert. Menschen aus benachteiligten Gemeinden können von der Möglichkeit profitieren, schnell und kostengünstig in die Innenstadt zu gelangen, um Arbeitsplätze zu erreichen oder Bildungseinrichtungen zu besuchen.

9. CHINESISCHE FAHRRADKULTUR ALS SPIEGELBILD DES WANDELS

Die Geschichte Chinas ist eng mit dem Fahrrad verbunden, von seiner Rolle als primäres Fortbewegungsmittel bis hin zu seinem Aufstieg als Symbol für die wirtschaftliche Entwicklung des Landes. Doch die Fahrradkultur Chinas hat sich im Laufe der Zeit grundlegend gewandelt, insbesondere mit dem Aufkommen elektrischer Mikromobilität.

> Von den bescheidenen Anfängen des Fahrrads als Transportmittel bis zur aktuellen Ära der elektrischen Fortbewegungsmittel hat sich die chinesische Fahrradkultur als Spiegelbild des Wandels in der Gesellschaft entwickelt. Die Einführung von E-Bikes und Elektrorollern hat nicht nur die Art und Weise verändert, wie die Menschen sich fortbewegen, sondern auch die städtische Landschaft und die Wirtschaft des Landes beeinflusst.

Mit der steigenden Nachfrage nach umweltfreundlichen und effizienten Transportlösungen hat sich China zu einem Vorreiter in der Entwicklung elektrischer Mikromobilität entwickelt. Unternehmen wie Ofo und Mobike haben Millionen von Fahrrädern in die Städte gebracht, die das städtische Leben revolutioniert haben.

Doch die Entwicklung der Fahrradkultur in China ist nicht ohne Herausforderungen. Die Überlastung der öffentlichen Straßen und die Verunreinigung durch herrenlose Fahrräder haben zu Kritik geführt und die Regulierung der Branche vorangetrieben.

Trotz dieser Herausforderungen bleibt die Fahrradkultur Chinas ein faszinierendes Phänomen, das den Wandel und die Innovation in der Gesellschaft widerspiegelt. Die Revolution auf zwei Rädern hat nicht nur die Art und Weise verändert, wie die Menschen sich fortbewegen, sondern auch ihr Verständnis von Mobilität und Urbanität neu definiert.

Chinas Fahrradkultur mag sich im Laufe der Zeit verändert haben, aber ihr Erbe als Symbol für Fortschritt und Wandel wird weiterleben. Von den Anfängen des Fahrrads bis hin zur elektrischen Mikromobilität steht die Fahrradkultur Chinas für Innovation, Anpassungsfähigkeit und den Glauben an eine nachhaltige Zukunft der Mobilität.

Tobias W. Loitsch. E-Mail: tobias.loitsch@neuinstitut.de
Tobias W. Loitsch ist Autor, Herausgeber des Magazins China im Blickpunkt, Lehrbeauftragter und Projektmanager. Mit seiner Tätigkeit möchte er zu einem tieferen Verständnis für China beitragen und eine offene Wahrnehmung stärken. Sein Anliegen ist es, Brücken zwischen China und Europa zu bauen. Er beschäftigt sich mit Chinas wirtschaftlicher Entwicklung, technologischen Innovationen und den gesellschaftlichen Veränderungen im Land. Dabei versteht er sich Tobias W. Loitsch als Impulsgeber für Wirtschaft, Politik, Gesellschaft und Kultur.

中国的智慧城市 – 案例研究、机遇和风险、方法和例子

Zhōngguó de zhìhuì chéngshì – ànlì yánjiū, jīyù hé fēngxiǎn, fāngfǎ hé lìzi

SMART CITIES IN CHINA

CASE STUDIES, CHANCEN UND RISIKEN, ANSÄTZE & KONKRETE BEISPIELE

EMANUELA HANES

Abstract. Im vorliegenden Kapitel werden Rahmen und Entwicklungen von Smart Cities in China vorgestellt. Zunächst wird eine Übersicht über Regierungsvorgaben, Gesetze, Kooperationen zwischen den Lokalregierungen sowie Anwendung und Forschung zum Thema Blockchain als Basistechnologie für Smart Cities gegeben. Nach dieser Übersicht von Ansätzen von Smart Cities in China werden kurz konkrete Fallstudien von Smart-City-Projekten in China vorgestellt. Abschließend werden nationale und internationale Kooperationen zum Thema Smart Cities durch China besprochen. Aufgrund der langjährigen Erfahrung und vielfältigen Implementierung von Smart-City-Initiativen können europäische Entscheidungsträger aus einem breiten Spektrum an Best-Practice-Beispielen und Lessons Learned aus China wählen, um ihre eigenen Initiativen zu informieren.

Stichwörter: Smart Cities, IoT, Blockchain, City Brains, Diplomatie, IT, Technologie, Hafen, Stadtplanung

1. BACKGROUND – WAS IST EINE SMART CITY?

Derzeit gibt es keine klare einheitliche Definition für Smart Cities. Der Begriff ist sehr weit gefasst, und das Konzept hat verschiedene Bedeutungen in unterschiedlichen Kulturen (Simpson, 2018, S. 2). Die grundlegendste Definition sind Städte, in denen bestehende Netzwerke und Dienste mit digitalen Technologien zum Nutzen der Bevölkerung und Unternehmen erweitert werden. (Atha et al., 2020, S. 14) In der Regel werden Daten über IoT-fähige Geräte gesammelt. Diese Daten werden dann über Hochgeschwindigkeitsnetzwerke, wie zum Beispiel 5G, weitergeleitet. Anschließend erfolgt die Auswertung der Daten mithilfe von Künstlicher Intelligenz. IoT oder smarte Geräte können sich mit dem Internet verbinden und Daten weiterleiten. Ziel ist es, diese Daten möglichst in Echtzeit zu übertragen, um möglichst in Echtzeit eine Reaktion zu generieren. Ein Beispiel ist eine hochfrequentierte Straßenkreuzung, bei der IoT Geräte die Menge von Autos wahrnehmen, weiterleiten, und innerhalb von kürzester Zeit werden darauf basieren die Ampelschaltungen verändert, um einen besseren Verkehrsfluss zu ermöglichen. Diese Strategie führt zu zahlreichen Verbesserungen der Effizienz und Nachhaltigkeit von Städten:

- Bessere Verwaltung von Ressourcen
- Reduktion von Umweltverschmutzung
- Verbesserte Wasserversorgungs- und Abfallentsorgungssysteme
- Bessere städtische Verkehrsnetze und Verkehrssteuerung
- Effektivere Beleuchtungs- und Heizsysteme für Gebäude
- Öffentliche Sicherheit und Wettermonitoring (Danish Agency for Science and Higher Education, 2020, S. 8)

Eine Smart City ist damit ein komplexes und interaktives System mit zahlreichen Komponenten und einer unterliegenden Infrastruktur. Verschiedene Ressourcenelemente werden im Idealfall optimal eingesetzt und arbeiten zusammen, um den intelligenten Betrieb der Stadt zu fördern.

Um die Daten zu verarbeiten, kann ein City Comprehensive Management and Command Center, ein sogenanntes City Brain oder „Gehirn" der Stadt genutzt werden. Das Konzept dieser Kommandozentralen wurde von Wang Jian, Chief Technology Officer von Alibaba, entwickelt. City Brains aggregieren und analysieren alle Daten durch KI-gestütztes Cloud Computing und präsentieren sie visuell ansprechend für die Mitarbeiter der Stadtverwaltung, die sich im digitalen Cockpit (einem Raum mit großen Bildschirmen) befinden. (Toh, 2019) Damit wird die Sammlung, Auswertung und gemeinsame Nutzung verschiedener Ressourcen, intelligente Entscheidungsfindung sowie abteilungsübergreifende Koordination und Verknüpfung ermöglicht bzw. erleichtert.

Während Menschen weiterhin die letzte Entscheidungsinstanz sind, nutzt beispielsweise Huawei den OODA-Loop für Entscheidungsfindung und Handlungsvorschläge in seinem Smart-City-Konzept. Der OODA Loop wird ursprünglich für Entscheidungen für Kampfsituationen verwendet. 2023 haben 500 chinesische Städte angekündigt, City Brains zu bauen (Weber 2023).

2. SMART CITY IN CHINA: REGIERUNGSVORGABEN, KOOPERATIONEN ZWISCHEN DEN LOKALREGIERUNGEN, ANWENDUNG UND FORSCHUNG ZUM THEMA BLOCKCHAIN

Smart Cities und deren Ausbau sowie Basistechnologien wie IoT und Blockchain in China werden durch Regierungsvorgaben, Kooperationen zwischen den Lokalregierungen, groß angelegte Anwendung und Forschung zum Thema Blockchain unterstützt. (Danish Agency for Science and Higher Education, 2020, S. 5)

Einer der Gründe, warum so viele Städte weltweit (Khalifa, 2019, S. 80) und China insbesondere so stark auf Smart Cities setzen, ist die starke Urbanisierung. Der Anteil der urbanen Bevölkerung stieg von 36,22% im Jahr 2000 auf 60,9% im Jahr 2019. (Chen, Lai, & Zhang, 2021). 2022 haben in China 65,2 % der Menschen in städtischen Gebieten gelebt, die Prognose für 2030 liegt bei 75 %. Der internationale Trend weist in dieselbe Richtung: Bis 2050 werden laut Prognosen 6,5 Milliarden Menschen in städtischen Gebieten leben (Simpson, 2018, S. 2). Die wachsende Bevölkerung und die zunehmende Urbanisierung stellen chinesische Städte vor große Herausforderungen in Bezug auf Infrastruktur und Ressourcenmanagement. Aus diesem Grund hat die Gesetzgebung bereits entsprechende Rahmen für den Ausbau intelligenter Städte geschaffen. (Staatsrat 2023) 2012 hat das Ministerium für Wohnungsbau und Stadt-Land-Entwicklung bereits das Konzept der Smart City in China verkündet und „Übergangsmaßnahmen für die Verwaltung nationaler Smart City-Pilotprojekte" herausgegeben. (Atha et al., 2020, S. 19), so dass China mittlerweile das Land mit den meisten Smart-City-Pilotprogrammen weltweit ist. (Deloitte, 2020)

3. SMART CITY ENTWICKLUNG IN CHINA: REGIERUNG UND RICHTLINIEN

China startete im Jahr 2018 mit 759 Smart City-Pilotprojekten, und bis 2020 erhöhte sich diese Zahl auf 923. Im Jahr 2018 stammten 48 % der weltweiten Smart City-Pilotprojekte aus China. Die Marktgröße von Smart Cities in China von 2018 bis 2023 wird mit einer jährlichen Wachstumsrate von 14,5 % eingeschätzt. Der chinesische Smart City-Markt wird für 2024 auf 15 Billionen Yuan (1.9 Billionen Euro) geschätzt (Danish Agency for Science and Higher Education, 2020, S. 5; Statista, 2024)

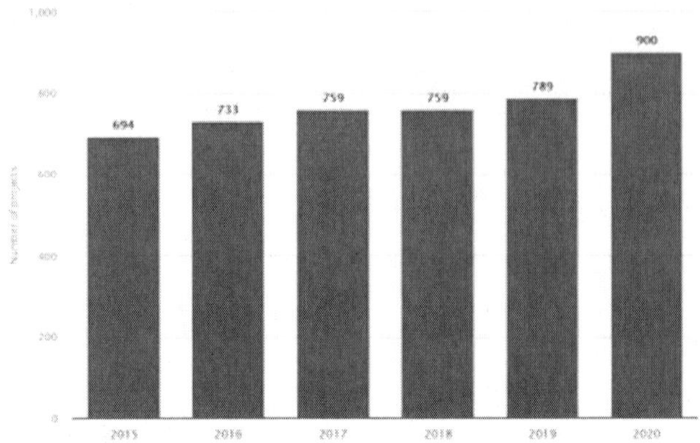

Abbildung 1: Zahl der Chinesischen Smart City Pilotprogramme zwischen 2015 und 2020 (Statista, 2024)

Mit Stand März 2024 nehmen 290 Städte an Smart City Pilot Projekten teil (Statista, 2024). Die höchste Konzentration sehen wir am Rande des Bohai-Meeres und im Städtecluster des Jangtse-Deltas.

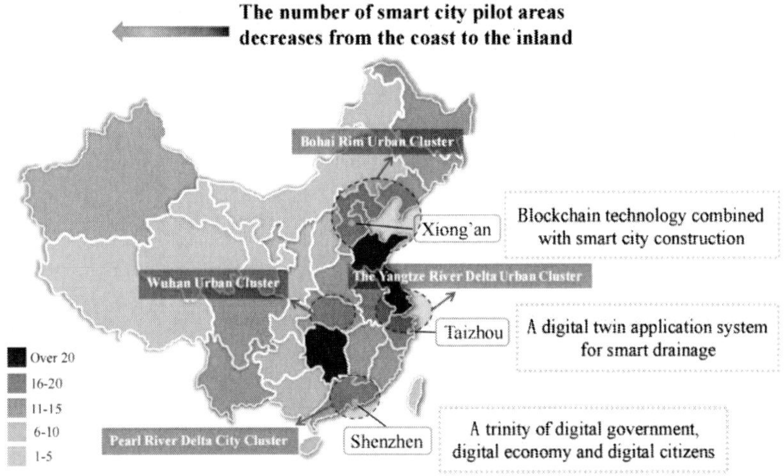

Abbildung 2: Smart City Pilot Regionen Verteilung in China (Yu, Liu, Hanes, & Mumtaz, 2022)

Die rasante Entwicklung der Informationstechnologie hat starke Auswirkungen auf die Lebensweise und den Lebensstil in Städten. Dadurch entstehen neue Anforderungen für die Optimierung der Stadtverwaltung, die mit der Smart City Entwicklung implementiert werden. Beispiele sind Installation und Management von Wifi Stationen oder Echtzeitinformationen über Parkplatzsituation in bestimmten Zonen. Der Entwicklungsstand und der Grad der Informatisierung variieren stark von Stadt zu Stadt.

3.1 Rolle der Regierung beim Bau und Entwicklung von Smart Cities

Die chinesische Regierung nimmt bei der Entwicklung und beim Bau zwei Rollen ein: Einerseits die Gesetzgebung und das Vorgeben von Designs der Smart City Initiativen Top-Down durch die Regierung. Andererseits die aktive Implementierung der Pläne. Bei den relevanten Gesetzen und Initiativen geht es vor allem um den Einsatz von IoT Technologie, sowie 5G Ausbau und Blockchain als Grundlagentechnologien. Besonders prestigeträchtige Projekte, wie die Xiong'an New Area Initative wurden und werden von Präsident Xi Jinping persönlich mitentwickelt und von der Regierung hauptsächlich finanziert. Diese Initiative wurde zur Verlagerung der Nichthauptstadtfunktionen Pekings und zur koordinierten Entwicklung des Wirtschaftsdreiecks Peking, Tianjin und Hebei Provinz gegründet. Auf dem 19. Nationalkongress der Kommunistischen Partei Chinas 2017 sprach Präsident Xi Jinping über die Bedeutung der Xiong'an New Area als Modellstadt (Chen et al., 2021). Die zentrale Regierung sieht Ausgaben von über 580 Milliarden US-Dollar für Xiong'an vor. (Danish Agency for Science and Higher Education, 2020, S. 11).

Chinesische Smart Cities zeichnen sich durch einen agilen, iterativen Zugang aus, wechselnden Planungs- und Testphasen für unterschiedliche Anwendungen. Durch Pilotprojekte und Testing sowie Integration von Datenanalyse und KI werden die effizientesten Prozesse analysiert, geplant und implementiert. Der Umgang mit Daten ist hier zentral: Die Stärke Chinas in der Entwicklung von Smart Cities basiert auf „großzügigem Zugang zu Daten und eine weit verbreitete kommerzielle Denkweise bei der Nutzung dieser Daten. […] In Europa müssen Daten geschützt werden. In den USA sollen Daten kommerzialisiert werden. In China sollen Daten kontrolliert werden.“ (Danish Agency for Science and Higher Education, 2020, S. 10)

3.2 Gesetzgebung

Die Gesetzgebung ermöglicht einen fokussierten Smart City Ausbau seit 2012. Die folgenden Strategien und Pläne sind die relevantesten:

3.2.1 Smart City Strategie 2012

Das Ministerium für Wohnungsbau und Stadt-Land-Entwicklung verkündet 2012 das Konzept der Smart City in China. Diese „Übergangsmaßnahmen für die Verwaltung nationaler Smart City-Pilotprojekte“ leiten erste Pilotprojekte und den Ausbau der relevanten Technologien sowie in weiterer Folge den seriellen Bau von Smart Cities ein (Atha et al., 2020, S. 19). „Smart City“, ursprünglich „Safe City“ basiert in China sehr stark auf Sicherheitskonzepten und ist eine zentrale nationale Strategie der Regierung.

3.2.2 Weitere Programme und Pläne

Der *13. Fünfjahresplan für die nationale wirtschaftliche und soziale Entwicklung der Volksrepublik China (2016-2020)* stellt einen weiteren Schritt der Entwicklung dar. Die Regierung plant darin die Entwicklung von 100 Städten zu ‚new-type smart cities‘, „die sich von traditionellen Smart Cities dadurch unterscheiden, dass sie eine menschenorientierte Entwicklung über die Informatisierung stellen“ (Danish Agency for Science and Higher Education, 2020, S. 5). Daraufhin haben viele lokale Regierungen Pläne und Projekte entwickelt.

Im *14. Fünfjahresplan für die nationale wirtschaftliche und soziale Entwicklung der Volksrepublik China (2021-2025)* sowie im Entwurf der Vision 2035 werden Entwicklung von 5G-basierte Anwendungsszenarien und Industrieökologie vorgegeben.

Laut dem *Regierungsarbeitsbericht 2021* soll der Aufbau von 5G-Netzen und optischen Gigabit-Netzen verstärkt und Anwendungsszenarien erweitert werden.

Der gemeinsame *„5G Application ‚Sailing‘ Action Plan (2021-2023)“* ist ein programmatisches Dokument zur Förderung der Anwendung von 5G verfasst vom Ministerium für Industrie und Informationstechnologie und neun weiteren Abteilungen. Darüber hinaus gibt es zahlreiche weitere relevante Richtlinien. (Yu et al., 2022)

3.3 Sektorübergreifende Zusammenarbeit

Die Entwicklung von Smart City Strategien wird nicht monolithisch von einem Organ vorangetrieben. Mehrere chinesische Ministerien und Kommissionen arbeiten gemeinsam an Umsetzungsplänen für Industrieanwendungen und an der Organisation von Pilot-Demonstrationsprojekten. Darüber hinaus werden Kommunen dazu ermutigt, Pilotzonen und Demonstrationsbasen zu errichten, um die Entwicklung von 5G-Konvergenzanwendungen in wichtigen Industriesektoren zu steuern und 5G-Anwendungsszenarien zu bereichern.

Beispiele hierfür sind Pilotprojekte zu den Themen „5G + Gesundheitswesen", die Veröffentlichung des „Implementierungsplans für 5G-Anwendungen im Energiesektor" und die Förderung des Aufbaus von Pilotzonen für 5G+industrielle Internet-Konvergenzanwendungen.

3.4 Lokale Regierungen

Lokale Regierungen auf Provinzebene implementieren Maßnahmen, die sich an die örtlichen Gegebenheiten und die spezifischen Merkmale der einzelnen Provinzen anpassen. Jede Provinz (Gemeinde oder Region) führt lokale Industriepolitiken in Kombination mit industriellen Vorteilen ein und konzentriert sich auf die Entwicklung einer speziellen 5G-Anwendungsförderung durch spezielle Richtlinien, Investitionsfonds und Demonstrationsprojekte.

Dadurch hat China eine groß angelegte nationale Anwendung in vielen verschiedenen Regionen an die regionalen Gegebenheiten, Budgets etc. angepasst. Die Maßnahmen der lokalen Regierungsebenen haben dazu geführt, dass 5G in China seit mehreren Jahren kommerziell verfügbar ist und in vielen Bereichen der Primär-, Sekundär- und Tertiärindustrie weit verbreitet ist. Darunter sind einige Schlüsselbereiche bereits in der kommerziellen Umsetzungsphase, wie z.B. der Hafen Tianjin, der fast vollständig ohne menschliche Arbeitskraft auf Basis von KI, 5G und

IoT funktioniert und eine immense Produktivitätssteigerung erreicht hat. (Donnelly, 2023)

3.5 Private Stakeholder

China zeichnet sich durch eine enge, staatlich geleitete Zusammenarbeit zwischen staatlichen Akteuren und privaten Unternehmen sowie Forschungseinrichtungen aus. Die vier größten IT Unternehmen Chinas – Ping An, Alibaba, Tencent, und Huawei – haben eine gemeinsame Smart City Initiative in China herausgegeben. Auch bekannt als PATH, haben diese Unternehmen darüber hinaus auch jeweils an eigenen Smart City Anwendungen und Ansätzen und wenden ihre entsprechenden Technologien in unterschiedlichen Städten an. (Hurst, 2018) – China ist damit das größte Testfeld für Smart City Anwendungen der Welt. (Danish Agency for Science and Higher Education, 2020, S. 20)

4. DREI PHASEN DES SMART CITY STADTBAUS IN CHINA

4.1 Iterativer Prozess der Smart City Entwicklung

Smart Cities werden aktiv in China entwickelt und werden als tragenden Säule der neuen Urbanisierung Chinas wahrgenommen. Der Prozess ist nicht linear und Entwicklungen verlaufen parallel. Erkenntnisse und Erfahrungen von Pilotprojekten aus einer Stadt werden in neuen Pilotprojekten eingesetzt. (Atha et al., 2020, S. 13) Hierbei lassen sich drei Phasen unterschieden (Deloitte, 2020, S. 6):

4.1.1 Bis 2010: Digitaler Bau

Vor dem Jahr 2010 wiesen Smart Cities in China keine einheitliche Planung auf und wurden vor allem durch die verstärkte Entwicklung und Nutzung von Technologie vorangetrieben. Der Schwerpunkt der Smart-City-Entwicklung lag hierbei beim digitalen Bau, also Ausbau von städtischen Informationsinfrastrukturen wie Netzwerke und Datenzentren sowie erste Nutzung. Weiters gab es erste Einsätze von Fernerkundungstechnologie, geografische Informationstechnologie und globale Positionierungssysteme zum Sammeln und Überwachen von Informationen für Stadtplanung und

Prozesssteuerung. Der Fokus lag in dieser Phase vorwiegend auf den Ausbau und ersten Einsätzen von Technologie. Diese Phase ist gekennzeichnet durch sporadische individuelle Ansätze von einzelnen Städten zur Lösung spezifischer lokaler Probleme, wie beispielsweise Verkehr und Stromversorgung ohne übergreifende Strategien.

4.1.2 2010 – 2016: Explorations-, Test- und Ausbauphase

2010 erfolgte mit dem Launch von zwei Smart City Pilot Programmen durch das National High Technology Research and Development Program (Chinas 863 Program) der „Startschuss" für die strategische Entwicklung. Wuhan und Shenzhen wurden die ersten offiziellen Pilotstädte, während die Zentralregierung sukzessive relevante Entwicklungspläne für Smart Cities herausgab. Diese Richtlinien konzentrieren sich hauptsächlich auf Planungspläne, Leitlinien und Projektmanagementmethoden. Die Pilotstädte galten als Testfeld für den Bau und die Erprobung von verschiedenen Smart City Anwendungen wie IoT. Daran ist der agile iterative Zugang zu erkennen, mit dem nach und nach eine Reihe von Problemen wie Informationsinseln und wiederholte Bauarbeiten anhand der ersten Piloten aufgedeckt wurden und sukzessive angepasst und für die nächsten Schritte verbessert wurden. Die Anzahl der Pilotstädte stieg von 193 im Jahr 2013 auf 202 im Jahr 2014. (Danish Agency for Science and Higher Education, 2020, S. 11)

4.1.3 Seit 2016: Fokus auf Lebensqualität, qualitatives strategisches Wachstum

Der Schwerpunkt der Smart-City-Entwicklung wurde mit dem „13. Fünfjahresplan" deutlich, der die Entwicklung von 100 „Neuartigen Smarten Städten" auf Basis der bisherigen Erkenntnisse und Daten aus den Pilotstädten vorgab (Danish Agency for Science and Higher Education, 2020, S. 5). Auf nationaler Ebene wurden im Bereich Smart Cities sukzessive eine Reihe von Smart-City-bezogenen Bewertungsmodellen und nationalen Standards veröffentlicht. Diese Modelle wurden in weiterer Folge als Basis für ein einheitliches Standardsystem herangezogen.

Mit der Entwicklung und dem flächendeckenden Ausbau der 5G-Technologie erhielt die intelligente Stadtplanung eine wichtige Basis und einen weiteren Schub. Die chinesische Zentralregierung treibt den Einsatz der

5G-Technologie für und in Smart Cities energisch voran und konnte dadurch bereits erhebliche Fortschritte erzielen. Nationale Agenden die dafür als Grundlage dienen sind u.a. 'Internet Plus', China's Artificial Intelligence (AI) Ambitionen sowie das National Key Research and Development Program von 2017. Künstliche Intelligenz wird für Smart City als Schlüsselanwendung vorgegeben. (Danish Agency for Science and Higher Education, 2020, S. 11)

Zusätzlich dazu bringen Lokalregierungen zunehmend eigene Pläne und Strategien vor. Der Fokus in dieser Phase liegt mehr auf der Bevölkerung und deren Lebensqualität statt auf Technologie. Xi Jinping hat darüber hinaus 2017 die Beteiligung Chinas an Smart City Projekten anderer Länder im Rahmen der Belt and Road Initiative (BRI) vorgebracht. (Atha et al., 2020, S. 22)

4.2 Case Studies – Smart City Beispiele in China

Nach der Einführung der neuen Smart-City-Strategie wurde mit der Pilotierung und dem Bau von Smart Cities in China begonnen.

Beim Bau einer Smart City müssen Maßnahmen ergriffen werden, die sich an den örtlichen Gegebenheiten und den Baumerkmalen der einzelnen Provinzen und Städte orientieren und deren eigene Vorteile hervorheben. So können in China die unterschiedlichsten Konstellationen mit diversen Schwerpunkten gefunden werden, die als Best Practise und Lessons Learned genutzt werden können. Folgende Städte gelten als bekannte Beispiele für Smart Cities mit unterschiedlichen Schwerpunkten:

- **Xiong'an New Area (Hebei Provinz):** Fokus auf Blockchain Technologie für Datenverarbeitung und -Kooperation, Beispiel für den kompletten Neubau einer Smart City auf Basis von grünen Technologien.
- **Taizhou:** Hydraulische Modelle, 5 G und Artificial Reality Anwendung für Abwasser und Drainage Management der Stadt (Zj.gov.cn, 2022).
- **Shenzhen („**China's Silicon Valley"): Intelligente Transport- und Verkehrssysteme, Verkehrsmanagement, Ampelschaltungen, Flughafen Flugplanung, Smart Healthcare (Große-Bley & Kostka, 2021; Shenzhen, 2022).
- **Nanjing:** Transport und Verkehrsmanagement, Stauprophylaxe

- **Shanghai:** Citizen Cloud Dienstleistungsplattform für Bürgerservices, Verkehrsmanagement, Versicherungen, Tourismus und Freizeiteinrichtungen

5. SMART CITY UND GEOPOLITIK

5.1 Smart City Export und BRI

Die chinesische Regierung fördert monetär und mit Richtlinien Smart City Systeme u.a. in den Bereichen „Überwachungstechnologie, E-Government, Big Data, 5G [...] und der Export dieser Systeme ist eine natürliche Weiterentwicklung dieses Investments. China ist mittlerweile eine der wichtigsten Exporteure von Smart City Technologien durch das Beliefern von Regierungen mit Kommunikations- und Überwachungssystemen.“ (Atha et al., 2020, S. 55) Xi Jinping machte 2017 die Kooperation Chinas mit anderen Ländern unter dem Schirm der Belt & Road Initiative (BRI) explizit (Atha et al., 2020, S. 22). Die BRI oder auch One Belt One Road oder Neue Seidenstraße ist eine globale Infrastruktur- und Investmentstrategie der Chinesischen Regierung. Basistechnologien wie 5G und Cloud Computing werden auf Basis dieser BRI bzw. der Digitalen Seidenstraße exportiert. Chinesische Firmen haben Smart City Technologien global exportiert und umgesetzt. 2020 wurden 398 Fälle von Smart City Technologie Exporten von 34 unterschiedlichen chinesischen Firmen in 106 Ländern gezählt. (Atha et al., 2020, S. 55).

Der Export von Smart City und Smart Application Modellen bis hin zu City Brains sind extrem komplex und beruhen auf dem chinesischen Zugang zur Datenverarbeitung oder zumindest auf der Verarbeitung der Daten mit chinesischen Technologien. Viele Akteure können dabei schlecht bis gar nicht nachvollziehen, ob und wie Daten gesichert, verschlüsselt oder anonymisiert werden.

5.2 City Brain Entwicklung und Vernetzung.

Entwicklungsländer sind häufige Empfänger von chinesischen Smart City Bauten, insbesondere in den Bereichen Überwachungstechnologie, Netzwerktechnologien, Künstliche Intelligenz und Verkehrsplanung. Nationale Champions wie Huawei werden dabei häufig finanziell von nationalen Institutionen wie der Export-Import Bank of China unterstützt. Insbesondere bei der Einrichtung von City Brains werden massive Mengen von Daten von chinesischen Technologien gesammelt, gespeichert und verarbeitet. Die Smart City „Hirne" verarbeiten Entscheidungen von Millionenstädten auf Basis von Prozessen, die insbesondere in Entwicklungsländern häufig nicht nachvollziehbar oder kontrollierbar sind. Je komplexer die eingerichteten Sensoren und Mechanismen, desto größer ist die Abhängigkeit von den chinesischen Komponenten für den reibungslosen Betrieb der Stadt.

Eines der Hauptmotive für den Erwerb der Safe City-Technologien für Nairobi (Kenia) von Huawei war beispielsweise die Reduzierung der Kriminalitätsraten in der Stadt. Wenn lokale Akteure mit bestimmten Geräten aber unzufrieden sind, können sie diese nicht immer durch ein nicht-chinesisches Äquivalent ersetzen oder konkret nachvollziehen, wie die Daten verarbeitet und wo sie (zwischen-)gespeichert werden. Die örtliche Vertretung ist eingeschränkt, weil Smart-City-Systeme sehr komplex sind. Das macht es für Importländer schwierig, sie zu hinterfragen. City Brains sind aufgrund ihres umfassenden Einsatzes künstlicher Intelligenz sogar noch komplexer. Kommunen wissen gegenwärtig z.T. nicht, wo sich Daten zu ihrer Stadt befinden oder wer Zugriff darauf hat. Somit wird die lokale Kontrolle der Vertraulichkeit und Integrität von Daten behindert. (Weber, 2023)

5.3 Kombination von unterschiedlichen Providern

Im Handelskrieg mit den USA kommt es zunehmend zu einer Aufspaltung der Welt in zwei Typen von Smart Cities, basierend auf der Nutzung unterschiedlicher Systeme: „Chinesische" Systeme und die „US / Europäische" Systeme. Die verarbeiteten Komponenten gehen zunehmend auseinander und können zunehmend schwer gegenseitig ausgetauscht werden.

Es wird befürchtet, dass eine Stadt, die sich einmal ein „chinesisches" Smart City System entschieden hat, ggf. nur schwierig oder gar nicht die „US Version" nutzen kann. Indonesien dagegen kombiniert gegenwärtig beide Systeme, aber nicht in derselben Stadt (Weber, 2023). Dieses Beispiel zeigt, dass innerhalb eines Landes eine Stadt theoretisch auf chinesische Lieferanten zurückgreifen kann, während eine andere sich für alternative nicht-chinesische Lieferanten entscheidet. Dafür muss es jedoch Kompatibilität zwischen verschiedenen Systemen bei Kooperationsthemen geben, z.B. dem Katastrophenschutz.

6. ZUSAMMENFASSUNG

Seitdem die chinesische Smart City Entwicklung vor 2010 begonnen hat, hat es sich zu einem exponentiellen nationalen Wachstumsmarkt entwickelt, der auf iterativen Vorgehen nach Top Down Vorgaben basiert und durch Staat und Wirtschaft finanziert und umgesetzt wird. Dies basiert auf massiven Förderungen von IoT, Blockchain, 5G und ist eine inhärent exportorientierte Entwicklung. Der Export von Smart City Anwendungen wird aktiv vorangetrieben, u.a. unter dem Schirm der BRI, wodurch langfristige geopolitische Implikationen entstehen.

LITERATURVERZEICHNIS

Allam, Z., Bibri, S. E., Jones, D. S., Chabaud, D., & Moreno, C. (2022). Unpacking the '15-Minute City' via 6G, IoT, and digital twins: Towards a new narrative for increasing urban efficiency, resilience, and sustainability. *Sensors, 22*(4), 1369. https://doi.org/10.3390/s22041369.

Ameer, S., & Shah, M. A. (2018, August). Exploiting big data analytics for smart urban planning. In *2018 IEEE 88th Vehicular Technology Conference (VTC-Fall)* (pp. 1-5).

Atha, K., et al. (2020). *China's smart cities development*. Research Report Prepared on Behalf of the U.S.-China Economic and Security Review Commission.

Atitallah, S. B., Driss, M., Boulila, W., & Ghézala, H. B. (2020). Leveraging deep learning and IoT big data analytics to support the smart cities development: Review and future directions. *Computer Science Review, 38*, 100303. https://doi.org/10.1016/j.cosrev.2020.100303.

Bartholomew, C. (2020). China and 5G. *Issues in Science and Technology, 36*(2), 50-57. https://www.jstor.org/stable/26949108.

Breinbauer, A., & Hanes, E. (2021). China as winner of the COVID-19 crisis: Chinese strategies and supra planning on the background of the pandemics. The economical, logistical challenges for enterprises and politics in Europe and Austria. *Wirtschaft und Management, 30*.

Chen, Y., Lai, N., & Zhang, X. (2021). China's city of the future: Xiong'an New Area. Retrieved from https://www.hitachi.com/rev/archive/2021/r2021_01/gir/index.html.

Danish Agency for Science and Higher Education. (2020). China IoT Nation. Retrieved from https://icdk.dk/-/media/websites/icdk/locations-reports/shanghai/2020_china_iot-nation_smart-cities.ashx.

Deloitte. (2020). 5G smart cities whitepaper. Retrieved from https://www2.deloitte.com/content/dam/Deloitte/cn/Documents/technology-media-telecommunications/deloitte-cn-tmt-empowering-smart-cities-with-5g-white-paper-en-200702.pdf.

Donnelly, J. (2023, March 23). Tianjin Port transformed by Huawei autonomous driving software. *Port Technology*. Retrieved from https://www.porttechnology.org/news/tianjin-port-transformed-by-huawei-autonomous-driving-software/.

Fang, R., & Liggio, B. (2020). Smart cities – Opportunities and risks. *Cambridge Clean Tech*. https://cambridgecleantech.org.uk/2020/03/16/smart-cities-opportunities-and-risks/.

Gohar, A., & Nencioni, G. (2021). The role of 5G technologies in a smart city: The case for intelligent transportation system. *Sustainability, 13*(9), 5188. https://doi.org/10.3390/su13095188.

Große-Bley, J., & Kostka, G. (2021). Big data dreams and reality in Shenzhen: An investigation of smart city implementation in China.

Hang, L., & Kim, D. H. (2019). Design and implementation of an integrated IoT blockchain platform for sensing data integrity. *Sensors, 19*(10), 2228. https://doi.org/10.3390/s19102228.

Hang, L., & Kim, D. H. (2019). Design and implementation of an integrated IoT blockchain platform for sensing data integrity. *Sensors, 19*(10), 2228. https://doi.org/10.3390/s19102228 (Note: This reference appears to be duplicated.).

Huang, K., Luo, W., Zhang, W., & Li, J. (2021). Characteristics and problems of smart city development in China. *Smart Cities, 4*(4), 1403-1419. https://doi.org/10.3390/smartcities4040074.

Hurst, A. (2018). China's top tech firms launch smart city initiative. Retrieved from https://www.information-age.com/chinas-toptech-firms-launch-smart-city-initiative-123474382/.

Ifeng. (2021). Super Smart City 2.0, artificial intelligence leads the way to a new trend. Retrieved from https://www.ifeng.com/.

Kai, W., Chenhui, L., & Chengyue, W. (2020). Trends and planning choices after the 60% urbanization rate in China. *City Planning, 44*(409), 12.

Karafiloski, E., & Mishev, A. (2017, July). Blockchain solutions for big data challenges: A literature review. In *IEEE EUROCON 2017-17th International Conference on Smart Technologies* (pp. 763-768).

Khalifa, E. (2019). Smart cities: Opportunities, challenges, and security threats. *Journal of Strategic Innovation and Sustainability, 14*(3). Retrieved from https://www.researchgate.net/publication/342328737_Smart_Cities_Opportunities_Challenges_and_Security_Threats.

Kim, T. H., Ramos, C., & Mohammed, S. (2017). Smart city and IoT. *Future Generation Computer Systems, 76*, 159-162. https://doi.org/10.1016/j.future.2017.03.034.

Notice of the State Council on the Issuance of „Made in China 2025“. Retrieved from https://www.gov.cn/.

Lee, D., Lee, S. H., Masoud, N., Krishnan, M. S., & Li, V. C. (2021). Integrated digital twin and blockchain framework to support accountable information sharing in construction projects. *Automation in Construction, 127*, 103688. https://doi.org/10.1016/j.autcon.2021.103688.

Lei, T. (2023). Xi's footprints in Xiong'an highlight 'miraculous' transformation of 'city of the future'. Retrieved from https://www.globaltimes.cn/page/202305/1291138.shtml.

Li, S. (2018, August). Application of blockchain technology in smart city infrastructure. In *2018 IEEE International Conference on Smart Internet of Things (SmartIoT)* (pp. 276-2766).

Li, X., Fong, P. S., Dai, S., & Li, Y. (2019). Towards sustainable smart cities: An empirical comparative assessment and development pattern optimization in China. *Journal of Cleaner Production, 215*, 730-743. https://doi.org/10.1016/j.jclepro.2019.01.046.

Lynggaard, P., & Skouby, K. E. (2015). Deploying 5G-technologies in smart city and smart home wireless sensor networks with interferences. *Wireless Personal Communications, 81*, 1399-1413. https://doi.org/10.1007/s11277-015-2480-5.

Minoli, D., & Occhiogrosso, B. (2019). Practical aspects for the integration of 5G networks and IoT applications in smart cities environments. *Wireless Communications and Mobile Computing, 2019*. https://doi.org/10.1155/2019/5710834.

Rao, S. K., & Prasad, R. (2018). Impact of 5G technologies on smart city implementation. *Wireless Personal Communications, 100*, 161-176. https://doi.org/10.1007/s11277-018-5618-4.

Reyna, A., Martín, C., Chen, J., Soler, E., & Díaz, M. (2018). On blockchain and its integration with IoT: Challenges and opportunities. *Future Generation Computer Systems, 88*, 173-1. https://doi.org/10.3390/bdcc4040028.

Simpson, P. (2018). Smart cities: Understanding the challenges and opportunities. White Paper. Retrieved from https://www.smartcitiesworld.net/whitepapers/smart-cities---understanding-the-challenges.

Singh, S., Sharma, P. K., Yoon, B., Shojafar, M., Cho, G. H., & Ra, I. H. (2020). Convergence of blockchain and artificial intelligence in IoT network for the sustainable smart city. *Sustainable Cities and Society, 63*, 102364. https://doi.org/10.1016/j.scs.2020.102364.

Skouby, K. E., & Lynggaard, P. (2014, November). Smart home and smart city solutions enabled by 5G, IoT, AAI, and CoT services. In *2014 International Conference on Contemporary Computing and Informatics (IC3I)* (pp. 874-878). https://doi.org/10.3390/su13095188.

Srivastava, A. (2022). Smart city ecosystem using blockchain technology. Retrieved from https://hashstudioz.com/blog/smart-city-ecosystem-using-blockchain-technology/.

Staatsrat (State Council Information Office of the People's Republic of China). (2023). China's green development in the new era. *Foreign Languages Press Co. Ltd.*

Statista (2024): Number of smart city pilot projects in China from 2015 to 2020. Retrieved from https://www.statista.com/statistics/1135407/china-cumulative-number-of-smart-city-pilot-projects/.

Statistical Bulletin of the People's Republic of China on National Economic and Social Development. (2022).

Sz.gov.cn. (2022). The 14th Five-Year Plan for digital government and smart city of Shenzhen was released. Retrieved from http://www.sz.gov.cn/.

The State Council of The People's Republic of China. (2015). Notice of the State Council on printing and distributing „Made in China 2025". Retrieved from http://www.gov.cn/zhengce/content/2015-05/19/content_9784.htm.

Toh, M. (2019). Alibaba's 'City Brain' is slashing congestion in its hometown. Retrieved from https://edition.cnn.com/2019/01/15/tech/alibaba-city-brain-hangzhou/index.html.

VPNOverview. (n.d.). Privacy risks in smart cities. Retrieved from https://vpnoverview.com/privacy/devices/privacy-risks-smart-cities/.

Wang, Y., Guo, C. H., Chen, X. J., Jia, L. Q., Guo, X. N., Chen, R. S., ... & Wang, H. D. (2021). Carbon peak and carbon neutrality in China: Goals, implementation path and prospects. *China Geology, 4*(4), 720-746. https://doi.org/10.31035/cg2021083.

Wang, Y., Ren, H., Dong, L., Park, H. S., Zhang, Y., & Xu, Y. (2019). Smart solutions shape for sustainable low-carbon future: A review on smart cities and industrial parks in China. *Technological Forecasting and Social Change, 144*, 103-117. https://doi.org/10.1016/j.techfore.2019.04.014.

Weber, V. (2023). China's smart cities and the future of geopolitics. *DGAP External Publications*. Retrieved from https://dgap.org/en/research/publications/chinas-smart-cities-and-future-geopolitics.

Yu, P., Zhao, Z., & Sampat, M. (2023). How digital twin technology promotes the development of smart cities: Case studies in China. In I. Vasiliu-Feltes (Ed.), *Impact of Digital Twins in Smart Cities Development* (pp. 198-227). IGI Global. https://doi.org/10.4018/978-1-6684-3833-6.ch008.

Yu, P., Liu, Z., Hanes, E., & Mumtaz, J. (2022). Integration of IoT and blockchain for smart and secured supply chain management: Case studies of China. In S. B. Goyal, N. Pradeep, P. K. Shukla, M. M. Ghonge, & R. V. Ravi (Eds.), *Utilizing Blockchain Technologies in Manufacturing and Logistics Management*.

Yu, P., Lu, S., Hanes, E., & Chen, Y. (2022). The role of blockchain technology in harnessing the sustainability of Chinese digital finance. In P. Swarnalatha & S. Prabu (Eds.), *Blockchain Technologies for Sustainable Development in Smart Cities*.

Yu, Z. (2023). Infrastructure construction continues in Xiong'an New Area. Retrieved from https://www.chinadaily.com.cn/a/202307/04/WS64a370d3a310bf8a75d6d133.html.

Xie, J., Tang, H., Huang, T., Yu, F. R., Xie, R., Liu, J., & Liu, Y. (2019). A survey of blockchain technology applied to smart cities: Research issues and challenges. *IEEE Communications Surveys & Tutorials, 21*(3), 2794-2830. https://doi.org/10.1109/COMST.2019.2899617.

Zj.gov.cn. (2022). Taizhou city „three roles" to build intelligent drainage digital twin application system. Retrieved from http://jst.zj.gov.cn/.

Emi (Emanuela) Hanes 韩艾美. E-Mail: emi@ehanes.net

Sie ist Strategieberaterin, Coach und Trainerin für Prozesse zwischen EU und China aus interkultureller und strategischer Perspektive. Ihre Trainings, Executive Coachings und Begleitung von Strategieprozessen zwischen DACH Raum und China sowie zahlreiche Publikationen basieren auf ihren fundierten Kenntnissen in chinesischer Kultur, Sprache,

Geschichte, Politik und Strategieplanung. Als Keynote Speakerin und Lektorin u.a. für die Universität Graz, für Hochschule Bremen sowie für die Northwestern Polytechnical University in Xi'an arbeitet sie an der Sensibilisierung für China-Know-how und Erfolgsfaktoren für die strategische Zusammenarbeit mit China, sowie wirtschaftliche und politische Strategien der Volksrepublik China im nationalen und globalen Kontext.

中国和欧洲是全球能源转型的引擎？

Zhōngguó hé ōuzhōu shì quánqiú néngyuán zhuǎnxíng de yǐnqíng?

CHINA UND EUROPA ALS MOTOREN DER GLOBALEN ENERGIE-WENDE?

IRENE GINER-REICHL

Abstract. Das Kapitel untersucht das Potential der Zusammenarbeit zwischen China und der EU im Bereich Klima-Wandel und Energie-Wende im Lichte der offiziellen Dokumente der Beziehungen.

1. DIE ENERGIE-WENDE ALS MOTOR DER CHINESISCHEN WIRTSCHAFTSENTWICKLUNG

Spezialisierte und allgemeine Medien haben Anfang 2024 auf einen bemerkenswerten Faktor der Wirtschaftsentwicklung der Volksrepublik China hingewiesen. So zitierte orf.at (https://orf.at/stories/3346744/) am 25.1.2024 aus einem Bericht des finnischen Klimaforschungsinstituts Centre for Research on Energy and Clean Air (CREA), demzufolge grüne Investitionen zu 40 Prozent für die Zunahme der gesamten Wirtschaftsleistung der Volksrepublik China verantwortlich seien. Zu dieser „grünen Infra-Struktur“ zählt das Institut neben Anlagen für Wind- und Sonnenenergie auch E-Autos, Schieneninfrastruktur, Energiespeicher und Effizienzmaßnahmen, Wasserkraft sowie auch – von Österreich nicht als erneuerbar angesehen – Atomkraft.

Das Internet-Portal Carbon Brief rechnet in einem am 25.1.2024 veröffentlichten Bericht vor, dass China im Vorjahr umgerechnet rund 816 Milliarden Euro investiert hätte, was mehr als alle anderen Sektoren zum Wirtschaftswachstum von 5,2 % (https://www.carbonbrief.org/analysis-clean-energy-was-top-driver-of-chinas-economic-growth-in-2023) in China beigetragen hätte. Besondere Bedeutung schreibt Carbon Brief den drei „neuen“ Industrien – Solarenergie, Elektro-Fahrzeuge und Batterien – zu.

Die Investitionen in „clean energy“ seien von 2022 auf 2023 um 40 % (auf rund US $ 890 Milliarden – was etwa dem gesamten BNP der Schweiz entspricht) gestiegen. Ohne diese Investitionen hätte China das von der Regierung festgelegte Wachstums-Ziel von rund 5 % nicht erreichen können (und wäre bei etwa 3,0 % statt aktuell 5,2 % Wachstum gelegen).

Im Jahr 2023 installierte China rund 200 Gigawatt (GW) an neuer Photovoltaik-Kapazität (mehr als doppelt so viel wie im Vorjahr, welches bereits einen neuen Rekord gesetzt hatte). Auch die Kapazität der einschlägigen erzeugenden Industrien – für Photovoltaik-Zellen, Wafer und Module – wurde massiv aufgestockt, und der Export dieser Produkte stieg, gerade auch in Länder entlang der neuen Seidenstraßen; weiters in südost-asiatische sowie einige afrikanische Staaten.

Auch im Windsektor, der seit 2021 keine Subventionen der chinesischen Zentral-Regierung mehr erhält, wurden enorme neue Kapazitäten – im Ausmaß von 41 GW, um 84 % mehr als im Vorjahr – geschaffen. Für 2024 wird erwartet, dass nach dem Abschluss von komplexen Planungs- und Genehmigungsprozessen auch offshore Wind-Farmen signifikante Zuwächse erzielen werden.

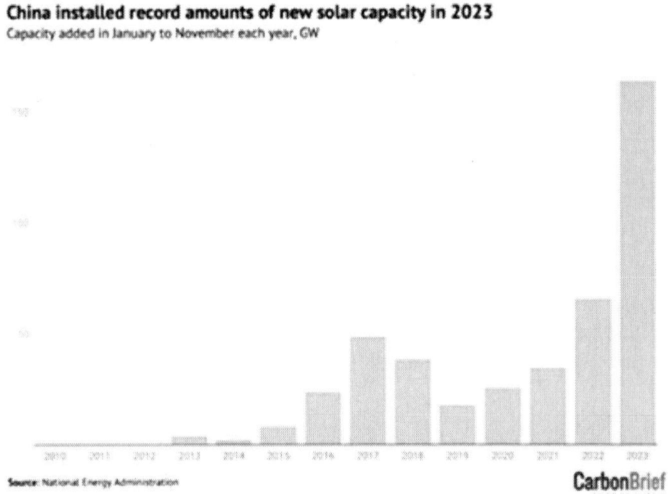

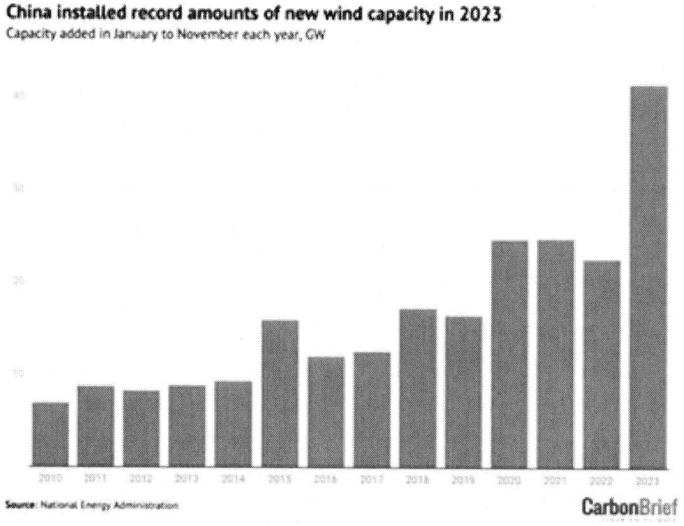

Die 2020 erfolgte Ankündigung und die entsprechenden Weichenstellungen in den Fünf-Jahres-Plänen, dass China bis zum Jahr 2030 den Scheitelpunkt der CO2 Emissionen und bis 2060 CO2-Neutralität erreichen wolle, sendeten deutliche Zeichen an alle Akteure. (https://www.ren21.net/gsr-2022/snapshots/china/china/)

Was Elektro-Mobilität angeht, so war die Marktführerschaft Chinasschon länger offensichtlich.

In einem Bericht aus dem Jahr 2019 weist das multi-stake-holder Netzwerk REN21 etwa bereits darauf hin, dass rund 98 % aller Elektrobusse weltweit im öffentlichen munizipalen Verkehr in China im Einsatz seien (https://www.ren21.net/wp-content/uploads/2019/05/REN21_Cities2021_Fact-Sheet_China.pdf). Ein Aufsatz des Deutschen Entwicklungsinstituts und ICRIOS der Bocconi Universität findet, dass China in einigen Bereichen (elektrische Buse, Lithium Batterien) erfolgreich einzelne Entwicklungsstufen übersprungen hätte („leapfrogging") und rasch bei PKWs aufhole; die ehrgeizigen Energie-Wende Politiken würden einen Wettbewerbsvorteil nach sich ziehen (https://www.academia.edu/50655781/Chinas_leapfrogging_in_electromobility_A_story_of_green_transformation_driving_competitive_advantage).

Mittlerweile sind an die 100 Marken auf dem chinesischen Mobilitäts-Markt vertreten und bieten mehr als 300 Modelle an. 81 % des Marktes werden von chinesischen Marken gehalten, wobei die wichtigsten BYD, Wuling, Chery, Changan und GAC sind. Die Infrastruktur für Elektro-Mobilität – Ladestationen etc. – entwickelt sich rasch und sichert ein weiteres Wachstum des Sektors. Investitionen in die Speicherung von Energie – von Pumpkraftwerken zu Batterien und Wasserstoff-Entwicklungen – waren ebenfalls signifikant.

Die von der chinesischen Regierung geforderte Abwendung von Immobilien-Projekten und die gemäß der neuen makro-ökonomischen Strategie und der Lockerung der Finanzierungen für private Investitionen erfolgende Hinwendung zur erzeugenden Industrie wurde strategisch gleich als Hinwendung zu „clean tech manufacturing" realisiert.

Die massiven nationalen Investitionen Chinas in die Energie-Wende erhöhen auch Chinas Interesse an einer erfolgreichen Energie-Wende in andere Märkten („The massive investment in clean technology manufacturing capacity and exports last year means that China has a major stake in the success of clean energy in the rest of the world and in building up export markets." https://www.carbonbrief.org/china-briefing-25-january-clean-energy-drives-growth-beautiful-china-instructions-interview-with-efcs-prof-zou-ji/). So betonte der chinesische Chef-Verhandler bei der 28. Vertragsparteien-Konferenz der UN-Klimakonvention SU Wei kürzlich, dass das in Dubai angenommene Ziel der Verdreifachung des Einsatzes von Erneuerbaren Energien, einen wesentlichen Vorteil für die neuen Energie-Kapazitäten Chinas darstellt. Dies wird wohl auch bedeuten, dass China seine Anstrengungen verstärken wird, um neue Energie-Projekte in anderen Ländern und Regionen zu finanzieren, umso mehr als die durch den chinesischen Boom hervorgerufenen Verbilligungen das Umsteigen auf Erneuerbare Energien global dramatisch verbilligt hat (Solar-Paneele minus 42 %, Batterien minus 50 % in einem Jahr), was die Akzeptanz der Erneuerbaren auch in Entwicklungsländern sehr erhöht.

Raum nach oben gibt es für China auch noch im weiteren Ausbau etwa von Hydrogen-Elektrolysers.

Der beschriebene Boom zementiert auch Chinas dominante Position in vielen Lieferketten der erneuerbaren Energien ein. Für andere Länder stellt sich daher die Frage, ob sie von den niedrig-preisigen chinesischen

Solar-Paneelen, Batterien, EVs etc. profitieren wollen, oder ob sie die Alternative wählen: die Beschaffung diversifizieren und heimische Produzenten durch diverse Maßnahmen wettbewerbs- fähiger machen. Letzteres würde das Angebot weiter erhöhen und die globalen Preise noch weiter senken. Sowohl die EU, als auch die USA scheinen diesen Weg zu gehen.

Die klaren politischen und planerischen Weichenstellungen der chinesischen Regierung können sich auf breite Unterstützung durch die Bevölkerung stützen. Einer 2020 durchgeführten Befragung durch das China Youth Climate Actionnetwork (CYCAN), eine in Guangzhou angesiedelte not-forprofit Organisation, zufolge erachten 46 % der jungen Chinesen Klimawandel als die bedeutendste globale Frage, und 86 % waren der Meinung, dass China eine Schlüsselrolle in der internationalen Klima-Governance spielt (https://interactive.carbonbrief.org/the-carbon-brief-profile-china/).

2. EU – CHINA BEZIEHUNGEN IM WANDEL DER JAHRZEHNTE

Die EU und China nahmen 1975 diplomatische Beziehungen auf und unterhalten einen formalisierten politischen Dialog seit 1994, dessen Inhalte immer wieder angepasst und priorisiert wurden. In der Anpassung des Jahres 2003, die eine „China-EU Comprehensive Strategic Partnership“ (https://cadmus.eui.eu/handle/1814/45108) einleitet, wird die Zusammenarbeit zu Fragen der regionalen und globalen Governance explizit hervorgehoben und empfohlen, die laufenden Dialoge, u.a. zu Umwelt und Energie, weiter zu verstärken (damals noch mit der Hoffnung, den innerchinesischen Reform-Prozess der Öffnung zu beeinflussen .....). https://ec.europa.eu/commission/presscorner/detail/en/IP_03_1231

2015 verabschieden China und die EU ein Joint Statement on Climate Change (https://www.consilium.europa.eu/media/23733/150629-eu-china-climate-statement-doc.pdf; siehe auch: https://unfccc.int/news/eu-and-china-step-up-cooperation-on-climate?gclid=CjwKCAiAk9itBhASEiwA1my_676EDI6mMRa_0BJS7VKlk3Q9rqVfPaALWjxepMtzVwVivooZb5MhGBoCMOIQAvD_BwE), das einen wichtigen Baustein auf dem Weg zur Konsensfindung beim Pariser Klima-Gipfel 2015 darstellte.

Auch als sich Spannungen und Interessen-Gegensätze im Verhältnis EU und China verstärkten, hebt die Kommission etwa in ihren Vorschlägen zur Entwicklung einer neuen EU China-Strategie 2016 (https://eur-lex.europa.eu/legal-content/EN/TXT/PDF/?uri=CELEX:52016JC0030) die Bedeutung der Zusammenarbeit im Bereich der Global-Güter (Global Common Goods), wie Stabilisierung des globalen Klimas, hervor: „The EU welcomes the leading role played by China, which accounts for about a quarter of the world's greenhouse gas emissions, in the negotiation and early ratification of the Paris agreement on climate change. Based on the results of UNFCCC COP21 and the 2015 EUChina joint statement on climate change, the EU should boost its co-operation with China both bilaterally and internationally. The EU should work with China based on the shared commitment to accelerate transition to a low carbon/carbon neutral economy."

Im Joint Statement (https://www.consilium.europa.eu/media/36165/final-eu-cn-joint-statement-consolidated-text-with-climate-change-clean-energy-annex.pdf) des 20 EU-China Gipfels in Peking, 16. Juli 2018, heißt es im Paragraph 28: „28. The two sides reaffirmed the importance of combatting climate change and welcomed the adoption of the Leaders' Statement on Climate Change and Clean Energy, which is annexed to this statement, and the Memorandum of Understanding to Enhance Cooperation on Emissions Trading between the European Commission and the Ministry of Ecology and Environment of the People's Republic of China. They committed to contributing actively to the conclusion of the Paris Agreement Work Programme at COP 24 in Katowice in order to ensure full and effective implementation of the Paris Agreement." Der erwähnte Annex enthält konkrete bilaterale Kooperationsvorhaben, die vom Austausch über langfristige Emissions-Reduktionsstrategien über Emissionshandel, Energie-Effizienz, saubere Energie-Technologien, karbon-arme Transportkonzepte, Städte-Kooperationen, Klima-Technologie-Kooperationen und Investment und Klima-Zusammenarbeit in dritten Ländern, insbesondere in Afrika und mit kleinen Inselstaaten reicht.

In einer weiteren Ausdifferenzierung der EU-China Beziehungen im Jahr 2019 (https://commission.europa.eu/system/files/2019-03/communication-eu-china-a-strategic-outlook.pdf: „China is, simultaneously, in different policy areas, a cooperation partner with whom the EU has closely aligned objectives, a negotiating partner with whom the EU needs to find a balance of interests, an economic competitor in the pursuit of technological leadership, and a systemic rival promoting alternative models of governance.“) geht die EU dazu über, ihr Verhältnis zu China drei-fach abgestuft zu beschreiben – Zusammenarbeit in manchen Bereichen, Wettbewerb in anderen, und systemische Rivalität dem Grundsatz nach. Die Bedeutung der Zusammenarbeit in globalen Fragen – Klima-Wandel, Biologische Vielfalt, Management der Weltmeere – bleibt eine Konstante. So heißt es auf Seite 3 des Dokumentes: „China is a strategic partner on climate change and the clean energy transition, with whom we need to continue developing a strong relationship, given the sheer size of its emissions (around 27 % of the global amount), which continue to rise. Our partnership is essential for the success of global climate action, clean energy transition efforts and ocean governance. A commitment by China to peak its emissions before 2030 would give new impetus to fighting climate change in line with the Paris Agreement and Inspire action globally.“

Der Eröffnungsparagraph des EU-China Relations factsheet des Auswärtigen Dienstes der EU (EEAS), zuletzt überarbeitet am 7.12.2023 (an diesem Tag fand auch der jüngste EU-China Summit statt) (https://www.eeas.europa.eu/eeas/eu-china-relations-factsheet_en) betont die dreifache Differenzierung erneut: „The EU sees China as a partner for cooperation, an economic competitor and a systemic rival. However, EU-China relations have become increasingly complex due to a growing number of irritants. China has become less open to the world and more repressive at home, while taking a more assertive posture abroad, resorting to economic coercion, boycotts of European goods, and export controls on critical raw materials."

Handel – zumeist, wie auch derzeit, mit einem großen EU-Handelsdefizit – stellte stets die wichtigste Säule in den Beziehungen der EU mit China dar; die nachstehende Graphik (aus dem zitierten Fact Sheet) stellt überblickshaft den Stand im Dezember 2023 dar:

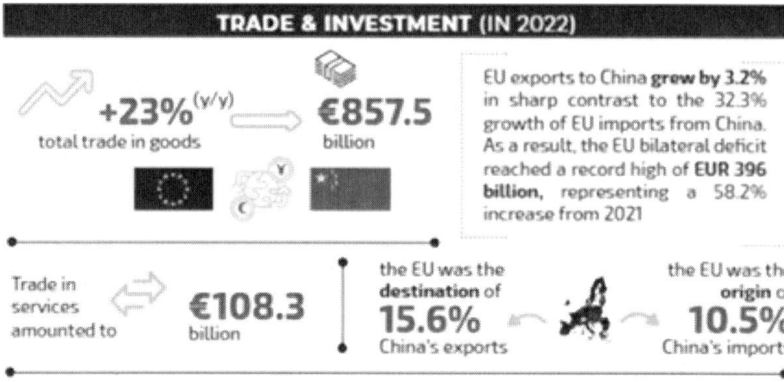

Die andauernde Zusammenarbeit mit China zu globalen Fragen, „wie Klima-Wandel, Schulden-Erleichterungen für Entwicklungsländer, nachhaltige Finanzierung" wird im Fact Sheet explizit bekräftigt.

Aus Anlass des 20-jährigen Bestandes dieser „umfassenden strategischen Partnerschaft" zog der Vertreter Chinas bei der EU in Brüssel, Botschafter Fu Cong, u.a. folgendes Resumee: „In the last 20 years our trade has increased by tenfold to USD 847.3 billion, meaning an average of nearly USD 2.3 billion of goods are being traded between the two sides every day. European exports to China have supported about 4 million jobs here in Europe. And by the end of 2022, China had set up over 2,800 companies through direct investment in Europe, creating more than 270,000 jobs locally.

We have also demonstrated solidarity and offered each other tremendous support during difficult times, such as the devastating 2008 earthquake in Wenchuan, the European debt crisis and the COVID-19 pandemic." And: „China stands ready to advance cooperation with the EU to a higher level. Together, we can nurture new growth drivers in the digital economy, green development and environment protection, new energy sources, artificial intelligence and connectivity, while keeping industrial and supply chains secure, stable, and reliable. (https://euobserver.com/stakeholders/157788)

3. AUSBLICK

Nach einer Periode der Schwierigkeiten in den EU-China Beziehungen, die durch verschiedene Umstände, auf die hier nicht eingegangen werden kann, verursacht worden waren und während welcher immer wieder Optionen der Entkoppelung ventiliert worden waren, kam es am 30. Juni 2023 zu einem kurzen Statement des Europäischen Rates zu den Beziehungen mit China (https://www.consilium.europa.eu/en/press/press-releases/2023/06/30/european-council-conclusions-on-china-30-june-2023/?utm_source=dsms-auto&utm_medium=email&utm_campaign=European%20Council%20conclusions%20on%20China%2C%2030%20June%202023). Darin ist von Entkoppelung keine Rede mehr; allerdings bekräftigt der Rat, die europäische Entschlossenheit, Abhängigkeiten in kritischen Lieferketten durch Diversifizierung zu reduzieren und strategisches Risiko aus den Handelsbeziehungen mit China zu nehmen („de-risking“). Der Europäische Rat bekräftigt: „33. The European Union will continue to engage with China to tackle global challenges and encourages China to take more ambitious action on climate change and biodiversity, health and pandemic preparedness, food security, disaster reduction, debt relief, and humanitarian assistance.“

Wenige Tage nach der Sitzung des Europäischen Rates veröffentlichte Deutschland, der weitaus wichtigste Handelspartner Chinas in der EU – noch dazu einer, der ein Plus im bilateralen Handel verzeichnen kann – seine (natürlich schon länger in Ausarbeitung begriffene) neue China-Strategie (https://china.diplo.de/blob/2608642/2b2effbc0886ef7ae0b22aaeacf199be/230713-china-strategie-data.pdf), mit ähnlichen Prioritäten-Setzungen und Kautelen, und mit dem deutlich formulierten Anliegen, dass es Deutschland gegenüber China auch darum gehen müsse, Deutschland und die EU zu stärken.

Die Chancen der Zusammenarbeit im Klima-Bereich werden angesprochen. So heißt es im Kapitel „Bilaterale Beziehungen“ etwa: „Klimaschutz soll deshalb ein Schwerpunkt unserer bilateralen Zusammenarbeit sein.“

Freilich zeichnet sich der Bereich der neuen hochspezialisierten Technologien – sei es neue Energie, Digitalisierung oder Künstliche Intelligenz, um nur einige zu nennen – auch als ein Bereich ab, in dem der geostrategische Wettbewerb mit Intensität und Härte geführt wird. Die nationale Basis, die China – wie eingangs skizziert – geschaffen hat, befähigt China, im Bereich der Energie-Wende auch international mit attraktiven Angeboten an Partner heranzutreten. Dies wird immer wieder auch in Regionen geschehen, die die EU gerne als ihre Einflusszone sehen würde. Der traditionelle Bereich der Kooperation zu Klima- und Energie-Wende-Fragen könnte sich somit rasch zu einem weiteren Feld des Wettbewerbs (https://ecfr.eu/publication/climate-superpowers-how-the-eu-and-china-can-compete-and-cooperate-for-a-green-future/) entwickeln, in dem die EU Anstrengungen unternehmen und vielleicht auch ihren Ansatz (https://merics.org/en/comment/climate-diplomacy-turbulent-times-eu-and-china-re-engage: MERICS empfiehlt etwa stärker mit verschiedenen chinesischen stakeholders, zusätzlich zu dem jeweiligen Klima-Regierungsteam, zu arbeiten.) ändern muss, um mit China Schritt zu halten und positive Ergebnisse aus der Kooperation zu ziehen.

Dr. Irene Giner-Reichl. E-Mail: irene.giner.reichl@gmail.com
Dr. Irene Giner-Reichl ist eine österr. Diplomatin i.R. ; sie arbeitete viel zu globalen Fragen und nachhaltiger Entwicklung, u.a. als Leiterin der intern. Abteilung des Umweltministeriums, Ständige Österr. Vertreterin bei den Vereinten Nationen in Wien, Sektionschefin für Entwicklungspolitik und Entwicklungszusammenarbeit im Außenministerium und österr. Botschafterin in China und in Brasilien. Sie ist Präsidentin des Global Forum on Sustainable Energy (www.gfse.at) und Mitbegründerin des Global Women's Networks for the Energy Transition (www.globalwomennet.org)

化学、德国中小企业和中国：三位一体塑造未来

Huàxué, déguó zhōngxiǎo qǐyè hé zhōngguó: Sānwèiyītǐ sùzào wèilái

CHEMIE, DEUTSCHE KMU UND CHINA
IM DREIKLANG DIE ZUKUNFT GESTALTEN

HONGHONG XU

Abstract. Als eine ehemalige Managerin des Chemiekonzerns BASF, die über 20 Jahre die Erfolgsgeschichte des Unternehmens u.a. in China begleitet und zum Teil daran mitgewirkt hat, bin ich davon überzeugt, dass die Zukunft der Chemieindustrie maßgeblich von der Zusammenarbeit zwischen China und Deutschland, insbesondere den deutschen kleinen und mittleren Unternehmen (KMU) geprägt wird. Deutschlands fortschrittliche Chemieindustrie und Chinas aufstrebende Marktmacht schaffen eine symbiotische Beziehung. Die Zukunft der deutschen Chemieindustrie ist eng mit Entwicklungen in China verbunden. Einerseits wird Chinas steigende Nachfrage nach umweltfreundlichen Technologien und Chemieprodukten deutschen Unternehmen neue Chancen zur Zusammenarbeit und zum Technologietransfer bieten. Andererseits positionieren sich deutsche KMU mit ihrer Innovationskraft zumal in den Bereichen Spezialchemikalien und umweltfreundliche Verfahren als attraktive und fundierte Partner für chinesische Unternehmen. China hat mittlerweile nicht nur den größten Chemiemarkt, sondern auch die führende Position in vielen technologischen Bereichen. Der Austausch von Forschung und Entwicklung zwischen beiden Ländern fördert nicht nur die globale Wettbewerbsfähigkeit, sondern trägt auch zur Lösung von globalen Herausforderungen bei. Es ist entscheidend, dass deutsche KMU weiterhin enge Kooperationen mit chinesischen Partnern eingehen, um gemeinsam die Zukunft der Chemieindustrie zu gestalten und dabei auf nachhaltige und innovative Praktiken zu setzen.

1. DIE DEUTSCHE UND DIE CHINESISCHE CHEMIEINDUSTRIE IM VERGLEICH

Die deutsche und die chinesische Chemieindustrie sind zwei der wichtigsten Akteure auf dem globalen Markt, jedoch mit verschiedenen Merkmalen und Herausforderungen. ***Die deutsche Chemieindustrie*** gilt weltweit als eine der fortschrittlichsten und qualitativ hochwertigsten Industrien. Sie zeichnet sich durch eine breite Produktpalette, Innovationskraft und eine ausgeprägte mittelständische Struktur aus. Deutschland ist bekannt für seine Forschungs- und Entwicklungsaktivitäten, nachhaltige Produktionspraktiken und strenge

Umweltstandards. Und die enge Zusammenarbeit zwischen den Industrien und Forschungseinrichtungen fördert technologische Fortschritte. Die steigenden Energiekosten und die Anpassung an digitale Technologien stellen jedoch Herausforderungen dar. ***Die chinesische Chemieindustrie*** hingegen hat in den letzten Jahren einen rapiden Aufstieg erlebt. China ist der größte Chemiemarkt der Welt und hat beträchtliche Produktionskapazitäten. Chinesische Unternehmen sind oft bekannt für ihre Wettbewerbsfähigkeit in Bezug auf Produktionskosten. Allerdings steht die Branche auch vor Herausforderungen wie Umweltauswirkungen, Sicherheitsbedenken und Qualitätskontrollen.

In Zahlen ausgedrückt belief sich der Gesamtumsatz des globalen Chemiemarktes im Jahr 2022 auf rund 5,4 Billionen Euro. Die chinesische Chemieindustrie erzielte einen Umsatz von 2,39 Billionen Euro, entspricht damit fast 45% des globalen Marktes. China war auf dem ersten Platz im Ranking der Länder mit dem höchsten Umsatz in der Chemieindustrie. An zweiter Stelle folgten die USA. Deutschland belegte den vierten Rang mit einem Umsatz von etwa 225 Milliarden Euro (Statista Research Department, 2024). Abb. 1 zeigt die Umsätze nach Ländern und Abb. 2 die Umsätze nach Regionen (Cefic Chemdata International, 2023).

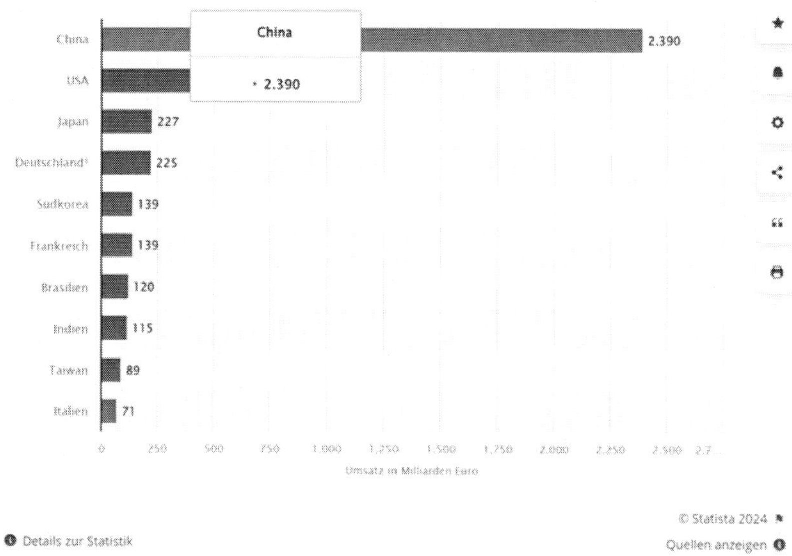

Abbildung 1: Der Umsatz des Chemiemarkt nach Ländern im Jahr 2022

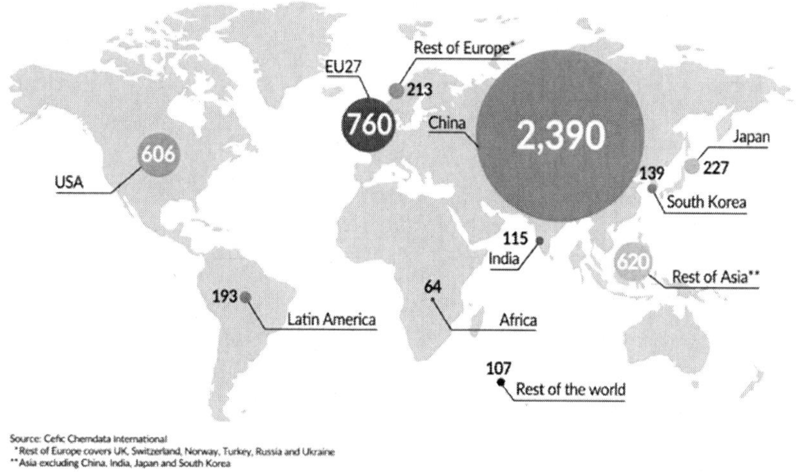

Abbildung 2: Umsatz nach Regionen im Jahr 2022

Weltweit erwirtschaftet China nicht nur den höchsten Umsatz in der Chemieindustrie, sondern ist auch der größte Exporteur von Chemikalien. Im Jahr 2022 lagen die weltweiten Chemieexporte bei 710 Milliarden EUR. China hatte einen Anteil von mehr als 18%, sprich rund 130 Milliarden EUR (Tendata, 2023). Aufgrund der wettbewerbsfähigen Preise und der großen Produktionskapazität hat China eine starke Position in der globalen Chemieindustrie. In den folgenden Kapiteln werde ich auf die Charakteristiken der Chemieindustrie in China und Deutschland näher eingehen, um ein Basisverständnis für das Potenzial der wirtschaftlichen Kooperation zu schaffen.

1.1 Schlüsselbereiche und Merkmale der chinesischen Chemieindustrie

Die chinesische Chemieindustrie ist eine der größten und am schnellsten wachsenden Industrien der Welt. In den letzten Jahrzehnten hat China beträchtliche Fortschritte in verschiedenen Segmenten der Industrie gemacht, ist einer der bedeutendsten Produzenten von chemischen Produkten weltweit und verfügt über eine breite Produktpalette, angefangen von Grundchemikalien, Kunststoffen, Düngemitteln bis hin zu Pharmazeutika, Spezialchemikalien und High-Tech-Materialien. Die Industrie hat von der wachsenden Nachfrage nach Chemikalien in verschiedenen Sektoren wie Automobil, Bauwesen und Elektronik profitiert. Einige der Schlüsselbereiche und Merkmale der Chemieindustrie in China mehr im Detail sind wie folgt:

- **Grundstoffproduktion** – China ist einer der größten Produzenten von Grundchemikalien wie Ethylen, Propylen, Methanol und anderen petrochemischen Produkten. Die Kostenführerschaft der Produktion in China und die weltweite wachsende Nachfrage tragen zu dieser Entwicklung bei.
- **Kunststoffe** – die Chemieindustrie in China ist ein bedeutender Produzent von Kunststoffen, darunter Polyethylen, Polypropylen, Polyvinylchlorid (PVC) und viele andere. Die steigende Nachfrage nach Kunststoffen in verschiedenen Sektoren wie Verpackung, Bauwesen und Automobil hat zu einem starken Wachstum geführt.
- **Spezialchemikalien** – China hat in den letzten Jahren verstärkt in die Produktion von Spezialchemikalien investiert. Dazu gehören u.a. Feinchemikalien, pharmazeutische Wirkstoffe, Agrochemikalien und Hochleistungsmaterialien. Der Fokus auf Forschung und Entwicklung hat dazu beigetragen, dass China in einigen dieser Bereiche zu einem wichtigen globalen Akteur geworden ist.
- **Umwelt- und Sicherheitsstandards** – Die chinesische Regierung hat in den letzten Jahren immer stärkere Maßnahmen ergriffen, um Umweltauswirkungen der Chemieindustrie zu reduzieren. Die Umwelt- und Sicherheitsauflagen wurden landesweit eingeführt und schrittweise an die internationalen Standards angepasst, um letztendlich den Schutz der Umwelt und die Sicherheit und Gesundheit der Bevölkerung zu erhöhen.

Es ist wichtig zu erwähnen, dass die chinesische Chemieindustrie aufgrund ihrer Größe und Vielfalt nicht homogen ist. Es gibt sowohl große staatliche Unternehmen als auch viele private Unternehmen, die in diversen Segmenten der Branche tätig sind. Die Industrie spielt eine entscheidende Rolle in der Wirtschaft von China, trägt weitgehend zum Bruttoinlandsprodukt (BIP) und zur Sicherung von Arbeitsplätzen bei. Nichtsdestotrotz ist es zu beobachten, dass es bei manchen Chemiestandorten bzw. -produktionen weiterhin noch Bedenken hinsichtlich des Qualitätsmanagements und/oder der Einhaltung von Sicherheits- bzw. Umweltstandards gibt. Daher ist es dringend ratsam, solche Aspekte bereits bei der Planung von konkreten Investitionsprojekten genauer unter die Lupe zu nehmen und zu analysieren, um richtig beurteilen und mögliche Fehlentscheidungen vermeiden zu können.

1.2 Die Industriecluster und die Entwicklungstrends in China

China ist ein Land von den Ausmaßen eines Kontinents, dementsprechend extrem sind die regionalen Unterschiede. Im Hinblick auf die wirtschaftliche Entwicklung seit Beginn der Öffnungs- und Reformpolitik der 1980er und frühen 90er Jahre sind zudem starke lokale Differenzen in der Entwicklungsgeschwindigkeit zu beobachten. Auch die Chemieindustrie hat sich landesweit unterschiedlich entwickelt. Um diese Branche besser zu verstehen, sollte man einen genauen Blick auf die geografische Verteilung der Petrochemie bzw. die Entwicklungstrends der Chemieindustrie in China werfen.

1.2.1 Die Industriecluster der chinesischen Petrochemie

China hat sich vorgenommen, die Konzentration seiner petrochemischen Industrie in fünf Industrieclustern zu beschleunigen. Die „Big 5" wurden bereits im Jahr 2021 in den 14. Fünfjahresplan der Volksrepublik aufgenommen.

Den zentralen Planern in Peking geht es um Skaleneffekte und die Nutzung von Synergien beim Ausbau petrochemischer Cluster sowie um die Reduktion von Umweltrisiken. Kleinere Chemiefabriken müssen in Chemieparks in den Clustern umziehen, wo die Gesetze strenger überwacht werden. Neben dem Ziel, die chinesische Chemieindustrie zu modernisieren, hatten vor einigen Jahren zahlreiche schwerwiegende Vorfälle dieses Projekt der geografischen Konzentration in Gang gesetzt (Henrik Bork, 2021).

Die fünf größten Cluster der petrochemischen Industrie Chinas sind wie folgt:

- **Die Bucht von Hangzhou** – Sie beinhaltet folgende drei Parks
  a) *den Shanghai Chemical Industry Park*: Multinationale Chemieunternehmen wie BASF, Covestro, Dupont und Mitsui Chemicals haben hier Anlagen errichtet, ebenso wie die chinesischen Unternehmen Sinopec, Huayi Group und Shanghai Gaoqiao Petroleum Chemical Company.
  b) *die petrochemische, wirtschaftliche und technologische Entwicklungszone von Ningbo*: Hier befinden sich unter anderem die Raffinerie „Zhenhai Refining & Chemical" mit einer Jahreskapazität von 23 Millionen Tonnen Rohöl und einer jährlichen Ethylen Produktion von einer Million Tonnen sowie Zhongjin Petrochemical mit einer Jahresproduktion von zwei Millionen Tonnen Aromaten und Ningbo ZRCC Lyondell Chemical, welches hier jährlich 600.000 Tonnen Styrol produziert.
  c) *den Nanjing-Jiangbei Technologiepark für neue Materialien*: Hier werden neue Polyurethan-Werkstoffe, Hochleistungspolymerwerkstoffe, Synthesekautschuk und eine Vielzahl von speziellen Chemieprodukten hergestellt. Unter anderem sind die Unternehmen Sasol, Eastman, Celanese, Heraeus sowie BASF mit Produktionsanlagen vertreten.
- **Der Petrochemie-Cluster „Pan-Greater Bay Area"** – Zwei der großen Chemieparks in diesem Cluster sind
  a) *Die Huizhou-Daya Bay Wirtschafts- und Technologieentwicklungszone*: 1993 beschloss der chinesische Staatsrat, hier eine „petrochemische Industriebasis von Weltklasse" aufzubauen. Bisher sind 91 Chemieprojekte mit einer Gesamtinvestition von rund 35,5 Milliarden Dollar angesiedelt, darunter die Ethylen Produktion von Shell Huizhou. Das „Exxon Mobil Huizhou Project" ist die erste Chemieanlage in China, die 100% im Besitz eines US-Konzerns ist, beinhaltet u.a. einen Ethylen-Cracker mit einer Kapazität von 1,6 Millionen Tonnen pro Jahr.
  b) *Die Petrochemische Basis Zhanjiang-Maoming*: Neben vielen anderen großen Chemieunternehmen investiert hier die BASF seit 2019 in einen modernen Verbundstandort, der nicht mehr wie bisher als Joint Venture geführt werden muss, sondern allein im Besitz der Deutschen ist.

- **Der Cluster der petrochemischen Industrie in der Bohai-Bucht** – Die riesige Meeresbucht Bohai liegt in der Provinz Shandong am Gelben Meer im Nordosten Chinas, nahe der Hafenstadt Tianjin. Mehr als 60 kleine und mittlere Chemiefabriken werden im Volksmund als „Teekannen" der chinesischen Chemieindustrie bezeichnet.
- **Der Petrochemie-Cluster Haixi** – Die beiden größten petrochemischen Industrieparks in Fujian liegen in der Meizhou-Bucht und in Gulei.
  a) *Die Meizhou Bay Petrochemical Basis*: Die zentralen Planer in Peking wollen schrittweise aus den umliegenden Regionen einen „petrochemischen Industriegürtel" bilden, der Vergleiche mit der Bucht von Mexiko oder der Bucht von Tokio nicht zu scheuen braucht. Die drei größten Chemieparks hier sind Quangang, Quanhui und Dongwu.
  b) *Die petrochemische Basis Gulei*: Fujian Petrochemical und das saudiarabische Chemieunternehmen Sabic gaben im September 2020 bekannt, dass sie gemeinsam in eine Ethylen Anlage in Gulei mit einer jährlichen Kapazität von 1,5 Millionen Tonnen investieren würden.
- **Das „Goldene Energiedreieck"** – Der Industriecluster für Kohlechemie. Das goldene Energiedreieck besteht aus drei Standorten, die zu einem Cluster zusammengefasst wurden: Yulin in der Provinz Shanxi, Ningdong in der Provinz Ningxia und Ordos in der Provinz Innere Mongolei, ist damit ein überregionales Industriegebiet für Kohlechemie im Nordwesten Chinas. Vor allem, die „Ningdong Energy Chemical Base", einer der drei wichtigsten Chemieparks des Dreiecks, hat bereits mit der Produktion von grünem Wasserstoff mithilfe erneuerbarer Energien begonnen. Bis 2025 soll die Wasserstoffproduktion auf 200.000 Tonnen gesteigert werden, weshalb Peking seinen Industriecluster bereits als Vorbild für „moderne Kohlechemie" bezeichnet.

Abbildung 3: Die fünf größten Petrochemie-Cluster in China (Quelle: Verband der chinesischen Erdöl- und Chemieindustrie)

Die Abb. 3 zeigt die geographische Verteilung der fünf größten Cluster der petrochemischen Industrie in China. Man kann unschwer erkennen, dass der größte Teil der Chemieindustrie in den Küstenregionen von China verteilt ist. Diese Regionen sind im Vergleich zum Landesinneren stark entwickelt und dicht besiedelt, bieten damit gute Voraussetzungen für weitere Investitionen.

Der detaillierte Überblick über die geographische Verteilung der Petrochemie-Cluster in China ermöglicht ein besseres Verständnis bzw. mehr Klarheit über die aktuelle Chemielandschaft und deren Entwicklungen. Gleichzeitig können diese Informationen als hilfreiche oder sogar relevante Orientierung bei der Definition der eigenen China-Strategie deutscher Unternehmen dienen.

1.2.2 Chinas Chemieindustrie im Umbruch

Wie bereits im Kapitel 1.2.1 erklärt, zahlt sich die Strategie der chinesischen Regierung, Unternehmen in Chemieparks bzw. Industriecluster anzusiedeln, gleich in zweifacher Hinsicht aus: Die Firmen produzieren in diesen Parks nicht nur kostengünstiger, sondern auch umweltfreundlicher. Die chinesischen Wettbewerber holen dabei schnell auf.

Die Chemieindustrie in China hat die Zeichen einer nachhaltigen Zukunft erkannt. Im aktuellen Ranking der Industriekonzerne in China, die ihre Energieeffizienz verbessert haben, kommen mehr als die Hälfte der gelisteten Unternehmen aus der Chemiebranche, teilte das chinesische Ministerium für Industrie und Informationstechnologie mit. Und im Jahr 2022 wurden die ersten Benchmark-Kriterien für eine saubere und effiziente Kohlenutzung als Ausgangsmaterial für die Synthese von Ammoniak sowie zur Herstellung von Koks, Methanol, Olefinen und Ethylenglykol in China erlassen, berichtete die deutschbundeseigene Marketing-Agentur GTAI (Kiefer, 2023).

In Sachen Investitionen handelt China anders als Europa. China modernisiert seine Chemiefabriken nicht, sondern baut völlig neue Produktionscluster. Ein wesentliches Prinzip der „sozialistischer Marktwirtschaft“ von China besteht darin, die Stärken mehrerer Unternehmen zu bündeln und sie gegenüber Einzelunternehmen aus dem Ausland konkurrenzfähiger zu machen. Dies geschieht in Industrieparks, welche auch die Wertschöpfungstiefe der Chemieindustrie erhöhen. Dort sind zudem höhere Sicherheitsstandards garantiert und strengere Umweltschutzbestimmungen möglich, die auch besser überwacht werden können. Schrittweise sollen die meisten Chemiefirmen in Industrieparks umgesiedelt werden. Bis 2025 sollen die Chemieparks 70 Prozent des Produktionswertes der gesamten Branche ausmachen. Effizienzsteigerungen gehen auch einher mit einer steigenden Digitalisierung.

Im aktuellen Fünfjahresplan von China sind laut GTAI für die petrochemische und chemische Industrie eine Reihe von Veränderungen vorgesehen. Diese Veränderungen betreffen die folgenden Bereiche (Kiefer, 2023):

- **Innovation**: Bis 2025 sollen die Forschungs- und Entwicklungsausgaben in Großunternehmen mindestens 1,5 Prozent der Einnahmen erreichen. Angestrebt wird der Durchbruch bei mehr als 20 Schlüsseltechnologien und mehr als 40 neuen Kernprodukten.
- **Industriestruktur**: Die Branchenkonzentration im Bereich Basischemie soll steigen; angestrebt wird eine Kapazitätsauslastung von 80 Prozent. Bis 2025 soll bei neuen chemischen Materialien die Selbstversorgungsquote 75 Prozent betragen.

- **Industrieparks**: Produktion von und Umgang mit gefährlichen Chemikalien soll sich künftig in 70 wettbewerbsfähigen Chemie-Industrieparks konzentrieren. Bis 2025 sollen die Unternehmen in diesen Chemieparks mindestens 70 Prozent des gesamten Branchenproduktionswertes erwirtschaften.
- **Digitalisierung**: Bis 2025 sollen 30 Pilotfabriken für intelligente Fertigung im Chemiebereich sowie 50 Pilotparks für intelligente Fertigung in der Chemiebranche entstehen.
- **Nachhaltigkeit & Klimaschutz**: Energieverbrauch und CO2-Emissionen pro Einheit Schüttgut werden erheblich reduziert. Die Gesamtemissionen flüchtiger organischer Verbindungen sollen bis 2025 im Vergleich zu 2020 um mehr als zehn Prozent sinken. Die Produktionssicherheit wird erheblich verbessert, um das Risiko schwerer Unfälle zu verringern.

Die chinesischen Unternehmen stehen zudem auch untereinander im harten Wettbewerb und sind gezwungen, ihre Effektivität und Effizienz stets zu verbessern, um nicht unterzugehen. Gleichzeitig erhöht die Regierung den Druck, Umweltauflagen einzuhalten, während die staatlich koordinierte Neustrukturierung der Branche weiterläuft. Die chinesische Regierung will die Chemieindustrie im Reich der Mitte langfristig nachhaltiger, effizienter und wettbewerbsfähiger machen (Kiefer, 2023).

Insgesamt hat die chinesische Chemieindustrie einen erheblichen Einfluss auf den globalen Markt und spielt weltweit eine wichtige Rolle in der Versorgung mit chemischen Produkten.

1.3 Die Position der deutschen Chemieindustrie

Neben China nimmt die deutsche Chemieindustrie auch eine führende Rolle auf dem globalen Markt ein und ist zugleich eine der bedeutendsten Säulen der deutschen Wirtschaft. Hier sind einige Schlüsselaspekte, die ihre Position verdeutlichen:

- **Internationaler Wettbewerbsfähigkeit** – Die deutsche Chemieindustrie ist international äußerst wettbewerbsfähig. Deutsche Chemieunternehmen sind weltweit bekannt für ihre Innovationskraft, Qualität und Effizienz in der Produktion und Verfahrenstechnik. Die Branche ist stark exportorientiert, die deutsche Chemieprodukte sind weltweit gefragt.

- **Forschung und Entwicklung** – Die deutsche Chemieindustrie investiert nachhaltig in Forschung und Entwicklung. Dies fördert die Entwicklung von neuen Technologien, Produkten und Verfahren, was letztendlich dazu beiträgt, die Wettbewerbsfähigkeit der Branche auf dem globalen Markt langfristig zu erhalten.
- **Breites Produktspektrum** – Die deutsche Chemieindustrie produziert eine breite Palette von Produkten, einschließlich Grundstoffen, Spezialchemikalien, Pharmazeutika, Kunststoffen und viel mehr. Diese Diversifizierung trägt dazu bei, dass die Industrie robust und flexibel auf verschiedene Marktanforderungen reagieren kann.
- **Sicherheits-, Umwelt- und Nachhaltigkeitsbemühungen** – Deutsche Chemieunternehmen haben weltweit den höchsten Sicherheitsstandard. Gleichzeitig legen die Unternehmen großen Wert auf Umwelt- und Nachhaltigkeitsaspekte. Die Sicherheitsvorschriften und die Umweltauflagen werden regelmäßig verbessert oder erneut. Es werden vermehrt Mittel zur Verfügung gestellt, um umweltfreundliche Technologien zu entwickeln und nachhaltige Produktionspraktiken zu implementieren.
- **Ausgeprägte mittelständische Struktur** – Die deutsche Chemieindustrie zeichnet sich durch eine Mischung aus großen multinationalen Konzernen (MNC) und zahlreichen kleinen und mittleren Unternehmen (KMU) aus. Viele mittelständische Unternehmen konzentrieren sich auf bestimmte Spezialchemikalien, Nischenprodukte oder technologische Innovationen. Sie stechen oft durch ihre Flexibilität und enge Verbindung zu Kunden heraus. Sie sind oft in der Lage, sich schnell an die Veränderungen im Markt anzupassen und auf die spezifischen Anforderungen von Kunden einzugehen. Viele dieser Unternehmen sind international aktiv und vertreiben ihre Produkte weltweit. Insgesamt ist der Mittelstand ein wichtiger Motor für das Wachstum und die Stabilität der deutschen Chemieindustrie und trägt zur Position von Deutschland als einer der weltweit führenden Chemiestandorte bei.
- **Rohstoffabhängigkeit** – Die deutsche Chemieindustrie ist stark von Rohstoffimporten abhängig. Die Sicherung von Rohstoffversorgungswegen ist daher von strategischer Bedeutung für die Industrie.

- **Arbeitsplatzschaffung und Wirtschaftsbeitrag** – Die Chemieindustrie ist ein bedeutender Arbeitgeber und trägt erheblich zum deutschen Bruttoinlandsprodukt (BIP) bei. Sie spielt eine Schlüsselrolle in der industriellen Wertschöpfungskette.

Trotz ihrer Stärken steht die deutsche Chemieindustrie auch vor diversen Herausforderungen. Dazu gehören steigende Energiekosten, wachsender Wettbewerb, regulatorische Anforderungen und die Notwendigkeit, mit der weltweit schnell wachsenden Digitalisierung und Industrie 4.0 Schritt zu halten. Im Ganzen bleibt die deutsche Chemieindustrie jedoch ein wichtiger Akteur auf dem globalen Markt und trägt zur Innovationskraft und Wettbewerbsfähigkeit der deutschen Wirtschaft bei.

2. POTENTIAL DER KOOPERATION ZWISCHEN CHINA UND DEUTSCHEN KMU

China steht bei Chemieprodukten, sowohl was Produktion als auch Nachfrage angeht, weltweit an der Spitze. Fast 45% des globalen Chemiemarktes (im Jahr 2022) entfallen allein auf China. Die Branche zählt zu den wichtigsten Industriesektoren. Um am größten Chemiemarkt der Welt zu partizipieren, investieren viele globale Unternehmen bereits seit Jahren in China. Unzählige Projekte und Kooperationen wurden erfolgreich durchgeführt. Trotz aktuell steigender geopolitischer Risiken sehen die großen internationalen Konzerne wie BASF, Bayer, Merck, Covestro & Co weiterhin das immense Potenzial in China und investieren kräftig weiter.

Im Gegensatz dazu zeigen sich derzeit kleinere und mittelständisch geprägte Firmen hingegen eher zurückhaltend. Angesichts der Risiken mit China wird geraten, verstärkt auf neue Märkte wie z.B. Indien zu setzen, das bevölkerungsreichste Land der Welt. Diese Ratschläge gab es jedoch schon vor Jahrzehnten, und in der Unternehmenspraxis dürfte Indien verschlossener und schwieriger als China sein. Außerdem sind auch dort große Konflikte nicht auszuschließen, beispielsweise bei militärischen Auseinandersetzungen mit Pakistan. Dazu kommt: Die Gewinne sind dort zu machen, wo sich die großen Märkte befinden, und auf den chinesischen Markt zu verzichten würde dann heißen, auf enorme Gewinnmöglichkeiten zu verzichten (Kiefer, 2023). Daher sind viele deutsche KMU aktuell darüber unentschlossen, ob und wie sie mit China überhaupt oder weiter kooperieren können.

Um eine erste Orientierung zu geben, möchte ich hier ein paar Beispiele aus der Praxis nennen und einige Empfehlungen geben.

2.1 Beispiele erfolgreicher Kooperationen mit China

Gerade was die neuen Wirtschaftsmotoren Nachhaltigkeit und Klimaschutz betrifft, sind China und Deutschland ein „Match". Kooperationen auf diesem Gebiet sichern nicht nur Profite deutscher und chinesischer Unternehmen und damit Arbeitsplätze in beiden Ländern, sondern sind auch eine gute Antwort auf die globale Herausforderung der Erderwärmung (Bork, 2023).

Hier sind zwei ausgewählte Projekte aus dem Bereich „**Green Tech**":

- Shell, Sinopec, Baowu und BASF wollen Unternehmen im Yangtse-Delta CO2-Abscheidung, -Nutzung und -Speicherung anbieten (Carbon Capture, Utilization and Storage, kurz: CCUS), vereinbarten dazu im November 2022 unverbindlich eine gemeinsame Studie zu Technologielösungen und Geschäftsmodellen (Kiefer, 2023).
- Ein anderes faszinierendes Beispiel ist das erste gemeinsame Projekt zur Errichtung einer Offshore-Wind-Farm. BASF aus Ludwigshafen und die chinesische Firma Mingyang, der Marktführer für Windkraftanlagen im Meer, haben dafür ein neues Joint-Venture gegründet. Ab 2025 soll dieser riesige, vor der Südküste Chinas im Meer errichtete Windpark mit einer installierten Kapazität von 500 Megawatt den neuen Verbundstandort in Zhanjiang mit sauberer Energie versorgen. BASF investiert in diesen Verbundstandort in den kommenden zehn Jahren knapp zehn Milliarden Euro und möchte, dass das Projekt in punkto Klimaschutz ein „Leuchtturm-Projekt" wird (Bork, 2023).

Sowohl in der Fertigungsindustrie als auch in anderen Industrien fällt es auf, dass viele der Deals mit China keine einfachen Tauschgeschäfte nach dem Motto „deutsche Technologie und Investition gegen Zugang zum chinesischen

Markt“ mehr sind. Das war einmal. Immer häufiger sind Unternehmen aus Deutschland, die sich an chinesischen Firmen beteiligen, auch an technischem Know-how und Innovation ihrer chinesischen Partner interessiert.

In vergangenen Jahren hat China in vielen Technologiebereichen stark aufgeholt. Heute sind die Chinesen längst keine „Copycats“ mehr, investierten seit Jahren heftig in eigene Forschung und Entwicklung. In manchen Gebieten sind sie den Deutschen bereits streckenweise überlegen – zum Beispiel in der **E-Mobilität**, Produktion von Batterien, Windturbinen und Solaranlagen, bei der Entwicklung der Biotechnologie sowie Künstlichen Intelligenz. Dadurch sind die Chinesen für **strategische Kooperationen** mit deutschen Technologieführern aus verschiedenen Branchen beliebter geworden.

Ein Beispiel von vielen ist das neueste strategische Kooperationsabkommen, welches Vitesco Technologies aus Regensburg zusammen mit der chinesische Stahlkonzern Baosteel Ende August 2023 in Shanghai unterzeichnet hat. Vitesco, dass sein Produktportfolio immer stärker auf die E-Mobilität ausrichtet und elektrische Antriebs-Stränge sowie deren Komponenten baut, wird einen neuentwickelten nicht-orientierten Siliziumstahl von Baosteel (ist das zweitgrößte Eisen- und Stahlunternehmenskonglomerat Chinas und das fünftgrößte der Welt) verwenden, der – zu Stator- oder Rotorblechen verarbeitet – den Wirkungsgrad und somit die Umweltfreundlichkeit von E-Motoren steigern kann (Bork, 2023).

Um sich den chinesischen Markt zu erschließen, **investieren** deutsche und europäische Unternehmen immer häufiger **in chinesische Partner**, oder übernehmen sie gleich mehrheitlich. Das jüngste Beispiel ist Ceratizit, der Experte für Zerspanungs- und Hartmetall-Werkzeuge. Über eines seiner Gemeinschaftsunternehmen in Asien hat Ceratizit im Jahr 2023 die Mehrheit (70%) an der „Changzhou CW Toolmaker Inc.“ nicht weit von Shanghai übernommen. Man wolle mit der Investition die Präsenz in China und Asien stärken, sagte der Vorstandssprecher von Ceratizit, Andreas Lackner. Diese Strategie der Beteiligung, die sich von der früher üblichen Etablierung eigener Fertigungsstätten und Verkaufskanäle in China unterscheidet, wird inzwischen in China immer häufiger gewählt (Bork, 2023).

Auch die deutschen Automobilzulieferer entscheiden sich immer häufiger für strategische **Kooperationen mit chinesischen Partnern**. Zum einen, um den Zugang zum Markt zu bekommen. Zum anderen auch um Teil des äußerst innovativen Ökosystems zu bleiben. Als die Schaeffler-Gruppe vor etwa zwei Jahren ein Abkommen über eine Investition in eine strategische Kooperation mit dem chinesischen Leadrive unterzeichnete, bezeichneten Unternehmenssprecher die „jeweiligen Stärken beider Seiten" – elektrisch und mechanisch –als Motiv für die Firmenheirat. Wer heute fortschrittliche 800-Volt-Edrives mit Siliziumkarbid-Technologie bauen will, ist mit einem Partner aus China schneller am Ziel als mit jahrelanger Forschung und Entwicklung aus eigener Tasche. Fazit: Fusionen und Übernahmen chinesischer durch deutsche Firmen sind so beliebt wie immer, immer häufiger geht es dabei aber nicht mehr nur um den Zugang zum Markt, sondern auch um den Zugang zu chinesischen Innovationen (Bork, 2023).

Die oben dargestellten Beispiele haben gezeigt, dass sich die Kooperationen zwischen China und Deutschland bereits über sämtliche Industriesektoren, Größen der Unternehmen und Formen der Zusammenarbeit erstreckt haben. Ähnliche Beispiele gibt es noch viel mehr. Daraus kann man einen wichtigen und zugleich positiven Trend erkennen, dass sich die Kooperationen mehr und mehr auf zukunftsweisende Projekte mit Zielrichtung wie z.B. Energiewende, Umwelt- & Klimaschutz und Nachhaltigkeit fokussieren werden.

2.2 Empfehlungen für mögliche Kooperationen

Durch sinnvolle Kooperationen zwischen Deutschen KMU und chinesischen Unternehmen in ausgewählten Segmenten der Chemieindustrie können beide Seiten ihre jeweiligen Stärken ausschöpfen, um Geschäftsmöglichkeiten zu erschließen und letztendlich gemeinsame Erfolge zu erzielen. Deutsche KMU bringen eine lange Tradition in der Entwicklung hochwertiger, spezialisierter Produkte und Technologien mit, während China über immense Produktionskapazitäten und einen schnell wachsenden Markt verfügt. Folgende Bereiche sprechen besonders aussichtsreich für eine Zusammenarbeit:

- **Spezialchemikalien**: Deutsche KMU sind oft führend in der Entwicklung und Herstellung hochspezialisierter Chemieprodukte für verschiedene Anwendungen wie Elektronik, Kosmetik oder Pharmaindustrie.

Durch die Zusammenarbeit können die deutschen KMU ihre Expertise mit Unternehmen in China teilen, die über Produktionskapazitäten und Zugang zum größten Markt verfügen.

- **Umwelttechnologien**: Deutschland ist gut bekannt für seine Innovationsführerschaft in Umwelttechnologien und nachhaltigen Lösungsansätzen. In China werden umweltfreundliche Technologien und Produkte stark gefördert. Die Zusammenarbeit zwischen deutschen KMU und China kann die Entwicklung und Anwendung von umweltfreundlichen Produkten und Techniken beschleunigen, so dass die negativen Umweltauswirkungen so früh und so viel wie möglich minimiert werden können.
- **Materialwissenschaften**: Die Entwicklung von neuen Materialien für verschiedene Anwendungen in Leichtbau-, Elektronik- oder Automobil-Industrie ist ein vielversprechendes Gebiet für Kooperationen. Deutsche KMU können ihre Expertise in der Materialforschung mit Entwicklungsgeschwindigkeit und Produktionskapazitäten in China kombinieren, um innovative Produkte schneller zu entwickeln.
- **Nanotechnologie**: Die Nanotechnologie ist ein aufstrebendes Feld mit facettenreichen Anwendungsmöglichkeiten in unterschiedlichen Branchen. Deutsche KMU und chinesische Unternehmen können gemeinsam an der Entwicklung und Anwendung neuer Nanomaterialien und -technologien arbeiten und von dem Erfolg profitieren.
- **Pharmazeutika**: Deutschland hat eine starke pharmazeutische Industrie mit vielen kleinen und mittleren Unternehmen, die auf ihre lange Erfolgsgeschichten zurückblicken können. Sie sind innovativ, haben größernteils ihre globale Präsenz. Durch die Zusammenarbeit mit chinesischen Partnern können neue Wirkstoffe entwickelt, Produktionskapazitäten erweitert und die Anschlüsse an einen breiteren Markt, der hohes Wachstums- und Entwicklungspotenzial ausweist, ermöglicht werden.

Diese sind nur einige Beispiele für eine aussichtsreiche Kooperation zwischen deutschen KMU und chinesischen Unternehmen in der chemischen Industrie. Durch die strategische Partnerschaft können deutsche KMU und chinesische Unternehmen ihre Ressourcen bündeln, Synergien schaffen und gemeinsam neue Geschäftsfelder erschließen. Dies trägt nicht nur zur beiderseitigen Stärkung der Wirtschaft, sondern auch zur Förderung von Innovationen und nachhaltigem Wachstum in der globalen Chemieindustrie bei.

2.3 Eine internationale Kooperation braucht eine gute Vorbereitung

Die obengenannten Erfolgsbeispiele der Kooperation und die Empfehlungen zur möglichen Zusammenarbeit zwischen deutschen KMU und chinesischen Unternehmen in der Chemieindustrie haben gezeigt, dass das Potenzial für gemeinsame Entwicklungen und Erfolge groß ist. Ich bin zuversichtlich, dass sich in Zukunft noch mehr deutsche KMU trauen werden, die Chancen zu erkennen, wahrzunehmen und die Zusammenarbeit mit China einzugehen.

Aber Mut und Optimismus reichen allein nicht. Eine Kooperation zwischen zwei so unterschiedlichen Ländern wie China und Deutschland kann oft auch mit vielen Herausforderungen und Risiken verbunden sein. „Eine gute Vorbereitung ist schon die halbe Miete", dieses Zitat aus der deutschen Landwirtschaft, welches auf den künftigen „Ernteertrag" abzielt, weist auch genau auf den wichtigsten Ansatz bei einer internationalen Kooperation hin. Ein Zitat des berühmten chinesischen Philosophen Konfuzius „In allen Dingen hängt der Erfolg von den Vorbereitungen ab" deutet auf das gleiche hin. Was und wie kann man sich vorbereiten? Bei der Kooperation zwischen deutschen KMU und China gibt es mehrere wichtige Aspekte, worauf man achten sollte, um langfristig erfolgreiche Partnerschaft zu gewährleisten.

2.3.1 Definition einer gut durchgedachten China-Strategie

Die Unternehmensstrategie ist das Kernstück eines intakten Unternehmens, und zwar unabhängig davon, ob das Unternehmen klein oder groß ist. Das Land China spielt heutzutage für die meisten Unternehmen in Deutschland eine direkte oder indirekte Rolle. Daher ist die China-Strategie in vielen Unternehmen, vor allem den großen Konzernen, schon längst ein Festbestandteil ihrer Unternehmensstrategien. Im Gegensatz zu den großen existiert in den meisten KMU in Deutschland oft gar keine oder noch keine China-Strategie. Aber ohne eine klare und durchgedachte Strategie ist man unvorbereitet und zugleich orientierungslos für die Geschäftsentwicklung. Wie definiert man am besten eine China-spezifische Strategie?

Genauso wie bei einer Unternehmensstrategie braucht man zuerst eine ausführliche und umfangreiche Analyse über das Land, die Märkte, die Entwicklungstrends und das wirtschaftliche & politische Umfeld, wo man tätig sein möchte. Man muss sich über seine eigene Stärkten und Schwächen im Klaren sein. Man muss die Fragen klar und deutlich beantworten können, warum und welches Produkt der Markt von mir braucht, welche Vorteile mein Produkt gegenüber Konkurrenten hat, und ganz wichtig, warum ich in diesem Markt überhaupt tätig sein möchte/muss. Eine China-Strategie muss also kompatibel sein mit der eigenen Unternehmensstrategie. Eine wirksame China-Strategie benötigt nicht nur ausreichende Ressourcen, sondern auch der Kommittent des Führungsteams und die Akzeptanz aller Mitarbeiter im Unternehmen. Sonst wäre die China-Strategie nur ein Blatt Papier ohne Kraft und Wirkung.

2.3.2 Aufbau von interkultureller Kompetenz

China und Deutschland sind zwei Länder mit sehr unterschiedlichen Kulturen. Dadurch sind auch die Geschäftspraktiken und Kommunikationsstilen oft sehr verschieden. Deswegen ist die interkulturelle Kompetenz äußerst wichtig für eine erfolgreiche Zusammenarbeit zwischen beiden Ländern. Der Mangel an interkultureller Sensibilität kann zu Missverständnissen, Konflikten und sogar zum Scheitern von Geschäftsbeziehungen führen.

Ein sehr berühmtes Zitat aus dem Buch „Die Kunst des Krieges“ verfasst vom chinesischen Philosophen und General **SUNZI** (771–256 v. Chr.), sagt „Wenn Du den Feind und Dich selbst kennst, brauchst Du den Ausgang von hundert Schlachten nicht zu befürchten. ... Wenn Du weder den Feind noch Dich selbst kennst, wirst Du in jeder Schlacht unterliegen“. Das trifft die Situation von damals ebenso wie jegliche Interaktion in unserer heutigen Gesellschaft. Die interkulturelle Kompetenz fängt mit dem Wissensaufbau über das eigene Unternehmen und den Partner in China an, geht über die Kommunikation in verschiedenen Geschäftssituationen, die Geschäftspraktiken und -etikette, den Aufbau von Beziehungen, bis hin zum Umgang mit Konfliktsituationen usw. Dabei sind Respekt und Empathie die wichtigsten Haltungen gegenüber den Menschen und deren kulturellen Unterschieden, die den Aufbau von gegenseitigem Verständnis, Vertrauen und letztendlich die Zusammenarbeit fördern.

Es ist unumstritten, dass die interkulturelle Kompetenz für die Kooperation zwischen unterschiedlichen Ländern und Kulturen eine entscheidende Rolle spielt. Davon hängt es ab, ob die interkulturelle Zusammenarbeit reibungslos und die Geschäftsbeziehung erfolgreich verlaufen kann. Daher ist es für alle international tätige Unternehmen empfehlenswert, frühzeitig mit dem Aufbau interkultureller Kompetenz für Führungskräfte und Mitarbeiter anzufangen. Unterstützungen durch professionelle und erfahrende Serviceanbieter aus China oder Deutschland in Form von Beratung, Training, Coaching oder dem Interim Management können den Aufbau beschleunigen und aufrechterhalten. Es ist außerdem zu beachten, dass der Aufbau interkultureller Kompetenz ein dauerhafter Lernprozess ist, der in der Praxis mit Regelmäßigkeit, Geduld, Fehlern, Scheitern aber auch Erfolgen gefüllt wird. Langfristig gesehen sollte die Interkulturelle Kompetenz ein fester Bestandteil der Unternehmenskultur sein und von jedem im Unternehmen gelebt werden.

Aus meiner persönlichen Erfahrung ist ein offener Kommunikationsstil gerade am Anfang einer internationalen Zusammenarbeit sehr fördernd. Die Verhaltenskodexe bzw. Kommunikationsregeln für die Kooperation können von beiden Partnern gemeinsam definiert und klar kommuniziert werden, um Missverständnisse und Konflikte im Arbeitsalltag zu minimieren und sogar zu vermeiden. Darüber hinaus empfehlt sich auch die kurz- oder mittelfristige Begleitung durch einen **Kultur-Mediator** bzw. -Berater insbesondere bei wichtigen Projekten, Verhandlungen oder schwierigen Geschäftssituationen. Der ideale Kandidat für diese Rolle sollte sich in beiden Kulturen sehr gut auskennen, am besten die Sprachen der Kooperationspartner gut beherrschen und ist möglichst nicht unmittelbar involviert im Geschäft. Wenn die Person noch über Branchen- oder Industrieerfahrung und gute lokale Beziehungen in China/Deutschland verfügt, wird sie sicherlich einen entscheidenden Beitrag zum Erfolg der Zusammenarbeit leisten.

2.3.3 Auswahl der Gesellschaftsform und der Partnerschaft

Wenn sich ein Unternehmen für den Markteintritt in China entschieden hat, stehen viele Fragen zu beantworten, wie z.B. in welcher Rechtsform sollte die Zusammenarbeit erfolgen, wie sucht man sich den richtigen Partner in China aus oder wo findet man professionelle Unterstützung etc...

Mit Inkrafttreten des neuen „Gesetzes der Volksrepublik China über ausländische Investitionen" (Foreign Investment Law, FIL) am 1. Januar 2020 wurden die drei bestehenden Gesetze über Foreign Invested Enterprises (FIE) – Sino-Foreign Equity Joint Ventures (1979), Sino-Foreign Contractual Joint Ventures (1988) und Wholly Foreign-Owned Enterprises (WFOEs) (1986) – und deren jeweilige Durchführungsbestimmungen aufgehoben. Das neue Gesetz regelt die wichtigsten Formen für ausländische Geschäftstätigkeiten in China wie folgt: **Repräsentanz**, **Limited Liability Company**, **Joint Venture** sowie **Aktiengesellschaft** und **Partnerschaftsgesellschaft** (GTAI, 2022).

– **Repräsentanz**

Als erste und die einfachste Rechtsform entscheiden sich Investoren vor allem die deutschen KMU bis heute noch regelmäßig für die Errichtung einer ausschließlich Liaison-Zwecken-dienenden Repräsentanz meistens aber in der Anfangsphase des Markteintritts. Allerdings hat solche Repräsentanz keine eigenständige Rechtspersönlichkeit und darf nur sehr beschränkt tätig werden; operative Geschäftstätigkeiten sind ausgeschlossen (GTAI, 2022).

– **Gesellschaften mit beschränkter Haftung**

Das WHOLLY FOREIGN OWNED ENTERPRISE (WFOE) ist die bei ausländischen Investoren beliebteste Rechtsform und weist starke Ähnlichkeiten zur deutschen GmbH auf. Insbesondere die alleinige Steuerbarkeit der Gesellschaft durch einen bzw. mehrere ausländische Investoren sowie die Beschränkung der Gesellschafterhaftung auf die Einlage am Stammkapital zählen zu den Vorteilen des WFOE (Rödl & Partner, 2017).

– **Gemeinschaftsunternehmen (Joint Venture)**

Ein Joint Venture (JV) in China ist ein gemeinsam geführtes Unternehmen unter Beteiligung von mindestens zwei Partnern, wobei einer der Partner aus China stammt. Zur Verfolgung eines gemeinsamen Ziels vereinen zwei oder mehrere Unternehmen idealtypisch ihre Unternehmensstärken. Beim Markteintritt in China ist unter anderem zu berücksichtigen, dass

Kenntnisse über die chinesische Sprache und Kultur sowie ein persönliches Netzwerk auch im geschäftlichen Bereich noch immer vorteilhaft sein können. Ein chinesischer JV-Partner, der über die richtigen Beziehungen verfügt, kann die Erteilung erforderlicher Genehmigungen erleichtern und einen wesentlichen Beitrag zum geschäftlichen Erfolg leisten. Allerdings kann in einem JV die Alltagskooperation zum Teil mit erheblichen Konflikten verbunden sein. JVs stellen in China unter Managementgesichtspunkten die anspruchsvollste und zugleich die komplizierteste Unternehmens- und Investitionsform dar (IHK, Region Stuttgart, Nr. 3809672).

– **Sonstige Organisationsformen**

Die *Aktiengesellschaft (Joint Stock (Limited) Company, AG)* kann als börsen-notierte Gesellschaft oder nicht börsengängige AG gegründet werden und unterliegt dem CL (Gesellschaftsgesetz, Company Law, CL). Die Gründung erfolgt durch mindestens zwei bis höchstens 200 Gründungsmitglieder, von denen mehr als die Hälfte in China ansässig zu sein hat (Art. 78 CL). Die *Partnerschaftsgesellschaft* ist als gewöhnliches Partnerschaftsunternehmen mit der deutschen OHG vergleichbar und geregelt durch PEL (Partnership Enterprises Law, PEL). Sie ist keine juristische Person und nicht rechtsfähig. Vorgeschrieben ist die Beteiligung von mindestens zwei Partnern, auch natürlichen Personen (Art. 14 PEL) (GTAI, 2022).

Unabhängig von der Auswahl der Gesellschaftsform ist eine enge Zusammenarbeit mit **lokalen Partnern in China** fast unentbehrlich. China ist riesig und facettenreich. Unterschiedliche Regionen weisen häufig sehr unterschiedliche Kulturen und wirtschaftliche Entwicklungen auf. Darüber hinaus haben die lokalen Regierungen oft ihre eigenen Gesetzte und Regeln, die sich regional voneinander stark unterscheiden können. Ausländische Investoren können kaum oder nur sehr mühsam ausreichende Kenntnisse darüber erlangen. In solchen Situationen sind vertrauensvolle und zuverlässige Partner direkt vor Ort am besten geeignet, Ihnen mit Rat und Tat zur Seit zu stehen, Sie vor Umwegen, Fehlern oder sogar Misserfolgen zu bewahren. Ohne Hilfe solcher lokalen Partner können manche guten Projekte oder Geschäftsideen gar nicht umgesetzt oder realisiert werden.

In der Gesellschaftsform eines JVs ist die Abhängigkeit vom Geschäftspartner groß. Daher wird eine gründliche Due-Diligence-Prüfung, zumindest aber eine Prüfung des chinesischen Handelsregisters unabdingbar, um sicher zu sein, dass der Partner zuverlässig ist und über die erforderlichen Ressourcen und Fähigkeiten verfügt. Die Niederlassungen deutscher und europäischer Wirtschaftsinstitutionen in China wie z.B. AHK – Die deutsche Auslandshandelskammer, GIZ – Die Deutsche Gesellschaft für Internationale Zusammenarbeit, Die Europäische Handelskammer und nicht zuletzt das EU SME Centre – eine Initiative der Europäischen Union, die KMU aus Europa eine Palette an umfassenden Unterstützungsdiensten bietet und diese auf die Geschäftstätigkeit in China vorbereitet, leisten Ihnen gerne die ersten Hilfestellungen und unterstützen Sie auch bei der Prüfung der Geschäftspartner. Außerdem gibt es mittlerweile auch zahlreiche professionelle Dienstleister sowohl in China als auch in Europa, die auf Kooperationen von China und Europa spezialisiert sind. Nicht zuletzt, dürfen hierfür die persönlichen Kontakte in China nicht unterschätzt werden. Sogar private Personen wie z.B. langjährige Geschäftsfreunde können oft wertvolle Hilfe sein.

2.3.4 Geistiges Eigentum und Technologietransfer

Der Schutz geistigen Eigentums ist weiterhin ein wichtiges Thema für die Kooperationen mit China. Weltweit belaufen sich Schäden durch Plagiate – leider immer noch vieles aus China – auf geschätzt über 660 Milliarden Euro. Maßnahmen zum Schutz des firmeneigenen geistigen Eigentumes sollten daher frühzeitig ergriffen werden. Die chinesische Regierung ist sich dem Problem der Produkt- und Markenpiraterie durchaus bewusst und hat die rechtliche Situation sukzessiv verbessert. Trotzdem bestehen im Bereich der Durchsetzung von Schutzrechten teilweise noch Probleme, aber Berichte von positiven Erfahrungen nehmen immer mehr zu. Insbesondere bei Markenrechtsverletzungen haben betroffene Unternehmen vermehrt von Erfolgen bei der Durchsetzung ihrer Rechte berichtet (IHK Pfalz, Nr. 29271).

Es ist weiterhin unerlässlich, entsprechende Vereinbarungen zu treffen und Mechanismen einzurichten, um auch in Zukunft die Risiken von Ideenklau oder unerlaubtem Technologietransfer zu minimieren. Als erste Hilfestellung hierfür kann man beispielsweise auf zwei Angebote zurückgeifen: zum einen der „China IPR SME Helpdesk", welcher durch die Initiative der Europäischen Kommission im Jahr 2020 ins Leben gerufen wurde, um primär die europäischen KMU bei ihrem Technologietransfer nach China zu beraten (den Link dazu finden Sie im Literaturverzeichnis).

Zum anderen haben die AHK, die deutsche Auslandshandelskammer in China, und IHK Pfalz gemeinsam Maßnahmen zum Schutz des geistigen Eigentums sowie die wesentlichen Voraussetzungen zur Registrierung von Marken, Patenten, Geschmacks- und Gebrauchsmustern und die zuständigen Behörden zusammengefasst und zur Verfügung gestellt (den Link dazu finden Sie im Literaturverzeichnis).

2.3.5 Lokale Anpassung von Produkten und Dienstleistungen

Durch kulturelle Unterschiede und landestypische Gegebenheiten haben die Märkte bzw. die Kunden in einem anderen Land unterschiedliche Interessen und Anforderungen. Deutsche KMU sollten sich darüber im Klaren sein, dass sie ihre Produkte und Dienstleistungen gegebenenfalls an die Bedürfnisse und Präferenzen der Märkte in China anpassen müssen. Dies kann möglicherweise Änderungen in Produktangeboten, Marketing- oder/ und Vertriebsstrategien erfordern. Um die für China geeigneten Businessmodelle und Maßnahmen zu identifizieren, sollte man im Vorfeld die dortigen Märkte bzw. die Kunden sorgfältig studieren und sich ggf. ausführlich beraten lassen.

Heute hat China bereits in einigen Gebieten die Innovations- und Technologieführerschaft errungen. Besonders herausragend ist seine Entwicklung in Bereichen wie **Digitalisierung, E-Commerce und künstlicher Intelligenz**. Wenn ein ausländisches Unternehmen mit seinen Produkten oder Dienstleistungen in China Fuß fassen möchte, braucht es als erstes eine E-Commerce-Strategie, die auf die Märkte und Kunden in China abgestimmt ist. Die Bedeutung bzw. die Auswirkung der digitalen Tools wie bargeldlose Zahlung, Live-Streaming, WeChat, Tiktok und Co und nicht weniger die Anwendung von künstlicher Intelligenz dürfen im Marketing- und Vertriebskonzept für China nicht fehlen. Durch geschickten Einsatz von modernen Social-Media-Tools kann sowohl der Markteintritt und als auch die Geschäftsentwicklung in China erheblich erleichtert oder gar beschleunigt werden. Wenn aber ein ausländisches Unternehmen nicht selbst über ausreichende Ressourcen oder Erfahrungen über den E-Commerce in China verfügen sollte, kann es gerne auf externe Services zurückgreifen. Mittlerweile gibt es sowohl in China als auch in Europa professionelle Marketingagenturen, die auf China spezialisiert sind und maßgeschneiderte Services anbieten können.

China und seine Märkte entwickeln sich rasant. Auch das Interesse und Verhalten der Kunden verändern sich häufig und schnell. Die Dynamik in diesem Land ist einzigartig und faszinierend. Um in China langfristig erfolgreich zu sein, müssen die ausländischen Unternehmen bereit sein, sich ständig und rasch anzupassen, weiterzuentwickeln und zu verbessern.

2.3.6 Aufbau von Vertrauen und langfristigen Win-Win-Beziehungen

Unabhängig davon in welcher Form sich ausländische Unternehmen in China engagieren, stehen die Geschäftsbeziehungen zu Kunden, Lieferanten, Partnern, Kollegen, Mitarbeitern etc. immer im Vordergrund. In China spielen die persönlichen Beziehungen auch im Geschäftsleben immer eine erhebliche Rolle. Es ist daher besonders ratsam, vor allem am Anfang einer Kooperation, Zeit und Energie in Aufbau einer vertrauensvollen Beziehung zu investieren und sich um eine Partnerschaft auf Augenhöhe zu bemühen.

Wie beim Aufbau interkultureller Kompetenz ist es auch hier empfehlenswert, rechtzeitig auf professionelle Unterstützung zuzugreifen. Die Hilfestellung muss nicht zwingend von einem Dienstanbieter erbracht werden. Auch ein langjähriger Kollege, Geschäftsfreund oder ehemaliger Mitarbeiter, der sich in China sowohl kulturell als auch geschäftlich auskennt, über gutes Netzwerk und gegebenenfalls auch fachliche Kompetenz verfügt, kann Ihnen eine sehr wertvolle Unterstützung sein.

Neben Vertrauen kann eine erfolgreiche Geschäftsbeziehung nur langfristig existieren, wenn die Kooperation auf Dauer eine Win-Win-Situation darstellt. Bereits am Anfang der Kooperation sollten die Interessen aller beteiligten Partner klar kommuniziert und im Lauf der Zusammenarbeit stets respektiert werden. In China verändern sich das Geschäftsumfeld und die Marktgegebenheiten häufig und oft kurzfristig. Die Veränderungen können manchmal zur Korrektur der ursprünglichen Vereinbarungen führen. Die Chinesen sind bekannt für ihren Pragmatismus und ihre Flexibilität. Sie sind es gewohnt, sich schnell an die neuen Situationen anzupassen und lösungsorientiert damit umgehen. Durch offene Kommunikation und die Bereitschaft, voneinander zu lernen, werden die Partner beider Länder in der Lage sein, sich zu einigen und die Win-Win-Situation weiterhin zu bewahren. Ein chinesisches Sprichwort sagt „Wenn man nicht streiten kann,

kann man auch nicht einer Meinung sein". Nur durch die unaufhörlichen und gemeinsamen Bemühungen um die Überwindung von Verschiedenheiten und Schwierigkeiten entlang der ganzen Zusammenarbeit, wird mit der Zeit das gegenseitige Vertrauen immer stärker und eine fruchtbare Partnerschaft längerfristig bestehen.

3. SCHLUSSWORT

Chemie ist die Basis für viele Industrien. Die meisten chemischen Produkte sind wiederum die wichtigen Rohstoffe für die Herstellung von vielen hochwertigen und technologischen Produkten. Nicht nur in der Wirtschaft, auch in unserem Alltag spielt Chemie eine bedeutende Rolle. Die Welt von heute und morgen ist ohne Chemie nicht mehr vorstellbar. Die Zukunft der chemischen Industrie wird verstärkt von nachhaltigen Innovationen und internationaler Zusammenarbeit geprägt, denn die Branche immer mehr bestrebt ist, umweltfreundlichere Produkte und Verfahren zu entwickeln. In diesem Zusammenhang spielen deutschen KMU und chinesische Unternehmen im gleichen Maß eine essenzielle Rolle.

Die Zusammenarbeit zwischen China und deutschen KMU wird die Zukunft der Chemieindustrie nicht nur positiv beeinflussen, sondern auch Chancen beiden Seiten eröffnen. Einerseits profitieren deutsche KMU von Chinas wachsendem Bedarf an Chemieprodukten, insbesondere im Bereich Spezialchemie und Hochleistungsmaterialien. China ist einer der größten Chemiemärkte der Welt mit riesigem Kundenstamm. Durch die Zusammenarbeit mit chinesischen Unternehmen können deutsche KMU neue Absatzmärkte erschließen und von Chinas Innovationskraft und Produktionskapazitäten profitieren. Andererseits bietet die Kooperation mit deutschen KMU China Zugang zu fortschrittlichen Technologien, hochwertigen Produkten und Expertisen in Produktentwicklung, Qualitätsmanagement, Verfahrensoptimierung und Umweltschutz. Deutsche KMU sind bekannt für ihre Innovationsfähigkeit und können dazu beitragen, die Chemieindustrie in China zu modernisieren und international wettbewerbsfähig zu machen.

Die Digitalisierung und künstliche Intelligenz werden ebenfalls eine kritische Rolle für die zukünftige Chemieindustrie spielen. Bereits heute hat China in diesem Gebiet einen großen Vorsprung geschafft. Die Kooperation zwischen Deutschland und China in diesem Gebiet kann dazu beitragen, gemeinsam Lösungen für globale Herausforderungen wie Umweltschutz und Ressourceneffizienz zu finden. Durch Austausch von Know-how und die Entwicklung gemeinsamer Standards können beide Länder die Integration von digitalen Technologien in der Chemieindustrie vorantreiben.

Allerdings gibt es auch Herausforderungen, die es noch zu überwinden gilt. Dazu gehören kulturelle Unterschiede, rechtliche und regulatorische Hürden sowie Fragen des geistigen Eigentums und des Technologietransfers. Es ist wichtig, dass beide Seiten Vertrauen aufbauen und faire Vereinbarungen für eine Win-Win-Partnerschaft treffen, um gemeinsam diese Herausforderungen anzugehen und langfristige Erfolge zu erzielen.

Zweifellos bietet die Zusammenarbeit zwischen deutschen KMU und China enorme Möglichkeiten für die Zukunft der Chemieindustrie. Durch eine enge Partnerschaft können beide Seiten voneinander profitieren und gemeinsam zu Innovationen und nachhaltigen Wachstum in der Branche beitragen.

LITERATURVERZEICHNIS

Statista Research Department (02. January 2024), Wichtigste Länder weltweit nach Umsatz der Chemieindustrie 2022; Statista Research Department (09. January 2024), Umsatz der Chemieindustrie weltweit in den Jahren von 1994 bis 2022. https://de.statista.com/statistik/daten/studie/288751/umfrage/laender-mit-dem-hoechsten-umsatz-der-chemieindustrie/. https://de.statista.com/statistik/daten/studie/237000/umfrage/umsatzentwicklung-auf-dem-globalen-chemiemarkt/.

CEFIC Chemdata International (08. December 2023), 2023 facts and figures of the European chemical industry. https://cefic.org/a-pillar-of-the-european-economy/facts-and-figures-of-the-european-chemical-industry/profile/.

Trade Data (28. November 2023), The Top 10 Largest Chemical Exporters Worldwide in 2023. https://www.tendata.com/blogs/tradedata/5057.html.

Henrik Bork (23. April 2021), Process Worldwide „Five Industry Clusters: China Wants to Concentrate its Petrochemical Industry." https://www.process-worldwide.com/five-industry-clusters-china-wants-to-concentrate-its-petrochemical-industry-a-1ef842342e32fd3b1cf9fd800e8a52da/.

Dr. Thomas Kiefer (15. September 2023), Produktion „Deutsche Chemiekonzerne geben in China Vollgas." https://www.produktion.de/wirtschaft/deutsche-chemiekonzerne-geben-in-china-vollgas-8-168.html#:~:text=Die%20Treibhausgas%2DEmission%20gibt%20BASF,p%C3%BCnktliche%20Produktlieferungen%20und%20Gesch%C3%A4ftskontinuit%C3%A4t%20gew%C3%A4hrleistet.

Henrik Bork (13. September 2023), Maschinen Markt „Die spannendsten deutsch-chinesischen Kooperationsprojekte“. https://www.maschinenmarkt.vogel.de/die-spannendsten-deutsch-chinesischen-kooperationsprojekte-a-5a27f3b61ef3e1b5423ff01dc523963e/.

Henrik Bork (23. August 2023), Maschinen Markt „Diese chinesischen Hersteller gehören zum Teil deutschen Unternehmen.“ https://www.maschinenmarkt.vogel.de/diese-chinesischen-hersteller-gehoeren-zum-teil-deutschen-unternehmen-a-542f7d9519deaefb206d58096db7d55d/.

Julia Merle (18. August 2022), GTAI „China: Gesellschaftsrecht“. https://www.gtai.de/de/trade/china/recht/china-gesellschaftsrecht-271242#:~:text=Das%20Gesellschaftsrecht%20ist%20vor%20allem,und%20dem%20Gesetz%20%C3%BCber%20Einzelpersonenunternehmen.

Rödl & Partner (08. February 2017), „WFOE, JV, RO und FIPE: Chinesisches Gesellschaftsrecht kurz und knapp“. https://www.roedl.de/themen/china/gesellschaftsrecht-china-rechtsformen-fipe-ro-jv-wfoe.

IHK Stuttgart (Nr. 3809672), investieren in China „Gesellschaftsgründung in China“. https://www.ihk.de/stuttgart/fuer-unternehmen/international/internationales-wirtschaftsrecht/rechtsinformationen-zu-einzelnen-laendern/asien/gesellschaftsgruendung-in-china-3809672.

IHK Pfalz (Nr. 29271), „Schutz des geistigen Eigentums in V.R. China“. https://www.ihk.de/pfalz/international/greater-china/china/china-recht-und-steuern/schutz-geistigen-eigentums-in-vr-china-1286212.

China IP SME Helpdesk. https://intellectual-property-helpdesk.ec.europa.eu/regional-helpdesks/china-ip-sme-helpdesk_en.

EU SME Centre China. https://www.eusmecentre.org.cn/.

HongHong Xu 徐红红. E-Mail: honghong.xu@peking-bridge.com

HongHong Xu ist in Beijing geboren, kam 1988 zum Studium nach Deutschland. Sie studierte an der technischen Universität in Darmstadt, erwarb den Abschluss Diplom-Ingenieur für Materialwissenschaft. Als Führungskraft war sie von 1996 bis 2019 bei dem Chemiekonzern BASF sowohl in Europa also auch in Asien tätig. Neben den Aufgaben in Bereichen Marketing, Produktmanagement und Strategien arbeitete sie jahrelang eng mit dem Managementteam der BASF zusammen für diverse Investitionsprojekte in China. Anfang 2020 gründete Frau Xu ihr eigenes Beratungsunternehmen Peking-Bridge, um sich ausschließlich der wirtschaftlichen Kooperation zwischen Deutschland und China zu widmen. Mit ihrer langjährigen Erfahrung und Leidenschaft für China und Deutschland unterstützt sie heute die KMU aus beiden Ländern bei ihrer Zusammenarbeit und ihren Bemühungen um gemeinsame Erfolge.

瑞士再保险与中国充满活力的保险业市场：历史视角

Ruìshì zàibǎoxiǎn yǔ zhōngguó chōngmǎn huólì de bǎoxiǎn yè shìchǎng: Lìshǐ shìjiǎo

SWISS RE UND DER DYNAMISCHE VERSICHERUNGSMARKT CHINAS
EINE HISTORISCHE PERSPEKTIVE

REMO STEINMETZ

Abstract. Der Artikel skizziert die Entwicklungsgeschichte und das Engagement von Swiss Re im chinesischen Versicherungsmarkt, beginnend mit den ersten Geschäftstätigkeiten in den 1920er Jahren bis hin zur aktuellen Marktposition. Trotz politischer und wirtschaftlicher Unruhen in China, wie der Kulturrevolution und dem „Grossen Sprung nach vorn", etablierte sich Swiss Re erfolgreich, besonders seit der wirtschaftlichen Öffnung Chinas unter Deng Xiaoping in den 1980er Jahren. Wichtige Meilensteine waren die Gründung der ersten asiatischen Niederlassung in Hongkong 1956 und die Expansion der Geschäftsaktivitäten, die durch Chinas WTO-Beitritt 2001 und die Liberalisierung des Versicherungssektors weiter verstärkt wurden. Swiss Re hat nicht nur seine Präsenz in China durch direkte Niederlassungen und Partnerschaften ausgebaut, sondern auch massgeblich zur Ausbildung und Entwicklung des Versicherungswesens in China beigetragen. Der Artikel betont die Bedeutung von Bildung, technischem Wissen und der Anpassung an lokale Gegebenheiten, um in einem sich schnell entwickelnden Markt wie China erfolgreich zu sein.

Stichwörter: Versicherung, Marktentwicklung, Wissenstransfer, Kundenschulung

1. DIE ANFÄNGE VON SWISS RE IN CHINA

Die Geschichte von Swiss Re in China zeichnet die Entwicklung und Expansion eines weltweit führenden Rückversicherers in einem der dynamischsten Versicherungsmärkte der Welt nach. Die Präsenz und das Engagement von Swiss Re in China haben im Laufe der Jahre signifikant zugenommen, was sowohl die wirtschaftliche Öffnung Chinas als auch die wachsende Bedeutung des chinesischen Versicherungsmarktes widerspiegelt. Heute ist Swiss Re der grösste ausländische Rückversicherer in China.

Die ersten Schritte von Swiss Re in China gehen auf das frühe 20. Jahrhundert zurück. Obwohl die genauen Anfänge schwer zu datieren sind, begann Swiss Re wahrscheinlich in den 1920er Jahren mit Rückversicherungsgeschäften in China. In dieser Zeit war China ein Markt mit hohem Potential, aber auch mit signifikanten Risiken, bedingt durch politische Instabilitäten und Naturkatastrophen. Bis 1937 war Shanghai, damals die fünftgrösste Stadt der Welt, der herausragende Versicherungsstandort in China (Borscheid 2014, S. 135).

Mit dem Zweiten Weltkrieg verflüchtigten sich die in- und ausländischen Versicherungen, kehrten nach 1945 zurück und zogen sich schliesslich aufgrund von Hyperinflation vollständig aus dem China-Geschäft zurück. 1953 verliessen alle privaten Versicherer den chinesischen Markt oder wurden von der 1949 gegründeten People Insurance Company of China (PICC) übernommen.

Die Verstaatlichung der Versicherung endete bereits 1958 in Versicherungslosigkeit. Im Rahmen des „Grossen Sprung nach vorn" wurde das Vermögen von PICC an die People's Bank of China übertragen, und nur wenige Mitarbeiter führten gewerbliche Versicherungen in Shanghai, Harbin und Guangzhou fort. Mit der Kulturrevolution 1969 verschwanden die letzten Fragmente von Versicherung aus China.

2. SWISS RE IN HONGKONG – EIN NEUER ANFANG

Hongkong hatte sich bis 1969, noch unter britischer Kolonialherrschaft, zu einer Industriestadt entwickelt und stand vor seiner Transformation zum internationalen Finanzzentrum, die aber erst in den 1980er Jahren vollzogen wurde. In den 1960er Jahren dominierten hauptsächlich Feuer- und Transportversicherungen den Markt. Etwa 160 Unternehmen betrieben das Versicherungsgeschäft; ein Drittel davon waren britische, ein Achtel amerikanische und ein kleinerer Teil lokal registrierte Unternehmen. Der Rest bestand aus Versicherern aus anderen asiatischen Ländern, Australien und Kontinentaleuropa.

Für Swiss Re war die Eröffnung der ersten asiatischen Niederlassung in Hongkong im Jahr 1956 ein bedeutender Meilenstein. Diese Pioniergesellschaft zielte darauf ab, Versicherungsgesellschaften in technischen Fragen zu unterstützen und Swiss Re in engen Kontakt mit ihren asiatischen

Kunden und anderen Versicherern zu bringen. Bereits seit der Jahrhundertwende hatte Swiss Re asiatische Risiken abgedeckt, anfangs durch Verträge mit britischen, französischen und niederländischen Versicherern, die in der Region tätig waren. Seit dem Ersten Weltkrieg verstärkte Swiss Re jedoch die Bemühungen, direkte Geschäftsbeziehungen mit Versicherern in Asien aufzubauen.

Als Hongkong sich zur wichtigsten Handelsdrehscheibe für die Anrainerstaaten des Südchinesischen Meeres entwickelte, baute Swiss Re ihre Aktivitäten in Asien weiter aus und eröffnete in den 1970er Jahren sowie erneut in den 1990er Jahren weitere Büros. Die Niederlassung in Hongkong wurde 1996 zu einer vollwertigen Niederlassung ausgebaut, gefolgt von der Eröffnung der Abteilung für Wirtschaftsforschung und -beratung im Jahr 1998. Diese Abteilung ist heute Teil des Swiss Re Institute, das seine Expertise mit Asien-Fokus unter anderem in den renommierten Swiss Re *sigma*-Versicherungspublikationen einbringt (Swiss Re, 2013, S. 30).

3. WIRTSCHAFTSREFORMEN UND MARKTENTWICKLUNG

Mit der wirtschaftlichen Öffnung Chinas Ende der 1970er Jahre unter Deng Xiaoping und der Einführung von Reformen, die auf eine stärkere Integration Chinas in die Weltwirtschaft abzielten, eröffneten sich neue Möglichkeiten für ausländische Unternehmen. 1979 wurde PICC wieder als Monopolversicherung eingesetzt. Mitte der 1980er Jahre kamen weitere staatliche Versicherer hinzu. Ping An Insurance Company of China wurde 1988 in Shenzhen, der erfolgreichsten der Sonderwirtschaftszonen, gegründet. Bis 1991 gründete die Bank of Communications die China Pacific Insurance Company CPIC, während Ping An 1992 in eine Aktiengesellschaft umgewandelt wurde und landesweit tätig sein durfte.

1992 erhielt die AIG als erste ausländische Versicherung eine Lizenz für Aktivitäten in Shanghai. Die chinesische Regierung begann, den Versicherungssektor zu liberalisieren und ausländische Direktinvestitionen zuzulassen, was Swiss Re und anderen internationalen Rückversicherern neue Türen öffnete. China wurde 2001 in die WTO aufgenommen, was auch ausländischen Versicherungen einen Marktzugang in China ermöglichte, der faktisch auf Joint Ventures mit chinesischen Versicherungen mit einer Beleihungsgrenze von 50% beschränkt war.

Noch bevor die Volksrepublik China in den 1970er Jahren diplomatische und wirtschaftliche Beziehungen zum Westen aufnahm, schlug Swiss Re in China Wurzeln. Der Rückversicherer unterhielt Verbindungen zum chinesischen Versicherungsmarkt und baute eine Arbeitsbeziehung mit der PICC auf, dem damals einzigen Versicherer des Landes, und stellte ihr bereits 1973 ein Transportrückversicherungsprogramm zur Verfügung (Swiss Re, 2013, S. 38).

Als 1995 das neue Versicherungsgesetz in Kraft trat, schuf dieses ein stabiles Umfeld sowohl für chinesische als auch für ausländische Rückversicherer. Swiss Re vertiefte ihr Engagement auf dem Markt. Der Rückversicherer eröffnete 1996 eine Repräsentanz in Peking, 1997 folgte die Repräsentanz in Shanghai. Nach der Eröffnung dieser neuen Büros nahmen die Aktivitäten von Swiss Re auf dem chinesischen Festland zu. Der wachsende chinesische Markt verlangte nach Schulungen und Seminaren für die Mitarbeiter der PICC zu Themen wie Versicherungs- und Risikomanagementtechniken, Naturkatastrophen und Produkte.

4. AUFBAU VON KAPAZITÄTEN UND WISSEN

Im Jahr 2003 erhielt Swiss Re die Genehmigung, als erster ausländischer Rückversicherer eine Niederlassung in China zu eröffnen. Dies ermöglichte es dem Unternehmen, direkt Rückversicherungsgeschäfte im chinesischen Markt zu tätigen. Ausländische Rückversicherer stellen Kapital und Fachwissen zur Verfügung. Obwohl ausländische Rückversicherer vor 2004 mehrere Jahre lang am Markt teilnehmen durften, war dies nur unter strengen Bedingungen möglich, darunter die regulatorische Vorgabe, mindestens 30 Jahre Erfahrung in der Branche und ein Mindestvermögen von 5 Milliarden USD (Swiss Re, 2013, S. 46).

Die Swiss Re Niederlassung in Peking unterstützte den chinesischen Versicherungsmarkt dabei, Lebens- und Kranken- sowie Schaden- und Unfallrückversicherungen in der Originalwährung anzubieten. Innerhalb von zwei Jahren nach der Eröffnung wuchs die Belegschaft der Niederlassung von sechs auf 60 Mitarbeiter an. Im Einklang mit dem wachsenden Status der neuen Niederlassung baute Swiss Re ihre Rückversicherungsaktivitäten in China aus. Auch die Forschungs- und Ausbildungskapazitäten von Swiss Re wurden ausgebaut, die in China als sehr hoch angesehen werden.

So wurde beispielsweise 1999 die chinesische Sprachversion der marktführenden Research-Reihe *sigma* eingeführt, 2003 folgte eine Online-Version. Schliesslich wurde 2020 das Swiss Re Institute China Centre eröffnet.

Swiss Re arbeitet mit einer Reihe führender chinesischer Universitäten und Forschungseinrichtungen zusammen, darunter die Peking-Universität, die Tsinghua-Universität, die Fudan-Universität und die Nankai-Universität, um das Risikoverständnis in China zu verbessern.

Zugang zu Ausbildung spielt in sich schnell entwickelnden Märkten eine wichtige Rolle, um das nötige technische Verständnis für Risiko und Versicherungslösungen zu entwickeln. Als Reaktion darauf bot Swiss Re früh eine Zahl von Seminaren und Workshops in China an, um den Transfer von Wissen und Best Practices zu fördern. Die Zahl der Kurse wuchs rasch, und wurde durch Ausbildungsprogramme von Geschäftsleitungsmitgliedern von chinesischen Versicherern durch das Swiss Re Institute in Zürich ergänzt.

Die chinesischen Kunden erhalten durch diese Programme ein Fenster zur globalen Versicherungswelt. Swiss Re Institute führte regelmässig Konferenzen mit Beteiligung von chinesischen Provinzen und Städten durch, Sino-Swiss Resilience Forum, Water Forum und schliesslich ein Sustainability Forum, das während der Pandemie 2020 online durchgeführt wurde. Ein starker Partner war bei diesen Veranstaltungen die Gesellschaft Schweiz-China, die seit 1945 den kulturellen, wissenschaftlichen und gesellschaftlichen Austausch zwischen den beiden Ländern stärkt. Diese Veranstaltungen und Seminare sind gute Beispiele dafür, wie ein globaler Rückversicherer wie Swiss Re sein internationales Wissen und seine Erfahrung weitergibt und zum Aufbau eines globalen Dialogs mit der internationalen Versicherungsgemeinschaft beiträgt.

Swiss Re hat seine Aktivitäten in China kontinuierlich ausgebaut und diversifiziert, mit einem starken Fokus auf die Entwicklung innovativer Rückversicherungslösungen für den chinesischen Markt. Dazu gehören unter anderem Produkte im Bereich der Katastrophenrückversicherung, die angesichts der zunehmenden Häufigkeit und Schwere von Naturkatastrophen in China von besonderer Bedeutung sind.

Swiss Re hat auch Partnerschaften mit chinesischen Versicherungsunternehmen und Regierungsbehörden geschlossen, um das Risikomanagement und die Resilienz gegenüber Naturkatastrophen und anderen Risiken zu verbessern. Darüber hinaus engagiert sich das Unternehmen in

Forschungs- und Entwicklungsprojekten, um ein tieferes Verständnis der spezifischen Risikolandschaft Chinas zu gewinnen und massgeschneiderte Lösungen anzubieten.

Es war das erste ausländische Unternehmen, das 2005 dem China Nuclear Insurance Pool beitrat und damit seine Kapazitäten erweiterte und Know-how weitergab. Neben anderen Initiativen entwickelte Swiss Re 2011 die erste Wetterindex-Versicherungslösung für den Energiesektor in China (Swiss Re, 2013, S. 49).

Vor der Covid-Pandemie 2019 war China der drittgrösste Markt für Swiss Re bezogen auf Versicherungsprämien. 2023 war China auf Rang fünf. Chinas Versicherungsmarkt wächst weiterhin, allerdings weniger stark als in den letzten zehn Jahre. Das Swiss Re Institute geht in einer Prognose davon aus, dass China ab 2035 der weltweit grösste Versicherungsmarkt sein wird, grösser als die Vereinigten Staaten.

5. PERSÖNLICHE ERFAHRUNGEN UND AKTUELLE TRENDS

Seit über zehn Jahren entwickle ich Aus- und Weiterbildungsprogramme für Kunden aus chinesischen Versicherungen und Behörden. Die meisten Teilnehmenden der Programme sind auf Stufe der Geschäftsleitung und Verwaltungsrat, oder Entwicklungsprogramme für Personen, die Führungsverantwortung auf dieser Stufe übernehmen sollten. Praktisch alle Programme müssen in chinesischer Sprache übersetzt werden, da die meisten Teilnehmenden kein Englisch sprechen.

Durch die Einbindung von Geschäftsleitungsmitgliedern der Swiss Re bilden diese Programme eine Plattform für Bildung und Pflege von persönlichen Beziehungen. Rückversicherung ist ein sehr rationales Geschäftsmodell, es geht um viel Geld, Risiken, aber auch Vertrauen. Das Geschäft wird zwischen Personen verhandelt und vereinbart, und hat trotz der hohen Rationalität eine sehr persönliche Komponente.

Gerade in China spielt dies wegen Guanxi (关系), dem Netzwerk von Beziehungen zwischen verschiedenen Parteien, die sich gegenseitig Nutzen und Unterstützung bieten, eine wichtige Rolle. Guanxi basiert stark auf Konzepten wie gegenseitigem Respekt, Vertrauen und gegenseitigem Nutzen. In China wird dieses Prinzip oft als wichtiger angesehen als formale

Geschäftsvereinbarungen, weil es die Grundlage für langfristige Geschäftsbeziehungen und persönliches Vertrauen bildet.

Deshalb sind die Programme des Swiss Re Institute für die Kundenbeziehung in China essenziell, um Vertrauen zu bilden und zu erhalten, Geschäfte schneller und breiter abzuwickeln, Markteintritt und -expansion zu unterstützen, aber auch Geschäftskonflikte einfacher und effektiver zu lösen.

Das Fehlen persönlicher Kontakte während der Pandemie hat die transaktionale Geschäftsbeziehung wenig tangiert, aber die strategische Weiterentwicklung und Expansion eingeschränkt und die Vertrauensbasis zwischen Swiss Re und den chinesischen Zedenten geschwächt. Durch die Wiederaufnahme der Ausbildungsprogramme hoffe ich, dass der Dialog zwischen dem Westen und China weitergeht.

Im Moment sind folgende Themen im chinesischen Versicherungsmarkt im Trend:

Digitale Transformation: Auch die chinesische Versicherungsbranche erlebt einen tiefgreifenden digitalen Wandel und nutzt Technologien wie KI, maschinelles Lernen und Blockchain, um die betriebliche Effizienz zu steigern, das Kundenerlebnis zu verbessern und innovative Produkte einzuführen.

Datenanalyse und Personalisierung: Versicherer nutzen zunehmend Big Data und Analytik, um tiefere Einblicke in das Kundenverhalten und die Risikoprofile zu gewinnen. Auf diese Weise können sie Versicherungspolicen und Tarife individuell anpassen, eine stärkere Kundenbindung fördern und das versicherungstechnische Risiko verringern.

Nachhaltigkeit und ESG-Überlegungen: Umwelt-, Sozial- und Governance-Faktoren (ESG) gewinnen in der chinesischen Versicherungslandschaft zunehmend an Bedeutung. Die Versicherer integrieren Nachhaltigkeitsprinzipien in ihre Underwriting- und Anlagestrategien und folgen damit dem allgemeinen gesellschaftlichen Trend zu verantwortungsvollen und umweltbewussten Praktiken. China ist zudem stark wetterbedingten Veränderungen und Risiken ausgesetzt, die durch den Klimawandel verstärkt werden (z.B. Starkregen und Flut, Dürre, Taifun).

Innovation in der Lebens- und Krankenversicherung: Im Zuge der COVID-19-Pandemie und rascher Anstieg von Zivilisationskrankheiten wie Diabetes-2 rücken Lebens- und Krankenversicherungen stärker in den Fokus Chinas, wobei innovative Produkte, die sich mit pandemiebedingten Risiken und Gesundheitsschutz befassen, an Bedeutung gewinnen. Die demographische Veränderung mit einer stark älter werdenden Gesellschaft stellt eine weitere Herausforderung an die chinesische Versicherungswirtschaft.

Regulatorische Änderungen: Die sich entwickelnde Regulierungslandschaft beeinflusst weiterhin den Versicherungsmarkt in China. Trends in den Bereichen Datenschutz und grenzüberschreitenden Datentransfer, Verbraucherschutz und klimarelevante Vorschriften wirken sich darauf aus, wie Versicherer arbeiten und ihre Produktangebote gestalten.

Abschliessend lässt sich feststellen, dass Swiss Re durch kontinuierliche Anpassung und Innovation eine führende Rolle im sich rasant entwickelnden chinesischen Versicherungsmarkt eingenommen hat. Die enge Verzahnung mit lokalen Partnern und die konsequente Förderung von Wissenstransfer und Ausbildung stärken nicht nur die Marktpräsenz, sondern auch die interkulturellen Beziehungen. Zukünftig wird Swiss Re weiterhin innovative Lösungen und strategische Partnerschaften entwickeln, um den Anforderungen und Chancen dieses dynamischen Marktes gerecht zu werden.

LITERATURVERZEICHNIS

Borscheid, P., Gugerli, D., James, H. & Straumann, T. (2013b). Swiss Re und die Welt der Risikomärkte.

Swiss Re. (2013/2017). A History of Insurance in China. https://www.swissre.com/dam/jcr:eb1aba5f-05ca-4bd4-bfe6-d42a6ed6b8c5/150Y_Markt_Broschuere_China_Inhalt.pdf.

Remo Steinmetz. E-Mail: remo.steinmetz@gmail.com

Remo Steinmetz leitet die Swiss Re Institute Executive Education und entwickelt dort innovative Schulungs- und Führungsprogramme für Kunden im Versicherungs- und Risikomanagementbereich. Bevor er diese Position übernahm, führte er bei der Swiss Re Academy umfassende interne

Ausbildungsprogramme in den Bereichen Versicherung und Finanzmanagement. Als Vizekonsul und Diplomat am Schweizer Wissenschaftskonsulat swissnex in Boston (2004-2007) stärkte er die akademischen Beziehungen zwischen den USA und der Schweiz. Zusätzlich leitete er sechs Jahre lang das renommierte Nachdiplomstudium in Raumplanung an der ETH Zürich.

从 D-A-CH 企业家的角度看在中国开展业务的税务问题

Cóng D-A-CH qǐyè jiā de jiǎodù kàn zài zhōngguó kāizhǎn yèwù de shuìwù wèntí

STEUERLICHE ASPEKTE DER GESCHÄFTSTÄTIGKEIT IN CHINA AUS SICHT EINES D-A-CH UNTERNEHMERS

CLEMENS ENDFELLNER

Abstract. Im D-A-CH ansässige Unternehmer und Unternehmen haben sowohl das nationale Steuerrecht Chinas, die Vorgaben des anwendbaren Doppelbesteuerungsabkommens („DBA") mit China sowie ihr nationales Steuerrecht zu berücksichtigen, um sich steuerlich korrekt zu verhalten und unnötige Ausgaben zu vermeiden. Dieser Beitrag veranschaulicht die Zusammenhänge der drei Rechtsgebiete und erläutert die anwendbaren Grundsätze bei Geschäftstätigkeiten in China aus steuerlicher Sicht insbesondere eines österreichischen Unternehmers. Nach der Darstellung der Rolle von DBA illustrieren Beispiele das Zusammenspiel von nationalem Recht und DBA, bei Zahlungen von Zinsen, Dividenden, Lizenzen oder Preisgeldern etc, wenn China der Quellenstaat ist, dh die Zahlung von China aus erfolgt.

Stichwörter: Doppelbesteuerungsabkommen, Abzugsteuer

1. DER EINFLUSS DES CHINESISCHEN STEUERRECHTS

Ein ausländischer Unternehmer hat bei Geschäftstätigkeiten in China zuerst die Vorschriften des chinesischen Steuerrechts zu berücksichtigen. Dabei sind beispielsweise folgende Fragen zu beantworten: Ist eine Registrierung bei einer Behörde erforderlich, ist mit chinesischer (Umsatz-)Steuer abzurechnen, wird eine chinesische Abzugsteuer (= Quellensteuer) einbehalten, sind chinesische Aufzeichnungspflichten zu erfüllen und Steuererklärungen einzureichen etc. Diese Fragen sind mit einem chinesischen Experten abzuklären.

2. DIE ROLLE VON DOPPELBESTEUERUNGSABKOMMEN

Um ausländische Aktivitäten/Investitionen zu fördern und sowohl Doppelbesteuerungen als auch Doppel-Nichtbesteuerungen mit Einkommen- und

Körperschaftsteuer zu vermeiden, schließen Staaten miteinander regelmäßig bilaterale Doppelbesteuerungsabkommen („DBA") ab. Diese basieren auf einem Muster der OECD oder der UNO und sind daher bis zu einem gewissen Grad standardisiert, aber weichen jeweils dennoch etwas voneinander ab, da die staatlichen Interessen divergieren, was sich im konkret abgeschlossenen DBA widerspiegelt.

DBA sind Gesetze und für natürliche oder juristische Personen anwendbar, die in einem der Vertragsstaaten ansässig sind und im anderen Vertragsstaat eine Einkunftsquelle haben. Der Ansässigkeitsstaat ist jener Staat, in dem eine natürliche Person eine ständige Wohnstätte hat. Verfügt sie über eine ständige Wohnstätte in zwei oder mehr Staaten, ist jener Staat der Ansässigkeitsstaat, in dem der Mittelpunkt der Lebensinteressen liegt. Bei juristischen Personen ist vorrangiges Merkmal der Ort der Geschäftsleitung.

Der Quellenstaat ist jener, in dem sich eine Einkunftsquelle befindet. Dies kann ein Betrieb sein, eine vermietete Wohnung, eine Lizenzgebühr, ein Wertpapierdepot etc. Geregelt wird zwischen dem Ansässigkeits- und dem Quellenstaat die Aufteilung des Besteuerungsrechtes des erzielten Einkommens oder vorhandenen Vermögens, die Umsatzsteuer ist davon ausgenommen und nie vom Anwendungsbereich eines DBA umfasst. Neben Zuteilungsnormen enthalten DBA auch Vorschriften zum gegenseitigen Informationsaustausch etc.

Ohne DBA würde eine überproportionale Besteuerung drohen: Würde der Quellenstaat voll besteuern und der Ansässigkeitsstaat ebenfalls, würden die Besteuerung bzw die Kosten wirtschaftlich gewünschte internationale Aktivitäten/Investitionen unattraktiv machen. Als Konsequenz würden die Unternehmer ihre Tätigkeiten auf das Inland beschränken, um wirtschaftlicher zu arbeiten. Österreich-Ungarn hat daher bereits beginnend mit 1899 mit einzelnen Gliedstaaten des Deutschen Reiches Staatsverträge zur Vermeidung der Doppelbesteuerung auf dem Gebiet der direkten Steuern abgeschlossen (Kofler (2019), Rz 16).

Es ist international üblich, dass der Quellenstaat nur das Einkommen aus diesen Quellen besteuert, aber nicht das weltweite Einkommen des Unternehmers. Der Ansässigkeitsstaat besteuert dagegen oft das Welteinkommen unabhängig davon, in welchem Staat die Einkunftsquelle liegt.

Diese Systematik verursacht bei fehlenden Ausgleichsmaßnahmen eine unerwünschte Doppelbesteuerung.

Die Doppelbesteuerung wird entweder durch die Anrechnungs- oder die Befreiungsmethode mit Progressionsvorbehalt (bzw Freistellungsmethode mit Progressionsvorbehalt) vermieden. Welche Methode anwendbar ist, kann sich der Unternehmer nicht aussuchen. Dies ist im jeweiligen DBA im Methodenartikel geregelt. Zinsen, Dividenden und Lizenzen werden regelmäßig im Wege der Anrechnungsmethode im Ansässigkeitsstaat besteuert, bei den anderen Einkünften hängt dies vom konkreten DBA ab. Es ist auch möglich, dass ein Staat die Anrechnungs- und der andere Staat die Befreiungsmethode vorsieht. Die Entscheidung darüber liegt in der jeweiligen staatlichen Autonomie.

Bei der Anrechnungsmethode besteuert der Ansässigkeitsstaat und rechnet die im Quellenstaat gezahlte Steuer an. Erhebt China beispielsweise eine Abzugsteuer von 10%, wird diese auf die österreichische KöSt iHv 23% angerechnet und es sind noch 13% in Österreich zu bezahlen. Zahlt der Unternehmer aufgrund von Verlusten im Ansässigkeitsstaat keine Ertragsteuer, kann die ausländische Abzugsteuer auch nicht angerechnet werden und wird zum Kostenfaktor. Weiters ist die Anrechnung der Abzugsteuer mit dem Betrag begrenzt, der im Ansässigkeitsstaat auf die im Quellenstaat ausgeübte Geschäftstätigkeit entfällt. Dies bedeutet: Entfällt im Ansässigkeitsstaat auf die ausländische Tätigkeit keine Ertragsteuer – beispielsweise weil kein Gewinn mit der Tätigkeit erzielt wurde – scheidet die Anrechnung einer Abzugsteuer ebenfalls aus. Erhebt China auf Lizenzgebühren eine Abzugsteuer von 10% (= Steuer auf den Bruttobetrag) und übt der österreichische Unternehmer in China sonst keine Tätigkeiten aus, führt die Lizenzierung in Österreich jedoch zu keinem Gewinn, kann die Abzugsteuer nicht auf die österreichische KöSt angerechnet werden (= Steuer auf den Nettobetrag, dh die Bemessungsgrundlage der Steuer unterscheidet sich).

Wurde in China eine zu hohe Abzugsteuer einbehalten, dh ist eine nationale Abzugsteuer höher als die zulässige laut DBA, ist die zu hohe Steuer im Quellenstaat zur Rückerstattung zu beantragen. Ob und unter welchen Voraussetzungen in China eine Entlastung an der Quelle – zur Vermeidung einer nachfolgenden Rückerstattung – möglich ist, richtet sich nach chinesischem Recht. Die in China bezahlte Steuer ist für die Anrechnung in Österreich jedenfalls nachzuweisen.

Bei der Befreiungsmethode wird das im Quellenstaat erfasste Ergebnis nicht besteuert, jedoch für die Ermittlung des progressiven Steuersatzes, mit dem die im Ansässigkeitsstaat steuerpflichtigen Einkünfte besteuert werden, berücksichtigt. Führt die Vermietung von Räumlichkeiten im Quellenstaat zu einem Gewinn (Einkünften) von EUR 100, wird dieser Gewinn im Ansässigkeitsstaat unmittelbar nicht besteuert. Ist der Unternehmer eine natürliche Person mit anderen Einkünften von EUR 200, sind für die weitere Berechnung der Steuerbelastung die Einkünfte jedoch mit EUR 300 (= gesamtes Welteinkommen) anzusetzen, dh es wird der für EUR 300 geltende Steuersatz auf EUR 200 angewendet. Dadurch erhöht sich bei einem progressiven Tarif die Steuer im Ansässigkeitsstaat, da nicht der Steuersatz bei 200 herangezogen wird, sondern der Steuersatz bei 300.

Bei beiden Methoden ist zu berücksichtigen, dass die Vorschriften zur Ermittlung des Einkommens im Ansässigkeits- und Quellenstaat unterschiedlich sein werden, durch Investitionsbegünstigungen oder unterschiedliche Bilanzierungsmethoden, weshalb das nach chinesischem Steuerrecht ermittelte Ergebnis einer Geschäftstätigkeit vom nach österreichischem Steuerrecht berechneten abweichen wird. Die chinesische Steuererklärung ist nach chinesischem Steuerrecht aufzustellen, die österreichische Steuererklärung nach österreichischem Steuerrecht. Ein DBA greift in diese nationalen Vorschriften nicht ein, sondern teilt insbesondere die Besteuerungsrechte zu.

Als Nachweis zur berechtigten Inanspruchnahme eines DBA sehen die nationalen Finanzverwaltungen regelmäßig Formulare vor, mit denen die Ansässigkeit eines Unternehmers durch die Behörde bestätigt wird. Es empfiehlt sich, diese Formulare rechtzeitig einzuholen und dem chinesischen Partner vorzulegen, falls dieser den Nachweis der Ansässigkeit des Leistungs- und Zahlungsempfängers im D-A-CH benötigt. Weiters sollten allfällige chinesische steuerliche Pflichten, welche sich auf das Vertragsverhältnis auswirken, bereits im Vertrag angeführt werden. Es sollte beispielsweise geregelt sein, ob und in welcher Höhe eine Abzugsteuer zwingend abzuführen ist.

Beispiel 1, Die chinesische Betriebsstätte

Ein österreichisches Unternehmen betreibt eine Geschäftsstelle in China, welche ein Einkommen erwirtschaftet. Gemäß Artikel 5 iVm 7 des DBA

Österreich – China kann und wird China dieses Einkommen besteuern, dh das DBA weist China ein Besteuerungsrecht am Einkommen zu. Aufgrund von Artikel 24 Art 2 lit a des DBA ist Österreich verpflichtet, dieses Einkommen von der Besteuerung freizustellen.

Fortführung des Beispiels: Die chinesische Geschäftsstelle der österreichischen Projektentwicklungs GmbH erzielt nach chinesischem Steuerrecht ein Einkommen von T€ 100, das in China versteuert wird. Das nach österreichischem Steuerrecht ermittelte Einkommen beträgt aufgrund unterschiedlicher nationaler steuerlicher Vorschriften T€ 120. Diese T€ 120 sind vom weltweit erzielten Einkommen der GmbH abzuziehen, der verbleibende Teil ist in Österreich zu versteuern, wenn keine anderen Einkünfte auszuscheiden sind. Dies vermeidet eine Doppelbesteuerung in China und Österreich. Da der KöSt-Tarif mit 23% linear ist, spielt der Progressionsvorbehalt keine Rolle – der Steuertarif kann 23% nicht übersteigen.

Die gleiche Systematik besteht für einen deutschen und einen Schweizer Investor. Diese haben die Vorgaben des DBA ihres Ansässigkeitsstaates mit China zu beachten. Relevant ist einerseits die Ansässigkeit, dh in welchem Staat die ständige Wohnstätte bzw der Mittelpunkt der Lebensinteressen des Steuerpflichtigen (bei natürlichen Personen) bzw der Ort der Geschäftsleitung liegt (bei juristischen Personen). Anderseits ist wichtig, in welchem Staat sich die Einkunftsquelle befindet – in obigem Beispiel in China. Wäre die Projektentwicklungs GmbH in Deutschland ansässig und liegt die Einkunftsquelle in China, ist im DBA DE – CN nachzulesen. Die Staatsbürgerschaft ist im Steuerrecht weitgehend unbeachtlich, dh ein deutscher Staatsbürger mit Ansässigkeit in Wien wendet das DBA AT – CN an. Eine Ausnahme dazu stellen die USA dar, die auch die Staatsbürgerschaft als Kriterium für die Steuerpflicht heranziehen.

Beispiel 2, Die Teilnahme an einer chinesischen Sportveranstaltung

Ein österreichischer professioneller Sportler nimmt an einer Tennisveranstaltung in China teil und erhält ein Preisgeld. Ob und wie dieses Entgelt im Einkunftsquellenstaat China besteuert wird, ist von einem chinesischen Experten zu beantworten. Aus Sicht des DBA bestehen für Künstler und Sportler Sonderregelungen, da diese oft nur kurze Zeit physisch im Ausland verbringen, obwohl sie namhafte Einnahmen erzielen. Künstler und Sportler – diese Berufsgruppen sind im Sinne des DBA zu definieren – dürfen unabhängig von der Aufenthaltsdauer im Einkunftsquellenstaat besteuert werden, der Ansässigkeitsstaat Österreich befreit diese unter Progressionsvorbehalt. Im Unterschied zur Geschäftsstelle ist für vor Publikum auftretenden Künstlern und Sportlern im Quellenstaat irrelevant, ob sie eine Betriebsstätte begründen.

Ist Herr Müller Tennisprofi und erzielt er aus einer Tennisveranstaltung in China Einkünfte, besteuert diese China gemäß chinesischem Steuerrecht. Österreich besteuert diese Einkünfte zwar nicht, berücksichtigt diese jedoch beim progressiven Steuertarif. In Deutschland und der Schweiz ansässige Sportler hätten das DBA DE – CN bzw CH – CN zu beachten.

Beispiel 3, Die Entsendung eines Arbeitnehmers

Bei einer Personalentsendung (das Ergebnis der ausländischen Tätigkeit des Arbeitnehmers kommt dem entsendenden Arbeitgeber zugute) oder Personalgestellung (das Ergebnis der Tätigkeit des Arbeitnehmers kommt primär dem aufnehmenden ausländischen Arbeitgeber zugute, es liegt eine Arbeitskräfteüberlassung vor) ist anhand der Kriterien der Artikel 15 ff des DBA AT – CN bzw des DBA DE – CN und DBA CH – CN zu beurteilen, ob China ein Besteuerungsrecht an den Einkünften aus nichtselbständiger Arbeit zukommt.

Daneben ist die sozialversicherungsrechtliche Situation abzuklären, dh ob Sozialversicherungsbeiträge in China und/oder Österreich/Deutschland/der Schweiz anfallen. Im Krankheitsfall ist wichtig, wie hoch die Erstattung nach einer medizinischen Versorgungsleistung ist. Weiters sind die Lohnnebenkosten zu beachten. Bei einer Personalentsendung oder Personalgestellung ist ein Bündel an steuer- und sozialversicherungsrechtlichen Fragen aus der Sicht des Arbeitgebers und des Arbeitnehmers abzuklären.

Beispiel 4, Die Zinseinkünfte

Ein Unternehmen kann aufgrund des Grundsatzes der Privatautonomie innerhalb wirtschaftlich angemessener Grenzen entscheiden, eine Tochtergesellschaft oder Betriebstätte mit Eigen- oder Fremdkapital auszustatten. Eigenkapital wird nicht verzinst, Fremdkapital schon. Fremdkapital führt aus Sicht eines österreichischen Kapitalgebers daher zu steuerpflichtigen Zinseinkünften. Hier gewährt Artikel 11 Abs 2 dem Quellenstaat ein Recht auf 10% Abzugsteuer vom Bruttobetrag der Zinsen. Erhebt China diese Abzugsteuer auch nach nationalem Recht, kann diese auf die KöSt in Österreich angerechnet werden. Auch Artikel 11 Abs 2 des DBA DE – CN und des DBA CH – CN sehen eine 10%ige Abzugsteuer vor.

Beispiel 4, Die Gewinnausschüttung/Dividende

Erhält die österreichische Projektentwicklungs GmbH eine Gewinnausschüttung aus einem chinesischen joint venture in der Rechtsform einer Kapitalgesellschaft, darf China gemäß Art 10 Abs 2 des DBA AT – CN eine Abzugsteuer iHv 7% erheben, wenn der Empfänger der Nutzungsberechtigte ist und eine Gesellschaft, die unmittelbar über mindestens 25% der mit Stimmrecht verbundenen Anteile der die Dividenden zahlenden chinesischen Tochtergesellschaft verfügt. Erhebt China nach nationalem Recht die Abzugsteuer iHv 7%, ist in Österreich wie bei Zinsen laut DBA eine Anrechnung vorgesehen.

Da Österreich für Dividenden aus operativ tätigen chinesischen Tochterkapitalgesellschaften eine Steuerbefreiung in § 10 Abs 1 und 2 KStG vorsieht, läuft die Anrechnung leer. Da die Dividende in Österreich steuerfrei ist, kann auch keine chinesische Abzugsteuer angerechnet werden. Eine chinesische Abzugsteuer wird zum Kostenfaktor.

Das DBA DE – CN sieht in Artikel 10 Abs 2 eine 5%ige Abzugsteuer vor, wenn der Nutzungsberechtigte eine Gesellschaft (jedoch keine Personengesellschaft) ist, die unmittelbar über mindestens 25% des Kapitals der die Dividenden zahlenden Gesellschaft verfügt. Werden diese Kriterien nicht erfüllt, beträgt die Abzugsteuer 10% bzw bei Erträgen aus unbeweglichem Vermögen 15%, wenn die ausschüttende Gesellschaft selbst steuerbefreit ist. Das DBA CH – CN sieht in Artikel 10 Abs 2 eine Abzugsteuer von 5% bzw 10% so wie das DBA DE – CN vor, ohne Sonderregelung für Immobiliengesellschaften.

Beispiel 5, Die Zahlung einer Lizenzgebühr

Ein österreichisches Unternehmen räumt einem chinesischen Unternehmen entgeltlich eine Lizenz ein. Laut Artikel 12 Abs 2 des DBA AT – CN kann China eine Abzugsteuer iHv 10% der Lizenzgebühr einbehalten. Hier wird die Doppelbesteuerung gemäß Artikel 24 Abs 2 lit b des DBA durch die Anrechnungsmethode beseitigt. Die Lizenzgebühr ist in Österreich steuerpflichtig, die bezahlte chinesische Abzugsteuer kann bis zu 10%

auf die österreichische ESt/KöSt angerechnet werden. Die österreichische Projektentwicklungs GmbH kann sich daher auf die KöSt iHv 23% die bezahlten 10% anrechnen, weshalb der Gewinn aus der Lizenzvereinbarung in Österreich noch mit 13% zu erfassen ist. Voraussetzung für die Anrechnung sind entsprechende Einkünfte bzw ein entsprechendes Einkommen in Österreich. Die Abzugsteuer wird beispielsweise dann zum Kostenfaktor, wenn die GmbH steuerlich Verluste erwirtschaftet.

Das DBA DE – CN sieht in Artikel 12 Abs 2 grundsätzlich ebenfalls eine Abzugsteuer von 10% vor, das DBA CH – CN in Artikel 12 Abs 2 eine Abzugsteuer von 9%.

3. DER EINFLUSS DES NATIONALEN STEUERRECHTS

Neben dem nationalen Steuerrecht Chinas und dem DBA ist auch das nationale Recht des Ansässigkeitsstaates zu beachten. Die Vorschriften im öEStG und öKStG sind für ausländische Betriebsstätten und Tochtergesellschaften nicht ident. Eine Betriebsstätte ist ein unselbständiger Teil des Unternehmens, während eine selbständige Tochtergesellschaft eine Beteiligung darstellt. Die Betriebsstätte wird nach dem Transparenz- oder Durchgriffsprinzip behandelt (= Eigentümer der Vermögensgegenstände der ausländischen Betriebsstätte ist das inländische Unternehmen), während die Tochtergesellschaft Eigentümerin ihrer Vermögensgegenstände ist. Dieser rechtliche Unterschied bedingt eine unterschiedliche steuerliche Behandlung einer Betriebsstätte vs Tochtergesellschaft im Ansässigkeitsstaat.

Weiters kann der Ansässigkeitsstaat – so wie auch der Quellenstaat – im nationalen Steuerrecht ausländische Aktivitäten/Investitionen fördern, durch Steuerbefreiungen etc. Ist mit dieser Steuerbefreiung eine ausländische Abzugsteuer verbunden, wird diese im Ansässigkeitsstaat regelmäßig zum Kostenfaktor. In grenzüberschreitenden Fällen ist eine Steuerplanung unverzichtbar.

4. ZUSAMMENFASSUNG

Bei der Frage nach der Besteuerung in China ausgeübter Tätigkeiten sind das chinesische Steuerrecht, das DBA als „Brücke“ und das österreichische/deutsche/Schweizer Steuerrecht in einer Gesamtschau zu beachten, um die steuerlichen Pflichten korrekt zu erfüllen und unnötige Kosten bzw Steuern zu vermeiden.

LITERATURVERZEICHNIS

Abkommen zwischen der Regierung der Republik Österreich und der Regierung der Volksrepublik China zur Vermeidung der Doppelbesteuerung und zur Verhinderung der Steuerumgehung auf dem Gebiete der Steuern von Einkommen und vom Vermögen, BGBl Nr 679/1992 idgF.

Abkommen zwischen der Bundesrepublik Deutschland und der Volksrepublik China zur Vermeidung der Doppelbesteuerung und zur Verhinderung der Steuerverkürzung auf dem Gebiet der Steuern vom Einkommen und vom Vermögen, BGBl 2015 Teil II Nr 35.

Abkommen zwischen dem Schweizerischen Bundesrat und der Regierung der Volksrepublik China zur Vermeidung der Doppelbesteuerung auf dem Gebiet der Steuern vom Einkommen und vom Vermögen, AS 2014 3583; BBl 2014 47.

Aigner/Kofler/Tumpel (Hrsg), DBA, Wien (2019).

Bendlinger/Kanduth-Kristen/Kofler/Rosenberger, Internationales Steuerrecht, Wien (2019).

Bundesministerium für Finanzen, EAS 3436 vom 1.6.2022 zur Bereitstellung von IT-Dienstleistungen im Verhältnis zu China.

Bundesministerium für Finanzen, EAS 3397 vom 18.1.2018 zur Lizenzbereitstellung nach China.

Endfellner, Das Doppelbesteuerungsabkommen zwischen China und Österreich, ecolex 2008, 402.

Fraberger/Baumann/Plott/Waitz-Ramsauer (Hrsg), Handbuch Konzernsteuerrecht, Wien (2014).

Kofler/Lang/Rust/Schuch/Spies/Staringer (Hrsg), KStG, Wien (2022).

Kofler, Vor Art 1, I. Funktion von DBA, in Aigner/Kofler/Tumpel (Hrsg), DBA, Wien (2019).

Loukota/Jirousek/Schmidjell-Dommes/Daurer, Internationales Steuerrecht, Wien (2024).

Schmidjell-Dommes, Die Änderungen des Doppelbesteuerungsabkommens mit China im Überblick, SWI 2023, 532.

Dr. Clemens Endfellner. E-Mail: cendfellner@kpmg.at

Dr. Clemens Endfellner, LL.M. (International Tax Law) ist Wirtschaftsprüfer und Steuerberater bei der KPMG Alpen-Treuhand GmbH in Innsbruck. Weiters ist er Universitätslektor an der Universität Innsbruck am Institut für Rechnungswesen, Steuerlehre und Wirtschaftsprüfung. Er befasst sich mit der Besteuerung national und international tätiger natürlicher und juristischer Personen und publiziert regelmäßig zu steuerlichen Themen.

4

KULTUR UND GESELLSCHAFT

语言是理解的钥匙

Yǔyán shì lǐjiě de yàoshi

DIE SPRACHE ALS SCHLÜSSEL ZUM VERSTÄNDNIS

PHILIPP ORTNER

Abstract. Das Erlernen der chinesischen Sprache ist ein wesentliches Mittel zur Interpretation von Werten, Traditionen und Denkweisen in der chinesischen Gesellschaft und somit ein fast nicht wegzudenkender Teil unserer heutigen China-Kompetenz. Dabei unterstreicht dieser Beitrag die Bedeutsamkeit des *praxisbezogenen Lernens*, welches uns durch die Nähe zu den Menschen und dem Leben vor Ort die Möglichkeit bietet, kulturelle Nuancen und subtile Kontexte im sozialen und geschäftlichen Leben in China besser zu erfassen, und ein tiefergehendes *Verständnis* für das Land zu entwickeln. Im Zuge dessen lernen wir nicht nur *über* die Chinesen, sondern können auch *von* den Chinesen lernen. Für Individuen und Unternehmen mit regelmäßigem Kontakt zu China bietet das die Chance, effektiver mit ihren chinesischen Partnern zu interagieren, erfolgreiche Beziehungen aufzubauen und sich selbst stetig zu verbessern.

Stichwörter: Chinesisch (Mandarin), praxisbezogenes Lernen, China-Kompetenz

In Zukunft benötigen wir in den deutschsprachigen Ländern viel mehr Leute mit umfassender China-Kompetenz. Eine Voraussetzung dafür ist das Erlernen der chinesischen Sprache, mit dem Ziel, ein tiefergehendes Verständnis der chinesischen Gesellschaft, Politik, Kultur und Wirtschaft zu entwickeln. Es ist die Sprache und die Kultur der zweitgrößten Volkswirtschaft der Welt und des Landes mit den weltweit meisten Muttersprachlern.

Vor diesem Hintergrund ist die Anzahl der Chinesischlernenden im deutschsprachigen Raum jedoch immer noch vergleichbar gering. So wird beispielsweise in Deutschland die Zahl der Chinesischlernenden an bundesweiten Bildungseinrichtungen auf 5.000 geschätzt (*Bildungsnetzwerk China*, o. D.), recht wenig, wenn man bedenkt, dass China zur Zeit der wichtigste Handelspartner der Bundesrepublik sowohl im Import als auch im Export ist – noch vor den USA (*Die Volksrepublik China Ist Erneut Deutschlands Wichtigster Handelspartner*, o. D.; *Handelsblatt*, o. D.).

Diese „Dysbalance" wird noch offensichtlicher, wenn man die Zahl der Deutschlernenden in China betrachtet: Das Auswärtige Amt schätzt diese auf über 140.000, Tendenz der letzten Jahre stark steigend (Maas, 2020). Dabei gilt Deutsch in China als eine „kleine Sprache" und ist im Vergleich mit den auf 400 Millionen geschätzten Englischlernern in China immer noch nicht sehr weit verbreitet (*English in Numbers | British Council*, o. D.).

Allgemein kann man feststellen, dass sich große Teile der chinesischen Bevölkerung aufgrund des Lehrplans in den chinesischen Schulen, wo Englisch ein Pflichtfach ist, bereits in jungen Jahren mit der westlichen Kultur befassen und sich durch das Erlernen „unserer" Sprachen relativ schnell ein grundlegendes Verständnis der westlichen Welt aneignen können (*China Education System*, n.d.). Ein vergleichbares Interesse am Reich der Mitte und den Menschen, die dort leben fehlt im deutschsprachigen Raum.

Als ich zum ersten Mal nach China reiste und in Folge für einige Jahre in Shanghai lebte, war ich erstaunt, wie gut die Leute dort die englische Sprache beherrschten. Viele meiner damaligen Arbeitskollegen waren Auslandsstudien-Rückkehrer, sogenannte *hǎi guī* (海归) und ein Studienabschluss von einer Universität aus Großbritannien, den Vereinigten Staaten oder Australien war dort keine Seltenheit. Aber auch diejenigen, die nicht im Ausland studiert hatten, beherrschten Englisch nach jahrelangem Pflichtunterricht beeindruckend gut.

In den Tier-1 Städten (die am höchsten entwickelten und einflussreichsten Metropolen Chinas, z.B. Peking, Shanghai, Guangzhou und Shenzhen), auch *yīxiàn chéngshì* (一线城市) genannt, könnte man sich auch ohne ein Wort Chinesisch zu sprechen problemlos zurechtfinden. Restaurants und Lokale mit westlicher Küche gibt es dort in Hülle und Fülle, und so zu leben, als hätte man niemals sein Heimatland verlassen, kann durchaus sehr verlockend sein. Außerdem findet man fast immer jemanden, der einem mit großer Freude und Begeisterung hilft und mit einem auf Englisch konversiert.

Freilich ist es sehr angenehm, wenn diese schwierige Aufgabe, also das Erlernen einer fremden Sprache und Kultur, von jemand anderen übernommen wird. Doch birgt diese „Bequemlichkeit“ die Gefahr, zu stagnieren und sich nicht mehr weiterzuentwickeln.

Vor vielen Jahren gab es für westliche Unternehmen noch so etwas wie einen „Ausländerbonus“. Produkte aus dem Ausland, besonders aus den deutschsprachigen Ländern, galten immer als ein Garant für gute Qualität. Zugleich war der Besitz von ausländischen Produkten für viele Chinesen mit einem gewissen Prestige verbunden.

Heutzutage ist dieser Bonus branchenübergreifend sehr abgeschwächt, wenn nicht sogar gänzlich verschwunden. Gründe dafür sind einerseits die chinesischen Unternehmen, die immer wettbewerbsfähiger wurden und mittlerweile vielen ausländischen Mitbewerbern überlegen sind. Andererseits führte mehr Wettbewerb zu besserer Qualität der Produkte und Dienstleistungen und zu höheren Ansprüchen der chinesischen Konsumenten. Das „Made in Germany“ auf dem Etikett allein reicht wohl in den meisten Fällen nicht mehr, um die Kunden zu überzeugen, denn wer nicht schnell und gut liefern kann, ist nicht mehr „angesagt“, egal woher man kommt.

Bedeutend für die neuen Umstände war die Bereitschaft der chinesischen Unternehmer, von anderen zu lernen, die Bedürfnisse ihrer Kunden zu verstehen und sich ständig weiterzuentwickeln. In der Tat zeichnen Eigenschaften wie ein gewisser Pragmatismus und die Flexibilität, sich rasanten Veränderungen anzupassen, die Chinesen aus und spiegeln sich auch in der dortigen Geschäftswelt wider. Diese ausgeprägte Lernbereitschaft sollte auch uns dazu leiten, mehr *über* die Chinesen zu lernen und uns *von* ihren positiven Eigenschaften inspirieren zu lassen. Genau deshalb ist die Sprache ein Schlüssel, der uns ermöglicht, diese komplexe Welt besser zu verstehen.

Wir hören oft, Chinesisch, in diesem Fall bezogen auf Mandarin, sei eine der schwersten Sprachen der Welt. Insgesamt gibt es 100.000 chinesische Schriftzeichen, von denen immerhin bis zu 5.000 im täglichen Gebrauch verwendet werden (Wikipedia-Autoren, 2006). Noch dazu ist Chinesisch eine Tonsprache mit fünf verschiedenen Tönen, bestehend aus vier Haupttönen und einem neutralen Ton. Dasselbe Wort ausgesprochen mit einem anderen Ton kann dem Gesprochenen eine komplett andere Bedeutung geben, und wenn man mal den falschen Ton erwischt, sorgt das oft für herzhafte Lacher. Zu guter Letzt gibt es auch verschiedene Dialekte und wer schon mal quer durch China gereist ist, dem ist sicher schon aufgefallen, dass je nach Region, die Chinesen mit sehr unterschiedlichen Heimatdialekten sprechen und sich einander meist nur mit *pǔtōnghuà* (普通话), also dem standardisierten Hochchinesisch unterhalten können.

Also eigentlich ist die Annahme richtig, Chinesisch ist tatsächlich eine der schwersten Sprachen der Welt. Doch wer sich schon vor dem ersten Chinesisch- Unterricht darüber den Kopf zerbricht, der nimmt sich die Freude am Erlernen einer faszinierenden und ausgesprochen nützlichen Sprache. Wer denn schon einmal ein wenig Chinesisch beherrscht, der darf sich über reichlich viel Lob und Ermutigung seitens der Chinesen freuen, denn die wissen ganz genau, wie komplex die eigene Sprache ist und wie viel Hingabe das Chinesischlernen erfordert.

Chinesisch zu meistern stellt selbst für Muttersprachler eine beträchtliche Herausforderung dar, und beim Erlernen der Sprache gilt: Der Weg ist das Ziel.

Die Gründe, weshalb wir anfangen, Chinesisch zu lernen und welche Schwerpunkte wir dabei setzen, sind immer sehr individuell. Doch wer sich das Ziel setzt, das heutige China, das Land, seine Leute besser kennenzulernen und zu verstehen, dem empfehle ich ein *praxisbezogenes Lernen* der Sprache.

Auf Chinesisch gibt es die verbreitete Redewendung *jiē dì qì* (接地气), was übersetzt eine gewisse Bodenständigkeit und Volkstümlichkeit bedeutet. *Jiē dì qì* sollte uns als Mantra für das Erlenen der chinesischen Sprache dienen. Das praxisbezogene Lernen sucht eine Nähe zum Leben und den Menschen, daher wäre es empfehlenswert, selbst einmal nach China zu reisen und eine Zeit lang dort zu leben. Man kann sich beruflich oder akademisch weiterbilden, und währenddessen ergeben sich bestimmt auch zahlreiche Möglichkeiten, in das Leben vor Ort einzutauchen.

Ich wähle bewusst das Wort *eintauchen*, denn dadurch lernt man die Sprache nicht nur schneller, sondern man erlebt so vieles mehr, was uns ein Kursbuch allein niemals hätte beibringen können. Mit chinesischen Freunden Karaoke zu singen, oder an einem wichtigen Geschäftsessen teilzunehmen, allein eine Wohnung zu mieten oder humorvoll mit Verkäufern über

Preise zu feilschen – genau solche Erfahrungen sind Gold wert und bringen uns ein gutes Stück näher, die Menschen und ihre Denkweisen besser zu verstehen.

Dabei sind diese für uns oft sehr simplen Ereignisse, wie ein Geschäftsessen oder ein Besuch einer Karaokebar mit Kollegen, wichtige Beispiele dafür, wie persönliche Beziehungen sowohl im privaten als auch im beruflichen Kontext aufgebaut und gepflegt werden. Ebenso kann das Leben vor Ort und die eigenständige Wohnungssuche in China aus den verschiedensten Gründen zu einer sehr lehrreichen Erfahrung werden: Man bekommt einen besseren Einblick in das Leben der Einheimischen, wird durch intensive Sprachpraxis gefordert und lernt, sich in einer völlig neuen Umgebung zurechtzufinden. Zuletzt ist auch das Arbeiten in China ein umfassendes Lernabenteuer, das nicht nur berufliche, sondern auch persönliche Horizonte erweitert und eine tiefe kulturelle Immersion bietet. Nebenbei erfahren wir, was zentrale Konzepte der chinesischen Gesellschaft, zum Beispiel *guān xì* (关系), also das Netzwerk persönlicher Beziehungen, oder *miàn zi* (面子), die Wahrung des Gesichts, in der Praxis tatsächlich bedeuten und wie sie angewendet werden.

In dieser Hinsicht war meine langjährige Arbeit in China als Berater und Schülervermittler sehr lehrreich für mich. Für die Dauer der Beratungszeit galt ich oft fast schon als ein Teil der Familie, wodurch ich Einblicke in die Dynamiken einer chinesischen Familie, die Tätigkeiten der Eltern und ihre persönlichen Beziehungen erhielt. Außerdem erfuhr ich die verschiedenen Gründe, weshalb sie ihre Kinder auf eine Schule im Ausland schicken möchten. Ich begleitete die Familien durch diese für sie ausgesprochen wichtige Zeit, versuchte ihre Probleme zu verstehen und zu lösen, und teilweise entstanden daraus Freundschaften und Geschäftsbeziehungen, für die ich heute noch dankbar bin. Und ich bin mir sicher, dass diese enge Beziehung zu den Familien, das sich dabei entwickelte *guān xì* und meine Erkenntnisse über das Leben in China nicht ohne das Erlernen der Sprache und das *Eintauchen* in die chinesische Gesellschaft möglich gewesen wären.

In China gibt es das Sprichwort „*rù xiāng suí sú*" (入乡随俗), was so viel bedeutet wie „sich den örtlichen Gepflogenheiten anzupassen", doch ich finde die englische Übersetzung „when in Rome, do as the Romans do", ist teilweise leichter nachzuvollziehen. Also, wenn wir schon mal in China sind, warum leben wir dann nicht ein bisschen wie die Chinesen? Ein *bisschen* ist genau das richtige Maß des Sich-Anpassens, denn sich zu sehr anpassen, wäre genauso falsch wie sich gar nicht anzupassen.

Eine für uns komplett fremde Sprache und Kultur zu verstehen, ist nicht nur eine beeindruckende linguistische Fähigkeit, sondern darüber hinaus eine Qualifikation und eine Kompetenz, die damit gewonnene Meinungen und Einblicke über China umso wertvoller und substanzhaltiger machen. Man kann fast schon davon ausgehen, dass ohne das Erlernen der Sprache, ein tiefergehendes Verständnis Chinas nur schwer zu erreichen ist, denn die ist aufgrund ihrer kulturellen und sprachlichen Besonderheiten ein Schlüssel zum Verständnis der Chinesen selbst.

Die Sprache gewährt uns eine direkte Einsicht in das Leben von 1,4 Milliarden Menschen und ermöglicht uns, aus erster Hand zu erfahren, wie Chinesen denken, welche Themen sie diskutieren und was sie im Alltag wirklich bewegt. Teilweise erkennen wir, wie ähnlich wir uns doch sind, auch wenn sich die äußeren Gegebenheiten komplett voneinander unterscheiden. Andererseits könnten die kulturellen Unterschiede nicht größer sein. Darüber hinaus hilft uns die Sprache besser nachzuvollziehen, wie neue Gesetze und politische Maßnahmen in China umgesetzt werden und welche Auswirkungen sie sich auf das Leben der Menschen haben.

Selten ist eine Erfahrung spannender und lehrreicher als die des Eintauchens in eine fremde Kultur, und wir sollten uns mit Mut, Neugierde und einer gewissen Flexibilität dem Abenteuer China stellen.

Mit einem so erworbenen *Verständnis* Chinas können wir uns, egal ob als Unternehmer, Akademiker oder Politiker, professionell und effizient mit dem Land und den Menschen dort auseinandersetzen. Auch ist es wichtig, dass diese sprachlich fundierte China-Kompetenz nicht nur eine exklusive Fähigkeit der höchsten Ebenen der Politik und Wirtschaft bleibt, sondern genauso zu einem Bestandteil für die vielen Menschen und Unternehmen wird, die im regelmäßigen Kontakt zu China stehen.

Sollten wir allerdings in Zukunft nicht genügend Leute haben, die diese sprachlichen Kompetenzen aufweisen, sind wir auf die Übersetzungen, Interpretationen und inhaltliche Kontrolle anderer angewiesen. Das kann Missverständnisse begünstigen und zu ungerechtfertigtem Misstrauen führen. Andererseits bietet die eigene Sprachkompetenz auch einen Schutz vor

Nativität und Fehlern. Es ist daher wichtig, ein Spiel auf Augenhöhe zu schaffen, was für alle Beteiligten positiv sein kann.

Die Sprache allein ist wohlgemerkt nicht die Lösung all unserer politisch-wirtschaftlichen Probleme oder Meinungsverschiedenheiten mit der Volksrepublik. Doch ist sie in guten, sowie in schlechten Zeiten eine wichtige Brücke der Kommunikation und des gegenseitigen Verständnisses.

LITERATURVERZEICHNIS

Bildungsnetzwerk China. (o. D.). BNC. https://bildungsnetzwerk-china.de/schule/chinesischunterricht.html#:~:text=Die%20Zahl%20der%20Sch%C3%BCler%3Ainnen,etwa%2038.000%20Sch%C3%BCler%3Ainnen%20Chinesisch.

China Education system. (o. D.). https://www.scholaro.com/db/Countries/China/Education-System#:~:text=Students%20attend%20classes%20five%20days,Fine%20Art%2C%20and%20Labor%20Studies.

Die Volksrepublik China ist erneut Deutschlands wichtigster Handelspartner. (o. D.). Statistisches Bundesamt. https://www.destatis.de/DE/Themen/Wirtschaft/Aussenhandel/handelspartner-jahr.html.

English in numbers | British Council. (o. D.). https://www.britishcouncil.cn/en/EnglishGreat/numbers.

Handelsblatt. (o. D.). https://www.handelsblatt.com/politik/konjunktur/konjunktur-china-bleibt-deutschlands-groesster-handelspartner-allerdings-knapp/100014947.html.

Krippendorf, B. O. A. P. (o. D.). *GRIN – Die Bedeutung von Guanxi in der chinesischen Gesellschaft.* https://www.grin.com/document/119823?lang=en.

Maas, H., Bundesminister des Auswärtigen. (2020). *Deutsch als Fremdsprache weltweit. Datenerhebung 2020.* https://www.auswaertiges-amt.de/blueprint/servlet/blob/2344738/b2a4e47fdb9e8e2739bab2565f8fe7c2/deutsch-als-fremdsprache-data.pdf.

The Nuances of Cross-Cultural Communication | Darden Ideas to Action. (2015, 26. März). Darden Ideas To Action. https://ideas.darden.virginia.edu/the-nuances-of-cross-cultural-communication.

Wikipedia-Autoren. (2006, 21. Januar). *Mandarin (Sprache).* https://de.wikipedia.org/wiki/Mandarin_(Sprache).

Philipp Ortner. E-Mail: office@ortner-china.com
www.ortner-china.com

Seit mehr als einem Jahrzehnt lebt Philipp Ortner zwischen China und Europa. Durch seine jahrelange Erfahrung in der Privatwirtschaft in China konnte Philipp ein umfassendes Verständnis der chinesischen Geschäftspraxis, Kultur und des gesellschaftspolitischen Umfelds erwerben. Philipp spricht fließend Mandarin-Chinesisch.

关于中文的思考作为文化的表达和载体—在语言课程中传授文化知识

Guānyú zhōngwén de sīkǎo zuòwéi wénhuà de biǎodá hé zàitǐ — zài yǔyán kèchéng zhōng chuánshòu wénhuà zhīshì

BETRACHTUNGEN ZUR CHINESISCHEN SPRACHE ALS AUSDRUCK UND TRÄGER VON KULTUR

VERMITTLUNG VON KULTURWISSEN IM SPRACHUNTERRICHT

ILKA WASSMANN

Abstract. Die internationalen Beziehungen zwischen den westlichen Ländern und China sind zunehmend von Spannungen und Konflikten geprägt, wodurch nicht nur die Rolle der politischen und wirtschaftlichen China-Akteure in den Blick gerät, sondern auch die von Sprach- und Kulturmittlern sowie Sprachlehrkräften. Der Artikel reflektiert mögliche Implikationen der aktuellen Entwicklungen für Chinesisch-Lehrkräfte, die in einem Spannungsfeld zwischen dem wachsenden kritischen Diskurs über das moderne China und den daraus resultierenden Herausforderungen im Sprachunterricht agieren. Umso stärker geboten scheint die Beschäftigung mit der chinesischen Sprache, Kultur und Politik und das Schaffen entsprechender Angebote. Weiterhin legt die Autorin anhand von Beispielen anschaulich dar, auf welche Weise wir Einblicke in die chinesische Kultur mittels Sprache erhalten.

Stichwörter: Chinesischunterricht, Kultur, Chinesische Sprache, Schriftzeichen, Kultur- und Sprachmittlung, China-Kompetenz

1. EINLEITUNG

Chinesisch als Fremdsprache, nicht nur im schulischen oder universitären Kontext, bildet trotz in den vergangen Jahren zu beobachtender stagnierender bzw. rückläufiger Schülerzahlen weiterhin einen Interessensschwerpunkt von Lernern verschiedener Altersgruppen.[1] Als Diplom-Übersetze-

1 Vgl. Dazu die Darstellung vom Mercator Institute for China Studies (Merics) vom 16.10.2023, https://merics.org/de/grafik/chinesisch-unterricht-deutschen-schulen (letzter Zugriff: 24.02.2024), den Artikel von Georg Blume in der Zeitschrift „Der Spiegel" vom 27.10.2028: https://www.spiegel.de/lebenundlernen/schule/chinesisch-an-deutschen-schulen-nur-wenige-angebote-a-1235081.html (letzter Zugriff: 24.02.2024), vgl. ferner

rin unterrichte ich seit mehr als 15 Jahren Chinesisch in unterschiedlichen Kontexten, vorrangig in Form von Privatunterricht – in Präsenz wie auch als Online-Unterricht, und stelle aus meiner Erfahrung heraus fest, dass Chinesisch erfreulicherweise weiterhin beliebt ist, obwohl wir Chinesisch als eine linguistisch, kulturell und geografisch distante Fremdsprache (Guder 2008, 2012) betrachten. Was auf den einen abschreckend wirkt, ist bei dem anderen genau der Grund und die Motivation, Chinesisch zu lernen und sich auf diese Reise einzulassen.

Ein Merkmal unserer globalisierten Welt sind die im Laufe der vergangenen Dekaden entstandenen wirtschaftlich engen Verflechtungen über Länder und Kontinente hinweg. Wir erleben permanenten technologischen Fortschritt und einen sich zunehmend verschärfenden Wettbewerb um Ressourcen. Hinzu kommt eine beispiellose Migration in Europa. Die Annäherung, Vermischung und der Austausch der Kulturen sind also für uns bereits Realität, für viele von uns sind sie zur Normalität geworden, während andere eher mit Zurückhaltung oder einer widerstrebenden Haltung darauf blicken. Vor diesem Hintergrund ist es bedeutsam, der Ausbildung von Toleranz ein besonderes Gewicht beizumessen. Toleranz bedeutet Offenheit und Vorurteilslosigkeit gegenüber anderen Weltanschauungen, Lebensformen, Verhaltensweisen, anderen Religionen und Wertesystemen, nicht zuletzt gegenüber einem Selbstverständnis in Bezug auf Gesellschaft und Gemeinschaft, das sich möglicherweise konträr zu dem eigenen darstellt. Dies impliziert, dass ein tolerantes Sprachverhalten bzw. das Beherrschen von kommunikativen Taktiken wie Verständniszeigen, Nachgeben, Kompromisserzielung, Kooperationsfähigkeit und Höflichkeit wesentlich für die Kommunikation sind, wenn Beziehungen erfolgreich geknüpft und gestaltet werden wollen.

Vor dem aktuellen Hintergrund der komplexer werdenden internationalen Beziehungen und der politischen Spannungen zwischen China und

---

die Informationen des Bildungsnetzwerks China: https://bildungsnetzwerk-china.de/schule/chinesischunterricht.html#:~:text=mit%20China%2DKompetenz.-,Deutschland%20verliert%20Anschluss,und%20ist%20teilweise%20sogar%20rückläufig (letzter Zugriff: 24.02.2024); ebenfalls zu erwähnen sind die Informationen aus dem Jahr 2008 der Kultusministerkonferenz, unter folgendem Link: https://www.kmk.org/fileadmin/Dateien/veroeffentlichungen_beschluesse/2008/2008_05_00-Chinesisch-an-Schulen-in-Deutschland.pdf (letzter Zugriff: 24.02.2024).

den westlichen Ländern scheint dies noch stärker geboten als je zuvor, weil zum einen politische und wirtschaftliche Akteure im China-Kontext mehr denn je unter Beobachtung stehen, andererseits tragen sie auch die Verantwortung für gelingende Kommunikation und Entwicklung der internationalen Beziehungen. Toleranz hat demnach auch eine sprachlich-kulturelle Dimension, nicht nur, weil sich in jeder Sprache bestimmte Ausdrücke und Codes etabliert haben, zum Teil auch mit spezifischen historischen und kulturellen Konnotationen, sondern auch weil im Kontakt zu anderen Kulturen kulturelle Stereotypen oder Mimik und Gestik oft zu Missverständnissen oder gar zu einer negativen Wahrnehmung führen können.

Was bedeutet oben beschriebene Entwicklung für die Sprachlehrkräfte oder Kultur- und Sprachmittler, für all jene, die in verschiedenen Settings die chinesische Sprache und Kultur lehren? Was bedeuten diese Entwicklungen für unsere Arbeit im Chinesischkurs, insbesondere vor dem Hintergrund einer nicht mehr zu ignorierenden chinakritischen Haltung bzw. bisweilen gar chinafeindlichen Einstellung, die wir in den Medienkanälen wahrnehmen, die sich bisweilen stark aufgeheizt und verbal aufgerüstet darstellt und das Szenario einer neuen politischen Blockbildung zeichnet.[2] Dabei muss auch erwähnt werden, dass immer wieder eine mangelnde ‚China-Kompetenz' beklagt wird, weil de facto zu wenig Chinawissen in Deutschland vorhanden ist und leider immer weniger junge Menschen sich für einen China-bezogenen Studiengang entscheiden[3], so dass letzt-

---

2 Es führte an dieser Stelle zu weit, alle aktuellen politischen Debatten in Bezug auf China zu erläutern. Hingewiesen sei zum tieferen Verständnis der VR China u.a. auf folgende Publikationen: Allg. Einführung in die neuere Geschichte Chinas s. Schmidt-Glintzer, H. (2008, 2021) sowie Spence J. D. (2001); einen sehr guten Abriss der politischen, sozialen und wirtschaftlichen Entwicklung sowie der KPCh-Führungsgenerationen der VR gibt Hermanns, C. (2021); zum Themenschwerpunkt Neue Seidenstraßen siehe Land/ Crome (2020); eine Neuordnung der Welt aus der asiatischen Perspektive betrachtet umfassend Khanna, P. (2019).

3 Vgl. Kapitel 5 (Grafik 13) für den Zeitraum 2007-2027 der Stiftung Mercator: Während die Japanologie in den vergangenen Jahren auf steigende Studienanfängerzahlen blickt (was ich persönlich als ‚Manga-Effekt' bezeichne), zeigen die Zahlen für die Sinologie einen abnehmenden Trend, siehe https://www.stiftung-mercator.de/content/uploads/2020/12/MERICS_China_Monitor_45_China_kennen_China_koennen_0.pdf (letzter Zugriff: 24.02.2024). Gemäß Statistischen Bundesamts, Fachserie 11, Reihe 4.1., Bildung und Kultur, S. 92f., gibt es für das Sommersemester 2022 eine Anzahl von insgesamt 3.228 Studierenden, allerdings zusammengefasst für die Fächer Koreanistik und Sinologie. Für

lich auch fraglich bleibt, wie wir das, was wir über China hören und sehen, überhaupt einzuordnen haben.

2. BEDEUTSAMKEIT DES CHINESISCHUNTERRICHTS

Aus meiner Sicht bedarf es deutlich mehr Bemühungen um interkulturellen Austausch und Vermittlung von China-Wissen, sodass ein tieferes Verständnis für das moderne China überhaupt entstehen kann. Chinas Jahrtausende andauernde Geschichte und das daraus erwachsene reiche kulturelle Erbe prägt bis heute Leben, Denken und Handeln der Chinesen auf dem Festland und ist aus meiner Sicht der Schlüssel zum Verständnis des heutigen China und dessen (neuen) Rollenverständnisses im globalen Kontext.[4] Kenntnisse der chinesischen Sprache sind dabei entscheidend, weil es aus meiner Erfahrung ohne Chinesisch-Kenntnisse nicht möglich ist, einen echten Zugang zur chinesischen Kultur zu bekommen. Insofern muss Chinesisch als Fremdsprache viel stärker in den Fokus rücken, sei es im schulischen, universitären wie auch außerschulischen Kontext, wobei sicherlich der Anteil des reinen Sprachstudiums große Bedeutung hat.[5] Weiterhin muss die Vernetzung von Sprachlehrkräften, China-Akteuren, also Menschen, die im engeren und weiteren Sinne sich beruflich auf China ausgerichtet haben, muss gezielt gefördert werden.

Sprachlehrkräfte an Hochschulen, Schulen, privaten Bildungseinrichtungen oder Sprachschulen sind demnach besonders gefordert, weil sie nicht nur in der Rolle des Lehrenden sind, sondern in gleichem Maße auch

---

die Fächergruppe Asiatische Sprachen und Kulturen/ Asienwissenschaften (wozu auch das Fach Chinesisch gezählt wird), ist die Gesamtanzahl von 1.893 Studierenden angegeben, siehe: https://www.destatis.de/DE/Themen/Gesellschaft-Umwelt/Bildung-Forschung-Kultur/Hochschulen/Publikationen/Downloads-Hochschulen/studierende-hochschulen-ss-2110410227314.pdf?__blob=publicationFile (letzter Zugriff: 24.02.2024). Die Anzahl der Studierenden aus China in Deutschland liegt um das Vielfache höher, vgl. https://de.statista.com/statistik/daten/studie/1325205/umfrage/studierende-aus-china-in-deutschland-nach-faechergruppen/ (letzter Zugriff: 24.02.2024).

4 Vgl. z.B. Gu (2008:180ff)), ferner Weigelin-Schwiedrzik (2023).

5 Guder/ Burckhardt (2021) präsentieren Ergebnisse zum Chinesischunterricht in chinawissenschaftlichen Bachelor- und Masterstudiengängen in Deutschland. Des Weiteren stellen sie fest, dass Chinesisch „eine der lernaufwändigsten Sprachen der Welt" und für die entsprechend ein umfangreicher Sprachanteil im Studium erforderlich sei.

in der eines ‚Heranführenden', eines Vermittlers, der im Sprachunterricht permanent gefordert ist, neben dem Einführen und Festigen von grammatischen Strukturen und Wörtern auch kulturspezifische Erklärungen zu geben, weil ein kultureller Kontext der Lerngruppe besonders am Anfang des Chinesischlernens nicht immer sofort klar ist. Rückblickend auf meine langjährige Tätigkeit als Diplom-Übersetzerin und Lehrerin für Chinesisch kann ich bestätigen, dass Fragen bezogen auf alle möglichen Aspekte der chinesischen Kultur, der sozialen Besonderheiten, und zunehmend auch bezüglich der wirtschaftlichen und politischen Entwicklungen der VR China regelmäßig gestellt werden. Und darauf sollte eine Lehrkraft vorbereitet sein.

3. KULTURVERMITTLUNG IM CHINESISCHUNTERRICHT

Wer Chinesisch lernt, wird schnell feststellen, dass diese Sprache wirklich anders ist, mehr als zu erwarten ist. Man kann einen Chinesen zum Beispiel direkt nach seinem Namen oder explizit nach dem Nachnamen fragen, für beide Fragen gibt es je ein *Verb*:

- 你叫什么 (Nǐ jiào shénme)
- 你姓什么 (Nǐ xìng shénme), bzw. höflich adressiert
- 您贵姓 (Nín guì xìng).

In China *heißt* ein Mensch nicht nur und trägt einen Vornamen bzw. Nachnamen, sondern das Verb 姓 (xìng), das bereits auf Orakelknochen während der Shang-Zeit gebraucht wurde[6], drückt mit seinen zwei Bestandteilen 女 (nǚ) für Frau oder weiblich und 生 (shēng) für gebären, geboren werden bzw. entstehen aus, dass die Frau den Nachwuchs gebärt, und zugleich deutet es mit diesen Schriftzeichen auch auf eine matrilineare Clan-Gesellschaft hin.[7] Die Schriftzeichen verraten uns demnach sehr oft etwas über die Kultur Chinas.

6 Die Forschung zu den sogenannten Orakelknocheninschriften der Shang-Zeit (ca. 11.-16. Jh. V.Chr.), auf Chinesisch 甲骨文 (Jiǎgǔwén), ist ein weites Feld, vgl. Bernardi (1913).

7 Bis heute gibt es ethnische Gruppen, die in matriarchalen Clan-Strukturen zusammenleben bzw. sich Elemente dieser bewahrt haben, z.B. die der Mosuo in Südwestchina, vgl. dazu Guo (2008).

Der Unterschied zur eigenen Muttersprache manifestiert sich für die Lernenden am deutlichsten in der chinesischen Schrift, die sich in Form der Schriftzeichen (汉字hànzì) präsentiert. Dabei handelt es sich um ein Schriftsystem, das sich über die Jahrtausende entwickelt hat und bis heute verwendet wird, was weltweit einzigartig und damit unvergleichbar ist. Das geschriebene Wort (also die Schriftzeichen) überdauerte die Jahrhunderte, und wurde kontinuierlich verwendet in den unzähligen historischen Aufzeichnungen, in der chinesischen Lyrik und den philosophischen Schriften. Das macht Chinesisch als Sprache einzigartig und herausfordernd zugleich, denn ein einziges Zeichen kann auf der Wortebene und im historischen Kontext verschiedene Bedeutungen haben, manchmal sogar völlig gegensätzliche, was das Lernen und Übersetzen mitunter sehr erschwert.[8]

Begeben wir uns auf die Wortebene, so finden sich zahlreiche Ausdrücke, Satzstrukturen und Wörter, die fremd anmuten und dem Lerner Schwierigkeiten bereiten, die uns gleichzeitig aber Aufschluss über das Denken und die kulturellen Traditionen der Chinesen geben. Denn sprachliche Formen sind auch immer Ausdruck einer Kultur und deuten zugleich auf die Denkweisen der Sprecher hin. Aus meiner Sicht ist es hilfreich und ratsam, sich das im Unterricht zunutze zu machen, um möglichst anschaulich die Sprache zu vermitteln und auf diese Weise auch Eselsbrücken zu bauen. Dazu seien im Folgenden von mir ausgewählte Beispiele angeführt, die die Präsenz der Kultur in Sprache und Schrift besonders gut illustrieren:

3.1 China 中国

Sprechen wir über das Wort 中国 (Zhōngguó), so übersetzen wir es auf Deutsch normalerweise einfach mit „China". Bei näherer Betrachtung im Sprachunterricht wird schnell klar, dass es wörtlich „das Land" oder „das Reich der Mitte" heißt. Da die chinesische Grammatik jedoch keine Pluralform für Nomen hat (bzw. diesen nicht mittels einem Pluralmorphem realisiert), könnte man auch von den „mittleren Reichen" sprechen. Das

8 Das Schriftzeichen 一 (yī) für „eins" tritt grafisch zwar recht „banal" auf, dennoch werden in dem von mir am meisten genutzten Wörterbuch 新华词典 (xīnhuá cídiǎn) gleich sieben verschiedene Bedeutungen für 一 (yī) angegeben und erklärt. Kubin (2001) spricht zu Recht davon, dass Lexika Wunder sind, und gleichzeitig etwas ganz und gar Sprachloses.

ist facto nicht falsch ist, weil 中国 (Zhōngguó) im Altertum im Plural verwendet wurde für die „Mittleren Staaten". Wir lernen also ganz zu Beginn: 中 (zhōng) heißt „die Mitte, die mittleren" und 国 (guó) „das Land" oder im Plural „die Länder".

Als Lehrkraft habe ich ganz oft an dieser Stelle die Frage erhalten, ob 国 (guó) einfach nur „Land" oder auch „Staat, Nation" heißt, schließlich ist China ja auch eine Nation. Es ist dem Begriff nach sogar eine Republik.[9] Der Begriff „Nation" in unserem modernen Verständnis ist selbst in der deutschen Sprache noch nicht so lange in Gebrauch. Werfen wir einen Blick hinein in ein ein- bzw. zweisprachiges Lexikon, so werden erwartungsgemäß mehrere Bedeutungen angegeben, was die Komplexität der Wortbedeutung von 国 (guó) verdeutlicht, nicht nur im Chinesischen, auch im Deutschen: 国 (guó) bedeutet al.s Adjektiv „national, staatlich", als Nomen „Staat, Land, Nation", in Komposita „Staats-" bzw. National-".

Zu einem späteren Zeitpunkt im Chinesischkurs erlernen wir natürlich auch das Wort 民族 (mínzú), das ebenfalls „Nation" heißt, neben seinen Entsprechungen für „Nationalität", „Volk", vor allem aber als Adjektiv „national" bzw. „ethnisch" vorkommt, als das es vielfach gebraucht wird. Das Wort 民族 (mínzú) setzt sich zusammen aus 民 (mín) für „Volk" (bzw. im modernen Verständnis „Bürger") und 族 (zú) mit den Bedeutungen „Volk, Clan, Sippe, ethnische Gruppe".

3.2 Sprache 语

Etwas komplizierter wird es, wenn wir das Wort für „Sprache" 语 (yǔ) genauer anschauen, in unserem Fall für „chinesische Sprache". Es gibt zwei Wörter, die wir für den Begriff „Chinesisch" lernen, zum einen 汉语 (hànyǔ), die Sprache der „Han", des Han-Volks, auf Chinesisch 汉族 (hànzú) und zum anderen das

9 „Volksrepublik China" heißt auf Chinesisch 中华人民共和国 (Zhōnghuá Rénmín Gònghéguó), wobei der Begriff für Republik eine interessante Historie hat: 共和 (gònghé) ist der Name der ersten Ära in der chinesischen Geschichte, das erste Jahr wird auf 841 v. Chr. datiert, vgl. Zhou (2021, Kapitel 1.3.3). Interessant ist außerdem, dass für das Wort 共 (gòng) im Wörterbuch 新华词典 (xīnhuá cídiǎn) drei verschiedene Bedeutungen gelistet werden, und zwar 1. gemeinsam 同 (tóng), 2. insgesamt, gesamt, als Summe zusammengerechnet 总 (zǒng) und 3. Kurzbezeichnung für Kommunistische Partei; Zhou (2021:32f) listet aus einem anderen Wörterbuch acht Bedeutungen auf.

Wort 中文 (zhōngwén): Ersteres bezieht sich auf die Sprache ganz allgemein und insbesondere auf die gesprochene Sprache, letzteres wird oft in Bezug auf die Schriftsprache, auf das geschriebene Chinesisch verwendet. Meist wird zu diesem Zeitpunkt im Sprachunterricht eine Erklärung von „Han" notwendig, was dieses Wort bedeutet und warum die Chinesen sich als Han-Chinesen bezeichnen. Erfahrungsgemäß stelle ich fest, es ist kaum möglich, Chinesisch ohne Geschichts- und Kulturwissen zu unterrichten.

3.3 Heiraten 结婚

Das nächste Beispiel veranschaulicht ebenfalls hervorragend, wie fremd die chinesische Kultur für uns sein kann, und zwar schauen wir auf die verschiedenen Wörter für „heiraten": 1. 结婚 (jiéhūn), 2. 娶 (qǔ), 3. 嫁 (jià) bzw. auch in umgangssprachlichen Formen 出嫁 (chūjià) bzw. regional gebräuchlich 过门 (guò mén) oder 入门 (rù mén). Wir lernen im Chinesischkurs normalerweise zuerst das Wort 结婚 (jiéhūn), was „heiraten", „Ehe schließen" und nominal verwendet „Ehe" bedeutet: das Verb 结 (jié) bedeutet „verbinden, verknüpfen" und 婚 (hūn) ist „die Ehe". Spannend wird es nun bei dem Verb 娶 (qǔ) und 嫁 (jià) – beiden ist gemeinsam der Radikal 女 (nǚ) für „Frau" bzw. „weiblich". Es hat demnach etwas mit der Frau zu tun, die Frau tut etwas, und zwar heiraten: im Falle von 娶 (qǔ) wird sie vom Mann zur Frau „genommen", der Mann heiratet al.so die Frau. Anzumerken sei an dieser Stelle, dass das Schriftzeichen 娶 (qǔ) „heiraten" im Ton gleichlautend ist mit dem Zeichen 取 (qǔ) für „holen, nehmen", was ich bedeutsam finde. In beiden Fällen 取 und 娶 holt man (Mann) sich etwas. Bei diesen Schriftzeichen handelt es sich um Homophone, gleichlautend, nicht gleichbedeutend. Das Schriftzeichen 嫁 (jià) hingegen bedeutet, dass die Frau den Mann heiratet. Bedeutsam in meinen Augen ist ebenfalls der Aufbau des Zeichens: 女 (nǚ) und 家 (jiā) – die Frau geht in die Familie, und zwar des Mannes, so wie es früher im feudalen China üblich war. Oder mit anderen Worten: 她过门 (Tā guò mén) bzw. 她入门 (Tā rù mén) – Sie steigt über die Türschwelle.

3.4 Das Verb 打

Ein weiteres Beispiel ist die Vielzahl der Bedeutung des Verbs 打 (dǎ), das in der eigentlichen Wortbedeutung „schlagen, klopfen" heißt. Es findet in der

Umgangssprache so unglaublich oft Verwendung, dass es sich lohnt, eine ganze Unterrichtseinheit diesem Verb zu widmen. Denn mit 打 (dǎ) lässt sich sehr viel ausdrücken und viele kulturelle Besonderheiten finden darin Ausdruck. 打 (dǎ) und seine Verwendungen wie folgt in Tabellenform:[10]

Chinesischer Ausdruck	**Bedeutung von 打 (dǎ)**	**Übersetzung**
打门	klopfen	anklopfen (Tür)
打电话 / 打手机	telefonieren	telefonieren
打卡	erfassen	Anwesenheit erfassen
打车	rufen	ein Taxi rufen
打酱油	holen	Sojasoße kaufen (sprichwörtl.) unbeteiligt sein
打人	schlagen, prügeln	jemanden schlagen
打球	spielen	Ball spielen
打麻将	spielen	Ma-Jongg spielen
打夜班	erledigen	eine Nachtschicht machen
打行李	packen	Koffer packen
打鱼	angeln	(Fische) angeln
打仗	kämpfen	in den Krieg ziehen, gegen jemanden kämpfen
打雷	donnern	donnern (es donnert)
打预算	kalkulieren	Budget/ Haushalt kalkulieren

Wie anschaulich dargestellt wurde, ist dieses Verb ziemlich „produktiv" und dadurch eignet es sich immer wieder für unterschiedliche Übungsformate zur Aktivierung von Wortschatz im Chinesischunterricht.

10 Diese Liste erhebt keinen Anspruch auf Vollständigkeit, sie veranschaulicht lediglich die kreative sprachliche Verwendung des Verbs 打 (dǎ), und kann gern verwendet bzw. erweitert werden.

3.5 Wörter für Familienmitglieder

Meine Kursteilnehmer sind immer wieder erstaunt, wenn wir uns dem Thema Familie und Mitglieder der Familie widmen. Während wir auf Deutsch einfach von Bruder und Schwester als den Geschwistern, und Tanten, Onkel, Omas und Opas als den Verwandten mütterlicherseits und väterlicherseits sprechen, lernen wir mit den chinesischen Wörtern für Familienmitgliedern eine ganz neue Welt kennen. Denn mit der Bezeichnung wird sofort klar, wo eine Person in der „Verwandtschaftshierarchie" angesiedelt ist. Wenn ich von meiner Schwester als 姐姐 (jiějie) und meinem Bruder als 弟弟 (dìdi) spreche, weiß jeder sofort Bescheid, dass ich das „Sandwich-Kind" bin. Die Verwandtschaftsbezeichnungen für die jüngeren und älteren Geschwister des Vaters bzw. der Mutter sind ebenfalls unterschiedlich.[11] Sind die Geschwister von Vater und Mutter verheiratet, wird's noch ein bisschen komplexer, denn die Ehepartner des jüngeren oder älteren Bruders des Vaters oder der Mutter haben selbstverständlich auch eine eigene Bezeichnung. Auch die Bezeichnung für Oma und Opa lassen anhand ihrer Bezeichnungen sofort erkennen, ob es die Eltern des Vaters oder der Mutter sind: 爷爷奶奶 (yéye nǎinai) sind die Eltern des Vaters und 外公外婆 (wàigōng wàipó) oder auch 姥爷姥姥 (lǎoyé lǎolao) sind die Eltern der Mutter. Natürlich hat sich die Komplexität der chinesischen Verwandtschaftsbeziehungen spätestens mit der Einkind-Politik reduziert, und doch ist es interessant zu sehen, wie wichtig die Position in einem Familien- bzw. Clanverbund waren, sonst gäbe es diese Vielzahl der Bezeichnungen nicht, durch die alle ihren festen Platz erhalten, wodurch eine Ordnung hergestellt wird. Ordnung ist ein grundlegendes Prinzip in der chinesischen Tradition, ohne die es keine Harmonie gibt. Schließlich geht es bei der korrekten Bezeichnung nicht nur darum zu wissen, wer wer ist, sondern auch darum, die Person korrekt anzusprechen. Traditionell werden ältere

---

11 Um dies zu illustrieren, seien exemplarisch die folgenden Beispiele dargestellt: 大伯 (dàbó), 叔叔 (shūshu), 小叔 (xiǎoshū) sind die Onkel und 姑母 (gūmǔ), 姑姐 (gūjiě), 姑姑 (gūgu) die Tanten der väterlichen Seite; 舅舅 (jiùjiu) ist der Onkel und 姨妈 (yímā), 小姨 (xiǎoyí) sind die Tanten der mütterlichen Seite. Um alle Verwandten korrekt anzusprechen, kommt es immer auf die eigene Stellung in der Familienhierarchie an: Während die Frau des älteren Bruders allgemein als 嫂子 (sǎozi) bezeichnet wird, spricht der Nachwuchs (also die Nichten oder Neffen selbiger) sie mit 大娘 (dàniáng) an, weil sie die Ehefrau des älteren Bruders des Vaters ist. Es ist sehr komplex und führte zu weit, alle Verwandtschaftsbezeichnungen korrekt aufzulisten.

Menschen von den jüngeren nicht mit dem Vornamen, sondern mit deren Familienposition (z.B. 爷爷 yéye, 大伯 dàbó, 大嫂 dàsǎo etc.) oder ihrer Stellung im Beruf (z.B. 老师 lǎoshī, 王总 Wáng zǒng , 律师 lǜshī oder 大夫 dàifu), angesprochen, das ist respektvoll und verleiht ihnen „Gesicht".

4. SCHRIFTZEICHEN LERNEN – JA ODER NEIN?

Schließlich möchte ich noch kurz auf die chinesischen Schriftzeichen zurückkommen, die sich am Anfang des Lernprozesses als größte Hürde darstellen. Es ist verständlich, wenn potenzielle Lerner jetzt abgeschreckt werden, dennoch bin ich eine Verfechterin des Studiums der Schriftzeichen, weil nach meinem Verständnis nur durch die Schrift ein tieferer Zugang zur Sprache möglich wird. Daher ermuntere ich meine Teilnehmer stets, beim Lernen dranzubleiben und gerade am Anfang durchzuhalten. Ich habe sehr gute Erfahrungen damit gemacht, zu Beginn meiner Kurse mit einem zehn Lerneinheiten umfassenden Starter-Modul systematisch in das Schriftsystem einzuführen. In diesen zehn Einheiten werden die ersten wichtigen Striche 笔画 (bǐhuà) und sukzessive auch die Schreibregeln 笔顺 (bǐshùn) eingeführt.[12] Auf diese Weise lernen wir die ersten einfachen Schriftzeichen (Piktogramme) und die indikatorischen Schriftzeichen kennen. Und mit diesen schaffen wir eine sichere Grundlage, um schließlich die kompositorischen Schriftzeichen darauf aufzubauen.[13]

Zugegebenermaßen ist eine solche Einführung sehr intensiv, weil nicht nur neue Striche und die ersten sich daraus zusammensetzenden Schriftzeichen kognitiv verarbeitet werden müssen, sondern weil gleichzeitig auch die Lautschrift 拼音 (pīnyīn) gelernt wird. Dennoch habe ich gute Erfahrungen damit gemacht, sich zu Beginn des Chinesischstudiums viel Zeit für die Einführung der Schrift zu nehmen. An alle, die sich jetzt fragen, ob

12 Klassischerweise starte ich mit 横竖撇捺提 in der ersten Lerneinheit. In den folgenden Unterrichtseinheiten führe ich im Sinne eines handlungsorientierten Lernens passende Wörter ein, um erste einfache Dialoge zu führen, wie z.B. Guten Tag; Wie geht es dir; Woher kommst du; Ich bin Deutsche(r)/ Chinese(in); Wohin gehst du? Ich gehe in / nach...; Als was arbeitest du?, etc.

13 Die Schriftzeichen lassen sich in sechs Kategorien einteilen, wobei für uns zunächst vier davon interessant sind: 1. Piktogramme bzw. Symbolzeichen 象形 (xiàngxíng), 2. indikatorische Schriftzeichen 指事 (zhǐshì), 3. assoziative Komposita 会意 (huìyì) und 4. Phonogramme 形声 (xíngshēng), die eine Kombination von laut- und sinngebenden Zeichen sind.

auch die Aussprache trainiert wird, auf die ebenfalls zu Beginn viel Fokus gelegt werden muss, möchte ich antworten, dass ich während des gesamten Lernprozesses in den Kursen, sei es im Anfängerkurs, aber auch in den Fortgeschrittenenkursen Aussprachetrainings für notwendig halte. Denn sobald ein Lerner sich mit dem Lautsystem 拼音 (pīnyīn) beschäftigt, wird ihm klar, wie wichtig eine saubere Aussprache der Silben ist, um verstanden werden zu können. Andersherum gilt ebenfalls: Wer nicht gut „hört", versteht die Silben und damit die Wortbedeutung nicht.

5. FAZIT

Chinesisch ist als „distante Fremdsprache" trotz der schwierigen Ausgangsbedingungen ganz sicher zu meistern. Der Lernerfolg steht und fällt dabei auch mit der Persönlichkeit der Lehrkraft, die eine ausgewogene Balance schaffen sollte, um zunächst die vier Kompetenzen eines Fremdsprachenunterrichts sicher zu vermitteln; dazu zählen bekanntlich Hören, Sprechen, Lesen, Schreiben. Außerdem ist sie, wie oben bereits dargestellt, dazu aufgefordert, kultur- und geschichtsspezifisches Chinawissen in den Unterricht zu integrieren.

Wir brauchen mehr China-Kompetenz, heißt es. Was bedeutet das, fragen Sie vielleicht? Diese Frage kann ich nur aus meiner persönlichen Sichtweise heraus beantworten: Aktuell vernehmen wir nicht nur chinapositive Stimmen, was schade ist, da es in der Tat so viel Positives über China zu berichten gibt. Zur China-Kompetenz gehört daher neben dem Kenntniserwerb der Sprache, der Kultur und Geschichte des Landes nach meinem Verständnis auch, dass wir uns befähigen können, uns kompetent über das Land zu informieren. China hat sehr viele Facetten, es besteht nicht nur aus der Kommunistischen Partei, die im Übrigen im Alltagsleben vieler Chinesen kaum eine Rolle spielt. Wenn wir China (nicht nur politisch) verstehen und einordnen wollen, wenn wir einen konstruktiven Umgang mit dem Land finden wollen, sei es als Einzelpersonen, im politischen oder wirtschaftlichen Kontext, dann sollten wir uns mit dem geistig-kulturellen Erbe beschäftigen, um China verstehen zu können. Indem wir (geistige) Mauern abbauen und Wege zueinander finden, schaffen wir eine Welt des gegenseitigen Respekts, der Zusammenarbeit und des Friedens. Indem wir anfangen, mehr über China zu lernen und indem wir die Sprache lernen, gehen wir den ersten Schritt auf diesem Weg.

LITERATURVERZEICHNIS

Bernardi, Anna: Über frühgeschichtliche chinesische Orakelknochen, in: Zeitschrift für Ethnologie 45 (1913), 232ff.

Gu, Xuewu: China als Akteur der Weltpolitik, in: Aus Politik und Zeitgeschichte, S. 3-8, 49/2006.

Gu, Xuewu: Chinas Aufstieg als Global Player, in: Der Bürger im Staat. Die Volksrepublik China, 58. Jg., Heft 3/4, S. 180-185, 2008.

Guder, Andreas: Was sind distante Fremdsprachen? Ein Definitionsversuch am Beispiel des Chinesischen, in Burwitz-Melzer/ Hallet /Legutke et. al. (Hgg.): Sprachen lernen. Menschen bilden. Dokumentation zum 22. Kongress für Fremdsprachendidaktik der Gesellschaft für Fremdsprachenforschung, Baltmannsweiler, 2008, S. 69-78.

Guder, Andreas und Burckhardt, Vincent: Chinesisch sprechen, schreiben, forschen? Ergebnisse einer Erhebung zum Chinesischunterricht in chinawissenschaftlichen Bachelor und Masterstudiengängen, in: CHUN 36, herausgegeben vom Fachverband Chinesisch e.V., München, 2021.

Guo, Xiaolin: State and Ethnicity in China's Southwest, Leiden, Boston, 2008.

Hermanns, Cornelia: Chinas Strategen. Die Staatslenker von Mao Zedong bis Xi Jinping, Esslingen, 2021.

Khanna, Parag: Unsere asiatische Zukunft, aus dem Englischen von Norbert Juraschitz, 2. Aufl., Berlin 2019.

Kubin, Wolfgang: Die Stimme des Schattens. Kunst und Handwerk des Übersetzens, München, 2001.

Schmidt-Glintzer, Helwig: Kleine Geschichte Chinas, München, 2008.

Schmidt-Glintzer, Helwig: Das Neue China. Vom Untergang des Kaiserreichs bis zur Gegenwart, 8. überarbeitete Auflage, München, 2021.

Spence, Jonathan D.: Chinas Weg in die Moderne, aus dem Englischen von Gerda Kurz, Siglinde Summerer und Susanne Hornfeck, aktualisierte und erweiterte Auflage, München, 2001.

Weigelin-Schwiedrzik, Susanne: China und die Neuordnung der Welt. Europa im Spannungsfeld zwischen China, Russland und den USA, herausgegeben von Androsch, Hannes, Wien 2023.

Angabe der konsultierten Webseiten (letzter Zugriff jeweils am 24.04.2024):

https://merics.org/de/grafik/chinesisch-unterricht-deutschen-schulen.

https://www.spiegel.de/lebenundlernen/schule/chinesisch-an-deutschen-schulen-nur-wenige-angebote-a-1235081.html.

https://bildungsnetzwerk-china.de/schule/chinesischunterricht.html#:~:text=mit%20China%2DKompetenz.-,Deutschland%20verliert%20Anschluss,und%20ist%20teilweise%20sogar%20rückläufig.

https://www.kmk.org/fileadmin/Dateien/veroeffentlichungen_beschluesse/2008/2008_05_00-Chinesisch-an-Schulen-in-Deutschland.pdf.

https://www.stiftung-mercator.de/content/uploads/2020/12/MERICS_China_Monitor_45_China_kennen_China_koennen_0.pdf.

https://www.destatis.de/DE/Themen/Gesellschaft-Umwelt/Bildung-Forschung-Kultur/Hochschulen/Publikationen/Downloads-Hochschulen/studierende-hochschulen-ss-2110410227314.pdf?__blob=publicationFile.

https://de.statista.com/statistik/daten/studie/1325205/umfrage/studierende-aus-china-in-deutschland-nach-faechergruppen/.

Ilka Waßmann. E-Mail: info@ilkawassmann.de

Ilka Waßmann, Jahrgang 1976, ist Diplom-Übersetzerin für Chinesisch und Italienisch mit einem reichen kulturellen und sprachlichen Erfahrungsschatz. Ihr Studium absolvierte sie an der Universität Bonn, wobei ein Aufenthalt in der südchinesischen Stadt Xiamen im Studienjahr 2000/2001 sich als prägend und ausschlaggebend für ihren Werdegang erwies. Nach ihrem Studium heiratete sie einen Chinesen, bereiste China, lebte und arbeitete zwischen 2008 und 2013 in den Städten Shenyang, Shanghai und Suzhou, was ihren Blick auf Land und Leute schärfte. Ihre einzigartige Perspektive, geprägt durch ihre Erfahrungen in China und ihr tiefes Verständnis für den chinesischen Sprach- und Kulturraum, macht sie zu einer gefragten Expertin für interkulturelle Kommunikation. Dieses Wissen gibt sie heute in Vorträgen weiter. Ihre Arbeit versteht sie als wichtigen Beitrag zur Stärkung des interkulturellen Dialogs, um unsere Perspektiven auf China zu erweitern.

文化在中德（商业）关系中的作用

Wénhuà zài zhōng dé (shāngyè) guānxì zhōng de zuòyòng

DIE ROLLE DER KULTUR IN DER CHINESISCH-DEUTSCHSPRACHIGEN (GESCHÄFTS-) BEZIEHUNG

SIMON FRANZ, KARIN SIXL-DANIELL

Abstract. Dieser Beitrag gibt einen umfassenden Überblick über vorherrschende Kulturkonzepte und die damit einhergehenden kulturellen Dimensionen von Hofstede, Trompenaars, Hall und der Globe Study. Die vorliegenden Dimensionen werden zu sieben neuen Clustern zusammengefasst und im chinesischen Kontext, spezifisch in der chinesisch-deutschsprachigen Geschäftsbeziehung, dargestellt. Die Rolle, die dem Bereich der Harmonie als überspannendem Konzept zukommt, wird ebenso erörtert.

Stichwörter: Kulturkonzepte, Kulturelle Dimensionen, Hofstede, Hall, Trompenaars, GLOBE, Harmonie

1. KULTURKONZEPTE

Begegnen sich Menschen aus unterschiedlichen Kulturen, treffen unterschiedliche Werte und Normen aufeinander. Sprachliche Differenzen, unterschiedliche Denk- und Verhaltensweisen oder einfach fehlende kulturelle Sensibilität können dabei zu Missverständnissen führen (Lang und Baldauf 2016, S. 16-17). Die Fähigkeit zum erfolgreichen Umgang mit solchen Situationen nennt man interkulturelle Handlungskompetenz (Erll und Gymnich 2015, Kap. 1). Kulturforscher wie beispielsweise Geert Hofstede, Fons Trompenaars, Edward T. Hall, Julian Rotter und Michael Minkov, befass(t)en sich mit Dimensionen interkulturellen Handelns. In dieser Abhandlung liegt der Fokus auf einer holistischen Betrachtung dieser Dimensionen, um einen tieferen Zugang zu diesen Dimensionen im Bezug zu China zu ermöglichen.

In der folgenden Abbildung sind die 26 für diese kurze Abhandlung analysierten Kulturdimensionen zusammengefasst. Es wird bei näherer Betrachtung deutlich, dass sich einige Dimensionen in ihrer Bedeutung sehr ähnlich sind, weshalb zunächst die einzelnen Dimensionen nach Gemeinsamkeiten bzw. Überkategorien gruppiert wurden.

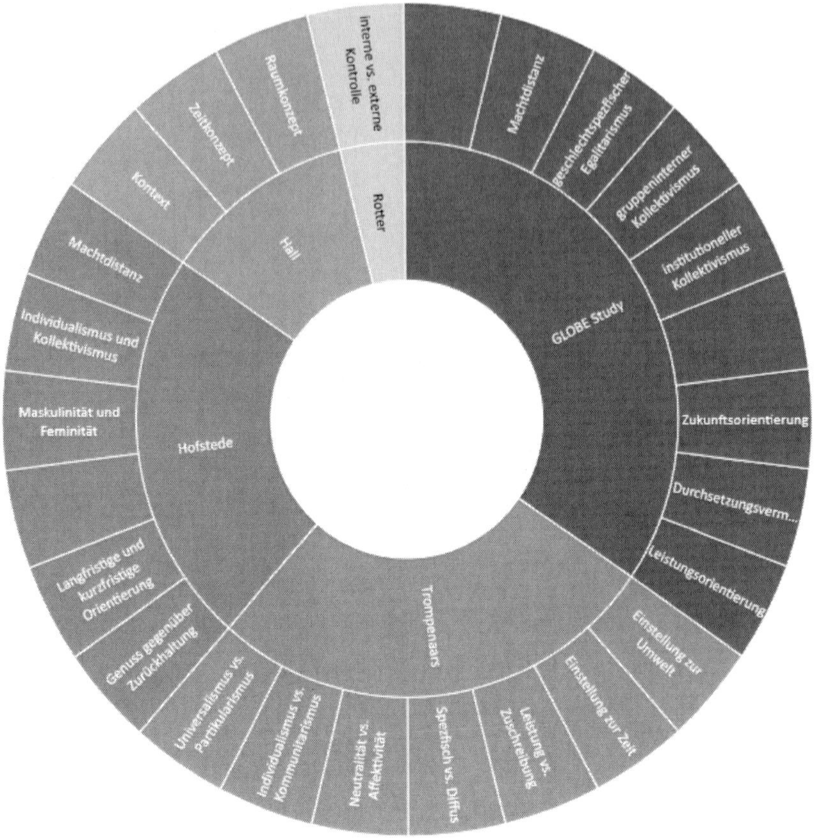

Abbildung 1: Übersicht der Kulturdimensionen

Im Folgenden werden nunmehr die einzelnen Dimensionen in Gruppen zusammengefasst und analysiert, um in der Folge zu ihrer Anwendung auf den chinesischen Bereich zu kommen:

1.1 „Macht"

In der Gruppe „Macht" finden sich die beiden Dimensionen der Machtdistanz von Hofstede und Globe, sowie Leistung vs. Zuschreibung von Trompenaars und die Leistungsorientierung von Globe. In beiden Machtdistanz-Dimensionen wird die Akzeptanz und Erwartung der Verteilung von Macht innerhalb einer Kultur betont (Hofstede et al. 2017, Kap. 3 und House et al. 2014, S. 12).

Die anderen beiden Dimensionen werden dieser Gruppe deshalb zugeordnet, weil es um die Bedeutung von Status, Herkunft und folglich um Autorität und Hierarchie geht. Sowohl Trompenaars als auch Hofstede nennen hierfür als Beispiel die Bedeutung von Autorität einzelner Personen für das Treffen von Entscheidungen (Trompenaars und Woolliams 2020, S. 133–134 und Hofstede et al. 2017, Kap. 3).

Die Leistungsorientierung der GLOBE Study bewertet primär, ob familiäre Herkunft oder Status durch Ausbildung mehr Bedeutung zukommt (House et al. 2014, S. 13) und legt dabei den Fokus auf den Ursprung der Autorität und nicht auf die Wirkung der Autorität selbst. Jedoch ist davon auszugehen, dass in einer Kultur, in der beispielsweise der akademische Titel Status verleiht, dieser auch genutzt werden kann.

1.2 „Rollenverteilung“

Zur Gruppe „Rollenverteilung“ werden die Dimensionen Maskulinität und Femininität (Hofstede), sowie aus der Globe Study geschlechtsspezifischer Egalitarismus, Durchsetzungsvermögen und Menschenfreundlichkeit zugeordnet.

Obwohl die letzten Dimensionen aus der GLOBE Study stammen und zunächst unterschiedlich definiert sind, lassen sie sich derselben Gruppe zuordnen. Maskulinität und Femininität von Hofstede beschreiben die Bedeutung maskuliner und femininer Werte in einer Gesellschaft (Hofstede et al. 2017, Kap. 5). Die Dimension Durchsetzungsvermögen zeigt, wie sehr eine Kultur tägliche Auseinandersetzung und Wettbewerb sucht (House et al. 2014, S. 12– 13). Gleichzeitig betont die Menschenfreundlichkeit Werte wie Fairness, Großzügigkeit, Freundlichkeit und gegenseitige soziale Unterstützung (House et al. 2014, S. 12).

Beide Kulturdimensionen stellen also eher gegenteilige Werte im Spektrum zwischen Maskulinität und Femininität dar. Der geschlechtsspezifische Egalitarismus versucht dagegen, zu beschreiben, inwiefern Kulturen Geschlechterungleichheit zu minimieren versuchen (House et al. 2014, S. 12), was sich auch als „feminin“ einordnen lässt.

1.3 „Zeit“

Die Gruppe „Zeit“ beinhaltet die Dimensionen Zukunftsorientierung (Globe), langfristige vs. kurzfristige Orientierung (Hofstede), Einstellung zu Zeit (Trompenaars) und Zeitkonzept (Hall). Alle vier Dimensionen analysieren den Umgang mit Zeit, wobei es auch hier teilweise Überschneidungen gibt. Die Zukunftsorientierung der GLOBE Study beschreibt, inwiefern Menschen zukunftsorientierte Verhaltensweisen aufweisen (House et al. 2014, S. 12).

Die langfristige und kurzfristige Orientierung von Hofstede nimmt dieselbe Einteilung vor und unterscheidet ebenso, wie zukunftsgewandt Kulturen sind (Hofstede et al. 2017, Kap. 7). Trompenaars Einstellung zu Zeit geht neben dem zeitlichen Planungshorizont zusätzlich auf die tatsächliche Wahrnehmung von Zeit ein. Er unterscheidet dabei zwischen sequenziell und synchron wahrgenommener Zeit (Trompenaars und Woolliams 2020, S. 135). Hall beschreibt in seinem Zeitkonzept eine ähnliche Wahrnehmung, spricht aber von monochroner und polychroner Zeit (Hall und Hall 2006, S. 13).

In monochronen bzw. sequenziellen Kulturen liegt der Fokus tendenziell auf einer Aufgabe, die nächste beginnt erst nach Abschluss der ersten, während in polychronen bzw. in synchronen Kulturen verschiedene Aufgaben parallel bearbeitet werden (Trompenaars und Woolliams 2020, S. 135 und Hall und Hall 2006, S. 13).

1.4 „Beziehung“

Die Kategorie „Beziehung“ bildet in dieser Zusammenfassung die größte Gruppierung von Dimensionen. Hier finden sich Hofstedes Individualismus vs. Kollektivismus, Trompenaars’ Universalismus vs. Partikularismus, Individualismus vs. Kommunitarismus und Spezifität vs. Diffusität, der gruppeninterne und institutionelle Kollektivismus der GLOBE Study und zuletzt das Raumkonzept von Hall. Diese Einteilung wurde deshalb vorgenommen, da den genannten Dimensionen allen ein Beziehungsaspekt zugrunde liegt.

Individualismus und Kollektivismus beschreiben die Stärke der Beziehungen zwischen den Menschen einer Kultur. Dies findet Ausdruck in starken und geschlossenen Gruppen oder aber in Individuen, deren Fokus im eigenen unmittelbaren Umfeld und dem eigenen Wohlergehen liegen (Hofstede et al. 2017, Kap. 4). Der institutionelle Kollektivismus der GLOBE Study und Trompenaars' Individualismus vs. Kommunitarismus zeichnen ein ähnliches Bild, indem sie abstufen, inwiefern kollektives Handeln und gemeinschaftliche Interessen über den Leistungen und Interessen des Einzelnen stehen (House et al. 2014, S. 15 und Trompenaars und Woolliams 2020, S. 63). Trompenaars beschreibt in seiner Dimension außerdem, dass kommunitaristische Kulturen starke Loyalitätsgefühle gegenüber ihren Mitgliedern aufweisen (Culture Factory BV 2023).

Ähnliches wird auch vom gruppeninternen Kollektivismus der GLOBE Study aufgegriffen. Diese Dimension beschreibt das Ausmaß, in dem Individuen Stolz, Treue und Zusammenhalt gegenüber ihrer eigenen Gemeinschaft ausdrücken (House et al. 2014, S. 12) und kann daher ebenfalls in die Beziehungsgruppierung aufgenommen werden. Eine Form von Zusammenhalt findet sich auch im Universalismus und Partikularismus von Trompenaars. Ursprünglich definiert diese Dimension, inwiefern Menschen das Verhalten anderer beurteilen (Trompenaars und Woolliams 2020, S. 41–43).

Das Ergebnis dieser Beurteilung ist allerdings abhängig von der Beziehung, die die involvierten Menschen zueinander pflegen. In besonders partikularistischen Kulturen ist der Zusammenhalt mitunter so stark, dass vorgegebene Normen und Regeln vernachlässigt werden, wenn es die Situation erfordert (Trompenaars 2004, Kap. 2). Gleichzeitig tendieren Personen in universalistischen Kulturen dazu ihre Reaktionen anhand der Konsequenz des Regelbruchs in Relation zur Beziehung des betroffenen Menschen abzuwägen (Trompenaars 2004, S. 35).

Spezifität vs. Diffusität ist eine weitere Dimension mit Beziehungsaspekt und behandelt, inwieweit Beziehungen über bestimmte Lebensbereiche hinweg vermischt oder abgegrenzt werden. Beispielsweise grenzt eine Führungskraft in einer spezifischen Kultur ihre Aufgabenbeziehung mit einem Mitarbeitenden von anderen Beziehungen ab (Trompenaars und Woolliams 2020, S. 95).

In Halls Raumkonzept geht es zum einen um den Umgang mit Territorialität, zum anderen um den persönlichen Bereich (Hall und Hall 2006,

S. 10). Wie weit jemand in das Territorium oder den persönlichen Bereich gelassen wird, ist unter anderem abhängig vom Beziehungsstatus zum Gesprächskontakt (je enger die Beziehung, desto mehr Nähe wird zugelassen (Hall und Hall 2006, S. 11).

1.5 „Kontrolle"

Die Gruppe „Kontrolle" beinhaltet die Dimensionen Genuss vs. Zurückhaltung (Hofstede), interne vs. externe Kontrolle (Rotter), die Einstellung zur Umwelt (Trompenaars) und die Unsicherheitsvermeidung (Globe). Alle vier Dimensionen beschreiben, zu welchem Grad Menschen Kontrolle übernehmen oder abgeben.

In Rotters Dimension der internen und externen Kontrolle ist die Reaktion auf bestimmte Ereignisse davon abhängig, ob eine Person daran glaubt, dass der Eintritt dieses Ereignisses von den eigenen Fähigkeiten oder aber von äußeren unabhängigen Kräften abhängig ist (Rotter 1966, S. 1). Trompenaars' Einstellung zur Umwelt beschreibt in ähnlicher Weise, ob die Natur kontrolliert werden kann oder aber gewisse Gesetze, Richtungen und Kräfte von außen hingenommen werden müssen (Trompenaars und Woolliams 2020, S. 159–160).

Auch die Dimension Genuss vs. Zurückhaltung von Hofstede stellt eine Skala der Kontrollneigung dar. Er spricht von Menschen, die bewusst die Kontrolle über das eigene Leben übernehmen, während andere sich selbst als nicht verantwortlich sehen (Hofstede et al. 2017, Kap. 8). So handelt es sich zum Beispiel bei dem Wunsch nach strengen Normen (Hofstede et al. 2017, Kap. 8) um eine bewusste Abgabe von Kontrolle in andere Hände. Ein ähnliches Streben nach Ordnung, Struktur und Gesetzen findet sich auch in der Unsicherheitsvermeidung der GLOBE Study. Zuletzt findet sich diese Dimension auch in dieser Aufzählung, da sie danach abstuft, inwiefern Menschen versuchen Unvorhersehbarkeiten von außen zu vermeiden (House et al. 2014, S. 13).

1.6 „Emotionalität"

Der Gruppe „Emotionalität" werden die Unsicherheitsvermeidung von Hofstede, sowie Trompenaars' Affektivität vs. Neutralität zugewiesen. Trompenaars' Dimension beschreibt, inwiefern in einer Gesellschaft

Emotionen offen gezeigt werden und unterscheidet dabei in affektive und neutrale Kulturen (Trompenaars und Woolliams 2020, S. 83). Ähnlich zur GLOBE Study stellt Hofstede mit seiner Unsicherheitsvermeidung zwar den Umgang mit Unvorhersehbarkeit dar (House et al. 2014, S. 13 und Hofstede et al. 2017, Kap. 6), allerdings äußert sich Hofstede in seiner Dimension insbesondere zum Umgang mit Emotionen. So lassen laut Hofstede Kulturen mit einem hohen Wert ihrem Ärger freien Lauf und der offene Ausdruck von Emotionen ist sozial akzeptiert (Hofstede et al. 2017, Kap. 6).

1.7 „Kontext“

In der Kategorie „Kontext“ findet sich als einzige Kulturdimension die kontextreiche vs. –arme Kommunikation von Hall. Er beschreibt in dieser Dimension, ob Informationen eher explizit oder implizit ausgedrückt werden (Hall 1989, S. 91). Durch diesen direkten Bezug zur Kommunikation bzw. zum Informationsaustausch erscheint es sinnvoll hier eine separate Kategorie zu vergeben.

Abschließend zeigt Abbildung 2 nochmals alle 26 Kulturdimensionen in den nunmehr gebildeten Überkategorien.

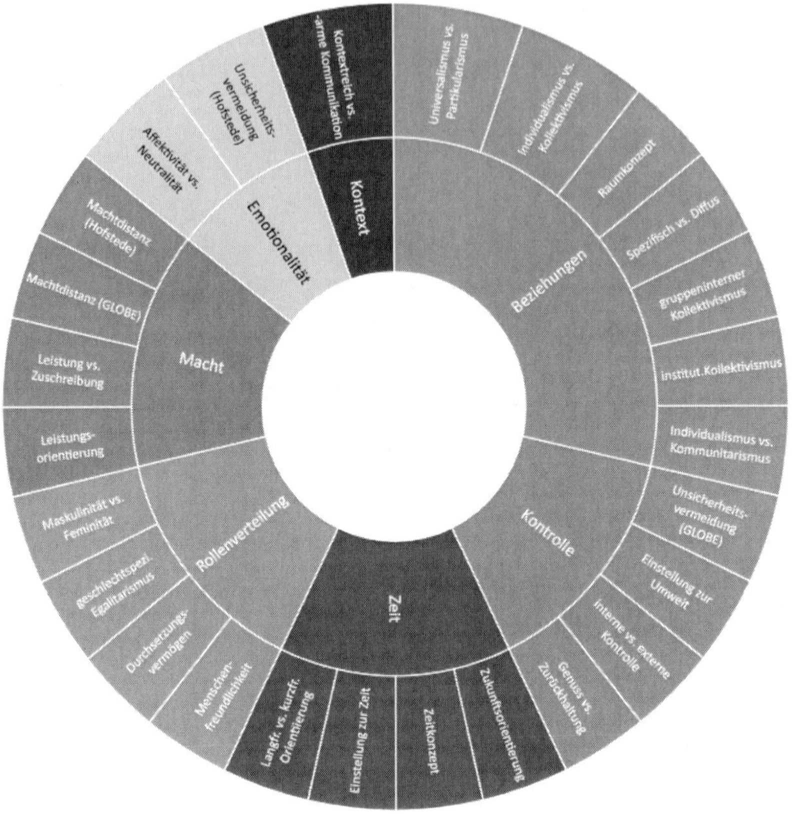

Abbildung 2: Kategorisierung der Kulturdimensionen

2. AUSPRÄGUNGEN DER KULTURDIMENSIONEN IN CHINA

Nachdem die verschiedenen Kulturdimensionen zu sieben Überkategorien konsolidiert wurden, werden nun deren Ausprägungen in China analysiert:

2.1 „Macht" in China

Hofstede diskutiert die hohe Bedeutung von Macht in China, Werte wie Respekt und Gehorsam besitzen einen großen Stellenwert, besonders bei Altersunterschieden (Hofstede et al. 2017, Kap. 3).

Auch in Trompenaars' Modell wird China zugeschrieben, Eigenschaften wie das Alter oder auch das Geschlecht als Grundlage für Status zu verwenden. Gleichzeitig werden aber auch der formale Titel, sowie der persönliche Hintergrund dazu genutzt, den eigenen Status zu betonen (Culture Factory BV 2023). Die Bedeutung der eigenen Ausbildung und Entwicklung wird auch in der GLOBE Study benannt (House et al. 2014, S. 13 und globeproject.com 2023). Diese Ausprägungen finden ebenso in der Macht Vorgesetzter Ausdruck (Culture Factory BV 2023). Hier scheint die Autorität der Vorgesetzten so groß, dass formelle Entscheidungen oder Aussagen innerhalb von Meetings nicht infrage gestellt werden (Dathe und Helmold 2018, S. 41).

Ein weiterer Aspekt von „Macht" ist Reichtum. Materielle Besitztümer und Wohlstand bedeuten in der chinesischen Gesellschaft hohes Ansehen und Status. Für geschäftliche Beziehungen sind daher teure Geschenke von großer Bedeutung (Ma 2015, S. 22).

Eng verwoben mit dem Status und der Autorität einer Person in China ist das Konzept *Mianzi* (Cardon und Scott 2003, S. 11). Es bezieht sich auf das öffentliche Selbstbild einer Person und ist verbunden mit Begriffen wie Respekt, Ehre, Aussehen oder auch Glaubwürdigkeit. Es handelt sich also um den Status einer Person innerhalb einer sozialen Struktur (Cardon und Scott 2003, S. 9). Wie viel „Gesicht" jemand besitzt, kann sich im Laufe der Zeit ändern.

Durch persönliche Erfolge oder durch Beziehungen zu Personen mit hohem Status kann „Gesicht gewonnen" werden. Wenn „Gesicht verloren" wird, kann es durchaus auch wiederhergestellt werden (Cardon und Scott 2003, S. 12).

Beispielsweise sprechen Mitarbeitende nicht über Probleme oder Fehler, um ihr „Gesicht" zu wahren. Allerdings bringt dies auch die Herausforderung mit sich, dass sie ebenso nicht zeigen, wenn sie Inhalte nicht verstanden haben (Ma 2015, S. 17).

2.2 „Rollenverteilung" in China

In China sind maskuline Werte wie Erfolgsorientierung und Zielstrebigkeit von Bedeutung. Weiterhin besteht sogar die Neigung, Familie und Freizeit für den beruflichen Erfolg hintanzustellen (Hofstede Insights Oy 2023). Gleichzeitig weist China in der Dimension Durchsetzungsvermögen nur einen mittleren Wert auf (globeproject.com 2023) und tendiert zu Harmonie, Ruhe und Frieden (Culture Factory BV 2023).

Diese Bevorzugung von Harmonie spiegelt sich auch in der Dimension Menschenfreundlichkeit wider. Da China hier einen mittleren bis hohen Wert aufweist (globeproject.com 2023), sind Werte, wie Fairness, Großzügigkeit und Freundlichkeit vermutlich von größerer Bedeutung (House et al. 2014, S. 12). Das chinesische Sprichwort „jǐ suǒ bù yù,wù shī yú rén" („Was du nicht willst, das man dir tut, das füge keinem anderen zu") gibt dies ebenfalls wieder (Dathe und Helmold 2018, S. 174).

2.3 „Zeit" in China

Werte wie Sparsamkeit und Beharrlichkeit zeigen die langfristige Orientierung der chinesischen Kultur (Hofstede Insights Oy 2023). Ebenso werden eher Partnerschaften mit einem größeren Zeithorizont eingegangen (Dathe und Helmold 2018, S. 43). Weiterhin fällt es Menschen aus China leichter, Traditionen an sich verändernde Bedingungen anzupassen (Hofstede Insights Oy 2023). Diese Flexibilität zeigt sich ebenso in der synchronen Bearbeitung von Aufgaben (Culture Factory BV 2023).

Heutzutage ist auch Pünktlichkeit ein wichtiger Wert, frühes Erscheinen zur vereinbarten Zeit ist ein Zeichen des Respekts gegenüber anderen und ein Zeichen der Bedeutung, die man der Arbeit beimisst (Xiao 2021, S. 248).

2.4 „Beziehung" in China

China ist eine stark kollektivistische Kultur, in der das Interesse der Gruppe oft über dem eigenen steht. Unterschiede bestehen hier zwischen engeren und weniger engen Gruppen, wobei die Familie die engste und wichtigste Gruppe darstellt (Hofstede Insights Oy 2023).

Es wird starke Loyalität gegenüber der eigenen Organisation oder Familie empfunden (House et al. 2014, S. 14), gegenüber fremden Gruppen kann allerdings auch eine gewisse Feindseligkeit bestehen (Hofstede Insights Oy 2023). Zu Außenstehenden wird im Verhalten meist mehr

Härte, Egoismus und Kälte gezeigt, als anderswo üblich (Ma 2015, S. 12). So versuchen chinesische Personen für ein Mitglied der eigenen Gruppe Regeln auszudehnen oder zu umgehen, während sich Personen außerhalb der eigenen Gruppe an diese halten müssen (Gao 1998, S. 165). Weiterhin können Gespräche als Gruppe geführt werden. So kann es im Geschäftsleben vorkommen, dass sich die chinesischen Kontakte aus dem Gespräch zurückziehen, um sich intern zu beraten, und erst im Anschluss die vereinbarte Sichtweise präsentieren (Culture Factory BV 2023).

Insgesamt sind Beziehungen in China von großer Bedeutung, da private und geschäftliche Belange gerne vermischt werden. Die korrekten Titel, das Alter und der Hintergrund der Personen werden dabei unabhängig vom Gesprächsthema immer berücksichtigt und respektiert (Culture Factory BV 2023).

Diese hierarchische Abstufung zeigt sich auch im räumlichen Abstand zwischen zwei Mitarbeitenden. Wenn zum Beispiel zwei Angestellte den gleichen Status im Unternehmen haben, ist ihre Beziehung umso enger, je kürzer die räumliche Distanz ist (Hong-Xin und Gao-feng 2017, S. 207). Der hohe Wert von zwischenmenschlichen Beziehungen zeigt sich auch bei der Etablierung von Partnerschaften, da sehr viel Zeit darauf verwendet wird, sich kennenzulernen (Culture Factory BV 2023). Bei der Pflege solcher Beziehungen legen chinesische Kontakte gerne großen Enthusiasmus an den Tag (Hong-Xin und Gao-feng 2017, S. 207). Im Laufe der Entwicklung von Partnerschaften nehmen chinesische Partner oft eine mildere Haltung gegenüber Regeln ein, wodurch sich auch Verträge leichter ändern lassen (Culture Factory BV 2023).

Das Konzept hinter diesen Beziehungen ist *Guanxi* und eng verbunden mit dem bereits erwähnten Gesichts-Konzept *Mianzi* (Osland 1990, S. 8–9). Der Begriff bezieht sich auf eine besondere Beziehung zwischen einer Person, die etwas benötigt, und einer Person, die die Fähigkeit hat, etwas zu geben. Aus Sicht des Bedürftigen geht es bei *Guanxi* darum, Verbindungen zu anderen zu haben, die Macht, Einfluss, Reichtum, besondere Besitztümer oder Fähigkeiten haben. Gerät man in Schwierigkeiten, wendet man sich an diese persönlichen Verbindungen, um die Probleme zu lösen (Osland 1990, S. 8). Gemeinsame soziale Kontakte sind notwendig, um Vertrauen zu erlangen und so in die „Innengruppe" zu gelangen (Ma 2015, S. 11–12).

2.5 „Kontrolle“ in China

Laut Trompenaars ist China eine sehr außenorientierte Gesellschaft, was sich auch in Rotters Zugang wiederfindet. Damit vermeiden chinesische Personen tendenziell gerne Konflikte und legen Wert auf Harmonie, Ruhe und Frieden. Werte wie Kompromissbereitschaft und Flexibilität helfen bei der Pflege von Beziehungen (Culture Factory BV 2023).

Diese externe Kontrollneigung zeigt sich auch im Umgang mit Lob. Trotz des starken Fokus auf Leistungen wird Erfolg abgestritten und heruntergespielt, als wäre man nicht selbst verantwortlich. Fehlendes Lob kann Mitarbeitende allerdings kränken (Dathe und Helmold 2018, S. 44–45). Jemandem Lob auszusprechen ist auch hinsichtlich des Gesichts-Konzepts von Bedeutung. Um jemandem „Gesicht“ zu geben, loben chinesische Geschäftskontakte oft ihr Gegenüber. Besonders angemessen ist hier den Status, die Position oder die Führungskompetenz in Anwesenheit von Kollegen oder Untergebenen zu betonen (Cardon und Scott 2003, S. 16–17).

In neuerer Zeit ist jedoch ein Verschieben hin zu mehr interner Kontrollorientierung zu beobachten. Wachsender Wohlstand, sowie die technologische und wirtschaftliche Entwicklung Chinas könnten eine Erklärung hierfür liefern, denn Verbraucher haben nun mehr Entscheidungsmöglichkeiten hinsichtlich ihres Lebensstils (Tong und Wang 2006, S. 948).

2.6 „Emotionalität“ in China

Auf unbekannte und unsichere Situationen wird eher mit Gelassenheit, Geduld und Optimismus reagiert. Spontane oder auch unangenehme Entwicklungen werden tendenziell angenommen und akzeptiert.

Diese Flexibilität findet sich auch im Umgang mit Gesetzen und Vorschriften. Sobald sich etwas ändert, passt man sich auf kreative Art und Weise an, denn richtig und falsch sind relativ (Ma 2015, S. 18). Hofstede macht eine ähnliche Beobachtung bei der Relativität von Wahrheit. Kommunikativ äußert sich dies zum Beispiel durch Mehrdeutigkeiten im Sprachgebrauch.

Weiterhin beschreibt er, dass ein niedriger Wert der Unsicherheitsvermeidung mit geringem Ausdruck von Emotionalität einher geht, äußert sich dabei allerdings nicht direkt zu China (Hofstede Insights Oy 2023).

Trompenaars beschreibt jedoch, dass chinesische Personen dazu tendieren Gefühle zu verbergen und nicht direkt preisgeben, was sie denken (Culture Factory BV 2023).

2.7 „Kontext" in China

China kann als High-Kontext-Kultur nach Hall beschrieben werden; Kommunikation erfolgt oft indirekt – so werden beispielsweise Anfragen tendenziell nicht direkt abgelehnt, sondern in einer ausweichenden zweideutigen Art beantwortet; Informationen werden nicht unbedingt preisgegeben und empfangen (Osland 1990, S. 6), es wird oft auf die Meinungen und Ansichten anderer verwiesen und sich nicht auf eine Meinung festgelegt (Gao 1998, S. 166). Diese Vorsicht spiegelt sich auch in chinesischen Sprichwörtern wider, wie beispielsweise „yi yan ji chu, sima nan zhui" („Was gesagt wurde, kann nicht ungesagt werden") (Gao 1998, S. 169).

3. Die übergeordnete Rolle der Harmonie

Es ergibt sich aus Diskussionen (die an dieser Stelle zu weit führen würden), dass Harmonie nicht nur den Bereich „Rollenverteilung", sondern jede einzelne Kategorie beeinflusst. Harmonie kann nur erreicht werden, wenn Menschen einen angemessenen Umgang miteinander pflegen (Chang, 2001, S. 157). Für die Kategorie „Macht" bedeutet dies ein angemessener Respekt gegenüber hierarchisch höhergestellten Personen. Harmonie wird unter anderem dadurch erreicht, dass man die etablierte Hierarchie akzeptiert (Gao 1998, S. 169).

Weiterhin spielt die Harmonie auch eine Rolle in der Kategorie „Zeit". Um das Gegenüber nicht zu verärgern, wird die sprechende Person in ihrem Redebeitrag möglichst nicht unterbrochen. Außerdem werden Informationen nur sehr zögerlich geäußert, um negative Konsequenzen zu vermeiden (Gao 1998, S. 169).

In der Kategorie „Beziehung" findet sich die Harmonie im höflichen Umgang mit Personen der Innengruppe wieder. Harmonie ist Bestandteil aller persönlichen Beziehungen und es wird danach gestrebt, harmonisch mit dem eigenen Umfeld zusammenzuleben (Gao 1998, S. 169).

Die bereits beschriebene Bescheidenheit in der Kategorie „Kontrolle“ untermauert dies nochmals. Üblicherweise wird die eigene Person kleiner dargestellt, um das Gegenüber besser zu stellen (Ma 2015, S. 29). Bei einer Bedrohung des eigenes „Gesichts“ kann es zwar dazu kommen, dass die Schuld für einen Fehler woanders gesucht wird, allerdings ist das Ziel kein Individuum, sondern meist eine verallgemeinerte Gruppe oder die Situation (Ting-Toomey und Kurogi 1998, S. 192). Insofern wird selbst in solchen Situationen versucht, die Harmonie in der unmittelbaren Gruppe zu erhalten.

Die Kategorie „Emotionalität“ wird ebenfalls von Harmonie beeinflusst. Gefühle werden möglichst nicht offen gezeigt und ein neutrales Verhalten wird angestrebt (Gao 1998, S. 171). Neutralität lässt wenig Raum für Meinungsverschiedenheiten und unterstützt einen harmonischen Umgang.

Zuletzt äußert sich Harmonie auch im „Kontext“. Der indirekte Kommunikationsstil erlaubt es, sich bei Bedarf zurückziehen zu können, ohne die Harmonie der persönlichen Beziehung in Gefahr zu bringen oder gar zu zerstören (Gao 1998, S. 170). Harmonie ist daher das zentrale Ziel chinesischer Kommunikation (Gao 1998, S. 169).

Um diese Eindrücke nun auch visuell wiederzugeben, zeigt die folgende Abbildung eine Übersicht dieser für China gebildeten Kategorien, sowie die zugehörigen identifizierten Eigenschaften.

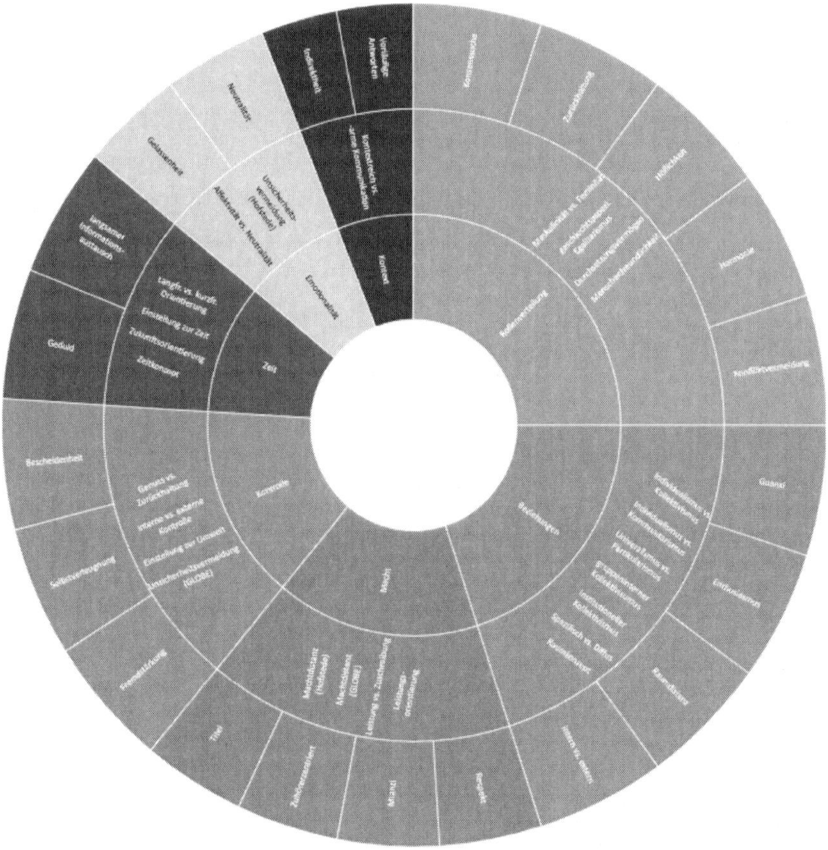

Abbildung 3: Ausprägung der Kulturdimensionen in China mit dem Fo-kus auf der Rolle der Harmonie

4. ZUSAMMENFASSUNG

Die oben vorgenommene Analyse verschiedener Kulturdimensionen zeigt, dass sich Kultur nicht nur in unserem Verhalten widerspiegelt, sondern auch in unserer Art zu kommunizieren Ausdruck findet. Oft geschieht dies in unterschiedlicher Intensität und Kombination. Abweichungen sind beispielsweise durch unterschiedliche persönliche Beziehungen oder der zugrundeliegenden Hierarchie möglich. Im Vordergrund jeglicher zwischenmenschlichen Kommunikation steht aber die Harmonie, die das Zentrum der chinesischen Kommunikation darstellt. Dies äußert sich besonders durch indirekte Kommunikation und die Vermeidung der Konfliktthematisierung.

Die Ausführungen sollen eine leichter zugängliche Art der Informationsweitergabe ermöglichen. Die vorliegenden visuellen Darstellungen könnten beispielsweise für Schulungen zu interkultureller Kompetenz in Zusammenhang mit China herangenommen werden, um Inhalte entsprechend zu verdeutlichen und in Seminaren tiefer zu erläutern.

LITERATURVERZEICHNIS

Cardon P. W. & Scott J. C. (2003*): Chinese Business Face: Communication Behaviors and Teaching Approaches. In: Business Communication Quarterly* 66(4), 9–22. DOI: 10.1177/1080569903066004 02.

Chang H. (2001): Harmony as Performance: The Turbulence Under Chinese Interpersonal Communication. *Discourse Studies*. 3(2). 155–179. DOI: 10.1177/1461445601003002001.

Culture Factory BV. (2023): *thtconsulting.com. Explore what binds and divides for reconciliation.* URL: https://www.thtconsulting.com/culture-factory/culture-explore/.

Dathe T. & Helmold M. (2018): *Erfolgreich im Chinageschäft. Strategien und Handlungsempfehlungen für kleinere und mittlere Unternehmen (KMU).* Wiesbaden, Heidelberg: Springer Gabler.

Erll A. & Gymnich M. (2015): *Uni-Wissen Interkulturelle Kompetenzen. Erfolgreich kommunizieren zwischen den Kulturen – Kernkompetenzen.* Stuttgart: Klett Lerntraining bei PONS (Uni-Wissen, 15).

Gao G. (1998): „Don't take my word for it."—understanding Chinese speaking practices. *International Journal of Intercultural Relations.* 22(2). 163–186. DOI: 10.1016/S0147-1767(98)00003-0.

Globeproject.com (2023): *Country Map. China.* https://globeproject.com/results/countries/CHN?menu=list#cluster.

Hall, E. T. (1989): *Beyond culture.* New York: Anchor Books.

Hall, E. T. & Hall M. R. (2006): *Understanding cultural differences. Germans, French and Americans.* Yarmouth, Me.: Intercultural Press.

Hofstede G., Hofstede, G. J. & Minkov M. (2017): *Lokales Denken, globales Handeln. Interkulturelle Zusammenarbeit und globales Management.* 6. Auflage, München: dtv.

Hofstede Insights. (2023): *Country Comparison Tool.*

Hong-Xin Z. & Gao-Feng Y. U. (2017): *Study on the Differences of Business Etiquette Between China and America From the Perspective of Cultural Dimensions.* UCFL. 15(3). DOI: 10.17265/1539-8080/2017.03.007.

House R. J., Dorfman P. W., Javidan M., Sully De Luque M. F. (2014): *Strategic leadership across cultures. The GLOBE study of CEO leadership behavior and effectiveness in 24 countries.* Los Angeles, London, New Delhi, Singapore, Washington DC: SAGE.

Lang, R. & Baldauf N. (2016*): Interkulturelles Management.* Wiesbaden: Springer Gabler.

Osland G. E. (1990): Doing Business in China: A Framework for Cross-cultural Understanding. *Marketing Intelligence & Planning*. 8(4). 4–14. DOI: 10.1108/02634509010141194.

Rotter, J. B. (1966): Generalized expectancies for internal versus external control of reinforcement. *Psychological Monographs*. 80(1). 1–28.

Ting-Toomey S. & Kurogi A. (1998): Facework competence in intercultural conflict: an updated face-negotiation theory. *International Journal of Intercultural Relations*. 22(2). 187–225. DOI: 10.1016/s0147-1767(98)00004-2.

Tong J. & Wang L. (2006): Validation of locus of control scale in Chinese organizations. *Personality and Individual Differences*. 41(5). 941–950. DOI: 10.1016/j.paid.2006.03.018.

Trompenaars A. (2004): *Business Across Cultures. Chichester: John Wiley & Sons (Culture for business series).*

Trompenaars F. & Woolliams P. (2020): *Riding the Waves of Culture, Fourth Edition. Understanding Diversity in Global Business* (4. Auflage). Boston, MA: McGraw-Hill; Safari.

Simon Franz. E-Mail: simon.franz@live.de
Simon Franz entschied sich nach seinem Fachabitur für eine Ausbildung zum Industriekaufmann und sammelte seitdem umfangreiche Erfahrungen in verschiedenen Positionen im internationalen Vertrieb. Während seiner beruflichen Laufbahn absolvierte er erfolgreich ein Fernstudium zum Bachelor im Bereich International Management an der IU Internationale Hochschule. Heute ist er für die Betreuung von Vertriebspartnerschaften in China, Brasilien und Kanada verantwortlich. Darüber hinaus gestaltet er rechtliche und wirtschaftliche Aspekte neuer Vertragsbeziehungen. Seine Arbeit mit chinesischen Geschäftspartnern und sein starkes Interesse an interkultureller Kompetenz spiegeln sich in seiner Abschlussarbeit wider, in der er die Auswirkungen verschiedener Kulturdimensionen auf die Kommunikation mit chinesischen Geschäftskontakten untersuchte.

Dr. Karin Sixl-Daniell. E-Mail: karin.sixl@euro-asia-research.com
Karin Sixl-Daniell ist Professorin für Management mit Fokus auf interkultureller Kompetenz und langjähriger internationaler beruflicher Erfahrung in Deutschland, Dubai, Indien, Kanada, Malaysia, Österreich, Singapur und Ungarn. Sie lebte über zehn Jahre in Singapur, wo sie nach wie vor ihr Unternehmen leitet. Bereits seit 2003 im E-Learning tätig, baute sie diverse Studiengänge in Europa und Asien (mit) auf. Davor war sie stellvertretende Leiterin des Instituts für Internationales Management der Universität

Graz, Mitglied des Advisory Boards für die INSEAD-Initiative FinEdX (Financial Education for Women in Asia) und ist Mitautorin des Buches „Wealth Wisdom For Everyone“, das 2006 von einer 26-teiligen Fernsehserie auf Channel NewsAsia begleitet wurde.

对一些文化现象的观察 – 跨文化对比，中国与西方

Duì yīxiē wénhuà xiànxiàng de guānchá – kuà wénhuà duìbǐ, zhōngguó yǔ xīfāng

BEOBACHTUNGEN EINIGER KULTURELLER ERSCHEINUNGEN

INTERKULTURELLE GEGENSÄTZE, CHINA VS. WESTERN

YUFAN JIANG

Abstract. Interkulturelle Gegensätze zwischen China und dem Western haben ihren Wurzeln im kulturhistorischen Hintergrund Chinas. Lange Zeit eine Agrargesellschaft, die sich sehr spät dem Industrialisierungs- und Modernisierungsprozess anschloss, weist China einige Eigenheiten auf. Etwa die Wahrnehmung von Kollektivismus/Individualismus ist noch recht traditionell geprägt. Was den Vertragswesen angeht, ein wesentliches Instrument der Marktwirtschaft, sind in China die Einstellungen zur Vertragsbindung ziemlich nuanciert. Für die Wertesysteme vieler Kulturen spielen Religionen eine grosse Rolle. Inwiefern dies in China auch der Fall ist, bedarf einer genauen Betrachtung der Religiosität der Chinesen. Schliesslich ist es bekannt, dass Chinesen sich bei manchen Themen nur indirekt äussern. Hier wird versucht, abzuklären, inwieweit dies damit zu tun hat, dass China lange Zeit eine Tabugesellschaft war. In dieser Zeit, wo viel von Derisking sogar Decoupling die Rede ist, sollte es angebracht sein, mehr von Dedoktrinalisierung oder Depauschalisierung zu sprechen. So hofft der Autor, dass der vorliegende Text einiges dazu beitragen kann.

Stichwörter: Kollektivismus, Individualismus, Vertrags(un)treue, Religiosität, Tabugesellschaft

Die Welt rückt näher zusammen, unter anderem im Zuge der Globalisierung, obwohl sie inzwischen immer heftiger in Kritik gerät. Dadurch kommen Kulturen zusammen, die früher miteinander nicht viel zu tun hatten.

Geschäftsbeziehungen mit chinesischen Partnern aufzubauen ist immerhin eine Begegnung der besonderen Art. Vorsicht ist geboten und niemand will in die Fettnäpfchen treten, die irgendwo heimlich auf die Unvorbereiteten lauern. Schliesslich könnte es sein: Das was in einer Kultur gang und gäbe ist, stösst in einer anderen auf Miss- bis Unverständnis.

Kenntnisse über die Herkunft und Entstehung solcher Bräuche und Mentalitäten fremder Kulturen können helfen, Hemmungen und Ängste abzubauen. Man wäre jedenfalls besser in der Lage, damit umzugehen.

Der vorliegende Text soll dazu dienen, solchen kulturellen Erscheinungen auf den Grund zu gehen. Der Inhalt mag episodenhaft erscheinen, deckt aber Aspekte auf, die näher in Betrachtung zu ziehen brauchen.

1. KOLLEKTIV ALS EINE SUMME VON EINZELNEN – WAHRNEHMUNG VON INDIVIDUALISMUS, CHINA VS. WESTERN

Spricht man von Interkulturalität, kommt man an dem Namen Hofstede samt seiner Theorie der Kulturdimensionen nicht vorbei.

Geert Hofstede, ein renommierter Forscher im Bereich interkulturelles Lernen, entwickelte sein Modell der Kulturdimensionen durch eine empirische Studie mit über 110'000 IBM-Mitarbeitern in den späten 1960er Jahren. Das nun erweiterte Modell umfasst sechs Kulturdimensionen (Hofstede, 2017):

- Machtdistanz
- Individualismus vs. Kollektivismus
- Maskulinität vs. Feminität
- Unsicherheitsvermeidung
- Langzeit- vs. Kurzzeitorientierung
- Genuss vs. Zurückhaltung

Schon seit Anbeginn geriet diese Theorie in die Kritik, sie sei z. B. eine Vereinfachung und Stereotypisierung. Ob die Probanden aus dem multinationalen Mitarbeiterkreis eines US-Konzerns für ihre Ursprungskulturen noch repräsentativ genug seien, wird auch bezweifelt.

Trotz dieser Kritik kommt das Modell zum Verständnis kultureller Unterschiede und Gemeinsamkeiten häufig als Referenz zu Anwendung. In Abbildung 1 (Sieger, 2024) wird für die Kennzahl Individualismus ein Ländervergleich nach den Angaben von Hofstede gezeigt.

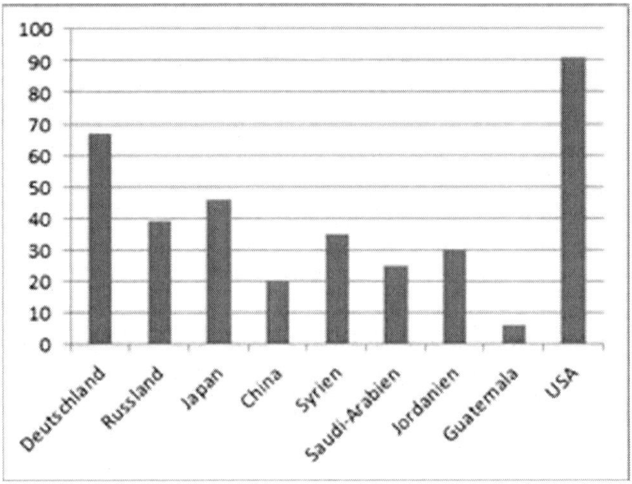

Abbildung 1: Individualismus nach Hofstede – Werte ausgewählter Länder

Darin ist zu erkennen, dass in den westlichen Ländern in generell das Mass für Individualismus viel höher liegt als in China. Auch für Japan, selbst ein ostasiatisches Land, ist der Wert doppelt so hoch.

Demzufolge sei China als ausgeprägt kollektivistische Kultur einzustufen, wo man sich dem Kollektiv füge und wenige Eigenständigkeit zeige.

Warum Chinesen mehr Sinn für Gemeinschaft haben und wenig einzelnen Individuen Aufmerksamkeit schenken, bedarf aber näherer Betrachtung. Es ist festzustellen, dass die Wahrnehmung von Individualität in den westlichen und chinesischen Kulturen voneinander erheblich unterscheidet (Abbildung 2).

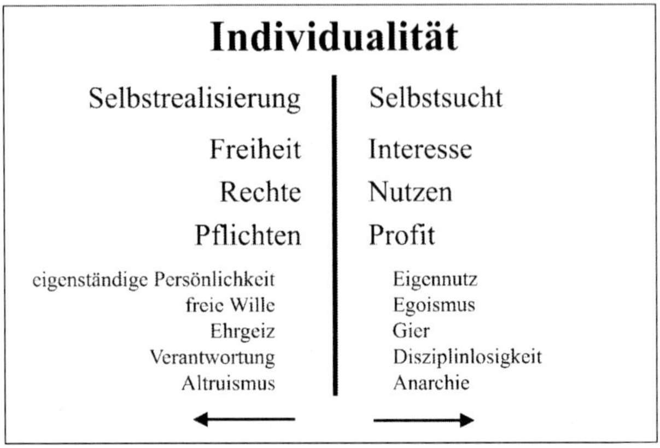

Abbildung 2: Unterschiedliche Wahrnehmung der Individualität

Wenn man im westlichen Kulturkreis über Individualität spricht, denkt man an die Selbstverwirklichung. Die Freiheit ist wichtig: „Freiheit über alles". Man besteht auf eigene Rechten und gesteht auch eigene Pflichten. Während in China wenn ein Individuum das „Ich" bewusst in den Mittelpunkt rückt, wird er verdächtigt, nur sein eigenes Interesse zu verfolgen. Er möchte mehr Nutzen ziehen und sich selbst profitieren (Selbstsucht).

Im Western ist die eigenständige Persönlichkeit mit freiem Willen eine edle Eigenschaft, die zur Selbstverwirklichung Ehrgeiz zeigt, aber auch bereit ist, Verantwortung zu übernehmen. Als die höchste Form dieser Eigenständigkeit ist der Altruismus, nämlich die Selbstlosigkeit zugunsten des Gemeinwohls. Dahingegen schauen in dem Auge eines chinesischen Beobachters diese Individualisten egoistisch nur zu sich selbst. Sie sind eigennützig und denken nur daran, eigene Gier zu stillen. Ihre Verhalten sind asozial und disziplinlos auf Kosten gemeinsamen Interesses. Um dem Eigeninteresse zu dienen, macht es ihnen nicht aus, die gesellschaftlichen Ordnung zur Anarchie zu sprengen.

Es ist schon schwer, das Wort „Liberalismus", die Bezeichnung einer der gängigen politischen Richtung im Westen, ins Chinesische zu übersetzen, da 自由主义 auf Chinesisch mit der Bedeutung „Disziplinlosigkeit" vorbelastet ist.

Ein Beispiel für die Rücksichtlosigkeit der Individualisten auf das Gemeininteresse, im Sinne „Nach mir der Sintflut", soll das Verhalten vieler Massnahmengegner im Westen während der Covid-Pandemie gezeigt haben: sie waren gegen alles, was die Behörden anordneten, von Maskentragen über Lockdowns bis Impfung, die jedenfalls in der Anfangsphase lebensrettend waren.

Dass in China später selbst die Pandemiepolitik zur totalen Kontrolle der Gesellschaft ausartete, und die Bevölkerung mit den harten Massnahmen nicht zufrieden geworden war, ist eine andere Geschichte.

Warum Chinesen mehr bewusst für Gemeinschaft und skeptisch gegen Individualbelangen sind, soll im kulturhistorischen Hintergrund zu finden sein.

China war seit jeher ein Agrarland, zwar ständig von Nomadeneinfällen gestört, blieb aber jahrhundertelang eine landwirtschaftliche Hochzivilisation.

Europa hingegen hat sich, mindestens seit der Aufklärung/dem Merkantilismus, zu einer Gesellschaft mit Gewicht auf Handel und Gewerbe entwickelt. Die Industrialisierung und Modernisierung waren Folge dieser Entwicklung.

In der Landwirtschaft, die eher von der Grosswetterlage abhängig war (die biblischen „7 fetten und 7 mageren Jahre"), zählten die Einzelleistungen wenig. Zusammenhalt auf Basis von Grossfamilien spielte eine grosse Rolle.

Anders war es für die Handwerker oder Kaufleute, später noch die Bürgerlichen. Für sie war Freiheit/Eigeninitiative von essenzieller Bedeutung.

Somit ist der Unterschiede entstanden zwischen einer Kultur, die den Freigeist glorifiziert und einer anderen, die das Gemeinwohl akzentuiert.

Sun Yat-sen, der Revolutionär und Staatsmann, unter seiner Führung in China im Jahr 1911 das Kaiserreich zum Fall gebracht und die Republik gegründet wurde, hat den in der Abbildung 3 gezeigten Motto zig-mals seinen Vertrauten kaligraphisch gewidmet.

Abbildung 3: Die beliebteste Kaligraphie von Sun Yat-sen: „Alles unter dem Himmel ist Gemeingut"

Darin bedeutet 天下 (tiānxià) „Alles (oder Alle) unter dem Himmel", 公 (gōng) „Gemeinschaft (oder Gemeingut)", während 為 (oder 为 in vereinfachter Schreibweise) je nach Aussprache zwei Bedeutungen hat: als wéi bedeutet „etw. werden“, als wèi bedeutet „etw. dienen“.

Das Zitat 天下为 (wéi) 公 stammt aus dem konfuzianistischen Klassiker *Buch der Riten*, heisst: „Alles unter dem Himmel ist Gemeingut“.

Für den Autor könnte eine andere Lesart auch gelten, nämlich 天下为 (wèi) 公, heisst „Alle unter dem Himmel dienen der Gemeinschaft“.

Beide Deutungen können die Absicht des Staatsgründers widerspiegeln, nämlich eine Mahnung an sein Volk bzw. dessen Führungsschichten, niemals den Sinn für Gemeinwesen und Gemeinwohl zu verlieren, eben nach dem gesagten traditionellen chinesischen Kulturwert.

Kaum ein halbes Jahrhundert nach Sun Yat-sen's Revolution trat China in eine neue Ära ein, gekennzeichnet durch Verstaatlichung und Kollektivierung, wobei jegliches Eigeninteresse zu Bedeutungslosigkeit unterdrückt wurde. Ob dies zu vereinbaren sei mit dem traditionellen Kollektivismus, ist fraglich. Das Land wurde aber an den Rand des wirtschaftlichen Zusammenbruchs gebracht.

Seit Reform und Öffnung Ende der 1970er Jahre sind sich Chinesen immer mehr bewusst, mit der Einführung der Marktwirtschaft, individuellen Rechten zu schützen. Dennoch muss man sich ab und zu die Kritik des Kollektivismus gefallen lassen. Eine der schärfsten Kritik kam jüngst vom argentinischen Präsidenten Javier Milei in seiner Rede am WEF Davos 2024 (Milei, 2024).

Trotz seines kläglichen Leumunds und dem miserablen Trackrecord der argentinischen Wirtschaft verschaffte sich diese Rede bei manchen Chinesen doch noch Gehör, stiess bei anderen aber auf taube Ohren. Immerhin sollen die meisten Chinesen doch noch dem alten Alexandre Dumas Glaube schenken:

„Einer für alle, alle für einen!“

2. ZWISCHEN MISS- UND VERTRAUEN – VERTRAGS(UN)TREUE, CHINA VS. WESTERN

Vertrags(un)treue der chinesischen Geschäftspartner ist Gegenstand einiger Berichte der Handelsvertreter aus dem Westen über ihre Erfahrungen in und mit China. Schon das kuriose Verhandlungsritual mancherorts, dass nicht auf dem Verhandlungstisch, sondern erst beim Essen danach

Hauptthemen zur Sprache kommen, ist schon für einige gewöhnungsdürftig. Insbesondere will man den Eindruck haben, dass die Chinesen nach dem Vertragsschluss die erreichten Vereinbarungen nicht ernst nähmen und gewisse Schlüsselpunkte Spielbälle weiteren Tauziehens würden. Manche erlauben sich sogar die Behauptung: Nach dem Vertragsschluss sei vor dem Vertragsschluss – die Verhandlung fange erst jetzt an (KMU-Forum, 2014).

Dass die chinesischen Vertragspartner die textlichen Vereinbarungen ab und zu nicht gleichermassen interpretieren wie ihre westlichen Gegenüber ist wohl bekannt. Wenig bekannt dürften die kulturhistorischen Hintergründe sein, warum die unterschiedlichen Auffassungen in Sache Vertragstreue existieren.

Wie schon im vorigen Kapitel diskutiert, war China lange Zeit eine Agrargesellschaft. Zudem waren die Einstellungen gegenüber Handel und kaufmännischem Treiben schon immer negativ. Ehrsam waren eher die Gesellschaftsschichten, die entweder durch das Aneignen konfuzianischer Lehre eine Beamtenlaufbahn einschlagen konnten, oder durch fleissiges Schuften eigene Stückchen Land bestellten und die Bevölkerung ernährten. Dass man nur durch An- und Verkäufe Geld verdienen, dazu noch schneller das Reichtum erlangen konnte, wurde mit grossem Argwohn angeschaut.

Historiker meinen jedoch, dass im alten China Keime für Handel und Gewerbe, spätestens in der Song-Dynastie (10. bis 13. Jahrhunderte) sehr schnell wuchsen. Diese Entwicklung wurde aber durch wiederholte Nomadeneinfällen mehrmals unterbrochen, bis die Song-Dynastie selbst ein jähes Ende fand durch die Invasion von Mongolen, die die Yuan-Dynastie in China aufbauten.

Die negative Einstellung gegen die Handelstreibenden war auch in Europa präsent, wo grossenteils ebenfalls eine landwirtschaftliche Tradition herrschte. Handelsleute seien böswillig, kalkulierend und skrupellos, wie Shylok in Shakespeares Drama *Der Kaufmann von Venedig*. Doch gerade in Venedig wurde der Grundstein für die Marktwirtschaft gelegt und der Weg geebnet, der zur heutigen Wirtschaftsordnung geführt hat, mit dem unabhängigen Rechtssystem, in dem das Vertragsrecht ein wichtiger Bestandteil bildet.

Das Vertragswesen war aber schon früher präsent, etwa in Form von ein paar Ohrfeigen, verpasst an den Kindern der involvierten Familien, damit sie

Jahrzehnte später noch tief die Erinnerung an den streitigen Grenzpunkten behalten würden. Daher der Spruch „sich etw. hinter den Ohren schreiben". Jean-Jacque Rousseau machte es aber viel eleganter, indem er in seinem „Sozialvertrag" eine vertragliche Gesellschaftsordnung definierte.

Im landwirtschaftlichen alten China kümmerte man sich jedoch wenig darum und wollte in meisten Fällen in Ruhe gelassen werden. Bei Streitigkeiten hoffte man auf faire Beamten bzw. weise Herrscher für Gerechtigkeit. Ein Regelwerk, das die ohnehin suspekt vorkommenden Aktivitäten von z. B. Handelstreibenden noch extra schriftlich schütze, erweckte bei dem mehrheitlich analphabetischen Landvolk eher den Eindruck, man führe da etwas im Schild.

Die Einführung der Marktwirtschaft mit der Reformpolitik hat die chinesische Denkweise massgebend geändert. Man akzeptiert weitestgehend die internationalen Wirtschaftsregeln und führt das etablierte Vertragsrecht ein. Im Jahr 1985 kam z. B. das Aussenwirtschaftsvertragsgesetz in Kraft.

Die Besorgnis, dass man in Vereinbarungen nachteilig behandelt werde, besteht aber weiterhin. Dies kann zu Problemen mit der Vertragstreue führen. Es kommt dann auch vor, dass Verhandlungsrituale eine Rolle spielen.

Abbildung 4: Sino-US-Handelsverhandlung am 30. Juli 2019 in Shanghai

In Abbildung 4 (Phoenix, 2019) wird die Szene gezeigt, in der die hochrangigen Sino-US-Chefunterhändler zu einer Verhandlungsrunde im Juli 2019 in Shanghai zusammentrafen, um eine Lösung zu den Handelsstreitigkeiten zwischen den beiden Ländern zu finden. Wegen der harten Haltung des damaligen US-Präsidenten Donald Trump blieb das Treffen ergebnislos.

Interessant ist aber der Hintergrund mit den abgebildeten Schriftzeichen. Nicht nur schöne Deko, sondern eine bewusste Auswahl. Sie bilden den Auszug eines Gedichts (genau gesagt Yuan-Oper-Lyrik 元曲): „云来山更佳, 云去山如画; 山因云晦明, 云共山高下. 倚仗立云沙, 回首见山家."

Die ersten zwei Sätze übersetzt: „Kommen die Wolken, die Berge sind schöner; Gehen die Wolken, die Berge wie Gemälde".

Versteht man unter „Berge" die chinesischen Gastgeber und „Wolken" die US-Gäste mit dem Willen zu Vereinbarung, dann soll mit dem Gedicht die Einstellung der chinesischen Delegation verdeutlicht werden. Es sei ein Signal an den US-Präsidenten, der sich durch die Austritte aus vielen internationalen Organisationen nicht gerade als vertragstreu auszeichnete, dass die chinesische Seite sich zwar eine Beilegung des Konflikts wünsche, auf weitere Provokation und Aufreizung aber gefasst sei.

Die Botschaft, die noch durch das kaum gebräuchliche Schriftstil Zhuan (篆书) für Aussenseiter völlig verschlüsselt zum Ausdruck kommt, kann aber auch für andere Unterhandlungen als Kulisse dienen. Damit wird wohl die chinesische Haltung bei kritischen Verhandlungssituationen veranschaulicht:

Komme was wolle. Wir sind für alles bereit, oder, gegen alles gefeit.

3. EINE UNGLAUBLICHE GLAUBENSSACHE – DIE RELIGIOSITÄT DER CHINESEN

Ein chinesischer Gelehrter, Yi Zhongtian, der sich als kritischer Kenner der chinesischen Kultur und Geschichte landesweit einen Namen gemacht hat, meinte einst, Chinesen hätten keinen Glauben (China News, 2013).

Beim Besuch eines buddhistischen Tempels begegnete Yi einem Mann aus Sichuan, der vor sich hin murmelte, ob er für seinen Sohn, der einen Studienplatz anstrebte, bei Manjushri den richtigen Gott angebetet habe. Manjushri sei der Gott für schulischen Erfolg, folglich sei die Wahl für Yi richtig. Sein Sohn wolle aber nach Stanford. Yi schlug ihm vor, es doch bei der Heiligen Maria zu versuchen, die für diesen Kulturkreis zuständig sei. Daraufhin erwiderte der Mann: „Die Heilige Mutter versteht doch keine Sichuan-Dialekt!"

Tatsächlich war die chinesische Kultur wenig von Glauben und Religion geprägt. Man spricht in China zwar von drei herrschenden Religionen:

Konfuzianismus, Taoismus und Buddhismus (s. Abbildung 5). Die ersten zwei sind streng-genommen aber nicht religiöser Natur.

Abbildung 5: Die drei „Hauptreligionen" in China (Dubose, 2014)

Konfuzianismus ist eine Sammlung von Moral- und Ethiklehre für alle Gesellschaftsschichten und Taoismus ist eine Summe von philosophischem weltanschaulichem Gedankengut. Ihre Anhänger sind nicht durch Begriffe wie Sünden, Erlösung oder Inkarnation zu bekehren.

Buddhismus als eine echte Religion ist aber ein Import. Er ist um etwa die gleiche Zeit entstanden wie die beiden anderen, fing aber erst Jahrhunderte später an, auf die chinesische Kultur Einfluss zu nehmen.

Das soll aber keinesfalls heissen, dass Chinesen nicht an übernatürliche Kräfte oder an Geister nach dem Tod glauben. Aberglauben und Ahnenkulte werden praktiziert, was mit den kirchlich organisierten sakralen Zeremonien aber nichts zu tun hat. Eine Situation, wie dies Yi Zhongtian beschreibt:

„Es gibt Geister aber keine Religion. Es gibt Kulte aber keinen Glauben."

Für die (säkularen) Herrscher des Landes war das Leben aber einfacher gegenüber ihresgleichen in Europa. Es gab keine parallele kirchliche Autorität, die ihnen den absolutistischen Machtanspruch streitig machte. Jedenfalls blieb ihnen ein „Gang nach Canova" erspart.

Nach der Machtübernahme der kommunistischen Partei Ende 1940er Jahre waren die Religionsaktivitäten eingeschränkt, weil Religion nach der atheistischen Ideologie „das Opium des Volkes“ sei.

Erst seit der Einführung der Reformpolitik Ende 1970er Jahre wird Religionsfreiheit weitgehend eingeräumt. Die kulturell nicht gläubigen Chinesen zeigen Offenheit für alle religiösen und nicht-religiösen Gedankengüter, die zusammen mit der Marktwirtschaft den Eingang in China finden.

Nochmals zurück zu Yi Zhongtian, der einst so gemeint hat:

Die chinesische Zivilisation habe selbst wohl keinen Glauben und keine Religionen, „hat aber genug Platz für alle Glauben und Religionen“.

4. NICHTSAGENDES SAGEN ALS FALSCHES SAGEN – FOLGEN EINER JAHRHUNDERTELANGEN TABUGESELLSCHAFT

Bekannterweise drücken sich Chinesen indirekt aus. Dadurch kann man einerseits sensible und unangenehme Situation sanft angehen. Andererseits ist man sich sicher, dass niemand unbewusst gekränkt wird (Gesicht bewahren).

Ranghöheren Personen gegenüber kamen früher noch allerlei Floskeln von Demut und Respekt zum Gebrauch. Ähnlich wie dies auch im Westen der Fall war, dass man diesen Personen „untertänigst“ mit Anreden wie „Eminenz“, „Durchlaucht“ oder „Majestät“ gegenübertrat.

Speziell in China wurden aber viele Dinge untersagt, darunter auch Ausdrücke, aus Respekt oder Ehrfurcht vor Ahnen oder Herrschern. Nicht umsonst heisst der Kaiserpalast in Peking auch „die Verbotene Stadt“.

Für Interessenten, aber auch für Forscher aus dem Reich der Mitte, die sich mit der abendländischen Geschichte beschäftigen, ist es häufig irritierend, warum so viele Throninhaber eines westlichen Herrscherhauses alle den gleichen Vornamen trugen, und zwar über Generationen und Jahrhunderte hinweg: „Schau, schon wieder ein Karl!“ Zum Beispiel.

Allein in Schweden gab es über 20 Könige mit Karl mindestens als Bestandteil in ihren Vornamen. Herrschernamen wie Heinrich und Ludwig gibt es in Europa zuhauf über Jahrhunderte in verschiedenen sprachlichen Varianten.

Um diese Gleichnamigen auseinanderzuhalten, mussten Historiker für sie Beinamen ausdenken, von der/die „Grosse", „Tapfere" oder „Kühne", über „Fromme", „Gutmütige" bis zu „Wahnsinnige".

Man übernahm die Namen von den Vorfahren aus Respekt und wünschte, dass sie Ruhm und Glück an den Nachfolgern weitergeben könnten.

Ganz umgekehrt war es in China: aus Ehrfurcht mied man die Zeichen, die die Namen eines Herrschers sowie seiner Thronvorgänger bildeten. Der Name eines der Kaiser in Qing-Dynastie mit der Thronzeitbezeichnung Qianlong (乾隆) besteht aus zwei Zeichen 弘历 (hóng lì). Sie durften seit seiner Amtszeit öffentlich nicht mehr gebraucht werden, auch nicht in anderen Bedeutungen.

Nehmen wir an, dass in einem deutschen Fürstentum, in dem die gleichen Taburegeln gälten, eines Tages ein Herrscher namens Johannes den Thron bestiege. Dann müssten plötzlich alle Johannes/Johanna oder Hans/Hanna im Lande umtaufen lassen. Nicht mal Johannesbeere dürfte noch so heissen! Ein anderer Name musste für die arme Buschfrucht gefunden werden.

Die Folgen für Nichteinhaltung solcher Tabus waren mitunter fatal. In einem Fall während der Regierungszeit vom vorhin erwähnten Qianlong hat er einem Beamten Suizid befehligt, eine Form der Todesstrafe, weil der Mann das Tabu missachtete und den Namen des Kaisers öffentlich nannte (Zhao, 2015).

Zwar ist es inzwischen bekannt, dass der Kaiser den Tabubruch nur formell als Vorwand nahm zur Aussprache des Todesurteils. Der Mann fiel schon vorher aus anderen Gründen in Ungnade. Es zeigt aber, mit welchen harten Strafen der Staat solche Tabubrüche verfolgte.

Im alten China gab es auch andere Formen von Tabus. Das mit den Namen war ein typisches. Einen Punkt haben sie gemeinsam, nämlich die Leugnung eines einfachen Faktums, z. B. die Namensgebung eines Throninhabers.

Diese Wahrheitsleugnung hinterliess Spuren im heutigen China. Bei sensiblen oder prekären Situationen wird die Wahrheit unter den Tisch gekehrt, anstatt öffentlich zu debattieren. Mit dem Tabu für Obrigkeiten (为尊者讳) wird versucht, Unannehmlichkeiten für die Machthaber zu meiden.

Es wird z. B. spekuliert, dass die Wirtschaftsdaten, die nicht so schön seien, nicht direkt an die Öffentlichkeit gelangen sollten. Dies jedenfalls befürchtete der ehemalige Ministerpräsident Li Keqiang, der anstatt GDP den eigenen sog. Keqiang-Index vorschlug, der aus Stromverbrauch, Schienengütertransport und Kreditvergaben an private Unternehmen besteht. Der Index soll auch bessere Stimmigkeit mit der Realität gezeigt haben (Manager Magazine, 2015).

Aber was passiert, wenn die Daten, die auch dem Keqiang-Index zugrunde liegen, nicht mehr die Wahrheit sagen? Das chinesische Statistikamt hat Anfang 2024 nochmals den Kampf gegen Datenfälschungen angesagt, mit innerparteiischen Disziplinar- als auch strafrechtlichen Massnahmen (SCMP, 2024). Das Signal an die Topstatistiker des Landes ist klar:

So schlimm die Situation auch sein mag, sagt die Wahrheit.

LITERATURVERZEICHNIS

G. Hofstede (2017): *Lokales Denken, globales Handeln*. dtv. 2017.

J. Sieger (2024): Interkulturelle Kompetenz, Kulturdimensionen: IDV (Webseite). https://www.joerg-sieger.de/kultur/kulturen/kl_07.php#d.

J. Milei (2024): Davos 2024: Special address of J. Milei, President Argentina. https://www.weforum.org/agenda/2024/01/special-address-by-javier-milei-president-of-argentina/.

KMU-Forum (2014): KMU-Forum China, Wirtschaftskammer BL, Muttenz. 30.04.2014. Eindrücke von Beiträgen und persönlichen Gesprächen.

Phoenix News (2019): News vom 01.08.2019. https://news.ifeng.com/c/70mkEXJiTp2 (Chinesisch).

China News (2013): News vom 16.08.2013. https://www.chinanews.com.cn/cul/2013/08-16/5171791.shtml (Chinesisch).

H. C. Dubose (2014): *The Dragon, Image, and Demon: The Three Religions of China: Confucianism, Buddhism, and Taoism*. Cosimo. 2014.

Zhao Zengyue (2015): *Namensgebung/-Tabus von Kaisern in Qing-Dynastie. China Archives*. Nr. 5, 2015 (Chinesisch).

Manager Magazine (2015): Artikel vom 18.09.2015. https://www.manager-magazin.de/politik/weltwirtschaft/alternativen-zu-chinas-offizieller-wirtschaftsstatistik-a-1053443.html.

South China Morning Post (2024). China claims 'biggest corruption in statistical sphere' amid fake data crackdown. 23.01.2024. https://www.scmp.com/economy/economic-indicators/article/3249502/china-claims-biggest-corruption-statistical-sphere-amid-fake-data-crackdown.

Dr. Yufan Jiang. E-Mail: yufan.jiang@fhnw.ch
Yufan Jiang hat Druckmaschinenbau in China und in Deutschland studiert. Nach der Promotion zu Dr.-Ing. in Berlin kam er in die Schweiz. Für mehrere Jahre war er in der Industrie tätig, wo er als Entwicklungsingenieur bei Qualitätssicherung und Digitalisierung mitgewirkt hat, bevor er 2010 an die Fachhochschule Nordwestschweiz kam. Dort hat er mehr als 50 Managementkurse für Führungskräfte aus verschiedenen Städten und Provinzen in China betreut. Die mehrjährigen Erfahrungen in der chinesischen als auch westlichen Kulturen helfen, an tieferen Verständnissen für beiden zu erlangen.

只为孩子们提供最好的 —这意味着什么？- 中国和德国的父母有什么不同？

Zhǐ wèi háizimen tígōng zuì hǎo de——zhè yìwèizhe shénme? - Zhōngguó hé déguó de fùmǔ yǒu shé me bùtóng?

NUR DAS BESTE FÜR DIE KINDER – WAS IST DAMIT GEMEINT?

WORIN UNTERSCHEIDEN SICH CHINESISCHE UND DEUTSCHE ELTERN?

HUA WANG

Abstract: Als Eltern wollen wir ohne Zweifel alle das Beste für unsere Kinder, egal in welchem Kulturkreis wir uns befinden, welche Hautfarbe wir besitzen oder welche Weltanschauung wir haben.

Aber was meinen wir mit „nur das Beste für die Kinder“? Wo liegen die Unterschiede zwischen chinesischen und deutschen Eltern, wenn sie vor exakt denselben Fragen stehen, wie z. B. Welche Schule besucht mein Kind? Welchen Beruf soll es ausüben? Was macht sein Leben letztendlich aus?

Der Autorin, die sich schon seit fast dreißig Jahren in beiden Kulturen bewegt, und damit einen tiefen Einblick in das chinesische und deutsche Bildungswesen hat, sich dabei stets als eine stille Beobachterin beider Gesellschaften identifiziert und gleichzeitig dreifache Mutter ist, gelingt es in diesem Beitrag, durch ihre bildhafte und faktenreiche, wenig theoriebelastete Darstellung, den LeserInnen einen leichten und informativen Einstieg in die verschiedenen Denk- und Verhaltensweisen der chinesischen und deutschen Eltern zu ermöglichen.

Stichwörter: Schwangerschaft, Früherziehung, Schulische Bildung, Hochschulen, Berufswahl, Partnersuche, Kindeskind, Endstadium des Lebens, Kulturelle Herkunft, Schlusswort

Um die Eltern der beiden Kulturkreise besser zu verstehen, sollten wir uns zuerst mit zwei neuen chinesischen Begriffen vertraut machen, die in den letzten fünf bis zehn Jahren im Volksmund immer populärer geworden sind: Der eine Begriff lautet „卷“ (juǎn, Bedeutung: rollen, Turbo, stets mit höchstem Engagement), der andere Begriff lautet „躺平“ (tǎng píng, Bedeutung: flach liegen, möglichst wenig Mühe und Aufwand). Die zwei Begriffe verkörpern bildhaft zwei Gegensätze von Lebenseinstellungen, die typisch in der chinesischen und deutschen Gesellschaft vertreten sind.

Während die chinesische Bevölkerung, teilweise bedingt durch die gesellschaftlichen Rahmenbedingungen, traditionell dazu erzogen ist und gelernt hat, stets mit vollem Einsatz zu kämpfen, um konkurrenzfähig zu bleiben, ist im Gegensatz dazu die deutschsprachige Gesellschaft von einem allgemein toleranten sozialen Umfeld geprägt. Man findet eine Vielfalt an Zukunftsmöglichkeiten und dementsprechend eine entspannte Lebensphilosophie.

In jeder Lebensphase sind wir als Eltern mit verschiedenen Herausforderungen konfrontiert. Interessanterweise lassen sich unter anderem folgende gegensätzliche Erscheinungen bei Eltern in den beiden Kulturen beobachten. Zu betonen ist, die folgenden Aspekte stellen lediglich den allgemeinen Trend beider Kulturen dar, individuelles Verhalten kann natürlich davon abweichen:

1. SCHWANGERSCHAFT

Was man als Schwangere im deutschsprachigen Raum meistens hört, ist: Schwangerschaft ist keine Krankheit! Nach dem Motto: Als Schwangere bin ich nach wie vor präsent, bloß keine Extraaufmerksamkeit, mehr essen, anders essen? Nicht nötig. Weniger Sport, wozu?

Währenddessen beginnt die Vorbereitung auf die Familienplanung im Land der Mitte schon vor der Schwangerschaft. Mindestens ein halbes Jahr vor der Befruchtung sollen sich die Eltern das Rauchen und den Alkoholkonsum abgewöhnen. Ab dem Zeitpunkt der Kenntnis der Schwangerschaft genießt in China die werdende Mutter höchste Priorität aller drei Familien mütter- und väterlicherseits. Nicht umsonst werden die Schwangeren in China als „国宝 (guó bǎo) – Schatz des Landes“ genannt und entsprechend behandelt. Dazu zählt ein komplett umgestellter Speiseplan, tägliche Spaziergänge nur unter Begleitung von Familienmitgliedern, Früherziehung im Bauch, abgesehen von den zahlreichen beliebten ausländischen Nahrungsergänzungsmitteln während der Schwangerschaft, die im Allgemeinen einen besseren Ruf als inländische besitzen, spezielle Umstandsausrüstung wie Antistrahlung-Umstandsschürze „invented in China“ etc…

Nach der Entbindung sind die frisch gebackenen deutschen Mütter ebenfalls so kämpferisch wie zuvor. Babyschaletragen und Kinderwagenschieben gehören zur täglichen Übung. Schonfrist? Nicht der Rede wert! Das Kontrastprogramm in China: Die jungen Mütter in China werden nach wie vor wie „First Ladies" behandelt, vier Wochen lang Bettruhe unter Anweisung der 月嫂 (yuè sǎo, eine ausgebildete Wochenbettbetreuerin), die Vermeidung von frischer Luft und kaltem Wasser, Essen & Trinken natürlich extra liebevoll zubereitet, alles vom Feinsten.

2. FRÜHERZIEHUNG

Sobald das Baby die Welt erblickt, versuchen die Eltern den neuen Erdenbürgern das Beste zu gönnen. Hinter der auf dem ersten Blick identischen Zielsetzung verbergen sich aber unterschiedliche Verhaltensweisen der Eltern in beiden Kulturkreisen, die teilweise so unterschiedlich sind wie Tag und Nacht.

	China	**DACH (Deutschland, Österreich, Schweiz)**
0 – 1 Jahr, Kleinkind		
Muttermilch, ja/nein?	Industriemilchpulver von bester Qualität, möglichst direkt aus europäischem Raum; Muttermilch nicht vordergründig; Kurze Stillzeit	überwiegend Muttermilch; möglichst lange Stillzeit
Beikost, ab wann?	täglich frische Zubereitung größtmöglicher Vielfalt; Zufuhr der Beikost sehr früh	überwiegend marktübliche Fertigprodukte mit Qualitätssicherheit, möglichst „bio"; begrenzte Auswahl zur Minimierung von Allergierisiken
Anschaffung Babykleidung und -ausstattung	neue Bekleidung bevorzugt; möglichst beste Ausstattung (soweit finanziell möglich)	second-hand sehr populär, da geldbeutel- und umweltschonend
Outdooraktivitäten	möglichst wenig Kontakt zur Außenwelt und zu Schmutz; Abstand zu Bakterien & Viren	raus in die frische Luft ab Tag 1; Abhärtung der Immunkraft durch Naturerlebnis bei jedem Wetter

	China	**DACH (Deutschland, Österreich, Schweiz)**
1-3 Jahre, Vorkindergartenzeit		
Wachstum und Entwicklung	empfohlene Wachstumskurve sehr ernst genommen; leichte Abweichungen können Unruhe verursachen mit sofortiger Einleitung von Maßnahmen	U-Untersuchungen in regelmäßigem Abstand; Wachstumskurve dient lediglich als Monitoring, individuelle Abweichungen werden meist mit Gelassenheit angenommen
Reaktion auf Kinderkrankheiten	häufiger Arzt- und Krankenhausbesuch bei ersten auftretenden Krankheitssymptomen; blindes Vertrauen in Infusionen	Beobachtung zuhause im Anfangsstadium; Hausapotheke bei Bedarf; Arztbesuch nur bei Verschlechterung der Symptome
Windel abtrainieren	Beginn des Abtrainierens sehr früh durch regelmäßiges Training; Schlitzhose nach wie vor weit verbreitet	Zeit lassen; Abtrainieren auf natürlichen Wegen
Spielzeit und -methode	Überwiegend strukturiertes Spielen integriert mit gezielten Übungen mit Erwerb bestimmter Fähigkeit im Fokus, oft angeleitet von Erwachsenen	Überwiegend freies (soziales) Spielen; den Kindern möglichst viel Phantasie und Freiraum überlassen, was und wie gespielt wird.
Auswahl der Spielzeuge	teilweise schwer belastet durch ablenkende, überlaute Musik und übertönte Farbabwechslung	Klassische motorische Spielzeuge wie Bauklötze aus Naturholz, Legosteine bevorzugt, teilweise DIY
4-6 Jahre, Kindergarten		
Kognitive Wissensvermittlung	viel Wertlegung auf kognitive Wissensvermittlung wie Lese- und Rechenfähigkeit; viel auswendig lernen; Betonung auf Disziplin und Leistungswilligkeit, Konkurrenzbewusstsein von klein auf entwickeln	Fokus auf soziales Verhalten, Selbständigkeit, Zuhören, Gefühle ausdrücken, Grundwerte wie Ehrlichkeit, Pünktlichkeit, Verantwortung, usw.

	China	**DACH (Deutschland, Österreich, Schweiz)**
Mitwirkpflicht der Eltern bei Hausaufgaben	Hausaufgaben sowohl für Kinder als auch für Eltern. Fast ein ungeschriebenes Gesetz, dass Eltern bei der perfekten Ausführung der Hausaufgaben aktiv mitwirken; Kreativität der Eltern auf Prüfstand	Keine richtige Hausaufgabe. Vorzeitige Wissensgewinnung steht nicht im Zentrum.
Hilfe im Haushalt durch das Kind	Lernen und gute Leistung hat höchste Priorität, alles andere hat Zeit. Kinder werden sorgenfrei gepflegt.	Aktives Mithelfen des Kindes; klare Aufgabenaufteilung in der Familie und dadurch Verantwortung fördernd
Meinungsverschiedenheit Eltern-Kind	Konflikte werden überwiegend durch Autorität gelöst. Meinung und Gefühle des Kindes werden dabei vernachlässigt.	Auf Augenhöhe mit Kind, argumentieren, überzeugen, mitfühlen anstatt unterdrücken
Entscheidung Einschulungszeitpunkt	Bei Kann-Fällen lieber ein Jahr früher zur Schule gehen	Bei Kann-Fällen lieber ein Jahr länger im Kindergarten bleiben

3. SCHULISCHE BILDUNG

3.1 Leistungserbringung

CHINA

Wer als Kindergartenkind in China von dem enormen Leistungsdruck noch etwas verschont wurde, bekommt spätestens als Schulkind „den Ernst des Lebens" zu spüren. Ein in China weit verbreiteter Slogan lautet: 不要让孩子输在起跑线上! (Lass dein Kind nicht auf der Startlinie verlieren!) Durch die umstrittene Ein-Kind-Politik (1979-2016) ist das Einzelkind ohne Zweifel der Hoffnungsträger dreier Familien. Die beste Grund- und weiterführende Schule mit erstklassiger Ausstattung und Lehrerqualifikation, die teuerste Klavier-, Ballettstunde, der renommierteste Ping-Pong- oder Schwimmtrainer, all das setzt ein absolut gehorsames Kind, ein dickes Portemonnaie und ein perfektes Zeitmanagement der Eltern voraus.

Der typische Alltag eines chinesischen Schulkindes sieht so aus: pausenloses Pauken, unendliche Hausaufgaben bis tief in die Nacht, Schlaf und Bewegung als Mangelware. Es ist nicht nur Ausdauervermögen des Kindes gefragt, sondern auch das der Eltern. Nicht umsonst werden die chinesischen Mütter als 虎妈 (hǔ mā, Tigermama) bezeichnet. Sie haben für fast alle Fragen die ideale Lösung, und streben stets Perfektionismus an. Sie sind besonders talentiert, ihre Ressourcen zugunsten des Kindes zu nutzen und treiben das Kind zum Erfolg durch Fordern und Fördern.

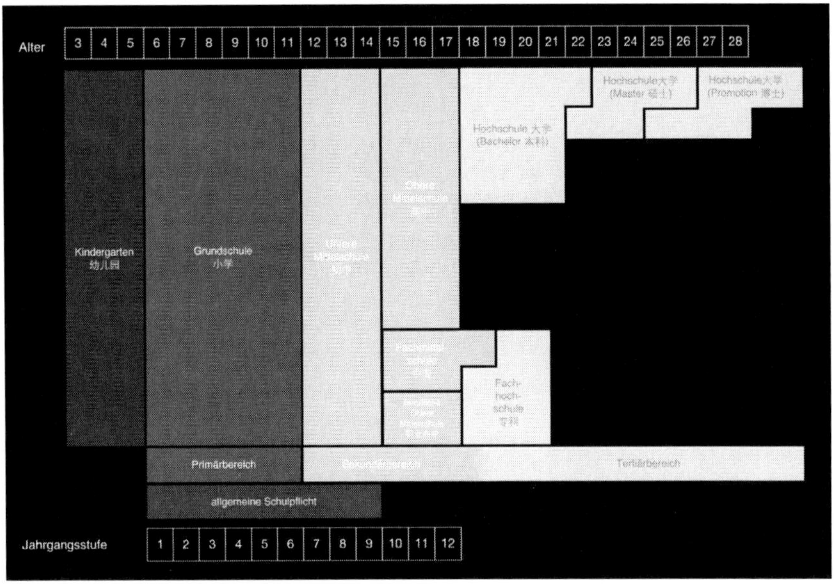

Abbildung 1: Das Bildungssystem der Volksrepublik China (Quelle: China-Schul-Akademie, 2021)

Die Freizeitbeschäftigung von chinesischen Kindern dient allerdings nicht nur der Entspannung, denn auch in diesen Bereich ist der Leistungsdruck längst eingedrungen. Musikalische, künstlerische, sportliche und andere Talente jeglicher Art des Kindes werden mit allen Mitteln gefördert, denn alle außerschulischen Fähigkeiten und Engagements könnten beim Schulübertritt Pluspunkte sein. Auch die Wochenenden und Schulferien dienen daher als zusätzliche Lernzeit für Wieder-, Nach-, Auf-, und Überholen. Eine bekannte Selbstironie der Chinesen lautet: Warum sind keine Kinder auf den Spielplätzen in China zu sehen? Sie befinden sich nämlich entweder in den Nachhilfestunden oder auf dem Weg dorthin.

Der enorme Leistungsdruck der Gesellschaft und die hohe Erwartung der Eltern sind aber kontraproduktiv für die Gesundheit der jungen Generation in China. Ein Blick auf eine Studie von DOG – deutsche Ophthalmologische Gesellschaft – zeigt, dass in China bis zu 90 Prozent der jungen Erwachsenen kurzsichtig sind. (DOG, 2016). Eine neun Jahre lang epidemiologische Erhebung (2012-2021) zeigt, dass etwa 17,5 Prozent der Kinder und Jugendlichen in China an psychischen Störungen leiden (german.china.org.cn, 2021). Folgende Darstellung über die Depressionsquote der chinesischen Schüler in den Klassen 6-12 bestätigt ebenfalls die Tendenz, dass Depression in China ein ernsthaftes, soziales Problem unter den Jugendlichen darstellt.

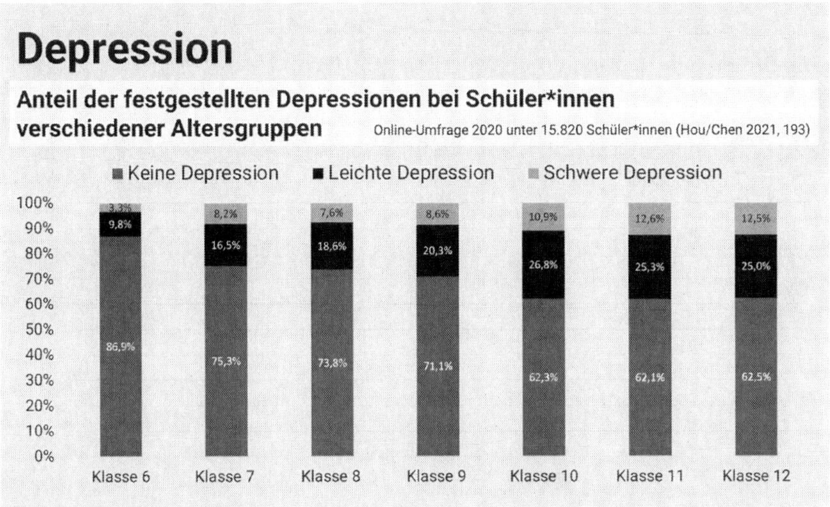

Abbildung 2: Anteil der festgestellten Depressionen bei Schüler*innen verschiedener Altersgruppen (Quelle: China-Schul-Akademie, 2021)

DACH

Im Gegensatz zu China dürfen die Kinder im deutschsprachigen Raum ihre Kindheit noch weitgehend stressfrei ausleben. Es werden Angebote gemacht, Zwang soll vermieden werden. Notenfrei in den ersten beiden Schuljahren und überwiegend nur Vormittagsunterricht machen den Lerndruck an den deutschen Grundschulen wenig bemerkbar. Zwar sind die Eltern bedingt durch Halbtagsschulen gefordert, die außerschulische Zeit des Kindes möglichst sinnvoll zu gestalten, jedoch dienen die zahlreichen Hobbies, die deutsche Schulkinder ebenfalls haben, in erster Linie als Ausgleich zum Schulalltag und stellen die School-Life-Balance dar.

3.2 Persönlichkeitsbildung

CHINA

Durch die leistungsorientierte chinesische Erziehung lässt sich leider ein Defizit bei der Persönlichkeitsbildung der chinesischen Kinder feststellen. Große Aufmerksamkeit der ganzen Familie, beinahe perfekte Fürsorge der Eltern geben dem Kind kaum eine Möglichkeit, die reale Welt in der Praxis kennenzulernen. Durch die Abwesenheit von Geschwistern, bedingt durch die Ein-Kind-Politik, fehlt es der jungen chinesischen Generation, persönliche Erfahrung in Bezug auf Teilen, Rücksichtnahme, Einschätzen und Toleranz zu sammeln. 小皇帝 (xiǎo huáng dì, kleiner Kaiser) wird die neue chinesische Generation genannt, folgende Abbildung erklärt bildhaft die Bedeutung dahinter.

Abbildung 3: Das im Mittelpunkt sitzende chinesische Kind genießt den vollen Service zweier Generationen. Papa ruft: „Ich bin fürs Anziehen da". Mama ruft: „Ich bin fürs Zufüttern da". Opa ruft: „Ich bin fürs Sockenanziehen da". Oma ruft: „Ich bin fürs Schnürsenkelbinden da". (Quelle: Internet)

DACH

Im Gegensatz zu China sind die Noten in den DACH-Ländern nicht das einzige Kriterium, ein Kind zu beurteilen. Auf Handlungs- und Sozialkompetenz sowie die Persönlichkeitsentwicklung des Kindes wird mehr Bedeutung gelegt. Das Familienleben dreht sich hier nicht nur um das/die Kind(er). Das Wohlbefinden eines jeden Familienmitglieds wird berücksichtigt, es wird viel Wert auf das gemeinsame Familienerlebnis gelegt. Die Tatsache, dass oft mehrere Kinder in einer Familie aufwachsen, ermöglicht es dem einzelnen Kind, Konfliktlösung, Rücksichtnahme und Kompromissfähigkeit zu erlernen. Durch die Möglichkeit, Neben- und Ferienjobs in der Freizeit auszuüben wird einerseits das Selbstbewusstsein gestärkt, andererseits werden auch die Eigenverantwortung, Selbständigkeit und Flexibilität der Jugendlichen gefördert.

Steht ein Schulübertritt im Raum, ist die Entscheidung für Eltern und Kinder in den DACH-Ländern nicht schwer zu treffen. Viele Wege führen nach Rom und jeder Bildungsweg hat seine Daseinsberechtigung. Genügt die schulische Leistung für eine akademische Laufbahn nicht, sind zahlreiche andere Wege vorhanden (Abbildung 4), die es dem Kind erlauben, sich auszuprobieren, Misserfolge zu erleben und Umwege zu gehen, bis jedes Kind seinen individuellen Weg gefunden hat.

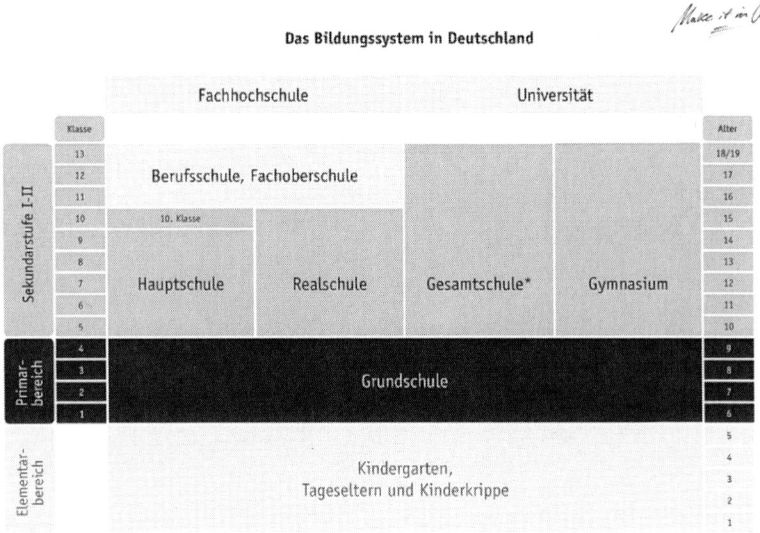

Abbildung 4: Das Bildungssystem in Deutschland (Quelle: BMWi/Make it in Germany, 2023)

4. HOCHSCHULEN

CHINA

Das Prüfungssystem hat in China eine lange Geschichte. Schon in der Sui-Dynastie (581-618) wurde das System der kaiserlichen Beamtenprüfung eingerichtet, dadurch sollten qualifizierte Fachkräfte mit einem kaiserlichen Amt betraut werden. In der darauffolgenden Tang-Dynastie hat sich dieses System weiter vervollständigt. So konnten auch normale Gelehrte durch die kaiserliche Beamtenprüfung politische Karrieren machen, und damit war diese der wichtigste Weg des sozialen Aufstiegs.

Nach Ende der Kulturrevolution wurde 1979 die 高考 (gāo kǎo, chinesische Hochschulaufnahmeprüfung) reaktiviert. Für viele Familien und Generationen war Gaokao jahrzehntelang der einzige Ausweg. Das unermüdliche Lernen bei Tag und Nacht hatte nur ein Ziel, nämlich in der Gaokao eine gute Note zu schreiben und dadurch die Möglichkeit zu haben, an einer renommierten Hochschule zu studieren, was wiederum gute Berufschancen bedeutete. Besonders für die Schüler, die aus den ländlichen Regionen stammten, konnte Gaokao der Wendepunkt ihres Lebens bedeuten. 千军万马过独木桥 – Eine Armee von tausenden Soldaten drängt über eine „Einbaumbrücke". Mit diesem chinesischen Spruch wird die harte Konkurrenz bei der Gaokao bildhaft dargestellt, um es in Zahlen auszudrücken: Im Jahr 2023 wurde mit 12,91 Mio. Prüflingen ein Rekord erreicht (Global Times, 2023).

Um ihrem Nachwuchs den immensen Lerndruck möglichst zu ersparen, suchen chinesische Eltern nach Alternativen. Klassische Studien an ausländischen Universitäten bieten gute Berufsperspektiven an und sind trotz ihrer hohen Studiengebühren nach wie vor sehr begehrt. Eine Statistik aus dem Jahr 2020 zeigt eine konstante Steigerung der chinesischen Studierendenzahl im Ausland in den letzten 20 Jahren. Insbesondere die USA, Australien, Großbritannien, Kanada, Japan und Deutschland sind beliebte Ziele der chinesischen Studenten. Die beliebtesten Studiengänge sind dabei nach wie vor die Naturwissenschaften, Wirtschaft und Handel (EIC education, 2023). Gleichzeitig ist eine Tendenz zu erkennen: Die meisten der im Ausland studierenden chinesischen Studenten entscheiden sich für die Rückkehr nach China und suchen in ihrem Heimatland nach einer besseren Berufsperspektive (China Statistical Yearbook, 2020).

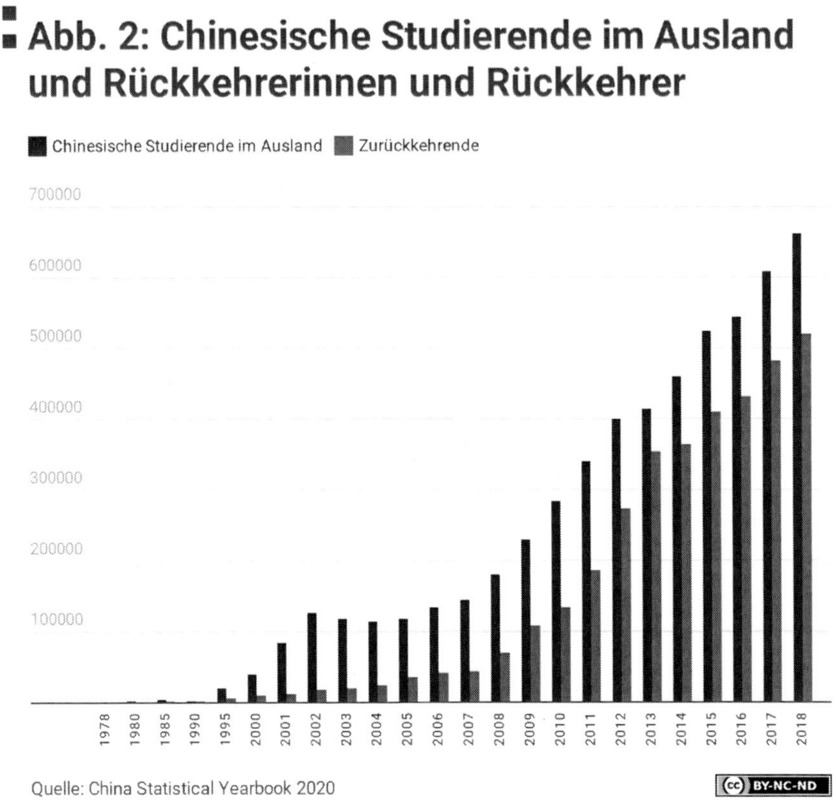

Abbildung 5: Chinesische Studierende im Ausland und Zurückkehrende (Quelle: China Statistical Yearbook, 2020)

DACH

Im Gegensatz zu China hat das Studium in den DACH-Ländern einen anderen Stellenwert. Die akademische Qualifikation ist zwar nach wie vor erstrebenswert, jedoch stellt das Duale System der Berufsausbildung das andere Standbein der Gesellschaft dar. Die typisch in den Berufsschulen und im Betrieb stattfindende Ausbildung ermöglicht einen gesicherten Arbeitsplatz und damit ein geregeltes Einkommen des Berufseinsteigers. Zahlreiche betriebsinterne Schulungen und Seminare lassen die Weiterbildungswilligkeit und Aufstiegsmöglichkeit eines Mitarbeiters auch nicht auf der Strecke bleiben. Viele Eltern, die ebenfalls von der dualen Berufsausbildung profitiert haben, sehen oft keine Notwendigkeit, nach einem anderen Weg für ihr Kind zu suchen. Warum soll mein Kind so viele Jahre in ein Studium investieren und für die Ungewissheit lernen, wenn es ohne Studium auch gutes Geld verdienen und damit sein Leben aufbauen kann? So denken viele Jugendliche und ihre Eltern.

5. BERUFSWAHL

Auch auf dem chinesischen Arbeitsmarkt herrscht ein rigoroser Wettbewerb. Akademische Titel wie Bachelor, Master, Diplom, Doktor, sogar ein in früheren Jahren begehrtes Auslandsstudium haben langsam ihre Werte verloren und sind mittlerweile keine Garantie mehr für einen gesicherten Job. Wer als Kind Anpassungsfähigkeit nicht geübt hat, weniger Kompromissbereitschaft und Mangel an Konfliktlösungsfähigkeit zeigt und nicht an die Methode „lebenslanges Lernen" gewöhnt ist, ist oft auf dem Arbeitsmarkt überfordert. Laut den neuesten Daten des chinesischen Staatsstatistikamtes von Juni 2023 beträgt die Arbeitslosenquote der Jugendlichen zwischen 16 und 24 Jahren im Jahr 2023 in China 21,3 Prozent, d.h. jeder fünfte Jugendliche findet in China keine Arbeit. Im Vergleich dazu beträgt die Arbeitslosenquote in den USA 7,5 Prozent und in der Europäischen Union 14,1 Prozent (Handelsblatt 2023).

Aus diesem Grund sind die chinesischen Eltern ebenfalls gezwungen, all ihre Netzwerke zu aktivieren, um dem erwachsenen Kind die Jobsuche möglichst zu erleichtern. Ist kein Job in Sicht, bleibt das Mamahotel nach wie vor 24 Stunden am Tag, 365 Tage im Jahr geöffnet. Ist das Einkommen unzureichend, sind manche Eltern sogar bereit, dem erwachsenen Kind eine Stelle im Elternhaus anzubieten. Inzwischen ist in China ein komplett neuer Beruf entstanden: 全职儿女 (quán zhí ér nǚ, Vollzeitsohn/-tochter), darunter versteht man, dass das bereits erwachsene Kind, das nach wie vor im Elternhaus wohnt, keinen Job ausübt, dafür die Eltern beim Haushalt und im Alltag unterstützt, ihnen Gesellschaft leistet, sie im hohen Alter oder Krankenfall pflegt. Als Kompensation dafür erhalten sie monatlich einen fixen Betrag als Gehalt von den Eltern, was in den westlichen Ländern ganz und gar nicht vorstellbar wäre.

DACH

In den DACH-Ländern wird die Selbständigkeit eines Kindes früh gefördert. Von klein auf sollen die Kinder aktiv im Haushalt mitwirken.

Familienentscheidungen werden gemeinsam unter Einbeziehung der Kinder getroffen. Durch Ferienjobs und Nebentätigkeiten verdienen die Jugendlichen im Schulalter und während des Studiums ihr eigenes Geld. Finanzielle Unabhängigkeit im Erwachsenalter ist der Regelfall. Wer als Berufstätiger noch im Elternhaus wohnt, findet oft wenig Verständnis in der Gesellschaft. Zwar ist die Berufswelt hier ebenso leistungsorientiert, jedoch ist durch geregelte Arbeitszeiten, Arbeitsgesetze und Kündigungsschutz das Arbeitsleben in den DACH-Ländern wesentlich entspannter und ausgeglichener. Viele Eltern nutzen diese Gelegenheit, dass die Kinder aus dem Haus sind, als eine zweite Chance, beruflich nochmal richtig Gas zu geben, oder sich neu zu orientieren.

6. PARTNERSUCHE

CHINA

In China bedeutet die Ehe nicht nur den Zusammenschluss eines liebenden jungen Paares, sondern vielmehr das Zusammenschweißen zweier Familien. „Plus + Plus = großes Plus". Sind beide Familien finanziell gleich gut aufgestellt, kann eine aussichtsvolle Zukunft des Paares und sogar die der übernächsten Generation abgesichert sein. Mit etwas Glück ist mit der Eheschließung ein sozialer Aufstieg gut möglich. „Plus + Minus = großes Minus". Ist hingegen die finanzielle Lage der Familie einer Partei des jungen Paares etwas schwächer, könnte es sein, dass das Paar später unter immensem finanziellem Druck leidet, der das Leben, das ohnehin in China für die junge Generation alles andere als einfach ist, noch schwerer macht. Daher haben die chinesischen Eltern bei der Partnersuche das absolute Mitsprache-, im Ernstfall auch das Veto-Recht.

Sobald das Berufsleben des erwachsenen Kindes, das auf die 30 zugeht, geregelt abläuft, sind die chinesischen Eltern in Alarmbereitschaft, wenn es noch in keiner festen Beziehung ist. Netzwerke von Verwandten, Freunden und ehemaligen Arbeitskollegen mütter- und väterlicherseits werden aktiviert, um den idealen Kandidaten für das unverheiratete Kind zu finden und eine Vorauswahl zu treffen. Dates werden für das Kind arrangiert und auf lokalen Partnerschaftsbörsen sind motivierte Eltern regelmäßig vertreten. Im People's Park Shanghai z.B. existiert schon seit 2004 der berühmte

„Shanghai Marriage Market". Dort versammeln sich an jedem Wochenende die Eltern unverheirateter Erwachsener, mit laminierten Zetteln, worauf die Vorzüge ihrer Kinder angepriesen werden, um den/die mögliche(n) passende(n) Schwiegersohn /-tochter zu finden.

Besonders die unverheirateten Männer in den großen Städten, und somit auch ihre Familien, sind einem immensen Druck ausgesetzt. Von diesen Männern wird erwartet, dass sie eine gesicherte Existenz vorweisen können, wenn sie heiraten wollen, d.h. Wohnungseigentum, Auto, sicheres Einkommen, Ersparnisse und mehr.

Hat das erwachsene Kind das Glück, die bessere Hälfte seines Lebens zu finden, sind alle Tests bestanden, ist die Hochzeit in Planung, so ist sie in China auch kein leichtes Unterfangen. Im Durchschnitt kostet eine Hochzeit in China zwischen 200.000 und 300.000 Yuan (rund 24.500 bis 37.000 Euro), was ein Berufsanfänger kaum mit eigener Kraft finanzieren kann. Somit werden die Eltern wieder ins Boot geholt. Steht die Immobilienanschaffung des Paares im Raum, ist es auch keine Seltenheit, dass die Anzahlung von den Eltern übernommen wird.

DACH

Im Gegensatz zu China dürfen sich die Eltern in den DACH-Ländern zurücklehnen und entspannen, wenn es um die Frage Partnersuche geht. Die Meinungen der Eltern werden zwar respektiert, letztendlich bleiben die Partnersuche und Eheschließung die Entscheidung des erwachsenen Kindes. Der allgemeine Druck und Zwang der Gesellschaft ist in den DACH-Ländern nicht zu spüren. Zudem ist eine Heirat kein „Muss" mehr für ein Zusammenleben!

7. KINDESKIND

Werden die Kinder eines Tages wiederum Eltern, fühlen sich die chinesischen Großeltern mehr oder weniger verpflichtet, ihre Kinder dabei zu unterstützen. Somit fängt der Lebenskreis an, sich weiterzudrehen. Da in China in der Regel beide Elternteile der jungen Familie arbeiten, um den Lebensunterhalt zu bestreiten, die Wohnung abzubezahlen, die mit dem Nachwuchs verbundenen hohen Bildungskosten zu finanzieren, sind die meisten chinesischen Großeltern bereit, der jungen Familie unter die Arme zu greifen. Die Unterstützung variiert von Haushaltshilfe,

Bring- und Abholservice des Kindes, Betreuung der Hausaufgaben, Aufpassen in den Ferien, bis zum langfristigen Zusammenleben dreier Generationen unter einem Dach. Leben Eltern und Großeltern in weiter Entfernung, ist es auch nicht unüblich, dass die Großeltern die Enkelkinder komplett großziehen, und die Eltern nur zu großen Festen zu Besuch kommen. Das Zusammenleben von drei Generationen hat Licht- und Schattenseiten. Einerseits wird die Bindung zwischen den jungen Eltern und Großeltern so eng wie nie zuvor durch die tägliche Inanspruchnahme des kostenfreien Services durch die Großeltern, andererseits ist die Erziehung des Kindes für die jungen Eltern durch die Intervention der Großeltern auch kein einfaches Thema.

All dies findet im deutschsprachigen Raum wenig Verständnis. Zwar sehen die deutschen Großeltern die Enkelkinder auch gerne mal in den Ferien wieder oder zu den großen Festen, springen auch bei Engpässen ein, sind aber auch froh, wenn die Enkelkinder wieder gehen. Sie mischen sich weniger in die Erziehung ein, geben den jungen Eltern möglichst viel Freiräume, haben meistens selbst einen durchgetakteten Terminkalender und genießen ihr eigenes Leben in vollen Zügen.

8. ENDSTADIUM DES LEBENS

Haben die chinesischen Eltern alle Missionen ihres Lebens erfüllt, sind Kinder und Enkelkinder großgezogen, gut versorgt, und schreitet das Leben der jungen Familien harmonisch und zuversichtlich voran, kommt der Zeitpunkt, dass sie sich Gedanken über ihr eigenes Leben machen und sich um das eigene Wohlbefinden kümmern. Fleißiges Fitnesstraining, gezielt ein neues Hobby erlernen bzw. ein früheres auffrischen, um möglichst lang fit zu bleiben, und damit die junge Familie wenig zu belasten. Es sind die wenigen goldenen Jahre, welche den chinesischen Eltern im wahrsten Sinne des Wortes „sorglos“ bleiben, bis die erste ernsthafte Erkrankung da ist. Mangels eines vollständigen Krankenversicherungssystems kann eine schwere Krankheit eine Tragödie für die Familie bedeuten. Hat das alte Elternpaar im Laufe der Jahre ein solides Vermögen angespart, wird die junge Familie finanziell etwas verschont. Ist die Rentenkasse schmal, wird die Nachwuchsfamilie automatisch zur Mitfinanzierung gebeten, was öfters zu einem Bankrott der Familien führen kann. Kinder dienen in China zur Altersabsicherung der Eltern, das ist die Tradition in China. Die chinesischen Kinder sind vom Konfuzianismus mit dem Pflichtgefühl erzogen worden, die Eltern im Alter zu pflegen, und zwar möglichst daheim. Das Altersheim dient als letzte Option.

Im Gegensatz zu China ist es heutzutage in den DACH-Ländern eher eine Seltenheit, dass die erwachsenen Kinder ihre Eltern voll pflegen. Das hat sowohl soziale als auch kulturelle Aspekte. Ein funktionierendes Kranken- und Pflegesystem schützt vor einer finanziellen Notlage, und durch den Individualismus, der die westlichen Kulturen prägt, erwarten weder die Gesellschaft noch die Eltern, dass die Kinder ihren Lebensrhythmus der älteren Generation anpassen.

9. KULTURELLE HERKUNFT

Einmal Eltern, immer Eltern! Während die europäischen Eltern ihren Lebensmittelpunkt trotz Kinderziehung nie verlieren, bzw. nach einer gewissen Zeit den Lebensfokus wieder auf sich zurück steuern, fällt es den chinesischen Eltern generell schwerer, loszulassen. Schafft es mein Kind, ohne mich zurechtzukommen? Kann ich mein Kind noch irgendwie unterstützen? Was und wieviel hinterlasse ich, damit mein Kind und seine Familie in der Gesellschaft besser Fuß fassen können? Solche Fragen begleiten die chinesischen Eltern immer wieder, von Generation zur Generation. Aber warum sind die Verhaltensunterschiede so gravierend? Durch einen Einblick in den kulturellen Kontext lässt sich die Antwort nicht schwer finden.

Auf welche Grundwerte legt die chinesische und deutsche Gesellschaft wert?

Antwort: WIR vs. ICH.

Gemeinschaftliche Interessen stehen in der Regel vor individuellen Interessen. Disziplin, Respekt, Leistungswillen, gemeinschaftliche Verantwortung sind die Grundwerte der chinesischen Gesellschaft, während die deutsche Gesellschaft von einem Individualität, Selbständigkeit, Entscheidungsfreudigkeit und -freiheit, soziales Verhalten erwartet.

Wie wird Liebe und Dankbarkeit allgemein in chinesischer und deutscher Kultur ausgedrückt?
Antwort: non-verbal vs. verbal.

Liebe und Dankbarkeit werden in China überwiegend durch das TUN ausgedrückt, z. B. durch das Serviceanbieten (Kochen), die Befriedigung materieller Bedürfnisse (Geschenke) und Fürsorge. Ausgesprochene Liebe und Dankbarkeit wie z.B. Lob, Anerkennung und Umarmungen werden öfters vernachlässigt. Während die westliche Bevölkerung gewohnt ist, Liebe und Dankbarkeit auch verbal in Worten und Gesten zu zeigen.

Welche Atmosphäre herrscht überwiegend in chinesischen und deutschen Familien?
Antwort: Autorität vs. Demokratie.

Kinder sollen den Eltern gegenüber Respekt zeigen, so lautet die konfuzianische Erziehung in China. In chinesischen Familien haben die Eltern die Entscheidungsbefugnis. Das Kind wird in der Regel bei Entscheidungen außen vor gelassen, auch wenn es von der Entscheidung betroffen ist. Ihm bleibt oft nichts anderes, als diese zu akzeptieren und auszuführen. Meinungsunterschiede werden meistens ignoriert bzw. unterdrückt.

Im Gegensatz zu China werden Kinder in westlichen Kulturen im kleinsten Alter schon respektiert. Sie haben die Erlaubnis, ihr Essen und Anziehsachen selbst auszusuchen, später auch die Schule, die Freunde, den Studiengang, den Beruf und den Partner. Eltern geben lediglich Ratschläge, leisten Überzeugungsarbeit, überlassen den Kindern die Entscheidungsfreiheit, auch wenn die Entscheidung in Extremfällen mit einem hohen Preis verbunden ist.

Welche Rolle spielen chinesische und deutsche Eltern?
Antwort: Trainer vs. Begleiter.

Als *Trainer* identifizieren sich die meisten chinesischen Eltern. Sie geben klare Ziele, machen genaue Pläne, bestimmen das Tempo und ziehen die Pläne gnadenlos durch. Abweichungen werden durch sofortige Eingriffe korrigiert. Der Stab wird an das Kind weitergegeben, um den Traum wahr werden zu lassen, den sich die Eltern in ihrer Jugendzeit nicht erfüllen konnten. Auf den eigenen Willen des Kindes wird dabei oft wenig Rücksicht genommen.

Die Eltern im deutschsprachigen Raum sehen sich eher in der Rolle eines *Begleiters*. Sie steuern im Hintergrund mit, lassen den Kindern viel Freiraum, lassen sie eigenständig Entscheidungen treffen und somit die daraus entstehenden Konsequenzen tragen. Treten Probleme auf, sind die Eltern jederzeit verfügbar. Den Kindern wollen sie Vorbild sein und was sie von den Kindern verlangt, wird auch von den Eltern praktiziert.

10. SCHLUSSWORT

LUNG Ying-tai, eine in China sehr berühmte taiwanesische Schriftstellerin schrieb in ihrem Buch „目送 (mù sòng) Der Abschied“:

> 我慢慢地、慢慢地了解到，所谓父女母子一场，只不过意味着，你和他的缘分就是今生今世不断地在目送他的背影渐行渐远。你站在小路的这一端，看着他逐渐消失在小路转弯的地方，而且，他用背影默默地告诉你，不用追。“
>
> ----龙应台《目送》, 2008

> Allmählich, allmählich habe ich verstanden: Der Sinn von Eltern-Kind zu sein, bedeutet nichts anderes, als lebenslang Abschied zu nehmen. Als Eltern stehst Du am Ende des kleinen Weges, siehst zu, dass Dein Kind langsam um die Ecke vor der Abbiegung verschwindet, es sagt Dir mit seinem schweigsamen Rücken, nicht nötig, hinterher zu folgen.
>
> ---Lung Ying-tai, „Der Abschied, 2008“

LITERATURVERZEICHNIS

China Statistics Press. (2020). China Statistical Yearbook 2020. https://www.bpb.de/themen/asien/china/507519/das-chinesische-bildungssystem/.

China-Schul-Akademie. (2021). Schaubild des Bildungssystem der Volksrepublik China. https://www.china-schul-akademie.de/materialien/schule-m2-2.

Deutsche-Ophthalmologische Gesellschaft. (2016). Spielen im Freien schützt vor Kurzsichtigkeit. https://www.dog.org/wp-content/uploads/2016/03/PM-DOG-Myopie_F.pdf.

China Internet Information Center. (2021). Umfrage: Mehr als 17 Prozent der Kinder und Jugendlichen in China leiden an psychischen Störungen. http://german.china.org.cn/txt/2021-10/11/content_77801518.htm.

Global Times China. (2023). 2023 Gaokao kicks off with a record-high 12.91 million candidates in China. https://www.globaltimes.cn/galleries/4705.html.

Das Portal der Bundesregierung für Fachkräfte aus dem Ausland (2023). Deutschlands Schulsystem. https://www.make-it-in-germany.com/de/leben-in-deutschland/mit-familie/schulsystem.

EIC education. (2023). white book for china students of overseas education 2023. https://www.eic.org.cn.

Handelsblatt. (2023). China verheimlicht plötzlich Daten zur Jugendarbeitslosigkeit. https://www.handelsblatt.com/politik/international/wirtschaftliche-probleme-china-verheimlicht-ploetzlich-daten-zur-jugendarbeitslosigkeit/29332136.html.

Hua Wang. E-Mail: hua_wang@gmx.de

Hua Wang, geboren 1978 in der Provinz Hunan, VR China, lebt seit 2002 in Deutschland. Sie absolvierte ihr Germanistikstudium in Shanghai (ECNU, 1995-1999) und das MBA-Studium in Deutschland (ESB Reutlingen, 2004-2006), bevor sie ihre Karriere in deutscher Industrie, Banken und Unternehmensberatung anfing. Sie bewegt sich stets in beiden Kulturen und fühlt sich in beiden Kulturkreisen zuhause. Seit 2015 lebt sie mit ihrer Familie, darunter 3 Kindern, in Regensburg. Neben ihrer Beratertätigkeiten für chinesische und deutsche Firmen und Institutionen agiert sie seit 2021 als Präsidentin des Regensburger Vereins für deutsch-chinesische Freundschaft und Kulturaustausch e.V. und trägt zu der Völkerverständigung zwischen China und Deutschland mit Leidenschaft bei.

中德学生流动性和个人对德语科目的选择

Zhōng dé xuéshēng liúdòng xìng hé gèrén duì déyǔ kēmù dì xuǎnzé

CHINESISCH-DEUTSCHE STUDIERENDENMOBILITÄT UND INDIVIDUELLE STUDIENFACHENTSCHEIDUNGEN FÜR DEUTSCH

ANNO DEDERICHS

Abstract. Der Auf- und Ausbau des Bildungs- und Wissenschaftssystems Chinas seit Beginn der Reform und Öffnungspolitik wird begleitet von der zunehmenden internationalen Mobilität chinesischer Studierender. Politische Diskurse im In- und Ausland diskutieren diese Entwicklung. Während Chinas Regierung die Internationalisierung des Wissenschaftssystems fördert und in den Zusammenhang mit dem „Chinesischen Traum" des (Wieder-)Aufstiegs der chinesischen Nation stellt, wird die Wissenschaftskooperation mit China in den USA und Europa seit einiger Zeit unter Vorbehalte gestellt und chinesische Wissenschaftler:innen und Studierende werden darin öffentlich als Risiko bezeichnet. Doch in beiden Diskursen kommen die Perspektiven der Betroffenen zu kurz. Die Interviews mit Germanistik-Studierenden der Fudan University zeigen, das die Bildungsentscheidungen der Studierenden völlig anderen Entscheidungslogiken folgen als die staatlichen Diskurse über internationale Bildungsmobilität und Wissenschaftszusammenarbeit vermuten lassen würden.

1. EINLEITUNG

Bildung spielt in China traditionell eine wichtige Rolle für soziale Mobilität (Liu, 2016). Auch heute ist das gesellschaftliche Ansehen von Bildungsabschlüssen renommierter Universitäten ein hohes kulturelles Kapital (Bilecen, 2024). Ausländische Studienabschlüsse, insbesondere die von erstklassigen Universitäten aus England und USA aber auch aus anderen englisch-sprachigen Ländern und europäischen Nationen, gewannen während der Individualisierung der chinesischen Bildungsmobilität in den 1990er Jahren auf dem chinesischen Arbeitsmarkt an Wert. Doch das Abkühlen des chinesischen Wirtschaftswachstums und der daraus resultierende, schwieriger werdende Arbeitsmarkt für Universitätsabsolventen sowie die durch die Pandemie und internationale Spannungen verursachten globalen Veränderungen lassen internationale Studienaufenthalte in einem neuen Licht erscheinen und haben damit auch Einfluss auf die Wahl von Studienfächern durch chinesische High-School Absolvent:innen.

Eine Veränderung, die sich seit einiger Zeit abzeichnet, ist ein Wandel der Zielorte der internationalen Studierendenmobilität aus China. Vor allem die USA hat als Zielland Studierende eingebüßt (Lester, 2022), während europäische Länder und Länder entlang der Belt and Road Initiative (BRI) größeren Zulauf fanden (Global Times, 2024). Dies hat, wie im Folgenden noch diskutiert wird, politische Hintergründe. In Deutschland bilden chinesische Studierende aktuell die zweitgrößte Gruppe internationaler Studierender (UNESCO, 2023; Statista, 2024a).

In der Diskussion in Deutschland wurde die internationale Bildungsmobilität chinesischer Studierender lange Zeit im Rahmen einer China zugewandten Wissenschaftspolitik betrachtet (vgl. BMBF, 2015). Seit einigen Jahren findet jedoch eine zunehmende Umorientierung hin zu einer geopolitischen Rahmung dieser Diskussion statt. Zwar wird die Zusammenarbeit mit China im Wissenschafts- und Technologiebereich weiterhin gewünscht und als vorteilhaft für Deutschland erachtet (Bundesregierung, 2023: 29), aber insbesondere der Austausch von Wissenschaftler:innen und Studierenden wird immer wieder als bedrohlich dargestellt (Michler, 2023; BMI, 2023). Die aktuelle Diskussion (Tagesschau, 2024) lässt individuelle Lebensverläufe und Bildungsentscheidungen chinesischer Studierender pauschal hinter geopolitischen Interessen und polit-ideologischen Motiven verschwinden.

Wie beeinflussen diese Entwicklungen das Deutschlandbild chinesischer Studierender? Kann die deutsch-chinesische Wissenschaftskooperation erfolgreich fortgeführt werden? Nach einem Rückblick auf die Entwicklung der chinesischen Bildungsmobilität und die deutsch-chinesische Wissenschaftskooperation betrachtet der vorliegende Text die Wahl von Studienfächern in Zusammenhang mit der Entscheidung für das Studium der deutschen Sprache und Studienaufenthalte in Deutschland bei Studierenden verschiedener Bachelor- und Master-Studiengänge. Neben der politischen Diskussion über den Nutzen der deutsch-chinesischen Wissenschaftskooperation und die öffentliche Debatte über deren Risiken soll vor dem Hintergrund der jahrzehntelangen Kooperation zum Verständnis der individuellen Motivation chinesischer Studierender zu einem Studium in Deutschland beigetragen werden, um die politisierte öffentliche Debatte um individuelle Akteursperspektiven zu bereichern.

2. WANDEL DER CHINESISCHEN BILDUNGSMOBILITÄT

Die Veränderungen im Wissenschafts-, Technik- und Innovationssystem (WTI) sind ein wichtiges Indiz für die Entwicklung und gesellschaftliche Transformation Chinas. Chinas erklärtes Ziel ist es, bis zum Jahr 2030 zur Innovationsmacht aufzusteigen. Teil dieses politischen Plans ist auch der Auf- und Ausbau des Bildungssystems. Bislang verläuft dieser Plan sehr erfolgreich. Die Übernahmequote vom sekundären zum tertiären Bildungssektor Chinas hat sich von 30 Prozent in 2012 bis 2022 fast verdoppelt (Statista, 2024b).

Parallel zu dieser Entwicklung hat auch die Zahl der chinesischen Auslandsstudierenden von 180.000 in 2008 auf über 1,02 Mio. in 2023 (educationfair.net, 2023) zugenommen. Die Entwicklung der internationalen Bildungsmobilität chinesischer Studierender lässt sich in mehrere Phasen unterteilen und steht in Zusammenhang mit der wirtschaftlichen, politischen und gesellschaftlichen Transformation Chinas. In diesem Zusammenhang wandelte sich auch die Bedeutung, die ausländischen Bildungsabschlüssen oder Studienaufenthalten im Ausland beigemessen wurde (Xiang & Shen, 2009).

2.1 Phasen der Bildungsmobilität

Mit dem Beginn der ersten Phase internationaler chinesischer Bildungsmobilität ab 1978 gingen größtenteils durch Regierungsstipendien finanzierte, fortgeschrittene Studierende der Ingenieurs- und Naturwissenschaften ins Ausland. Zwischen Deutschland und China wurde der Rahmenvertrag für den wissenschaftlichen Austausch mit dem Abkommen für kulturelle Zusammenarbeit zwischen der Bundesrepublik Deutschland (BRD) und der VR-China im Oktober 1979 geschlossen (Leutner, 1995: 282; DAAD, 2019). Die dahinterliegende Idee auf chinesischer Seite war, durch die Ausbildung chinesischer Studierender im Ausland die wissenschaftliche und technologische Entwicklung Chinas zu unterstützen. Die Zahl chinesischer Auslandsstudierender beschränkte sich zunächst auf einige tausend pro Jahr.

Mit der Individualisierung der Bildungsmigration aus China brach Anfang der 1990er Jahre die zweite Phase an. Mit dem so genannten „12-Worte-Ansatz“ ermöglichte die chinesische Regierung wieder internationale Bildungsmigration nach den Einschränkungen der Post-Tian'anmen Zeit.[1] Der zunehmende Wohlstand des Landes und seine wachsende Mittelschicht verursachten eine Verschiebung der Finanzierung der Studienaufenthalte in den privaten Bereich. In den 1990er Jahren nahm die Zahl der so genannten Selbstzahler (*zifei*) kontinuierlich zu und erreichte 2001 erstmalig über 90 Prozent (Xiang & Shen, 2009). Dieser Anteil hat sich bis heute kaum verändert. Unter die Selbstzahler fallen neben den privatfinanzierten Studienaufenthalten auch die Empfänger ausländischer Stipendien. Die Organisation und Vermittlung der Bildungsaufenthalte im Ausland verschob sich in dieser Phase außerdem von überwiegend staatlichen Institutionen auf private Dienstleister. Ziel des Studiums im Ausland war nun nicht mehr der Know-how-Transfer zum Aufbau des Heimatlandes, sondern die Steigerung des eigenen kulturellen Kapitals für eine Verbesserung der Rekrutierungschancen auf einem zunehmend kompetitiven Arbeitsmarkt. Das Auslandsstudium wurde von einem staatlichen zu einem individuellen Projekt, dessen hohe Kosten viele Familien in Erwartung eines gut bezahlten Berufs gewillt sind zu tragen. Gleichzeitig verstärkte diese Entwicklung soziale Ungleichheit, da die so genannte „Vergoldung“ (*dujin*) der Ausbildung durch teure internationale Abschlüsse erreicht werden konnte, die wiederum besser bezahlte Jobs versprachen (Xiang & Shen, 2009).

Xiang (2023) berichtet außerdem von dem Phänomen, das chinesische Familien ihre Kinder schon in der Mittelschule oder früher nicht aus wirtschaftlichen Gründen in ausländischen Bildungsinstitutionen unterbringen, sondern um sie dem Druck des chinesischen Bildungssystems zu entziehen. Diese von „sozialer Reproduktion“ (ebd., 48) getriebene Migration finde sich auch als Aspekt der Bildungsmigration wieder. Während der

1 Das 12-Worte Prinzip umfasste „Auslandsstudium unterstützen, Rückkehr ermutigen, Bewegungsfreiheit garantieren“ (*zhichi liuxue, guli huiguo, laiqu ziyou*), vgl. Liu, 2022, 712.

Coronapandemie ließ sich außerdem die Steigerung von Frustration und Angst der Mittelklasse beobachten, nicht zuletzt aufgrund der staatlichen Zero-Covid Politik (*qingling zhengce*). Die Untersuchung der damit in Verbindung stehende Migration wird auch als *runxue* (eine phonetische Wortschöpfung aus dem englischen *run* und dem chinesischen *xue* für lernen; auch Runtology) bezeichnet. Dieses Phänomen kennzeichnet Xiangs Meinung nach den Beginn einer dritten Phase chinesischer Bildungsmobilität.

2.2 Politische Diskussionen um chinesischen Austauschstudierenden

Während die chinesische Regierung die Internationalisierung des WTI – und damit auch internationale Bildungsmobilität – vorantreibt, begegnen westliche Staaten dieser Entwicklung zunehmend reserviert. Vor allem in den USA führte die *China Initiative* während der Trump-Ära zu Restriktionen der Bildungsimmigration aus China, die in der Regierungsperiode Bidens zwar eine Umetikettierung aber keinen Abbau erfuhren. Amerikanische Wissenschaftsinstitutionen warnen bereits jetzt vor den negativen Folgen der Einschränkungen chinesisch-amerikanischer Wissenschaftskooperationen (Lester, 2022; Hawkins, 2023).

Seit Beginn der Reform und Öffnungspolitik in China wurde die internationale Studierendenmobilität nach und nach liberalisiert. Sahen die ersten Vereinbarungen über Bildungsaustausch (etwa mit USA und Deutschland) noch Strafen für diejenigen vor, die nicht zurückkehrten, so verabschiedete die chinesische Regierung bereits 1981 Regularien zum selbstfinanzierten Auslandsstudium. Mit der Liberalisierung der internationalen Bildungsmigration ab 1993 wurde eine anhaltende Zunahme der Zahl der Auslandsstudierenden ausgelöst. (Xiang & Shen, 2009, 515) Mit dem im Jahr 1999 vorgestellten „100-Talente-Programm" (*bairen jihua*) und dem 2008 aufgelegten „1000-Talente-Programm" (*qianren jihua*) schuf die chinesische Regierung vergleichsweise erfolgreiche Anreize, um im Ausland ausgebildete Wissenschaftler:innen zu einer Rückkehr nach China zu bewegen (Zweig & Wang, 2013, 593-995).

Dennoch befanden sich diese Returnees aus dem Ausland in China noch bis 2009 in einem engen Betreuungsnetz im Sinne der Aufrechterhaltung politischer Stabilität durch Organisationen wie die Western Returnees Scholars Association (*Oumei tongxuehui*, WRSA), die seit 1995 dem United Front Work Department (*tongyi zhanxian*) der Kommunistischen Partei Chinas unterstellt ist (Liu, 2022). Dies änderte sich mit dem zunehmendem internationalen Selbstbewusstsein Chinas. Präsident Xi Jinping konzipierte in einer Rede vor der WRSA in 2013 etwa die Austauschstudierenden als Bestandteil des „Chinesischen Traums" (*Zhongguomeng*) (Xi, 2015a [2012]) nicht nur als kulturelle sondern auch als politische Botschafter Chinas. Er drückt seine Hoffnung aus, dass sie dazu beitragen würden, das Ansehen Chinas als „grassroot ambassadors" im Ausland weiter zu verbessern (Ders., 2015b [2013], 63).

Ebenfalls seit der Regierungszeit Xis entwickelte sich eine Politik, welche die chinesischen Universitäten stärker der ideologischen Führung der KPCh unterstellt, um sozialistische Werte und Tugenden wieder in der wissenschaftlichen Praxis zu verankern. Diese Politik wurde seit 2016 von Seiten des Ministry of Education (MoE) verschiedentlich bekräftigt (MoE 2019) und auch institutionell umgesetzt (Ahlers, 2024). Die Bemühungen um eine stärkere Zentralisierung des Hochschulsystems und dessen Parteikonformität werden von einer zunehmenden Internationalisierung auch der Hochschulen begleitet. Diese Entwicklungen sorgten in Deutschland für Irritationen und das von der chinesischen Regierung erlassene Datensicherheitsgesetz (2021) und Antispionagegesetz (2023) bringen zusätzliche Unsicherheit für die Rechtssituation ausländischer Wissenschaftler:innen in China und die Möglichkeiten der Hochschulkooperation.

In Deutschland wurde die Euphorie der 1980er Jahre, mit der vor allem die deutsche Wirtschaft der Öffnung des chinesischen Marktes begegnete, begleitet von der Erwartung der politischen Annäherung Chinas an das westlich-demokratische System. Die politischen Konvergenzerwartungen erhielten zwar in der zweiten Hälfte der 1980er Jahre einen Dämpfer, setzten sich aber im Wesentlichen mit der vermeintlichen Gewissheit fort, dass sich das westlich-demokratischen System global weiter ausdehnen werde (vgl. Fukuyama, 1989). Die relativ geringe Rückkehrquote chinesischer Wissenschaftler:innen nach China während der 1990er Jahre schien das

Selbstbewusstsein westlicher Nationen über ihre wirtschaftliche, soziale, wissenschaftliche und politische Anziehungskraft zu bestätigen.[2]

In Deutschland ist die Zahl chinesischer Studierender seit 2010 kontinuierlich gewachsen und erreichte im Wintersemester 2019-20 einen Höhepunkt (DAAD, 2024). Im Jahr 2024 sind Studierende aus China mit rund 39.000 (nur noch) die zweitgrößte Gruppe internationaler Studierender (Erudera, 2024) in Deutschland.[3] Nach Erhebungen des Statistischen Bundesamtes über einen Zeitraum von zehn Jahren kehren rund 25 Prozent chinesischer Studierender nach dem ersten Jahr in Deutschland zurück nach China, nach fünf Jahren verbleiben noch rund 45 Prozent in Deutschland, nach zehn Jahren noch 25 Prozent. Der Aufenthaltsstatus dieser 25 Prozent ist wiederum zu 53 Prozent Erwerbstätigkeit, zu rund 19 Prozent familiäre Gründe und zu rund zehn Prozent Einbürgerung. (Statistisches Bundesamt, 2024)

Mit der steigenden Anzahl chinesischer Studierender im Ausland wurden Fragen nach der so genannten „soft-power" (Bislev, 2015) Chinas lauter. Auch in den deutschen Medien werden in den letzten Jahren zunehmend politische Einflussnahme und Spionagegefahr durch chinesische Studierende diskutiert (Deutschlandfunk, 2020; Tagesschau, 2023, 2024) – sogar durch die aktuelle Bildungsministerin (Michler, 2023). In der Debatte bleiben die Stimmen chinesischer Studierender und Wissenschaftler:innen in Deutschland bis auf wenige Ausnahmen unberücksichtigt (vgl. Dederichs & Johler, 2022).

3. INDIVIDUELLE ENTSCHEIDUNGEN

Um das Phänomen der internationalen chinesischen Studierendenmobilität und ihrer Bildungsentscheidungen besser verstehen zu können, ist es

2 Bedenkt man das urbane verfügbare Pro-Kopf-Einkommen in China von rund 52.000 RMB (für das Jahr 2023), so ist der wirtschaftliche Anreiz für Migration immer noch hoch (National Bureau of Statistics of China, 2024), und auch soziale Aspekte wie Gender-Equality können einen Anreiz für Migration darstellen.

3 Die chinesischen Studierenden bildeten lange Zeit die größte Gruppe internationaler Studierender in Deutschland und sind erst in 2024 hinter Indien mit ca. 42.000 auf Platz 2 vor Syrien mit ca. 15.500 Studierenden zurückgefallen.

sinnvoll, die individuellen Perspektiven zu betrachten, aus denen heraus Bildungsentscheidungen getroffen werden.

Mit dieser explorativen Studie soll auch ein Beigetrag geleistet werden, die Leerstellen in der qualitativen Forschung zu individuellen Bildungsentscheidungen zwischen sekundärer und tertiärer Bildungsinstitution im Zusammenhang chinesisch-deutscher Bildungsmobilität zu schließen. Wie im Folgenden deutlich wird, folgen die individuellen Entscheidungsnarrative völlig anderen Logiken als die politisierten Diskurse sowohl in Deutschland als auch in China.

Während eines Forschungsaufenthaltes an der Fudan University im Herbst 2023 hatte ich Gelegenheit, Interviews mit dortigen Studierenden unterschiedlicher Fachrichtungen über ihren Deutschlandbezug und ihre individuellen Motive des Deutschlernens zu führen.[4] Dem vorliegenden Text liegen nur die Interviews mit den Germanistikstudierenden zugrunde.

Die Fudan ist eine der renommiertesten Universitäten Chinas und weltweit unter den Top 50 Hochschulen (THE, 2024). Dementsprechend hoch sind die Zugangsvoraussetzungen für diese Universität und die Leistungen der Studienbewerber. Darüber hinaus sind die Bedingungen in Shanghai als einem der wirtschaftlichen Zentren des Landes für Schüler:innen und Studierende sehr günstig, weil sie dort von der staatlichen Förderung der Bildungseinrichtung in besonderer Weise profitieren. Insofern gehören die Studierenden des Samples der Bildungselite Chinas an, die auf die Qualität der Universität besonderen Wert legen.

3.1 Gaokao als strukturierendes Element

Auffällig an der Relevanzstruktur (Wohlrab-Sahr & Przyborski, 2008, 139) der Interviews mit den Studierenden im Bacherlorstudiengang Germanistik war die große Bedeutung, die der landesweit standardisierten Hochschulaufnahmeprüfung (*gaokao*) beigemessen wurde, und wie intensiv die Erinnerungen daran und die Erzählungen darüber ausfielen. Die *gaokao* ist entscheidend für die Aufnahme an chinesischen Universitäten. Sie hat eine

4 Im Folgenden sind alle Interviewauszüge in Hinsicht auf Name, Fächerkombinationen und Herkunft anonymisiert. Die Interviews wurden überwiegend in chinesischer Sprache geführt und von mir für den vorliegenden Text übersetzt.

hohe strukturierende Wirkung in Hinsicht auf die Hochschul- und Studiengangswahl (João Pires, 2019; Muthanna, 2015). Im Jahr 2023 schrieben sich von den 12,91 Mio. Teilnehmenden der *gaokao* rund 4,6 Mio. für einen regulären grundständigen Studiengang (*putong benke*) an einer Hochschule ein (MoE, 2023).

Wichtig war lange Zeit die Regelung, nach der sich die Schüler:innen bereits während der Oberstufe (*gaozhong*) entsprechend ihrer Fähigkeiten und Interessen zwischen einer naturwissenschaftlichen (*like*) und einer humanwissenschaftlichen (*wenke*) Ausrichtung entscheiden mussten. Diese Regel wurde 2017 aufgehoben. Allgemeine Prüfungsfächer der *gaokao* sind nun Sprache (Chinesisch), Mathematik und Fremdsprache (Englisch) und zusätzliche drei Fächer (Zhongguo jiaoyu zaixian 2020).

Die Vorbereitungen auf die *gaokao* beginnen spätestens im zweiten Jahr der Oberstufe.

Wie mühsam diese Vorbereitungen sind, wird aus dem Gespräch mit Li Si deutlich, die während der Oberstufe ein Internat besuchte:

> „[...] von 7:20 Uhr am Morgen beginnt der Vormittagsunterricht, [...] um 5:30 am Nachmittag war Unterrichtsschluss, und dann war von 6:30 bis 10:00 Uhr abends Selbststudium, und dann nach 10:00 Uhr zurück in den Schlafsaal, dann machen wir um 10:40 die Lichter aus, um zu schlafen, und am Morgen werden wir zusammen vom Lehrer geweckt, um 6:00, 6:30 oder so." (Interview mit Li Si, Abschnitt 11)

Die Anzahl der in der *gaokao* erreichten Punkte entscheidet darüber, welche Studienfächer an welcher Universität belegt werden können.[5] Wie hoch die Anforderungen, also die notwendige Punktzahl für die Zulassung zu einem konkreten Studiengang an einer konkreten Universität sind, ist abhängig von den Prüfungsergebnissen und von dem Wahlverhalten der Bewerber:innen eines Jahrgangs. Eine Orientierung bei dieser Wahl bieten die Ergebnisse und Anforderungen des vorherigen Jahrgangs. Unter den Bachelor of Arts Studiengängen sind etwa die Anforderungen für

5 Sowohl die Regularien als auch die Zahl der zu erreichenden Punkte unterliegen regionalen Unterschieden und jahrgangsabhängigen Änderungen. Die maximal zu erreichende Punktzahl liegt normalerweise zwischen 600 und 750 Punkten.

Wirtschaftswissenschaften und Journalismus im Verhältnis zu Sprachwissenschaften relativ hoch. Unter den Sprachwissenschaften sind wiederum die Anforderungen für Englisch höher als für „kleinere" Sprachen wie Japanisch oder Deutsch. Abgesehen davon gibt es noch direkte Aufnahmewege für die Absolvent:innen von High-Schools mit speziellem Sprachschwerpunkt und andere Ausnahmeregelungen.

Die angehenden Studierenden können im allgemeinen bei der Bewerbung je Universität mehrere Fächer und deren Priorität angeben. Die Bewerbung auf einen Studienplatz ist für die Bewerber:innen daher mit einem gewissen Risiko verbunden: bewerben sie sich auf zu viele Studiengänge mit höheren Zulassungsvoraussetzungen, verspielen sie u. U. die Chance auf die Zulassung an einer erstklassigen Universität. Die Germanistikstudentin Qin Qi etwa berichtet:

> Qin Qi: „Ich wollte mich ursprünglich an der Fudan University für Wirtschaft bewerben, aber ich hatte nicht genug Punkte, und so bewarb ich mich für Deutsch. Die [Anforderungen in] Wirtschaft [...] sind viel höher als für Deutsch.
> I: Wie viele Punkte hattest du denn?
> Qin Qi: Eigentlich waren meine Punkte viel höher als die [Anforderungen] der deutschen Abteilung, aber da ich zu der Zeit auch kein anderes spezielles Interesse hatte... und dann hat es gerade nicht gereicht [für Wirtschaft]. Ich habe vergessen, wie die Punktzahl für Deutsch in dem Semester war, in das ich kam, es war vielleicht 671, und ich hatte tatsächlich 68X Punkte, und für Wirtschaft brauchte man vielleicht 68Y Punkte oder so. (Interview mit Qin Qi, Abschnitt 12-16)

Reputation und Position im Ranking ist bei der Wahl der Universitäten von großer Bedeutung, da die Qualität der Universität für den ersten akademischen Grad (B.A./B.Sc.) die Chancen auf dem Arbeitsmarkt beeinflussen. Zwar versucht die chinesische Regierung dem Phänomen der Diskriminierung nach dem ersten akademischen Grad (*diyixueliqishi*) entgegen zu wirken, der Arbeitsmarkt zeigt sich aber bislang resistent gegen Veränderungen dieser administrativen Standards der Rekrutierung.[6] Die-

6 Das Thema wird auch in den Medien diskutiert: News China (2023, 20. Oktober). Reporterin untersucht Diskriminierung des ersten akademischen Grades: Sie schein mein

ses Phänomen verleiht der *gaokao* zusätzliche Bedeutung, da sie, vermittelt über die Zulassungschancen für angesehene Universitäten, auch Auswirkungen auf die Rekrutierungschancen hat. Die Konvertierbarkeit des Abschlusses an einer angesehenen Universität in ökonomisches Kapital ist also unter Umständen höher als die Konvertierbarkeit eines zweiten oder dritten akademischen Abschlusses. Die Priorisierung der Reputation einer Universität vor dem Interesse an einem konkreten Fach bei der Wahl eines Studienganges ist unter den Befragten daher selbstverständlich und scheint in China üblich (Lin & Sui, 2010).

Als angesehenste Universitäten gelten allgemein die Peking University und die Qinghua University in Beijing sowie die Fudan University und die Jiaotong University in Shanghai (je nach Ranking auch die Zhejiang University in Hangzhou), gefolgt von weiteren Universitäten, die durch die Exzellenzförderprogramme 985 und 211 finanziert wurden, und denen dadurch die besten Voraussetzungen in Sachen Personal, Ausstattung und Nachwuchsförderung zukommen (Lin & Sun, 2010).[7] Wang Yi etwa berichtet:

> I: Und wie hast du dich dann für die Fudan University entschieden?
> Wang Yi: Ehm, las mal nachdenken, weil es nur ein paar gute Universitäten gibt, die Peking Universität, die Tsinghua, die Shanghai Jiaotong Universität, und die Fudan ist etwa gleichwertig mit diesen anderen [Universitäten], und an den anderen konnte ich mit meinen Noten nicht angenommen werden, also bin ich an die Fudan gegangen. (Interview mit Wang Yi, Abschnitt 18-19)

Die Zulassungschancen der Bewerber:innen sind aufgrund der nach Provinzen bzw. selbstverwalteten Städte und Gebiete gestaffelten Zulassungsquoten ungleich verteilt. Auf diese Weise werden Prüfungsteilnehmer:innen

„Makel" geworden zu sein [Jizhe diaocha diyixueliqishi xianxiang: ta yihu chengle wo de „wudian"]. http://news.china.com.cn/2023-10/20/content_116761779.shtml.

7 „*BeiQinFuJiao*, 985, 211" ist als eine Art geflügeltes Wort weit verbreitet. Die Namen der Förderinitiativen 985 und 211 beziehen sich auf die Daten der Bekanntgabe dieser Förderprogramme. Das neuere Doppel-Exzellenz-Programm (*Shuangyiliu*; State Council, 2015), das den Fokus stärker auf den Ausbau einzelner Disziplinen auch an ansonsten weniger renommierten Standorten legt, hat diesen Stellenwert in der allgemeinen Wahrnehmung noch nicht.

Vorteile bei der Wahl von Universitäten in ihrer Heimatprovinz gewährt. So ist etwa die Quote für Zulassungen von Bewerber:innen aus Shanghai an den Universitäten in Shanghai (wie Fudan oder Jiaotong) höher als die für andere Provinzen. Zudem ist es in den bevölkerungsreichen Provinzen (z. B. Guandong oder Shandong) mit höheren Teilnehmerzahlen an der *gaokao* noch schwieriger, unter die Jahrgangsbesten zu gelangen. Auch schwanken die Teilnehmerzahlen der *gaokao* von Jahr zu Jahr, allerdings steigt die Zulassungsrate für höherer Bildungsinstitutionen kontinuierlich (Global Times, 2023). Dennoch ist die Quote von Studierenden aus ländlichen Gebieten an den Eliteuniversitäten Chinas relativ gering (Hansen, 2015). Die Unterschiede in der Chancenverteilung bei der *gaokao* sind allgemein bekannt und immer wieder Thema von Gesprächen. Zong Shisi erzählte mir:

> „Meine High School ist ziemlich gut, insgesamt gesehen hatte ich Glück, weil ich in Shanghai bin, und bei Universitäten wie der Fudan University und Jiaotong University, gibt es mehr Plätze für die High Schools in Shanghai [...] in den anderen Provinzen wie Sichuan oder Jiangsu gibt es mehr Kandidaten, und dann ist der Wettbewerb intensiver." (Interview mit Zong Shisi, Abschnitt 76)

Das Interviewmaterial zeigt, dass die Entscheidung für den Studiengang Germanistik in den diskutierten Fällen nicht aus dem drängenden Wunsch heraus fällt, die deutsche Sprache zu erlernen. Vielmehr wird deutlich, wie wichtig die Wahl einer „guten" Universität im Verhältnis zu einem konkreten Studiengang ist. Dies ist nun nicht gleichzusetzen mit einem Mangel an Interesse der Studierenden an ihrem Studienfach. Aus den Interviews geht aber hervor, dass sich dieses Interesse eher aus einer allgemeinen Affinität für breitere Felder, etwa Fremdsprachen, speist, aus denen dann wiederum die deutsche Sprache ausgewählt wird. Die Studierenden wägen bei der Entscheidung zwischen individuellen Neigungen und den erwarteten Vorzügen des Abschlusses an einer bestimmten Universität (wirtschaftliche Interessen) ab. Anhand der Schilderungen wird aber auch der bereits vor dem Beginn der Hochschullaufbahn bestehende Konkurrenzdruck im Bildungssystem deutlich. Insofern wird die Entstehung des oben bereits angesprochenen und von Xiang (2023) geschilderten Phänomens der Bildungsmigration in Zusammenhang mit sozialer Reproduktion bzw.

runxue nachvollziehbar, dies sind aber keine Motive in den Schilderungen der Interviewten in meinem Sample.

Die Entscheidung für ein bestimmtes Studienfach erscheint vor diesem Hintergrund aus individueller Perspektive als fast zufällig – gesteuert nur durch allgemeine Neigungen, etwa zu Sprachen – aus Perspektive der Hochschulpolitik aber als hoch strukturierte Selektion nach Leistung. Mit großer Selbstverständlichkeit wird von den Befragten die Auswahl der bestmöglichen Hochschule aufgrund der Leistung geschildert, während die Wahl des Faches zweitrangig erscheint. Damit wird die Wahl des Studienfaches Germanistik zunächst auch noch nicht im Zusammenhang mit der Möglichkeit eines Auslandsstudiums begründet, obwohl das Studium einer Fremdsprache im Allgemeinen mit der Aussicht auf einen in den Bachelorstudiengang integrierten, in der Regel einsemestrigen Auslandsaufenthalt verbunden ist.

4. Diskussion und Ausblick

Die Entwicklung des tertiären Bildungssektors in China bringt eine große Zahl gut ausgebildeter Studierender hervor. Deren internationale Mobilität stand und steht im Kontext (geo-)politischer Diskurse, sowohl in China als auch in Deutschland und anderen westlichen Staaten. Im politischen Diskurs in China wird darin aktuell die Chance formuliert, die chinesischen Studierenden könnten als „grassroot ambassadors" das Ansehen Chinas in der Welt verbessern. Im politischen und öffentlichen Diskurs in Deutschland steht derzeit die Formulierung von Risiken durch deutsch-chinesische Wissenschaftskooperation im Vordergrund der Diskussion. Die Vorteile dieser Zusammenarbeit werden in der deutsch-sprachigen Diskussion hingegen weniger vehement vertreten.

Vom Talent der chinesischen Austauschstudierenden kann Deutschland in vielerlei Hinsicht profitieren. Bislang führte die Diskussion nur vereinzelt zu Einschränkungen von Hochschulkooperationen und Studierendenaustausch (Tagesschau, 28.07.2023).

In diesem Zusammenhang wurde die Frage nach Studiengangsentscheidungen chinesischer Studierender der Germanistik gestellt. Vor dem Hintergrund der Entwicklung der internationalen Studierendenmobilität aus China konnten vermittels der Entscheidungsnarrative Einblicke in die individuellen Aspekte der Studiengangswahl chinesischer Studierender gegeben werden. Dabei wurde deutlich, dass die Interviewten völlig andere Entscheidungslogiken verfolgen als die sich um sie drehenden Diskurse vermuten lassen würden. Die Interviewauszüge haben die große Bedeutung der *gaokao* bei der Wahl von Studienfächern gezeigt. Im Vordergrund der Entscheidungsnarrative über die Bildungsbiographie steht die eher implizite Erwartung auf bessere Chancen auf dem Arbeitsmarkt, die durch die Reputation der Hochschule, an der der erste Bildungsabschlusses im tertiären Sektor erworben wird, vermittelt wird. Die Selektionslogiken und Argumente für bestimmte Bildungsfelder machen Sinn in Hinsicht auf die Abwägung von Risiken und individuellen Chancen.

Eine weitere Auswertung der Daten von Studierenden, die Deutsch nicht im Studiengang Germanistik sondern in Vorbereitung auf ein Studium in Deutschland studieren, ist notwendig und soll dabei helfen, die Bildungswege chinesischer Wissenschaftler, die in Deutschland studieren, besser zu verstehen.

LITERATURVERZEICHNIS

Ahlers, A. L. (2024). The Communist Party's Steering of China's Science, Technology, and Innovation System: Aspirations and Reality [originally presented at the Conference on the Chinese National Innovation and Techno-Industrial Ecosystems in Berlin, September 5–6, 2023].

Berger, Y. (2020). *Biographische Orientierungen im Bildungsverlauf.* Wiesbaden: Springer Fachmedien Wiesbaden.

Bilecen, B. (2024). Linguistic capital and social inequalities: Experience of international Chinese students in Germany [*Yuyanziben yu shehui bupingdeng: Zhongguo liuxuesheng yai deguo de jingli*]. *Population, Space and Place*, 30(1), E2725.

Bislev, A. (2017). Student-to-student diplomacy: Chinese international students as a soft-power tool. *Journal of Current Chinese Affairs*, 46, 81–109.

Bundesministerium für Bildung und Forschung (BMBF). (2015). *China Strategie des BMBF. Strategischer Rahmen für die Zusammenarbeit mit China in Forschung, Wissenschaft und Bildung.*

Bundesministerium des Innern (BMI). (2023). *Verfassungsschutzbericht 2022.* https://www.bmi.bund.de/SharedDocs/downloads/DE/publikationen/themen/sicherheit/vsb2022-BMI23007.html.

Bundesregierung. (2023). *China-Strategie der Bundesregierung.* https://www.auswaertiges-amt.de/blob/2608578/2b2effbc0886ef7ae0b22aaeacf199be/china-strategie-data.pdf.

Deutscher Akademischer Austauschdienst (DAAD). (2024). *Akademische Zusammenarbeit mit China realistisch gestalten. Handlungsempfehlungen des DAAD für deutsche Hochschulen*. Abgerufen am 23. April 2024 von https://static.daad.de/media/daad_de/der-daad/kommunikation-publikationen/presse/daad_perspektive_china_de_240112.pdf.

Deutscher Akademischer Austauschdienst (DAAD). (2019). *DAAD-Bildungssystemanalyse China. Daten und Analysen zum Hochschul- und Wissenschaftsstandort 2019*. https://www2.daad.de/medien/der-daad/analysen-studien/bildungssystemanalyse/china_daad_bsa.pdf.

Dederichs, A., & Johler, R. (2022). *Chapter Germany 德国篇章. Alltagserfahrungen Tübinger Studierender aus China*. TVV.

Krauter, R. (2020, 2. März). *Sorge vor Spionage: Konflikt beim wissenschaftlichen Austausch mit China*. Deutschlandfunk. https://www.deutschlandfunk.de/sorge-vor-spionage-konflikte-beim-wissenschaftlichen-100.html.

Educationfair.net. (2023). *Market report China*. Abgerufen am 23. April 2024 von https://www.educationfair.net/market-reports/asia/china/#:~:text=The%20Chinese%20Study%20Abroad%20Market&text=It%20has%20been%20for%20over,taking%20part%20in%20exchange%20programs.

Erudera. (2024). *Germany international students statistics*. Abgerufen am 23. April 2024 von https://erudera.com/statistics/germany/germany-international-student-statistics/#:~:text=After%20India%2C%20China%20is%20the,in%20Germany%2C%20with%2014%2C732%20students.

Fukuyama, F. (1989). The End of History? *The National Interest*, 16, 3–18.

Global Times. (2024, 23. Februar). *Destinations for Chinese students studying abroad become more diverse*. https://www.globaltimes.cn/page/202402/1307775.shtml.

Global Times. (2023, 1. Juni). *Number of candidates registering for gaokao reaches new high of 12.91 million*. https://www.globaltimes.cn/page/202306/1291799.shtml#:~:text=Number%20of%20candidates%20registering%20for,of%2012.91%20million%20%2D%20Global%20Times&text=The%20number%20of%20candidates%20registering,of%20Education%20announced%20on%20Thursday.

Hansen, M. H. (2015). *Educating the Chinese individual: Life in a rural boarding school*. University of Washington Press.

Hawkins, A. (2023, 23. August). *Warning of Scientific 'Suicide' as US-China Research Collaboration Hangs in Balance*. The Guardian. https://www.theguardian.com/science/2023/aug/23/us-china-research-collaboration-science-hangs-in-balance.

João Pires, M. D. (2019). Gaokao: far more than an exam. *Revista Diadorim*, 21, 168–185.

Lester, R. et al. (2022). *University Engagement with China: An MIT approach*. Abgerufen am 2. April 2024 von https://global.mit.edu/wp-content/uploads/2022/11/FINALUniversity-Engagement-with-China_An-MIT-Approach-Nov2022.pdf.

Leutner, M. (1995). *Bundesrepublik Deutschland und China 1949 bis 1995: Politik – Wirtschaft – Wissenschaft – Kultur eine Quellensammlung*. Berlin: Akademie Verlag.

Lin, J., & Sun, X. (2010). Higher Education Expansion and Chinas Middle Class. In L. Cheng (Hrsg.), *China's emerging middle class: Beyond economic transformation* (S. 217–241). Brookings Institution Press.

Liu, J. M. (2022). From „Sea Turtles“ to „Grassroots Ambassadors“: The Chinese Politics of Outbound Student Migration. *International Migration Review*, 56, 702–726.

Liu, W. (2016). The international mobility of Chinese students: A cultural perspective. *Canadian Journal of Higher Education*, 46, 41–59.

Michael, S. (1973). Job market signaling. *Quarterly Journal of Economics*, 87, 354–374.

Michler, I. (2023, 31. Oktober). *„Hinter jedem chinesischen Forscher kann sich die Partei verbergen“*. WELT. https://www.welt.de/wirtschaft/article248256370/Hinter-jedem-chinesischen-Forscher-kann-sich-die-Partei-verbergen.html.

Ministry of Education. (2023). *Number of Students of Formal Education by Type and Level*. 29. Dezember. http://en.moe.gov.cn/documents/statistics/2022/national/202401/t20240110_1099539.html.

Ministry of Education. (2019). *Government should play guiding role in building a healthy education sector*. http://en.moe.gov.cn/features/Specials_twoSessions/twosessions_Opinions/201904/t20190401_376231.html.

Muthanna, A. & Sang, G. (2015). Undergraduate Chinese students’ perspectives on Gaokao examination: Strengths, weaknesses, and implications. *International Journal of Research Studies in Education*, 4(5), 3-12.

National Bureau of Statistics of China (2024). *Households’ Income and Consumption Expenditure in 2023*. https://www.stats.gov.cn/english/PressRelease/202402/t20240201_1947120.html#:~:text=In%20terms%20of%20urban%20and,capita%20disposable%20income%20of%20rural.

State Council (State Council of the Peoples’s Republic of China). (2015). *Mitteilungen des Staatsrats zur Herausgabe eines Gesamtplans zur Förderung des Baus von Universitäten und erstklassigen Fachbereichen von Weltrang* (国务院关于印发统筹推进世界一流大学和一流学科建设总体方案的通知_政府信息公开专栏). https://www.gov.cn/zhengce/content/2015-11/05/content_10269.htm.

Statista. (2024a). *Number of college and university students from China in the United States from academic year 2012/13 to 2022/23*. https://www.statista.com/statistics/372900/number-of-chinese-students-that-study-in-the-us/.

Statista. (2024b). *Gross enrolment ration in tertiary education in China from 1990 to 2022*. https://www.statista.com/statistics/1113954/china-tertiary-education-college-university-enrollment-rate/.

Statistisches Bundesamt. (2024). *Ein Drittel der internationalen Studierenden bleibt langfristig in Deutschland*. https://www.destatis.de/DE/Presse/Pressemitteilungen/2022/10/PD22_435_12.html.

Tagesschau (2024, 25. April). *Verdeckte Einflussnahme: Wie China in Deutschland spioniert*. Tagesschau. https://www.tagesschau.de/investigativ/wdr/spionage-china-deutschland-100.html.

Tagesschau. (2023, 28. Juli). *Studierende aus China: Spionagegefahr an der Uni?* Tagesschau. https://www.tagesschau.de/inland/gesellschaft/china-stipendien-universitaet-erlangen-100.html.

Times Higher Education (THE). (2024). *World University Ranking 2024*. https://www.timeshighereducation.com/world-university-rankings/2024/world-ranking.

United Nations Educational, Scientific and Cultural Organization (UNESCO). (2023). *Institute for Statistics: Student mobility 2023*. http://data.uis.unesco.org/index.aspx?queryid=3807.

Wohlrab-Sahr, M. & Przyborski, A. 2008. *Qualitative Sozialforschung*. München: Oldenbourg.

Xi, J. (2014a [2012]). Achieving Rejuvenation is the dream of the Chinese people. *Xi Jinping: The Governance of China*. Beijing: Foreign Language Press, 37-39.

Xi, J. (2014b [2013]). Right time to innovate and make dreams come true. *Xi Jinping: The Governance of China*. Beijing: Foreign Language Press, 63-68.

Xiang, B. (2023). Chinesische Migration und soziale Reproduktion. *Aus Politik und Zeitgeschehen*, 73(26-27), 48-53.

Xiang, B. & Shen, W. (2009). International student migration and social stratification in China. *International Journal of Educational Development*, 29, 513–522.

Zhongguo jiaoyu zaixian 中国教育在线. (2020). *Kernpunkte der landesweiten Hochschulreformprogramme* [Quanguo gedi jiaoyugaige fangan yaodian]. https://www.eol.cn/e_html/gk/gkgaige/index.shtml.

Zweig, D. & Wang, H. (2013). Can China Bring Back the Best? The Communist Party Organizes China's Search for Talent. *The China Quarterly*, 215, 590–615.

Dr. Anno Dederichs.

Nach dem Magisterstudium der Sinologie und Soziologie in Tübingen, Beijing und Nanjing promovierte Anno Dederichs in Soziologie an der Universität Tübingen. Seine Dissertation behandelt Kulturelle Differenzierung in deutsch-chinesischen Wirtschaftskooperationen. Nach der Promotion forschte er am China Centrum Tübingen zur gesellschaftlichen Transformation Chinas und deren Wahrnehmungsdiskursen in China und dem ‚Westen'. Dabei nahm er unter anderem Wissenschaftskooperation und Studierendenaustausch in den Fokus, war 2022 Mitherausgeber des Bandes Chapter Germany 德国篇章 und forschte zu Studierendenaustausch mit dem Projekt „Home, Abroad, and Back Again" in Deutschland und China.

与中国共同生活，45年的私人和大学合作

Yǔ zhōngguó gòngtóng shēnghuó, 45 nián de sīrén hé dàxué hézuò

EIN LEBEN MIT CHINA, 45 JAHRE PRIVATE UND UNIVERSITÄRE ZUSAMMENARBEIT

WOLF-DIETER RAUSCH

Abstract. Dieser Buchbeitrag soll Reflexionen zu einem Leben mit China wiedergeben, von einem jungen PhD, der zuerst mit Asien zusammenkommt, einer ungeplanten Ehe mit einer Chinesin, deren Grundlagen dafür gerade in Japan entstanden, und die Konsequenzen für ein Leben. Es ist somit kein Reisebericht, sondern eine Familiengeschichte, aus der dann ein Beruf oder eine Aufgabe wurde, die versucht hat, die österreichische und die chinesische Seite zu unterstützen. Es ist keine politische, wirtschaftliche oder kulturelle Analyse, die ein kurzzeitiger Besucher Chinas versucht, sondern ganz einfach die Realität, dass man mit und in beiden Welten leben soll, muss und will. Es soll belegen, dass Universitäten und deren akademische Ausbildung und Forschung gut dafür geeignet sind, Brücken zu erbauen, oder vielleicht besser unsichtbare Seile zu spannen, die zwei Berge verbinden und ein Tal überbrücken. Eine langjährige Tätigkeit in einem in Österreich entstandenem Universitätsnetzwerk, darunter 12 Jahre als dessen Präsident, hat dem Autor die Gelegenheit geboten, die Entwicklung Chinas zu einer wissenschaftlichen Großmacht zu verfolgen und als Betreuer von zahlreichen PhDs und Postdocs dazu seinen Beitrag zu leisten.

> Verstehen kann man das Leben rückwärts; leben muss man es aber vorwärts.
> (Søren Kierkegaard)

1. ALLES BEGINNT MIT REISEN

Das Gymnasium war für mich 1971 zu Ende. Ich wollte hinaus, und eine Möglichkeit dafür war ein Interrail Ticket. Mit der Überlegung in den Süden kommt man immer, ging es ab nach Skandinavien, kalt im Sommer, ein nicht endendes Tageslicht und die ersten Jugendherbergen meines Lebens. Die Ziele ergaben sich danach: wie lange ist eine Nachtfahrt und kann man damit das Hotel sparen und morgens ausgeruht die nächste Stadt ansehen.

Vielleicht hätte Europa für mich ausgereicht, wenn da nicht am Ende der zweiten Reise ein 17-jähriges amerikanisches Mädchen mit ausgestiegen wäre. Da entstand der Plan die nächste Reise in die USA zu unternehmen, das hieß zum Chemiestudium in den Ferien eine Büroarbeit, um das Geld für ein Flugticket zu verdienen. Nun, diese Amerikareise kam, was das Private betrifft, war es nur eine romantische Schwärmerei, aber ich lernte Amerika kennen, erfuhr, dass 8 Jahre Schulenglisch zu wenig waren und die gelernte Reihe der englischen Könige nicht hilfreich. Aber der Greyhound Bus brachte mich quer durchs Land, von der Ostküste zu den Wüsten Arizonas, weiter nach Kalifornien, die Westküste hoch und zurück.

In Österreich ging für mich mein Technikstudium zu Ende und meine Chemiekenntnisse setzte ich in einer Dissertation im Altersheim ein. Vielleicht nicht der üblichste Ort für eine Dissertation, aber ideal, um Studien an menschlichem Gehirngewebe durchzuführen und Veränderungen des Gehirns durch Alterskrankheiten zu untersuchen.

2. ALS POST DOC IN AMERIKA UND JAPAN

Mit einem Studienabschluss keimte in mir der Wunsch nach etwas, das man heute post doc Zeit nennt. Diesen Begriff gab es damals in meiner Gedankenwelt noch gar nicht. Jedenfalls erhielt ich diese Chance in Form eines Fogarty-Stipendiums an den National Institutes of Health in Bethesda, Maryland USA zu forschen. Eine gestrenge Chefin aus Polen, ein Departmentleiter aus Russland, bunt gemischte post docs wie Italiener, Ungarn, Deutsche und die ersten Japaner als Laborkollegen kamen in mein Leben. Es bedeutete eine unbeschwerte Zeit, plötzlich viel Geld, ein Auto, Mobilität und Kollegen, die das Gleiche interessierte, zu arbeiten, zu forschen, vielleicht sogar dort bleiben wollten und einen Laborchef/in zufriedenstellen mussten. Was wir nicht verstanden war, dass diese Chefs ja auch gedrängt waren zu publizieren, wieder neue Projekte zu schreiben und ihre Existenz davon abhängig war. Ich brachte Kenntnisse zum Schlaganfall, wissenschaftliche Publikationen und Freundschaften nach Hause, und den Wunsch einmal selbst ein Forschungsteam zu leiten.

Ich hatte in Amerika mit vielen Japanern gearbeitet, deren Energie ich bewunderte. Somit hielt ich mit dem Leben eines Jungassistenten mit Forschung und Lehre, der habilitieren sollte, den Wunsch wach, nochmals hinauszugehen. Da bot sich mir die Chance eines japanischen JSPS-Stipendiums.

In Japan post doc zu sein, hat einen gewissen Seltenheitswert. Anders als in den Vereinigten Staaten ist Englisch nicht die Lingua franca, man muss sich im Labor mit allen verfügbaren Möglichkeiten verständigen. Dass auch österreichische Universitätsassistenten Mäuse, Ratten und Kaninchenställe ausmisten dürfen, war etwas Neues für mich. Dass Pipettenspitzen gewaschen wurden, ist auch aus einem sparsamen Land wie Österreich kommend, nicht leicht verständlich. Dass man in eine Welt zahlreicher Papierformate hineingestoßen wird, die alles tun, außer mit A4 zu passen, gibt Anlass zu längeren Verweilzeiten vor dem Kopierer. Plötzlich war es nicht mehr die tolle Partystimmung wie in den USA. Damit nutzte ich die Zeit, um japanisch zu lernen.

3. CHINA IST NICHT WEIT VON JAPAN

Japan hat mein Geschick Richtung China weitergeleitet. Eine japanische Freundin, die mich Geduld und analytische Grundkenntnisse der Elektrochemie lehrte und wir gemeinsam Kaninchen putzten, drückte mir bei einer U-Bahnfahrt ein Kuvert in die Hand. Es enthielt die Einladung zu ihrer Hochzeit. Zugleich schlug sie vor, ihr Institut zu besuchen und dort einen Vortrag zu halten. Dort gäbe es eine chinesische PhD-Studentin, die gerne mit Ausländern plaudert. Die Hochzeit meiner Freundin stellte sich als Infektionsherd in Sachen Gefühle mit besagter Dame aus China heraus. Bei einem gemeinsamen Tagesausflug in das tiefverschneite Nikko, mit unbrauchbaren Tennisschuhen, sozusagen barfuß im Schnee, fiel dann eine Lebensentscheidung.

Eine Reise meiner späteren chinesischen Frau nach Österreich folgte, meinen Vater lernte sie beim Radfahren kennen. Englisch ist praktisch, gegenüber einem 90-jährigen Großvater aber nur beschränkt. Sein Bemühen, ihr die Funktion von Laxativen zu erklären, war beeindruckend. Eine Familiendiskussion über die mögliche Ehe mit einer Ausländerin flammte auf. Entscheidend war die Großmutter, die Familienargumente wegwischte, Hauptsache der Herr heiratet überhaupt noch. Meine Frau war sicher die erste Chinesin in ihrem Leben, das war aber bis ins Altersheim kein Problem für eine herzliche „sprachlose" Beziehung.

Gefühle in einer Beziehung mit einer Chinesin erfordern lange Wartezeiten, Behördengänge und Visaanträge. Man kann im Mai heiraten und im Juli ist das Baby da. Da bleibt für eine getreue Erfüllung der Vorbereitungskurse für eine kirchliche Hochzeit nicht viel Zeit. Die Teilnahme an einem integrierten Kochkurs mit der chinesischen Partnerin, die davon kein Wort verstand, gerade übermüdet aus dem Flieger gefallen war, hatte somit heitere Aspekte.

Eine chinesische Schwangerschaft verläuft in Österreich nicht anders als andere. Dass das frische Baby keinen Mongolenfleck hatte, erstaunte zumindest den Vater. Die Akzeptanz eines zweiten chinesischen Namens, da es ja dazu keinen passenden Heiligen gibt, stellte für österreichische Behörden eine Hürde dar, die nur durch eine Bestätigung eines Chinesisch-Professors lösbar war.

Mit einer Heirat ist kein PhD in Japan abgeschlossen. Die Mutter geht zurück, ein monatelang alleinerziehender Vater bleibt in Österreich zwar mit helfenden Großeltern, die abends das Kind nur unter Gewaltanwendung hergeben. Die Stimme der Natur sagt uns, das Kind erkennt seine Mutter wieder. Dies mag auf Robbenbabies oder Pinguine zutreffen. Im chinesischen Fall war es nach der Rückkehr meiner Frau ein Kreischen, das sich erst nach einigen Tagen legte.

Ein junges Glück zu dritt, auch wenn sich Arbeit und Deutschkurse finden, bleibt nicht vor Fallstricken der Einwanderungsgesetze verschont. Wer wegen des Todesfalles des Vaters auf eine rechtzeitige Visabeantragung vergisst, kommt in die Mühlen der Gesetze. Abschiebungsbriefe flattern ins Haus, wobei eine Mutter, die hier rechtmäßig verheiratet ist, doch nicht abgeschoben werden kann. Die Lösung nach Monaten war eine Verwaltungsstrafe von 1000 Schilling, die ich bei einem Beamten mit Namen Unterweger, von den Kollegen liebevoll „Jackie“ genannt, erleichtert einzahlte.

Parallel dazu lief das Nostrifizierungsansuchen des medizinischen Grades meiner Frau. Übersetzungen der chinesischen Dokumente wie Bachelor-, Master- und Geburtsurkunde, erfordern die Beglaubigung von chinesischer und österreichischer Seite. Der japanische PhD erwies sich dabei als Vorteil, auch wenn er aus österreichischer Sicht genauso unleserlich war, aber vertrauenswürdig. Später kam die Antwort der Nostrifizierungskommission. „Nur“ 15 Prüfungen wurden vorgeschrieben, und ein jahrelanger Lerndruck begann. Es war ein 10-jähriger Hürdenlauf mit Kind aber es gelang meiner Frau die Nostrifizierung ihres Medizinstudiums und auch noch ein Zahnarztstudium abzuschließen. Heute ist sie ordentliche Professorin an der Zahnmedizin in Wien.

Auf familiärer Ebene bestand ein anderes Spannungsfeld, von dem ich lange nichts wusste. Der Schwiegervater in Nordchina, der ja diese

Verbindung zuerst nur brieflich akzeptieren musste, war bei Weitem nicht so glücklich, dass seine Tochter eine gute Partie gemacht hätte oder ins gut gestellte Ausland übersiedelt war, sondern betrachtete die Entscheidung als lichten Irrsinn, sich die Chancen des Medizinberufs in der Heimat zu verbauen.

4. ENDLICH NACH CHINA

Irgendwann entstand der Wunsch nach China zu fahren und dort die Familie zu treffen. Das war aber auch der Beginn der Zusammenarbeit mit chinesischen Universitäten. Der Rektor der Norman Bethune Medical University, heute ist sie Teil der Jilin Universität, stimmte meinem Antrag zu einem Kooperationsprojekt zu. Die Unterstützung der wissenschaftlich-technischen Kooperation von österreichischer Seite endete in Beijing. Chinesische und deutsche Verträge unterschieden die sich im Text. Die 1000 Kilometer von Peking nach Changchun musste man dann selbst überbrücken. Die dortige Universität befindet sich in den alten Prachtgebäuden der geplanten japanischen Hauptstadt von Mandschukuo. Andere Länder hätten diese sicher abgerissen, um die Erinnerung an die Aggressoren zu löschen. Die chinesische Seite nützt diese immer noch, sie sind stabil, praktisch, das schöne Grün der Kacheln glänzt im Sonnenlicht.

Ich konnte meine Vorträge über Neurodegeneration halten, in einem Festsaal, vor dem die Statue von Norman Bethune steht, der als kanadischer Arzt Mao Zedong auf seinem langen Marsch begleitete. Er zog sich bei einer Operation eine Schnittwunde zu und verstarb an einer Sepsis. Im Hintergrund des Vortragssaals sah ich meinen vierjährigen Buben, der mit einer Krankenschwester Ball spielte.

Zwei Gegenbesuche der Schwiegereltern folgten. Entgegen ersten Befürchtungen war es eine wirklich schöne Zeit und die Chance, einander kennenzulernen, Vorurteile, zumindest die des Vaters abzubauen und auf Zeit ein „chinesisches" Familienleben zu führen. Drei Generationen waren unter einem Dach und das auf engem Raum. Mein Schwiegervater begann auf seine Weise Kontakte mit Österreichern aufzunehmen. Ein Bauer der Umgebung rief mich an, weil ein vorbeiwandernder Chinese (ergo mein Schwiegervater) ihn (natürlich auf Chinesisch) ansprach und er nicht wusste, was der wollte. Meine Schwiegereltern reisten mit einem Riesenkoffer an, in denen die zwei Kernstücke eine Riesensammlung von Gemüsesamen und eine Nudelmaschine waren, die natürlich gleich in Gebrauch genommen wurde. Die Schwiegermutter funktionierte den Küchentisch in eine Fleischtäschchen-Produktionsstätte um. Die Hygienevorschriften wurden, anders als in Wiener Hinterhöfen derzeit sicher eingehalten und die Jiaozi sofort frisch gedämpft, wenn man von ein paar Stäubchen Zigarrenasche absieht, wenn sie bei der Arbeit rauchte.

5. DAS EURASIA-PACIFIC UNINET TRITT IN MEIN LEBEN

Von den Aktivitäten eines Eurasia-Pacific Uninets erfuhr ich zirka 2006. Mich faszinierte einfach die Idee, mit Ländern, die ja nicht an erster Stelle Zielländer Österreichs darstellen, Kontakte aufzubauen. Als Begleitung der damaligen Präsidentin bereiste ich die Mongolei, China, Nordkorea, Nepal, Bhutan, aber auch Korea, auch das im Norden. Dieses Netzwerks möchte Kontakte und wissenschaftliche Partnerschaften zwischen österreichischen Universitäten, Fachhochschulen, anderen Forschungsinstitutionen, und Mitgliedsorganisationen in Ostasien, Zentralasien, Südasien und der pazifischen Region knüpfen. Das Bundesministerium für Bildung, Wissenschaft und Forschung stellt die Geldmittel zur Verfügung, die über den OEAD (Österreichs Agentur für Bildung und Internationalisierung) verwaltet werden.

Das Netzwerk bietet PhD und post doc Stipendien gerade auch für China an, deren Vergabe an einen erfolgreichen Bewerbungsprozess gebunden ist. Ich war in der Bewertungskommission. Zirka 50 Stipendiaten pro Jahr mögen ja nicht viel sein, aber es hat die Chance gebracht, mit den Mitgliedsuniversitäten, ihren Rektoraten und internationalen Büros Kontakte aufzubauen. Hinter komplexen Antragsformularen stehen lebende Kandidaten und ihre Hoffnungen. Ihre Nervosität vor einer Kommission, wo offensichtlich bisher nur schriftliche multiple Choice-Fragen ihr Studium bestimmt hatten, machen Entscheidungen nicht einfach. Da gibt es den Typus des gewandten, bestens englischsprechenden, bereits erfahrenen Universitätslehrers, der auf mehrere Stipendien zurückblickt. Der „Newcomer" sieht die ersten Ausländer im Dreierpack. Die sorgfältig vorbereitete Präsentation, wo der/die Ärmste im besten Englisch loslegt, wird durch die kleinste Zwischenfrage wie ein Kartenhaus zum Einsturz gebracht. Als österreichischer Dissertations-Betreuer, der noch mit dem Begriff des Dissertationsvaters aufgewachsen ist, lernt man nie aus. Ein chinesischer „Diss"-Betreuer hat vielleicht 20 „Kinder", nicht als kinderreiche Familie, sondern er kennt sie kaum.

Rasch hat sich mit wechat, whatsapp, pubmed etc. die gemeinsame internationale Forschung geändert. Der Suche nach einem zukünftigen Betreuer ist leichter geworden. Die Kompetenz eines Betreuers und nicht nur eines Studenten ist einsehbar. Publikationslisten kann man online abrufen. Klinische Stipendien sind da ein Sonderfall, für die Mitarbeit an der Klinik braucht es eben die Sprachkenntnisse in der Landessprache und die Berechtigung am Patienten zu arbeiten.

Ich habe viele PhD-Stipendiaten aus China betreut. Man lernt die Probleme mit dem Warten auf eine Visaerteilung, die Meldepflicht der An- und Abmeldung, die Quartiersuche und natürlich die Sorgen junger Menschen kennen, die zum ersten Mal unter anderen Lebensbedingungen sind, der heimatliche Druckkochtopf wegfällt und somit sogar festgeknüpfte Beziehungen in der Heimat relativiert werden. Aber man freut sich, dass das Ziel, seinen akademischen Grad zu erreichen und dann im Leben zu stehen, gelingen kann.

Auf jeden Fall erwartet ein chinesischer Stipendiat, dass er auch zum Essen eingeladen wird, am Institut akzeptiert ist, dass die Bräuche eines Instituts erklärt werden und ob, wo und wie man kochen kann. Und es gibt sie, die unterschiedlichen finanziellen Vorgaben, der reiche Stipendiat, den sein Vater auf Reisen schickt. Ich werde aber auch nie den anderen Doktoranden vergessen, der mit einem kleinen Rucksack für ein Jahresstipendium auftauchte, mit dem ich nicht übers Wochenende in Salzburg auskommen würde. Auf die Frage, wo sein Koffer sei, war die Antwort, das ist alles. Er erzählte mir, dass seine 3 Geschwister in der staatlichen Einkindfamilienplanung keine Chance auf ein Studium hatten und in der Fabrik arbeiten. Er reiste mit Publikationen und mit dem gleichen „Koffer" ab und ich konnte ihn später als Universitätsassistent in der Provinz Fujian wieder sehen. Menschliche Schicksale zu verfolgen, wo man glaubt, dass der Lebensweg anders verlaufen wäre, gibt diesen Stipendien einen unerwarteten weiteren Sinn.

6. DAS NETZWERK LEBT IN SEINEN PROJEKTEN

Jedes Jahr werden etwa 50 Projektanträge innerhalb des Netzwerks bewilligt. Workshops, Projektzusammenarbeiten bis Studienreisen sind dort aufgeführt. Hinter den Projekten stehen auch die Aspekte, die für die chinesische Seite wichtig sind, wie etwa das Seidenstraßenprojekt (Belt and Road Initiative) einzubeziehen.

So schafft ein kleines Land den Zugang zu einer sich entwickelnden Großmacht und wird dabei be- und geachtet.

Dazu zählen gemeinsame Konzertaktivitäten mit chinesischen Musikakademien und eine Chinesisch-Österreichische Musikuniversität. In der Medizin sind es Famulaturen. Themen der Landwirtschaft und Veterinärmedizin berühren die ländliche Bevölkerung, aber auch den Wunsch der Städter nach sicherer Ernährung. Anders als eine reine Stipendienaktion hat das Netzwerk immer auf Kontinuität gesetzt. Eine langjährige Kooperation über traditionelle chinesische Medizin, nicht als Volksmedizin, sondern in der pharmakologischen Forschung, überzeugte über Jahre mit naturwissenschaftlich, statistisch belegten gemeinsame Publikationen. Kulturgüter und ihre Erhaltung sind ein Anliegen jeden Landes. Auf dem Gebiet der Restaurierung laufen über Die Angewandte in Wien und ihre Kooperationspartner in China, der Mongolei und Nepal Fachkurse und hands on, die junge Studenten in Workshops vor Ort mit einschließen. Das Engagement dieser Aktivitäten gleich nach dem schweren Erdbeben in Nepal 2015 hat mich sehr berührt. Mein Stolz war es, Delegationen der Veterinärmedizinischen Universität Wien zu Kongressen nach China, die Mongolei, Nepal, Tadschikistan, Nordkorea und Usbekistan führen zu dürfen. Durch die Mithilfe der Gastgeber wurde aus einer Delegation von 8 bis 10 Österreichern Kongresse mit 200 Teilnehmern.

7. WAS BLEIBT ÜBER DIE JAHRE?

Das beste Saatkorn wird auf einem Wüsten- oder Steinboden nicht viel ausrichten können. Publikationslisten basieren auf der Aktivität und Fähigkeit ihrer Inhaber, aber natürlich auch auf dem Umfeld. Somit sollte auch eine Überlegung darin bestehen, einem Stipendiaten eine Chance zu bieten, die er/sie sonst nicht hätte. Das steht im Gegensatz zur Meinung, nur die Besten nehmen, sonst schließt man ganze Universitäten aus.

Was haben diese Stipendien für die Stipendiaten gebracht? Gibt es eine Chance, das zu evaluieren? Nun das eine, man kann die subjektive Empfindung abfragen. Wir erhielten positiven Lebensrückblicke von den Stipendiaten. Eine objektive Beurteilung sind die Forschungsergebnisse und gemeinsame Publikationen (siehe unser homepage).

Ob die Arbeit des Netzwerkes für den Geldgeber zufriedenstellend war? Diese wurde vom Ministerium über 20 Jahre gefördert, es ist somit anzunehmen, dass die gelieferten Aktivitäten in summa den Erwartungen des Ministeriums entsprachen.

Konnte das Netzwerk etwas für den Frieden erreichen? Das Netzwerk hat auch russische Mitglieder. Über lange Jahre bestanden enge Kooperationen mit St. Petersburg im Bereich der Sommerschulen. Eine Zusammenarbeit mit sibirischen Universitäten wurde durch einen Besuch der damaligen Ministerin Gehrer gefördert. In den Jahren bis 2019 traten noch mehrere russische Universitäten dem Netzwerk bei. Am Plenartreffen in Wien 2019 nahmen fast 20 Vertreter dieser Universitäten teil, es war eine hervorragende kameradschaftliche Stimmung und die Hoffnung zusammenarbeiten zu dürfen. Die Zukunft dieser Zusammenarbeit kennen wir alle nicht.

Wie könnte es in Zukunft weitergehen? Netzwerke erfordern Geld und gemeinsame Ziele. Solidarität aber auch Reziprozität sind die Antwort, einfach gesagt, was möchte die chinesische Seite und die anderer asiatische Partner beisteuern. Wie viel Zusammenarbeit in einem Netz möglich ist, wie groß ein Netzwerk wachsen kann und soll, dafür fehlt die Erfahrung. Ob gerade chinesisch auch zu Englisch als Kommunikationssprache treten wird? Vielleicht wird auch die romantische Vorstellung, ein neues Land zu betreten, von Rätseln und Wundern umgeben zu sein, wie ein Marco Polo der Wissenschaft immer mehr der Realität der Globalisierung weichen, „Hinfliegen, auspacken und an den Forschungsplatz, ins Labor oder an den PC“.

Was habe ich in den vergangenen 12 Jahren versucht? Die übernommenen asiatischen Mitgliedsinstitutionen kennenzulernen und die Kontakte weiter halten. Um neue Mitglieder zu gewinnen, ist ein Schuss Vertretertätigkeit oder missionarische Aktivität erforderlich, unmöglich ohne „einheimische" MitarbeiterInnen, die diesen Weg mit mir gingen. Zwei Plenartreffen in Wien wurden organisiert, die, wenn Bildbänden nicht lügen, lachende und zufriedene Gesichter zeigten. In allen Universitäten steckt das Interesse nach Kontakten mit dem Ausland.

Covid hat ein weiteres Plenartreffen für überlange Zeit verzögert und wird September 2024 stattfinden. Ich hoffe dort das Netzwerk in gute Hände zu übergeben. Nur durch die Unterstützung meiner Frau, den Einsatz und die überzeugenden Übersetzungen meiner MitarbeiterInnen und die verständnisvolle Akzeptanz meiner Universität war diese ehrenamtliche Tätigkeit möglich.

Univ Prof. Dr. Wolf-Dieter Rausch. E-Mail: eurasiapacific@vetmeduni.ac.at
Präsident des Eurasia-Pacific Uninet
Ehem. Prof. am Institut für Medizinische Biochemie
Veterinärmedizinsche Universität Wien
Veterinärplatz 1, 1210 Vienna, Austria
Telefon: +43 1 25077 4209
www.eurasiapacific.info

Dr. Wolf-Dieter Rausch war Professor für Medizinische Biochemie am Institut für Biomedizinische Wissenschaften der Veterinärmedizinischen Universität Wien. Er trat der Universität 1980 bei, nachdem er sein Studium der Biochemie und ein zweijähriges Postdoc-Stipendium am National Institutes of Health in Bethesda, MD, USA, abgeschlossen hatte. Sein Hauptforschungsgebiet war die Neurochemie, wobei er sich insbesondere auf Alterung und neurodegenerative Erkrankungen wie etwa die Parkinson-Krankheit, konzentrierte. Seine Arbeitsgruppe richtete besonderes Augenmerk auf Zell- und Tiermodelle menschlicher neurodegenerativer Erkrankungen. Gastprofessuren in China an der Jilin University, Changchun, der Binzhou University, Yantai, der Universität für Minderheiten der Inneren Mongolei, Tongliao, in Japan an der Nihon University und an der Landwirtschaftlichen Universität von Dushanbe, Tadschikistan wurden ihm verliehen. Seine Frau kommt aus Nordchina, die eine Professur an der Medizinischen Universität in Wien bekleidet. Seit Ende 2012 ist er Präsident von Eurasia-Pacific Uninet, einem in Österreich entstandenen Universitätsnetzwerk, das vom österreichischen Bundesministerium für Wissenschaft, Forschung und Wirtschaft gefördert wird und in Asien über 75 namhafte chinesische Universitäten als Mitglieder zählt.

没有签证
– 禁止入境

Méiyǒu qiānzhèng
– jìnzhǐ rùjìng

NO VISA – NO ENTRY

HANS ERICH GRUNNER

Abstract. Mein allererster Versuch China kennenzulernen und dabei einen gegenseitigen respektvollen Umgang miteinander zu üben. Juni 1994: es war der sprichwörtliche „Sprung ins kalte Wasser" und eine Mischung aus Neugier und Abenteuerlust, die mich zu einem ungeplanten Grenzübertritt von Hongkong nach Shenzhen veranlasste. Retrospektiv gesehen, war es der Beginn einer wunderbaren „Freundschaft", die bis heute anhält und dazu beigetragen hat, nicht nur die räumliche, sondern auch die geistige Distanz zwischen Europa, insbesondere Österreich und China, zu überwinden.

Da steh ich nun, ich armer Tor… warum mir gerade dieser Satz aus Goethes Faust einfiel, als ich vor nunmehr 30 Jahren ziemlich verloren an der LoWu Station, also an der Grenze von Hongkong nach China stand, entzieht sich meiner Erinnerung. Deutlich ist mir die jedoch die Einreise-Prozedur erinnerlich, die einem als „Geiloh" – so nennen Chinesen Fremde, zu Deutsch „Geist", die das erste Mal Kontakt mit „mainland China" beziehungsweise seinen Bürgern suchten.

Ich wollte damals unbedingt die „andere Seite", also das Festland kennenlernen. Eine freundliche Chinesin wies mir den Weg, besser gesagt den „immigration-channel", den ich als Ausländer nehmen sollte um zur richtigen Stelle zu gelangen. Ein riesiges rotes Spruchband mit chinesischen Schriftzeichen prangte in der Mitte des Grenz-Überganges von Lo Wu nach Shenzhen, dorthin wollte ich ja. Ohne Visum. Das sollte kein Problem sein für einen Kurzbesuch, so wurde mir jedenfalls in meinem Hotel in Hongkong versichert, wo man für diesen Tages-Ausflug nach Shenzhen auch einen „Guide" bestellt hatte. O-Ton: Keine Angst, Sie werden das alles leicht finden… Also?

Also, da stand ich nun ich armer Tor und war so klug als wie zuvor…

Wohin sollte ich mich wenden, wo wird ein sogenanntes Tages-Visum ausgestellt, welche Mühen werden mich weiter erwarten, das und mehr ging mir durch den Kopf. Aber jetzt Aufgeben war keine Option und so versuchte ich mein Glück, überquerte forsch den unter der Brücke liegenden

Grenzfluss. „NO PHOTOS, NO WAITING" stand in großen Lettern für jeden deutlich sichtbar, der „hinüber" wollte. Ich wollte. Unbedingt. Also weitergehen. Dann plötzlich eine Teilung in „Visitors" und „Hongkong citizen". Zur Passkontrolle zuerst und sehen wohin man mich weiter lotst. Ein ausdruckslos blickender Grenzbeamter blätterte in meinem Pass, drehte und wendete ihn, und fragte energisch: „Visa, Visa", darauf ich: NO Visa, und er: No Visa – No entry. Mehr englisch konnte er wohl nicht, aber als Erklärung für mich, dass mein Ausflug hier wohl enden würde, reichte es allemal. Erneuter Versuch meinerseits: „where, one day only"... so ging das hin und her, bis ein Vorgesetzter erschien mich in einen anderen, ziemlich abgefuckten Raum eskortierte, meinen Pass in der Hand: Australia? – fragt er mich, hier musste ich natürlich sofort korrigieren, No Australia, „Austria" versuchte ich erneut mein Glück. Damals wie auch heute, wird Österreich (Austria) noch immer mit Australien verwechselt; ein anderer Kollege kam hinzu nahm meinen Pass und sagte die erlösenden Worte: Audili – die chinesische Bezeichnung für Austria! Das Eis schien gebrochen, aber jetzt begann die Fragerei erst richtig: was ich in Shenzhen will, warum ich kein gültiges Visa habe und überhaupt, welchen Grund ich angeben kann, ob und welche Firma ich besuchen wolle und so weiter und sofort.

Inzwischen war ich umringt von weiteren eher grimmig dreinblickenden Grenz-Polizisten, die zunächst untereinander palaverten, so hatte ich jedenfalls den Eindruck, ohne mich weiter zu beachten. Ich saß da, mit etwas mulmigem Gefühl, weil sich mein Pass in den Händen der Grenzbeamten befand. Anrufen konnte ich sowieso niemanden. Wir befinden uns im Jahr 1994 in der analogen, nicht-überall-Handy-dabei-haben-Zeit! Spannende Minuten reihten sich aneinander und wurden zu einer gefühlten Ewigkeit.

Das Visum erhielt ich etwas später tatsächlich, natürlich gegen einen erheblichen USD-Betrag in bar, für die „ausnahmsweise" Erteilung eines Tages (Spezial)-Visums, im Pass eingetragen. Dann durfte ich endlich weiter, also zunächst zur eigentlichen Immigration-Passkontrolle und diese passieren.

Und jetzt, wie weiter? Jetzt befand ich mich zwar auf chinesischem Boden (Hongkong war 1994 noch britisch) und was jetzt? ... ich „armer Tor" ?

Auffällig und riechbar war sofort nach dem Verlassen des Korridors und Betreten chinesischen Bodens, die stickige Luft, der Smog, noch heute erinnere ich mich deutlich daran. Ich hielt den Atem an, kann das sein, nur wenige Kilometer von der HK-Grenze entfernt dieser gewaltige Luftunterschied?

Ich ging weiter an vielen kleinen Geschäften vorbei, wobei, „Geschäfte" konnte man die wenigen Quadratmeter großen Läden eher nicht nennen. Sagen wir dutzende Straßenhändler, säumten den Weg vom Ausgang zur Straße; zumeist Händlerinnen breiteten ihre Waren wie auf einem Marktplatz am Boden aus. Ein gewisses Warenangebot gab es damals bereits, weil zu dieser Zeit bereits Shenzhen zur Sonderwirtschaftszone, Dank Deng Xiaoping, aufgestiegen war. Unbeschreiblicher Lärm brandete mir entgegen, denn diese „Kleinstunternehmer" überboten einander im Warenangebot, obwohl, wie mir schien, alle mehr oder weniger das Gleiche in ihrem Angebot hatten. Als Ausländer war ich sofort ein potenzielles Ziel, oder besser gesagt Opfer! Von T-Shirts, Hosen, Socken, Seiden?-Tüchern, Musikkassetten und Haushaltswaren gab es alles, was das Herz begehrt. Ja, auch diverse Autoteile, wurden feilgeboten.

Verkaufsverhandlungen konnten eher nicht gestartet werden, weil ich weder Cantonese, die chinesische Sprache mit der man sich in der Provinz Guangdong verständigt, noch Mandarin, sprechen konnte. Woran ich mich weiters erinnere, es wurden viele bekannte westliche Marken, vor allem Textilien, angeboten. Ob die alle „echt" waren? Natürlich nicht, erfuhr ich später. Es musste sich um Waren aus oder für Hongkong handeln, die findige „Importeure" aus dem weiten Hinterland anschleppten und hier feilboten. Ich musste zusehen, dass ich von diesem Warenumschlagplatz wegkam, denn eine englisch sprechende Studentin würde mich erwarten. Bloß wo? Vorbei an einer „Zahnklinik" ging es über viele Stufen hinunter auf den Vorplatz, wo viele Taxis auf Kundschaft warteten.

Die Taxis, damals ausnahmslos Volkswagenprodukte, der Marken Santana und Jetta, in der Einheitsfarbe gelb, mit davorstehenden, rauchenden jungen Fahrern waren samt und sonders blank geputzt, aber einige sahen auch schon etwas mitgenommen aus. Offensichtlich schon aus 2. oder 3.Hand?

Dann, endlich, sah ich Sie, besser Sie mich. Eine junge Chinesin kam auf mich zugelaufen, wie alle, so wurde mir später vor Augen geführt, alle Chinesen stets im „Laufschritt" unterwegs sind. „Mr. Hans" ? fragte Sie – weil mein Familienname mit den vielen „rr“ ist für die meisten Chinesen auch heute noch schwer auszusprechen.

Ich bejahte, meine „Führerin“ drückte mir eine Wasserflasche in die Hand, „hot today, please, drink“ – das war die formlose Begrüssung. Na, also, jemand der englisch sprechen konnte, ich war gerettet! Wir stiegen in einen der wartenden Santana ein, besser gesagt, ich zwängte mich in den Fond; was mir sofort ins Auge stach, eine schwere Metallkonstruktion aus stabilen verchromten Eisenrohren, trennte den Passagierraum vom Fahrer. Diese Box, so könnte man diese Konstruktion nennen, ließ nur den Beifahrersitz und die hintere Sitzbank frei. Der Fahrer saß im Käfig! Meine Führerin fragte höflich, wohin, zu welcher Fabrik ich wolle? Damals hatte meine Firma von einem internationalen Getränkehersteller gerade eine große Anfrage für spezielle Baseballkappen laufen.

Ich wollte, nachdem ich den Einkaufspreis in Hongkong kannte, wissen, wie hoch der Preis bei einem Direktbezug aus China war.

Der Santana hatte keine Klimaanlage daher: Fenster heruntergekurbelt, die Luft außen war zwar genauso stickig wie innen, aber immerhin ein Luftzug, besser als nichts. Meine Begleitung saß hinter dem Fahrer, mir bot man den Platz mit etwas mehr Fußraum rechts davon an. In China gilt Rechtsverkehr, also wie gewohnt von daheim.

Los ging's, keine Ahnung wohin. Aber was mir in Erinnerung blieb, damals schon vorbei an einem Shangri-La-Luxushotel, auf durchaus annehmbaren asphaltierten Straßen, vorbei an vielen kleinen, typischen chinesischen Häusern, unterbrochen von sogenannten mega-hässlichen Plattenbauten, wie ich sie von Besuchen im ehemaligen Ostblock kannte. Raus aus der „City“ was nicht lange dauerte, denn 1994 war Shenzhen im Auf- und Ausbau! Einige Jahre später, war diese ehemals kleine Stadt zu einer glitzernden Metropole herangewachsen. Aber, damals war alles noch sehr urban, die Straßen waren von unzähligen Fahrrädern gerade zu verstopft. Es war ein ständiges ohrenbetäubendes Gehupe und Geklingel.

Staub lag in der Luft, denn dutzende Kräne säumten die „Haupt“-Straße, Ampeln sind mir nicht erinnerlich; jeder, vor allem bei Kreuzungen, erkämpfte sich durch das Einfahren in die Straßenmitte (von 4Seiten!) sein Recht, und das alles mit Hupkonzerten, bis nichts mehr weiterging! Polizei? Nicht zu sehen.

Irgendwie löste sich dieser Verkehrsknäuel wieder auf und wir erwischten offensichtlich die richtige Spur. Ich war schon jetzt einigermaßen erschöpft, längst war es durch die Verzögerungen Mittag geworden. Wie lange noch, fragte ich schüchtern?

„W'll arrive soon"! Der Begriff „soon" bedeutet in China nicht immer das, was wir im europäischen Westen verstehen. „soon", also bald.

Die – offensichtliche – Hauptverkehrsstraße war jetzt voll von LKW's aller Größen, vorwiegend chinesischer Bauart, bzw. mit beängstigend vollen, überbordenden Ladeflächen, die bei uns sofort den Führerscheinentzug des Fahrers zur Folge gehabt hätten! Vorbei, auch eine chinesische Eigenart, ging es zumeist rechts überholend, weiter stadtauswärts.

Unmittelbar wurde die Hauptstraße zu einer Landstraße, die nunmehr auch nicht mehr asphaltiert, sondern, staubig und mit vielen Schlaglöchern versehen war. „How far", traute ich mich nochmals zu fragen, „will arrive soon", die nun schon bekannte Antwort.

Endlich, nach einer gefühlten Ewigkeit und vielen Abzweigungen, machte der Taxifahrer vor einem großen, grauen Tor mit gemalten chinesischen Schriftzeichen Halt. Daneben, eine Art Portierhäuschen, aus dem ein kleiner, dürrer, Chinese heraustrat.

Meine Begleiterin, erklärte ihm, auf mich deutend, wohl, dass ich ein europäischer Einkäufer sei, denn er öffnete umständlich und händisch das schwere Eisentor und wir durften ihn den Hof einfahren. Hof?

Das zutreffendere Wort wäre wohl Abstellplatz oder Bauernhof gewesen, denn neben freilaufenden Hühnern, Enten und einer dahinterliegenden Halle (besser Baracke) war ein grosses freies Feld zu sehen.

„We arrive factory," sagte meine Begleitung; factory? dachte ich bei mir, wohl etwas übertrieben, aber mal sehen. Im ersten Raum, eine beigefarbene riesige „Leder" Sitzbank. Davor, ein ebenso großer, geschnitzter Holztisch, darauf: chinesisches Tee-Geschirr. ein Wasserkocher auf einem kleinen „Podest".

Der „Boss" begrüßte mich freundlich, nachdem mich die chinesische Studentin wohl wortreich vorgestellt hatte. Wie in Europa üblich, streckte ich die Hand zur Begrüßung aus, was damals in China bei Besuchen von

Ausländern wohl noch nicht üblich war. Ich sollte mich setzen, zwei weitere Mitarbeiterinnen kamen und man unterhielt sich, indem man immer wieder auf mich deutete. Jetzt wurde Tee angeboten, wobei – nicht wie bei uns üblich – Tee in einer großen Kanne ausgeschenkt wurde, sondern heißes Wasser wurde zunächst über die Teeblätter gegossen (er wurde gewaschen), das Wasser danach weggeschüttet, erst dann wurde der Tee in kleinen Schälchen angeboten. Später habe ich diese Zeremonie geliebt, denn es gibt Zeit, sich zu entspannen, sich auf ein Gespräch vorzubereiten und ist ganz anders als hastig einen Espresso zu trinken.

Kaum hatte ich ausgetrunken hatte, wurde immer sofort nachgeschenkt, eine Zeremonie an die ich mich erst gewöhnen musste. Später dann, erhob sich der „Manager" – wie ich später erfuhr, nicht der Inhaber, und wir betraten den eigentlichen, nebenan liegenden Produktionsbereich. Jetzt erst konnte ich die Ausmaße der Halle erkennen: lang und eher niedrig, mehrere grosse Tische, für diverse Vorbereitungen, viele ratternde Nähmaschinen, Stanzen, textiles Zubehör, und eine Dampfpresse. Es war unglaublich heiß in dem Raum. Keine Klimaanlage, nur einige große Ventilatoren bliesen von der Decke herab einen Hauch „Kühlung". Das Surren der Nähmaschinen, der Dampf, für das Pressen der Baseballkappen, gestaltete unsere „Unterhaltung" etwas mühsam.

Wie auch immer, es gelang mir jedoch mithilfe meiner Führerin und dem Manager, einiges über den Produktionsprozess zu erfahren.

Heute weiß ich, dass eine Baseballkappe aus insgesamt 37 Teilen besteht, wer weiß das schon? Und, es sollte zum Nachdenken anregen, weil gerade bei so einfach ausschauenden, textilen Artikeln, jede Menge Handarbeit notwendig ist, bis ein fertiges Produkt vorliegt. In Europa betrachten wir derart einfache Produkte eher achtlos.

China, war ja zu dieser Zeit und ist es zum Grossteil heute noch, die Werkbank Europas Zu einem guten Teil verdanken wir unseren heutigen Wohlstand dem damals aufstrebenden China, denn Dank Deng Xiaoping, hatte sich China von einem Arbeiter- und Bauernstaat zu einer aufstrebenden Wirtschaftsnation gewandelt. In den frühen Achtziger- und Neunziger Jahren waren Millionen Wanderarbeiter aus allen chinesischen Provinzen unterwegs nach Südchina. Diese sich daraus entwickelnde Dynamik sucht bis heute seinesgleichen.

Die Maxime: „Wandel durch Handel“ hatte über alle Ressentiments hinweg letztlich zu ungeheurer wirtschaftlicher Prosperität geführt.

Aber, ich schweife ab, meine reizende Führerin und ich – vor allem ich – musste auf meine Zeit achten, denn mein „Spezial“ Tages Visa lief um 00 Uhr ab, da musste ich spätestens wieder am Grenzübergang Lo Wu Station sein. Also organisierte der „Manager“ ein Auto, wieder einen SANTANA und wir konnten unseren Rückweg antreten. Die Straße zurück, war genauso miserabel wie die, auf der wir gekommen waren. Im Auto, mit meiner Führerin allein und wohl wissend, dass der Fahrer kein Wort Englisch verstand, erlaubte ich mir eine Frage, die mir schon auf der Zunge brannte: ob diese junge Studentin von den dramatischen Ereignissen am Tiananmen Platz in Peking wusste? Ungläubiges Staunen: „Tiananmen“-what? Ich versuchte so gut es ging zu erklären; also das Massaker vom 4. Juni 1989?, das war doch erst knapp 5 Jahre her? Kopfschütteln. Massaker?

Schlussendlich verstand ich, dass sie aus einem Dorf aus der Provinz Dongguan stammt und erst seit zwei Jahren, die neue Universität in Shenzhen besuchte.

Ich versuchte zu erklären, dass es vor fünf Jahren eine Studentenrevolte in Peking gegeben habe, die letztlich im Juni zu einem schrecklichen Massaker mit vielen Toten geführt hätte.

Sie wirkte plötzlich abwesend und ich wusste nicht, ob sie tatsächlich nichts wusste oder darüber nicht sprechen wollte.

Vielleicht verstand unser Fahrer ja doch etwas englisch, vor allem das Wort „Tiananmen-place“? Dieses, ins politische abgleitende Gespräch brachte nichts, dass sah ich ein. So verbrachten wir den Rest der Fahrt praktisch schweigend, nebeneinandersitzend auf einer durchgesessenen Santana-Rückbank.

Als wir uns dem Stadtkern Shenzhens näherten, fragte sie mich plötzlich, welche Regierungsform wir in „Audili“ hätten worauf ich ihr das Wesen einer demokratischen Regierung und das Mehrparteiensystem zu erklären versuchte. Und sie hörte interessiert zu. Unvermittelt fragte sie mich, ob Studenten in Österreich für einen Universitätsbesuch zahlen müssten. Ich erklärte ihr, dass unsere staatlichen Hochschulen und Universitäten frei, also kostenlos wären. Nach einer kurzen Pause antwortete sie mir, dass ihre gesamte Familie Geld zusammengelegt hatte, um ihr als Einzige in ihrer

Familie (und chinesische Familien sind groß) ein Studium zu ermöglichen. Ich war baff, wie konnte es sein, dass in einem kommunistischen Land die Universitäten nicht vollkommen kostenlos waren? Ja, die politischen Verhältnisse im China der 19Neunzigerjahre hatten sich stark geändert. Aus einer echten Demokratiebewegung wurde zunehmend ein diktatorisch gelenkter Staat. Zwar ging es in atemberaubendem Tempo wirtschaftlich bergauf, doch an die Ereignisse vom 13. Juni 1989 wollte oder konnte sich niemand mehr erinnern. Ich gab es auf, weiter zu bohren, denn ich spürte, dass meiner Begleitung diese Diskussion und meine offensichtlich zu insistierenden Fragen immer unangenehmer wurden.

Plötzlich fragte sie mich, ob ich noch zu einem Souvenir -shop möchte um aus China eine Erinnerung mitzunehmen? Ich dachte, oh my god!

Souvenir-Ramsch brauche ich nicht, aber, um nicht unhöflich zu sein, bejahte ich natürlich. Wir hielten vor einem großen, gelben, etwa einstöckigen Gebäude mit einer grossen Rampen-Auffahrt. Die Farbe blätterte zwar schon ab, aber was soll's, einen Versuch war es wert. Drinnen war es kühl, obwohl auch hier nur Ventilatoren liefen, aber, das lag wohl an den hohen Räumlichkeiten. Meine Führerin meldete mich wortreich an, ich verstand nur immer wieder „Audili", schließlich durften wir in eine grosse Halle mit enormen Holz- und Glas-Vitrinen in denen sich zahlreiche, augenscheinlich kostbare, historische Antiquitäten befanden, eintreten.

Neben mannshohen kunstvoll verzierten Vasen, vielen Porzellanfiguren, etlichen Edelmetall -Gegenständen, Holzschnitzereien, waren die berühmten chinesischen Löwen und Drachen auf- und ausgestellt, gab es auch kleinere, wunderschöne Vasen; für mich sah das alles mehr wie ein Museum und nicht wie ein Souvenir-shop aus.

Eine „Museums"-Mitarbeiterin nahm eine kleine, hauchzarte, durchscheinende Vase aus der Vitrine und hielt sie mir (natürlich mit behandschuhten Händen), drehend, sodass man den Lichteinfall sehen konnte, vor mein Gesicht!

Ich dachte, nur nicht zu viel Interesse zeigen, die ist sicher irrsinnig teuer. Dann eine weitere, etwas größere Vase, ebenso mit feiner Malerei in den berühmten Blau-Tönen, innen, elfenbein- weiß- transparent. Ich war irritiert und begeistert. Dachten beide, die „Museums"-Mitarbeiterin und meine Führerin, ich wäre so vermögend um mir diesen „Schatz" leisten zu können? Zaghaft um nicht unhöflich zu sein, fragte ich nach dem Preis. Nächste Überraschung, es war durchaus, sagen wir mal, auch für mich erschwinglich. Der angebotene Preis wurde natürlich in USD angeboten, österreichische Schilling, unbekannt.

Allerdings, Kreditkarten, werden akzeptiert. Ich versuchte mithilfe meiner Führerin den Preis runter zu handeln, vergebens; das ist ein staatlicher Souvenir-Laden, wurde mir schon etwas erbost erklärt. Also: „take it or leave it"!

Und wie transportieren? Damals wusste ich noch nicht, dass die Kunst der Verpackung in China einen hohen Stellenwert hat. Es gibt nichts, was in China nicht kunstvoll verpackt wird. Vom einfachen einzelnen Teebeutel, über die zahllosen gravierten Teedosen bis zu Alben und vielen Geschenkkartons. Beide Vasen wurden jeweils in wunderschöne, starke Kartons, mit Verzierungen und roten „Quasten", die der Verpackung zusätzlich einen hochoffiziellen, dekorativen Look verliehen, gelegt. Darüber noch Styropor und alles in einen einfachen braunen Umkarton, fertig für die Reise nach Hause.

Viel später erwarb ich in Hongkong noch ein wunderschönes Ton- Pferd aus der Ming-Dynasty, samt Expertise -aber das ist eine andere Geschichte.

Ein Blick auf die Uhr, verlangte nach sofortiger Reaktion und Abbruch der Besichtigung. Mit den Kartons in einem grossen Plastikbeutel, den selbstverständlich meine Führerin trug, ging es zum wartenden Auto und zum LoWu Grenzbahnhof. Ich wollte den Taxifahrer mit Hongkong-Dollar bezahlen, aber meine Führerin verneinte: „you are our guest", cause first visitor from Audili!

So war das, damals, 1994.

Ich bin danach noch sehr oft von HK via LoWu nach China, nach Guangzhou, und in viele andere Städte in vielen Provinzen und Dörfer gereist; inzwischen ist Shenzhen, zu einer Glitzer-Metropole mit rund 16 Millionen Menschen, zu einer tech-smart-city herangewachsen. Die Greater Bay Area ist eine hochmoderne Verbindung von und nach Hongkong; nur 14 Minuten mit dem fast train dauert eine Fahrt.

Den staatlichen Souvenir-Shop, die junge Studentin, habe ich nie wieder gesehen. Aber in meinem Herzen, hat beides einen besonderen Platz.

Hans Erich Grunner. E-Mail: h.grunner@promotia.at
Hans Erich Grunner, geb. im Jahr des Drachen. Nach erfolgreichem Abschluss der Pflichtschule(n) Aus- und Weiterbildung an der der Handelsakademie in Wien, Hochschule für Welthandel. Lehrgang für Werbung & Verkauf; Abschluss als Dipl.-Werbekaufmann. 1973 Gründung eines Verlages zur Herausgabe von Kundenzeitschriften für österreichische Handelsorganisationen.
Gründung einer Agentur für Direktmarketing mit Schwerpunkt Promotion- und Event- Organisation; Onpack-Marketing; Design und Herstellung von Displays und Verkaufshilfen für die intern. Markenartikel-Industrie. Seit 1991 Import von Werbeartikeln sowie Waren aller Art aus China über den Brückenkopf Hongkong. Österr. Staatspreis, diverse Auszeich-nungen, für Werbe- und Marketigartikel der PSI Düsseldorf. Mehrere Patente für innovative Werbe- und Marketingartikel.

体验报告及个人看法

Tǐyàn bàogào jí gèrén kànfǎ

EIN ERLEBNISBERICHT UND PERSÖNLICHE ANSICHTEN

TONI LANG

Abstract. Der vorliegende Erlebnisbericht bietet eine persönliche Reflexion über verschiedene Aspekte wie den technologischen Wandel, politische Einflüsse, Kultur und individuelle Erlebnisse. Er enthält auch Zitate lokaler Personen, die die anhaltende Begeisterung des Autors für das Land widerspiegeln. Es handelt sich hierbei um eine subjektive Darstellung ohne wissenschaftliche Untermauerung durch Studien. Dennoch könnten sich manche Erlebnisse und Aussagen, mit denen der Leserschaft überschneiden, ein Lächeln hervorrufen, zu neuen Gedanken anregen oder als Gesprächsstoff dienen. Hervorgehobene Passagen sind als Denkanstöße oder Empfehlungen gedacht. Ergänzend zu den eigenen Erfahrungen wurden Einsichten und Argumente von zwei langjährigen Geschäftspartnern und Freunden, Riping Zhang und Francis Kremer, integriert.

1. CHINA – ZEIT IST VERHANDELBAR

Vor mehr als 30 Jahren begab ich mich als junger Ingenieur nach Aufenthalten in den USA und der Westschweiz auf eine spannende Reise. Ich nahm die Gelegenheit wahr, eine Position als Betriebsleiter bei einem Schweizer Unternehmen im Bereich der Elektromotorenautomation anzutreten. Dies geschah im Jahr 1994, einer Zeit, in der die europäische Wirtschaft kriselte und Aufträge härter erkämpft werden mussten als heute. Die Zeitschriften waren jedoch voll von Berichten über das Land der Mitte und dessen explosionsartiges Wirtschaftswachstum sowie das Technologievakuum.

Nach meinem Stellenantritt führte ein ernsthaftes Gespräch mit dem Besitzer zu einer klaren Erkenntnis: Nicht der Betriebsleiter, sondern der Markterfolg war gefragt. Wir einigten uns darauf, dass ich 3 bis 4 Jahre lang den Aufbau des asiatischen Marktes, insbesondere in China, vorantreiben sollte. **Diese naive Vorstellung führte mich in ein Abenteuer**, das einige Vorteile und Erfahrungen mit sich brachte, von denen ich noch heute zehre. Meine Frau und meine 3 Kinder unterstützten mich dabei. Eine Tatsache, die ich bis heute bewundere.

Was mich erwartete, war ein Land und Menschen, die neugierig und interessiert waren, aber auch ängstlich und in einer Kultur lebten, die ich erst verstehen musste, um ernsthafte Projekte zu diskutieren (siehe Abbildung 1). Während meiner Anfangszeit in diesem Abenteuer war ich mit einem Vertreter unterwegs und wir sprachen über Kundenanforderungen, insbesondere über die unmöglichen Lieferzeiten. In diesem Moment holte er ein Gummiband hervor und zog es. Seine Bemerkung lautete: „Die Zeit ist wie ein Gummiband – flexibel und verhandelbar." Diese Aussage traf damals zu, ist aber mittlerweile natürlich überholt. Wir aus der „alten Welt" haben dazu beigetragen, dies zu verändern.

Abbildung 1: Gegensätze von Kultur, Geschichte und Moderne

2. EINE ERSTAUNLICHE METAMORPHOSE – VOM LERNENDEN ANWENDER, VIA KOPIERER, ZUM ENTWICKLER

Die ersten Firmenbesuche in China waren für mich sowohl erschreckend als auch inspirierend. Im Elektromotorenbau war Europa zu dieser Zeit größtenteils auf vollautomatische Prozessmaschinen angewiesen, auf denen Fachspezialisten nahezu fehlerfreie Teile produzierten. Doch in China sah die Situation anders aus. Hier schien die Qualität eher auf Glück als auf fundiertem Wissen, analytischer Fehlerbehebung und ausgereiften Prozessen zu beruhen. Obwohl am Ende der Produktion Funktionstests durchgeführt wurden, fehlte oft das Verständnis für gleichbleibende Qualität aus Kundensicht.

Die Kluft zwischen Europa und China war enorm – fast unüberwindlich. Unsere Technologie konnte in China zwar eingesetzt werden, aber das Verständnis dafür fehlte oft. Die Ausbildung, das Wissen und der Wille der Mitarbeiter in den meisten Unternehmen waren noch nicht so weit entwickelt.

Ein konkretes Beispiel: In einem Siemens-Betrieb wurde eine Besprechung unterbrochen, weil die Produktion stillstand. Um eine Maschine versammelten sich mindestens 20 Mitarbeiter, und der Maintenance-Ingenieur war verzweifelt. Ich fragte ihn, ob er die Sicherungen überprüft hatte – was er als Chinese natürlich bestätigte. Dennoch bat ich ihn, das Prüfgerät erneut zu holen. Ich nahm die Sicherungen heraus und stellte fest, dass eine Phase Durchgang hatte. Nach dem Austausch der Sicherung lief die Maschine wieder. Der kleine Fehler: Er hatte die Sicherung nicht aus der Halterung genommen um zu messen.

Gemäss diesem Beispiel und meinen zahlreichen Erfahrungen in China sind verschiedene kulturelle Aspekte immer wieder hervorgetreten und prägen nach wie vor meine Wahrnehmung:

Unterschiedliche Bedeutung von „Ja“: Die Interpretation des Wortes „Ja“ kann je nach Kontext variieren. Manchmal bedeutet es Zustimmung, manchmal lediglich Höflichkeit oder das Vermeiden von Konfrontation.

Gesichtsverlust: In der chinesischen Kultur ist das Bewahren des Gesichts – also das Vermeiden von öffentlicher Bloßstellung oder Kritik – von großer Bedeutung. Dies beeinflusst oft Entscheidungen und Handlungen.

Ausbildungsmangel und gefährliches Halbwissen: Trotz des rasanten wirtschaftlichen Aufstiegs gibt es nach wie vor Lücken in der Ausbildung und im Wissen vieler Mitarbeiter. Dies kann in Kombination mit den obigen Punkten zu schwierigen Situationen führen.

Neugierde: chinesische Geschäftspartner sind oft neugierig und interessiert an neuen Technologien und Ideen. Diese Offenheit kann sowohl eine Chance als auch eine Herausforderung sein.

Hierarchisches Handeln bzw. Nicht-Handeln: Hierarchien spielen eine wichtige Rolle im chinesischen Geschäftsleben. Entscheidungen werden oft von oben nach unten getroffen, und das Fehlen einer klaren Anweisung kann zu Inaktivität führen.

Es dauerte fast 2 Jahre, über 20 Reisen und dutzende Gespräche mit denselben Kontaktpersonen, bis das Vertrauen aufgebaut war und wir eine richtige Geschäftsbeziehung etablieren konnten. Obwohl Unternehmen wie Schindler, VW und andere bereits seit längerem in China tätig waren, begann der Wandel in unserem Bereich erst vor 10 bis 15 Jahren. Technologiefirmen wie unsere und unsere Kunden haben den lokalen Unternehmen geholfen, den Sprung in die Gegenwart und Zukunft zu schaffen – sei es durch Joint Ventures oder einfachen Technologietransfer.

Abbildung 2: Entwicklungs- & Produktionsgebäude von JULI Automation

Im Zeitraffer lässt sich die Entwicklung grob wie folgt zusammenfassen:

Anfang:	Kauf von Anlagen und Technologien.
Bis vor 10 bis 15 Jahren:	Kopieren von Anlagen und Technologien.
Jetzt und Zukunft:	Lokale Weiterentwicklung der Technologien und Prozessentwicklung in Zusammenarbeit mit den Anwendern.

Ein Zurückdrehen ist nicht mehr möglich. Die Metamorphose ist vollzogen, und die Industrie muss sich auf beiden Seiten entsprechend einstellen. In der „alten" Welt müssen wir uns definitiv strecken und Innovation fördern, um mit dieser neuen Dynamik standhalten zu können

3. FOKUSSIERUNG

Wie bereits erwähnt, wird in China oft sehr fokussiert gearbeitet. Dieser Ansatz hängt wahrscheinlich sowohl mit dem Ehrgeiz, etwas zu erreichen, als auch mit der Kultur zusammen. Insbesondere die hierarchische Denkweise und das Konzept des „Gesichtsverlusts" spielen eine wichtige Rolle.

Es ist bemerkenswert, dass Dinge, die in der Schweiz als unmöglich gelten, in China ermöglicht werden. Vor einigen Jahren entwickelten wir in der Schweiz einen komplexen Produktionsautomaten für einen chinesischen Elektromotorenkunden in der Schweiz. Die tatsächliche Montage erfolgte jedoch in der Mutterfirma in Jiaxing. An einem bestimmten Tag war die Abnahme mit dem Kunden geplant. Am Tag vor der Abnahme erwogen wir seitens der Schweiz, die Veranstaltung zu verschieben, da wir keine Chance sahen, etwas Vernünftiges zu präsentieren. Ein Live-Video bestätigte unsere Bedenken: Die Teile waren zwar vorhanden, aber noch nicht montiert und getestet.

Dennoch entschied unsere chinesische Mutterfirma, die Abnahme nicht zu verschieben. Am nächsten Tag erhielten wir die Nachricht, dass der Kunde gekommen war und die Anlage mit einer Produktionsstation abgenommen hatte. Auf **für uns unvorstellbare Weise** wurde über Nacht ein großes Team mobilisiert, um die Anlage zu montieren, das Programm zu laden, zu testen und in Betrieb zu nehmen. Natürlich waren noch Endarbeiten erforderlich, aber für uns war dies schlichtweg **mirakulös**.

Die **Fokussierung auf eine Tätigkeit**, sei es hierarchisch „befohlen" oder um das Gesicht nicht zu verlieren, ist in China alltäglich. Dieses Verhalten erstreckt sich auf verschiedene Bereiche, sei es die Umsetzung eines Fünfjahresplans der Regierung, Investitionen in Technologien oder Märkte oder die Prototypenherstellung für kundenspezifische Entwicklungen.

Die Geschwindigkeit, Kurzfristigkeit und Liefertermine sind für die europäische Industrie eine riesige Herausforderung. Um wettbewerbsfähig zu bleiben, sind ein schlankes Management, kundenorientierte Arbeitsgesetze und der Wille zur Anpassung erforderlich. Oft wird (auch in Zukunft) die Lieferzeit neben dem Preis als Hauptkriterium gelten, unter der Annahme, dass sich Technologien und Qualität auf beiden Seiten angleichen. Neben strikten Regeln und Gesetzen, wie sie bei uns meistens praktiziert werden, ist der Gebrauch eines gesunden Menschenverstands und kontinuierliches Optimieren von Prozessen auf jeden Fall notwendig.

4. DAS KORSETT UND DIE FAMILIE

Ich hatte das Glück, den Übergang von einer börsenkotierten US-Firma zu einem chinesischen Familienbetrieb mit etwa 500 Mitarbeitern vom Aktienverkauf über die Strategie bis zur Umsetzung mitzugestalten und mitzuverantworten.

Was zuvor als CEO eher eine Reporting- und Finanzaufgabe mit einem sehr engen Spielraum war, wurde mit dem chinesischen Besitzer auf Strategie und Markt umgestellt. Eine komplett andere Welt.

Für europäische Unternehmen, die in China direkt als fully-owned oder Joint Venture tätig sind, aber auch für chinesische Firmen, gibt es bekanntlich viele Vorgaben und Gesetze, die zum Teil willkürlich sind und nach dem Gusto der Regierung festgelegt werden. Es erfordert eine grosse Anzahl von lokalen Spezialisten, um sich in diesem Dschungel zurechtzufinden.

Je nach Situation und Priorität (und Fünfjahresplan) kann man dies natürlich auch wirtschaftlich positiv ausnutzen. Mit diesem Korsett muss man sich anfreunden oder zumindest zurechtfinden, ansonsten sollte man besser auf andere Länder ausweichen (sofern der Markt oder die Strategie dies zulässt).

Ich habe dies auch mit meinen Geschäftspartnern besprochen: Einige haben sich arrangiert, andere haben dann die Reißleine gezogen. Ein Gespräch mit einem chinesischen Freund hat mich erstaunt. Er ist ein erfolgreicher Geschäftsmann, der unzählige Male in der Schweiz und Europa war.

Obwohl er mit allen lokalen, offiziellen und vorgegebenen engen Regeln – sowohl privat als auch geschäftlich – zurechtkommen muss, empfindet er persönlich nicht dieses Korsett als das Einengendste. Vielmehr liegt die Herausforderung für ihn im Vergleich zur Schweiz oder Schweizer Kultur darin, dass wir im Gegensatz zu China Freiheiten im Familienleben geniessen und Entscheidungen für uns selbst treffen können.

In der Firma kann er die wesentlichen Entscheidungen treffen – aber privat wurden und werden viele Entscheidungen getroffen, bei denen seine persönliche Freiheit eingeschränkt wurde oder wird. Dies kann sowohl ursprünglich beruflich als auch familiär bedingt sein. Da die **Altersvorsorge in China (noch) nicht ausreichend geregelt** ist, ist es notwendig, dass sich die Generationen gegenseitig unterstützen.

Er bewundert die Freiheit und Offenheit, die wir in unserer Kultur haben und pflegen, **und wir sollten dies immer wieder von neuem schätzen**. Gelegentlich vergessen wir diese Werte.

Es wird sicherlich keinen vollständigen Kulturwandel geben, aber die beängstigende demografische Entwicklung in China, die diejenige in Europa bei weitem übertrifft, gepaart mit dem notwendigen Wirtschaftswachstum, stellt China vor eine riesige Herausforderung.

Schritt für Schritt versucht man auch, die Altersvorsorge und Familienverantwortlichkeiten anzupassen, was wahrscheinlich langsam zu einer Kulturänderung führt. Es gibt viele Stolpersteine, aber natürlich auch viele Chancen. Insbesondere für Technologieentwicklung und Automation. Ob es gelingt, werden wir sehen.

5. DUALES BILDUNGSSYSTEM

Obwohl China die Ein-Kind-Politik bereits vor einigen Jahren aufgehoben hat, ähnelt die Situation immer noch der in vielen westlichen Ländern. Die meisten jungen Menschen müssen mit begrenztem Budget und bescheidenen Wünschen auskommen – dies trägt nicht zur Geburtenrate bei. Zusätzlich streben viele chinesische Familien danach, ihr „einziges" Kind auf eine Hochschulkarriere vorzubereiten. Dafür wird alles getan und gespart. Der Druck auf die Kinder ist immens, und für Psychotherapeuten bietet dies ein reiches Betätigungsfeld.

Der Stellenwert einer praktischen Ausbildung ist in China gering, insbesondere weil es kein durchgängiges duales System wie bei uns gibt. Zwar gibt es vereinzelt Versuche, meistens von ausländischen Firmen, praktische Ausbildungsansätze zu etablieren.

Der wirtschaftliche Erfolg in westlichen Ländern basiert auf diesem dualen System. Aus persönlicher Überzeugung motivierte ich die Stadtverwaltung von Jiaxing, eine Delegation in die Schweiz zu entsenden. Dort stellten wir das Konzept der Lernzentren, wie beispielsweise die Lehrlingsausbildungsstätte Labs in Baden, vor. Wir besuchten Fachhochschulen und diskutierten die erforderlichen Voraussetzungen. Politiker und

Verantwortliche waren anwesend, und ich versuchte, sie zu motivieren, ein Pilotprojekt zu starten. Ein ehemaliger Verantwortlicher der Labs hätte das Projekt sogar vor Ort unterstützt.

Bedauerlicherweise wurde das Projekt gestoppt, nachdem der anfängliche Enthusiasmus der finanziellen Realität gewichen war. Es wurde nicht als Chance betrachtet, einen kleinen Schritt in eine (aus unserer Sicht) bessere Zukunft zu gehen.

Um dieses Vorhaben umzusetzen, müsste wahrscheinlich die chinesische Regierung das duale System in einem Fünfjahresplan definieren und finanziell unterstützen. Danach könnte es wahrscheinlich innerhalb kurzer Zeit umgesetzt werden.

6. KULTUR, BEZIEHUNG, RESPEKT, WERTE

Es gibt interessante Vergleiche zwischen den Vorgehensweisen in China, der Schweiz und Deutschland, wenn es darum geht, Ziele zu erreichen. In der Vergangenheit hat die angehängte Grafik das Verhalten recht gut abgebildet (siehe Abbildung 3).

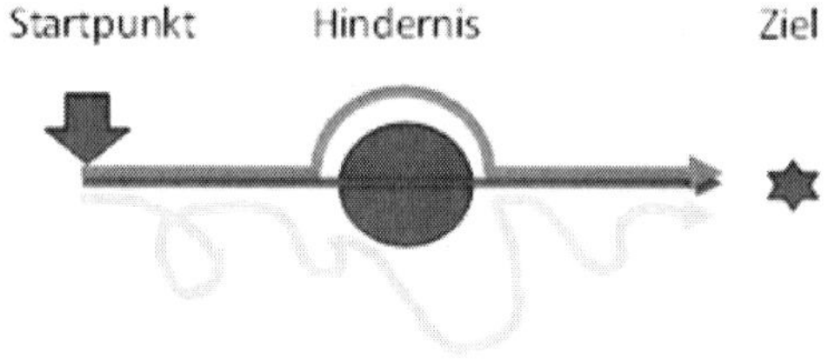

Abbildung 3: CN-, CH- und D-Vorgehensweise, um Ziele zu erreichen

Es ist nicht notwendig, eine Legende zu schreiben: Die Leser können die Farben sicher den Ländern (Schweiz, Deutschland, China) zuordnen. Mit der schnellen Entwicklung und dem Einfluss der europäischen und amerikanischen Kultur hat sich jedoch natürlich viel verändert. Prozesse wurden angepasst, verbessert oder auch verschlechtert. Ein vorschnelles Urteil wäre unangebracht, da je nach lokaler Gegebenheit nicht dasselbe als richtig betrachtet werden kann.

Möglicherweise haben es Schweizer einfacher, sich in China zurechtzufinden, da wir gewohnt sind, Kompromisse einzugehen, Hindernisse zu umgehen, lokale Gegebenheiten zu akzeptieren und mit einer „Schweizer Sicht" zu verknüpfen. In jedem Fall ist für eine erfolgreiche Beziehung gegenseitiges Vertrauen gefragt. Dies muss sowohl geschäftlich als auch privat Schritt für Schritt erarbeitet werden. Dazu gehören...

Alles ist miteinander verknüpft, und es sollte niemals ein Zwang sein; ansonsten kann selbst eine Geschäftsreise nervenaufreibend sein. Es hilft, dem Gesprächspartner zu zeigen, dass man gerne kommt, dies schätzt und natürlich gerne chinesisch isst (siehe Abbildung 4).

Die Gespräche über Politik und Wertvorstellungen waren und bleiben kritisch. Während der letzten Pandemie hat sich jedoch einiges geändert, und ich hatte einige überraschende Gespräche, bei denen die Regierung sogar kritisiert wurde. Besonders interessant waren auch die Diskussionen über die europäische Situation. Die Berichterstattung über aktuelle Konflikte und Kriege ist in China völlig anders, und die eigene Wahrnehmung wird entsprechend manipuliert. Dadurch entstehen spezielle Diskussionen, bei denen teilweise Kontroversen aufkommen und man sich auf unsicherem Terrain bewegt.

Abbildung 4: Gemeinsames Essen mit Riping uns seiner Familie

Nur wenn man sich dem bewusst ist und den Gesprächspartner gut kennt, kann man solche Themen offen diskutieren.

7. SCHLUSSBEMERKUNGEN

Obwohl die politische Situation mit den diversen Aspekten zum Teil sehr von unserer Wertvorstellung abweicht, ist und bleibt China als Land und deren Einwohner für mich, wie vorgängig beschrieben, faszinierend. Als wichtiger Wirtschaftspartner können wir China so oder so nicht ignorieren. Im Gegenteil, wir müssen gegenseitig die Vorteile ausnutzen. Wir müssen wieder lernen zu agieren und nicht nur reagieren, so dass wir auch in Zukunft auf gleicher Höhe miteinander diskutieren können.

Die Vielzahl der Einflüsse – sei es Politik, Weltgeschehen, kulturelle Ansichten, demografischer Wandel oder Technologiewandel – macht es schwierig, eine genaue Prognose für die nächsten Jahre abzugeben. Dennoch möchte ich meine Lebensphilosophie weitergeben: Leben bedeutet, zu lernen und Veränderungen anzunehmen, stets mit einer positiven Einstellung. Wenn man sich persönlich mit der Kultur und den Menschen befasst und diese zu lieben lernt, kann es durchaus vorkommen, dass man für immer in China bleibt.

Abbildung 5: Francis auf einer Fahrradtour

Toni Lang.

LinkedIn: tonilangolten; WeChat: tlang59; www.langsys.ch

Nach dem Maschinenbau- und Systemtechnikstudium an der FHNW und NTB durchlief Toni Lang alle Funktionen von Entwicklung, Marktaufbau, Verkauf, Operations Manager und war 10 Jahre lang CEO in einer Automationsfirma mit kanadischem ab 2015 chinesischem Besitzer. Lernen war und ist für ihn ein ständiger Begleiter.

Neben Fachkursen, Seminaren und Sprachkenntnissen schloss er 2006 erfolgreich ein MBA-Studium am Henley College ab und erwarb 2021 das Diplom als Erwachsenenbildner. Speziell sind seine über 25 Jahre langen, engen Geschäftsbeziehungen zu China. Nach seiner Selbstständigkeit übernahm er 2019 Mandate von chinesischen, schweizerischen und deutschen Firmen.

按布鲁姆分类法看中国

Àn bù lǔ mǔ fēnlèi fǎ kàn Zhōngguó

SICHTEN AUF CHINA GEORDNET NACH DEN KATEGORIEN VON BLOOM

STEPHAN JÜNGLING

Abstract. Die Taxonomie von Bloom, teilt die kognitiven Prozesse in die sechs Stufen Wissen, Verstehen, Anwenden, Analysieren, Synthetisieren und Evaluation ein. China in der ganzen Komplexität zu verstehen scheint unmöglich. Der Artikel beschreibt einzelne Gegebenheiten aus meiner im Vergleich zu den vielen anderen Autoren noch sehr jungen Erfahrungen. Es ist eine Sammlung von Eindrücken, die ich aus den durchgeführten Studienreisen mit Studierenden der FHNW, den unzähligen Firmenbesuchen, aber auch durch den Besuch von unterschiedlichen Universitäten, Konferenzen, Museen, dem Gansu International Fellowship Programm oder als Gastdozierender an der SZTU mitnehmen durfte. Er zeigt einzelne Einblicke in eine Welt, die mir sehr lange verschlossen blieb und die mir geholfen haben, mein Bild von China selber zu gestalten. Ein Bild, das doch sehr unterschiedlich zu dem war, was ich als Baby Boomer vom Zeitalter des Kalten Krieges und dem Beginn der Globalisierung mit „Made-in-China" mitbekommen hatte.

Stichwörter: Chinaerlebnisse, Studienreisen, One Belt One Road, neue Seidenstrasse, Taxonomie von Bloom, Sister University, gegenseitiges Lernen

1. WISSEN

Wissen ist die erste Taxonomie Stufe bei Bloom. Was wissen wir über China? Als Baby Boomer kann ich mich noch gut an den Kontext des Kalten Krieges, die Mondlandung der Amerikaner, den dystopischen Roman „1984" von George Orwell, oder den Fall der Berliner Mauer, welche die ehemalige DDR von der Bundesrepublik Deutschland während fast drei Jahrzehnten getrennt hatte, erinnern. Der Menschheitstraum wie ihn Jules Verne mit der Reise zum Mond vorskizziert hatte, wurde durch die Apollo-11 Mission der USA verwirklicht. Seit Kind war ich fasziniert von den USA und den Elite Universitäten in Boston oder der Wiege der Innovation, dem Silicon Valley von San Francisco. Das Wissen und die Technik wird in den USA grossgeschrieben und in den Amerikanischen Museen wie dem Science Museum und Computer Museum in Boston oder San Francisco schon für Kinder aktiv erlebbar gestaltet. Was man jedoch oft weniger beachtet, ist die Tatsache, dass China im Laufe der Geschichte viele bedeutende Errungenschaften und Entdeckungen gemacht hat (Bardaro, 2024). Dazu gehören Bi Sheng, der Erfinder des Blockdruchverfahrens mit beweglichen, austauschbaren Zeichen (huozi yinshua 活字印刷) im Jahre 1048 n.Chr. oder auch das im 9. Jahrhundert n. Chr. entwickelte Schiesspulver (huoyao 火药) welches für die Feuerwerkskörper zur Vertreibung der bösen Geister verwendet wurde. Sowohl Johannes Gutenberg, der hierzulande als Erfinder des Buchdrucks in der Mitte des 15. Jahrhunderts gilt, als auch die Entwicklung der Feuerwaffen in Europa im 14. Jahrhundert waren bedeutend später. China war schon sehr früh sehr weit in seiner Entwicklung. Abb. 1 zeigt das bunte Treiben auf der Brücke über den Bianhe River wie es zur Zeit der Song Dynastie aussah, die im 10. Jahrundert begann und bis zum 13.Jahrundert andauerte.

Abbildung 1: Rollbild, Qingming Festivals zur Zeit der Song Dynastie

Vom Geschichtsunterricht kannte ich auch den Begriff der Alten Seidenstrasse, die während Jahrhunderten den kulturellen Austausch zwischen dem Westen und China ermöglichte, oder Geschichten von Marco Polo, der um 1271 in Venedig aufbrach und vier Jahre später zur Zeit der nachfolgenden Yuan Dynstie China erreichte. Als eindrückliches Beispiel für die Tatsache, dass wir hier im Westen sehr wenig über das moderne China wissen, wurde mir im Rahmen des Gansu International Fellowship Programms klar, an dem ich im Jahr 2016 teilnehmen durfte. Ich war in Lanzhou, einer für chinesische Verhältnisse kleinen Stadt mit damals 3 Mio, heute 9 Jahre später, 4.5 Mio Einwohnern und erhielt das Angebot, an der Preisverleihung der Sister City Friendship Awards teilzunehmen. Dieser Event fand in Chongqing statt, einer Stadt, die – je nach Zählung – mit mehr als 32 Mio Einwohnern als größte Stadt der Welt zählt. Im Exhibition Centre (重庆市规划展览馆; Chóngqìng shì guīhuà zhǎnlǎn guǎn) konnten wir, typisch für die Chinesischen Grosstädte, ein Modell der Stadt besichtigen (siehe Abbildung 2).

Abbildung 2: Chongqing Exhibition Centre

Dass ich noch nie etwas von Chongqing gehört hatte, führte mir einmal mehr deutlich vor Augen, dass man hier im Westen nur sehr wenig über China weiss.

2. VERSTEHEN

Die Schweiz und China unterhalten gute wirtschaftliche Beziehungen was im der Dossier Politik der Economiesuisse kurz und prägnant beschrieben (Rudolf Minsch, 2021) ist. Im Kontext der stetig wachsenden Zunahme des Einflusses von China ist es auch für unsere Studierenden sehr wichtig, sich nicht nur theoretisches Wissen über China anzueignen. Um China zu verstehen, sollte man mindestens einmal dort gewesen sein. Mit dem

Insight China Programm reisen Studierende der FHNW seit mehr als 20 Jahren nach China. Nach einer Unterbrechung von drei Pandemiejahren konnte die Studienreise wieder durchgeführt werden und ging nach Shenzhen (Insight China Programm, 2023). Im Frühjahr 2015, war ich ebenfalls bei der Delegation mit dabei. Am zweiten Tag nach der Ankunft in Peking (oder 北京, also Běijīng, nördliche Hauptstadt) konnte sich die ganze Delegation in einem Stoffladen einer grossen Shopping Mall für die vielen geplanten Firmenbesuche business-tauglich einkleiden. Nach der Auswahl der Stoffe wurden alle vermessen und die fertigen Anzüge mit Hemden für die Herren oder Blusen und Kleider für unsere Damen wurden bereits am nächsten Abend direkt ins Hotel geliefert. Beste Qualität und viel günstiger als wir sie hier in der Schweiz je ab Stange hätten kaufen können. Auch das Feilschen haben die Studierenden in dieser Shopping Mall ausprobieren können und erfuhren, dass man die anfänglich genannten Preise um bis zu 70% herunterhandeln konnte. Eines der vielen kulturellen Erlebnisse, die man nur vor Ort erleben kann. Und vielleicht können solche Erfahrungen vor Ort dazu beitragen, die kulturellen Unterschiede zwischen der Schweiz und China auch für künftige berufliche Tätigkeiten besser einzuschätzen.

Wir besuchten damals nebst Peking, Shanghai (上海, oberhalb des Meeres), auch Firmen in hier im Westen weniger bekannten Städten wie Suzhou (苏州, Wasser im Überfluss), die oft als Venedig des Ostens bezeichnet wird und für ihre Seidenprodukte bekannt ist, wie auch Hangzhou (杭州), in der Nähe von Shanghai oder Lanzhou (兰州), einer weiteren Chinesischen second-tier City, auf dem Weg der alten Seidenstrasse und Hauptstadt der Provinz Gansu (甘肃). In Lanzhou stiessen wir auf viele weitere kulturelle Unterschiede. In öffentlichen Parks trifft man immer wieder auf Gruppen von jungen und älteren Menschen, die gemeinsam etwas unternehmen. Eine Gruppe tanzte in einem Park entlang des Huang He (黄河, gelber Fluss, zweit längster Fluss in Chinas). Die Leute waren sehr freundlich und haben uns zugewunken und uns eingeladen mit zu tanzen. Einige von uns sind dieser Aufforderung nachgegangen und haben sich zur Freude der Chinesen in deren Reihen eingereiht und mitgetanzt. Dies blieb auch in späteren China Besuchen kein Einzelfall. Ich wurde von Chinesen schon zum Tanzen, zum Tai Chi Training, zum Singen oder zum Federball spielen in Parks eingeladen.

Wir lernten auch den in China fest verankerten und zelebrierten Prozess des gemeinsamen Festmahls, des Trinkens und Anstossens kennen. Um die unterschiedlichen Speisen allen am Tisch leicht zugänglich zu machen werden sie auf grossen runden Tischen, auf einer leicht kleineren, aber erhöhten Tischplatte plaziert, die gedreht werden kann. Die kleinen Schnapsgläser, die man vor sich hat, werden ständig neu aufgefüllt. Die ranghöchste Person der Gastgeber beginnt mit einer kleinen Ansprache, und endet mit einem Toast auf die gute Begegnung und Freundschaft. Das Glas wird nach dem Anstossen mit den Gästen unter dem Trinkspruch Gān bèi, (干杯; trockenes Glas) vollständig leer getrunken und der Boden des leeren Glases gegenseitig gezeigt. Da im Verlaufe des Abends die meisten Personen der Gastgeber mit allen Personen der Gäste mehrmals anstossen, ist es ein Vorteile wenn man trinkfest ist um das vielzitierte gegenseitige Vertrauen Guānxì (关系), also gute Beziehungen und gegenseitiges Verständnis aufzubauen. Als eine der Geschichten des Gastgebers erfuhren wir auch, dass er als Mitglied der Regierungspartei persönlich für die Schulbildung der Kinder von drei Familien aus ärmlichen Verhältnissen und der Verbesserung deren Einkommensverhältnisse und Lebensstandard zuständig sei. Die vielen Gespräche bei solchen Anlässen, an denen auch gegenseitig Geschenke ausgetauscht werden, sind gute Möglichkeiten verschiedenste Themen anzuschneiden und zu diskutieren, die vielen kulturellen Unterschiede zu entdecken, die uns in der westlichen Welt weitgehend verschlossen bleiben. Wichtig bei dem allem ist zu verstehen, dass in China die geschäftlichen Beziehungen erst im Nachgang und aufbauend auf diesen gesellschaftlichen Anlässen geknüpft werden. Anders geht es nicht.

Als letzten Punkt, den ich in der Bloom'schen Kategorie des Verstehens erwähnen möchte ist die Sprache. In China versteht man, anders als bei westlichen Destinationen und wie wir es aus der viersprachigen Schweiz gewohnt sind, versteht man gar nichts was die anderen Leute sprechen. Sogar die wenigen Worte, die weltweit sehr ähnlich sind wie Mama und Papa (妈妈和爸爸, māmā hé bàba) verdeutlichen dies. Die Sprache ist grund verschieden. Im Chinesischen gibt es vier Töne, die zur Unterscheidung der Bedeutung von Wörtern verwendet werden. Je nach dem, ob der Erste Ton (ein hoher und gleichbleibender Ton, Yīn Píng), der Zweite Ton (beginnend auf einer mittleren Tonhöhe und dann steigt, Yáng Píng), der Dritte Ton (Shǎng, der niedrig beginnt, zuerst nochmals fällt und dann ansteigt) oder der Vierte Ton (Qù, kurz, hoch angesetzt und rasch abfallend) gesprochen wird, bedeutet Mā (妈) Mutter, Má (麻) Hanf oder betäubt, Mǎ (马) Pferd, und Mà (骂)

schimpfen oder fluchen. Man versteht also sehr schnell, dass man, anders als bei vielen anderen Sprachen in der Regel Null und Nichts versteht.

3. ANWENDEN

Nichts desto trotz lohnt es sich doch einzelne Wörter wie Guten Tag (Ni Hao, 你好), Prost (Gan Be, 干杯), oder Danke (Xie Xie, 谢谢) zu lernen und anzuwenden, denn dies sind oft auch Türöffner die unsere Bereitschaft signalisieren, sich auf diese Sprache und Kultur einzulassen und diese aufgebrachte Mühe minimaler Sprachkenntnisse wird oft sehr wohlwollend registriert. Zum Glück ist der Fortschritt der KI-basierten Sprachübersetzung extrem gross, und damit wird die Sprachhürde für die gegenseitige Zusammenarbeit zunehmend kleiner. Gelegenheiten, die Sprache anzuwenden gibt es viele, denn eine grosse Anzahl von Schweizer Firmen haben Geschäfte mit China.

Seit 2010 ist China der wichtigste Handelspartner der Schweiz in Asien und steht hinter der EU und USA an dritter Stelle. Neuverhandlung des Freihandelsabkommens zwischen der Schweiz und China stehen vor der Tür. Das bestehende Abkommen mit der Schweiz hat China im Jahre 2014 als erstes Abkommen mit einem europäischen Staat abgeschlossen. Dies gute Grundlage sollte weiterhin als Basis genutzt werden können, die bilaterale Zusammenarbeit zu stärken, und auch KMUs einen leichteren Zugang zum chinesischen Markt zu ermöglichen.

Weltweit spüren wir die zunehmenden Probleme der Klimaveränderungen und die global von den Vereinten Nationen definierten SDGs (Sustainable Development Goals) aus dem Jahr 2017 sind auch für die Schweiz enorm wichtig, was gerade die jüngste Klage der Schweizer Klimaseniorinnen am Europäischen Gerichtshof für Menschenrechte in Strassburg aufzeigt (Jorio, 2024). Gerade beim Kilimawandel ist die Rolle China's zentral, einersteits als einer der grössten Verursacher von CO_2 Emissionen andererseits als weltweit führender Produzent von umweltfreundlichen Schlüsseltechnologien wie Solarzellen, Windkraftwerken und Batterien. Zwei gewichtige Gründe dafür, dass wir mehr China Wissen benötigen, uns gegenseitig gut verstehen und sowohl die kulturellen Unterschiede als auch die unterschiedlichen fachspezifischen Kompetenzen gegenseitig nutzen können um gemeinsam die Klimaziele zu erreichen.

4. ANALYSE

Die Bachelorstudierenden der School of Business müssen bei ihren Abschussarbeiten unter Beweis stellen, dass sie in der Lage sind, typische Probleme von Firmen zu analysieren um unterschiedliche Lösungsvarianten basierend auf dem State-of-the-Art (SOTA) aus der Literatur vorzuschlagen. In den technisch orientierten Studiengängen der Wirtschafts-Informatik (WI) und des neuen Studienganges Business-AI (BAI) müssen sie diese Lösungen oder Teile davon implementieren und technisch umzusetzen können. In den Studiengängen WI und BIT (Business Information Technology, dem Englisch Sprachiges Pendent zu WI) lernen die Studierenden im Modul ToBIT (Topics of Business Information Technology), wie man den SOTA zu aktuellen Themen recherchiert, analysiert und ein wissenschaftliches Paper über das Topic schreibt. In meinen Seminaren schreibe ich typischerweise Themen aus, welche zwei der aktuell treibenden Kräfte der globalen Wirtschaft und der IT mit einbeziehen: China und AI.

Eine dieser ToBIT Arbeiten (Seitz, 2022) hatte das Ziel, den aktuellen Stand von Chinas Belt &Road Initiative (BRI), die manchmal auch als OBOR (One Belt One Road, (一帶一路, yīdài yīlù) bezeichnet wird zu analysieren. Seit ihrer Erwähnung durch Xi Jinping im Jahr 2013 hat OBOR schnell weltweites Interesse geweckt, nicht nur wegen der geschätzten Finanzierung von 800 Milliarden US-Dollar und der 22 Länder, die bereits die BRI-Absichtserklärung (MoU) bis 2017 unterzeichnet hatten, sondern auch wegen des Potenzials für globale wirtschaftlichen und geopolitischen Veränderungen (W. Zhang et al., 2018). Die Hauptforschungsfrage war, herauszufindenden was der aktuelle Stand der Initiative und was sind die möglichen Auswirkungen auf die Schweizer Wirtschaft sind.

Die Arbeit umfasste sowohl eine Literaturrecherche als auch eine KI-basierte Stimmungsanalyse welche sowohl über 180 Artikel des Schweizer Tages-Anzeigers und mehr als 160 Artikel der chinesischen South China Morning Post (SCMP) zwischen 2017-2022 auf positive und negative Stimmungen untersuchte. Abbildung 3 zeigt sowohl die Anzahl der Publikationen, als auch die durch die KI ermittelten Anteile der positiv, neutral oder negativen Stimmungswerte der Artikel. Der Spitzenwert der Anzahl der Publikationen im Tagesazeigers vom Jahr 2019 sind auf die Unterzeichnung des MoU (Memorandum of Understanding) durch den damaligen Bundespräsidenten Ueli Maurer zurückzuführen.

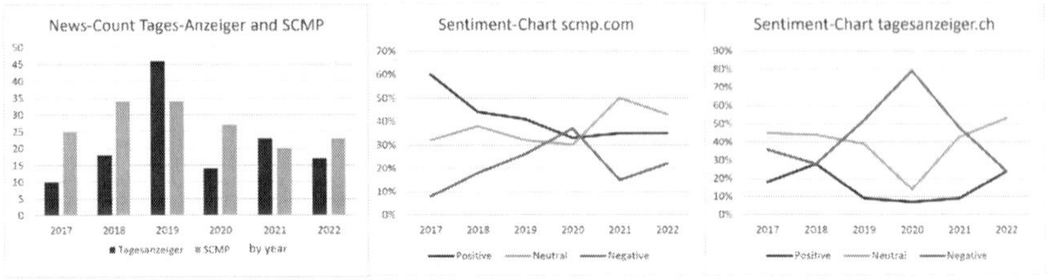

Abbildung 3: Anzahl Artikel und Stimmungsanalyse aus der Tagespresse

Die negativen Stimmungen im Tages-Anzeiger hatten viele unterschiedliche Gründe: die Angst vor zunehmendem Verkehr durch die Schweizer Alpen, durch die Zunahme der chinesischen Frachtschiffe in den Häfen Norditaliens, die Rolle der chinesischen Regierung beim Ausbruch der Corona-Pandemie oder das Aufflammen des Handelskrieges zwischen den USA und China. Die Themen der SCMP waren ebenso vielfältig, doch die KI-basierte Stimmungsanalyse fiel anfangs deutlich positiver als die Sicht des Tagesanzeigers, nahm jedoch im Laufe der Zeit stetig ab.

Aktuelle Themen sind Smart Cities, der Einfluss von generativer KI auf die Design Branche, Anwendungen von KI im Bereich der Nachhaltigkeitsziele der Vereinten Nationen (Sustainable Development Goals, SDGs), autonome Fahrzeuge oder Anwendungen von Sprachassistenten und Large Language Models (LLMs). Die Studierenden analysieren die Themen jeweilen im Hinblick auf Unterschiede und Gemeinsamkeiten der Westlichen Welt und China. Im Sinne von eigenen Erfahrungen von Studierenden im globalen Kontext sind dieses Semester zum zweiten Mal Studierende der SZTU (Shenzhen Technology University) mit eingeladen die Themen aus ihrer Sicht zu analysieren und ihre Ansichten im gemeinsamen virtuellen Seminar mit den Studierenden der FHNW zu präsentieren und zu diskutieren.

5. SYNTHESE

Die Synthese wird in der Taxonomie von Blum als schwieriger eingestuft als die zuvor beschriebene Analyse Tätigkeit. In der Vergangenheit hat sich dies sehr gut daran gezeigt, dass es für Studierende deutlich schwieriger war ein System zu entwerfen als ein bestehendes zu analysieren. Die generative KI hat das Potential diese Reihenfolge zu ändern. Im Handumdrehen ist ein Bild das durch Text beschrieben wird, ein Artikel anhand von Stichworten zu einem Thema oder sogar Code generiert, der aufgrund eines kurzen Prompts spezifiziert wird und anschliessend in der angegebenen Programmiersprache ausgeführt werden kann. Synthese ist ebenfalls das Thema dieses Buches, welches unterschiedliche Blickwinkel und persönliche Erfahrungen von einzelnen Personen aus der Vergangenheit sammelt und zu einem besseren gegenseitigen Verständnis beitragen soll um eine gemeinsame Zukunft mit China besser gestalten zu können. Aus der Globalisierung sind die unterschiedlichen Möglichkeiten der Zusammenarbeit von Firmen bestens bekannt. Kurz nach der wirtschaftlichen Öffnung Chinas entstand im Jahr 1980 das erste Joint-Venture China's mit dem Schweizerischen Aufzugsfabrikanten Schindler. Aktuell sind Tochtergesellschaften (Wholly Foreign Owned Enterprise, WFOE) eher im Trend und mehrere hundert Firmen werden durch die jeweiligen Handelskammern von DACH und China gegenseitig unterstützt.

Internationale Zusammenarbeit gibt es aber auch im Rahmen von Städte Partnerschaften. Die Idee der Städte Partnerschaft entstand bereits im Jahr 836 zwischen Paderborn in Deutschland und Le Mans in Frankreich (Sistercities, 2019). In der Schweiz gibt es fast 30 Partnerschaften zwischen Schweizer Städten und Kantonen und Chinesischen Städten und Provinzen (Bachmann, 2020). Die Resultate aus den Partnerschaften sind jedoch meist in bescheidenem Rahmen. Hier wäre sicher noch mehr Kreativität und konkrete Zusammenarbeit möglich um sich gegenseitig besser zu verstehen und voneinander zu profitieren. Möglichkeiten gäbe es sicher viele. Als ein Bespiel sei die Umstellung des gesamten öffentlichen Verkehrs einer Stadt auf elektrische Fahrzeuge erwähnt. Shenzhen hat ein solches Projekt im Jahr 2008 gestartet und die Umstellung aller öffentlichen Taxis und Busse im 2018 vollendet (Kierans u.a., 2023). Das analoge Projekt startete in Basel im Jahr 2020 und die Umstellung soll im Jahr 2027 abgeschlossen sein.

6. EVALUATION

In der ursprünglichen Taxonomie von Bloom war die höchste Stufe die „Bewertung“ (Evaluation), während in der revidierten Taxonomie von Anderson und Krathwohl die höchste Stufe das „Erschaffen“ (Create) ist (Krathwohl, 2002). Wie schon kurz im Kapitel der Analyse und Synthese angesprochen, könnte die Verbeitung von generativer KI hier diese Reihenfolge ein weiteres mal drehen. Typischerweise werden diese Bloom'schen

Kategorien zur Klassifizierung von Lernzielen in Bildungssystemen verwendet. Doch wie sieht es im Globalen Lernen aus, beispielsweise wie die gemeinsam definierten SDGs am besten erreicht werden können, und wie auf globaler Ebene voneinander lernen kann? In diesem Zusammenhang wird die Frage wieder wichtiger, woher die Innovation stammt und wie sich die Menschheit mitsamt der gegebenen Diversität global weiterentwickelt. Abbildung 4, visualisiert die 2000 Jahre Wirtschaftsgeschichte, in einer wohlbemerkt nicht linearen Zeitskala, aber trotzdem sehr eindrücklichen Grafik (Visual Capitalist, 2017).

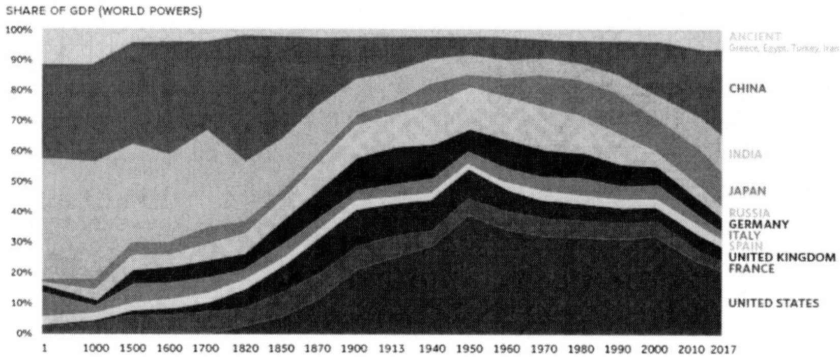

Abbildung 4: 2.000 Jahre Wirtschaftsgeschichte in einer Grafik

Das Bild bestätigt die allgmeine Wahrnehmung, dass China dabei ist, ihren einst grossen Einfluss auf die globale Wirtschaft zurück zu gewinnen. Wir sind es im Westen nicht gewohnt, dass Technologische Innovation wie dies im Bereich der 5G Technologie durch Huawei, oder im Bereich Elektrofahrzeuge durch BYD oder beim autonomen Fahren von Baidu's Appollo Ecosystem der Fall ist und beispielsweise im Buch China's New Normal – How China sets the standard for innovation von Pascal Coppens (2020) schön aufgezeigt wird. Um das Potential von Innovations Ecosysteme zu evaluieren, können die Studierenden des Master Studiengangs Business Information Systems der FHNW seit vielen Jahren das Silicon Valley der USA mit den weltbekannten Technologie Firmen FAANGT (Facebook, Apple, Amazon, Netflix, Google – nun Alphabet, Tesla) besuchen. Letztes Jahr haben wir erstmals auch einen On-site-trip nach Shenzhen und deren Greater Bay Area mit Macao und Hongkong hinzugefügt. Eine Besonderheit des Silicon Valley von China besteht darin, das die Innovation sich nicht nur auf Software, sondern mit der Maker Bewegung die Kombination mit Hardware Komponenten einbezieht, um rasch neue und innovative Produkte auf den Markt zu bringen. Die vielen Besuche von Firmen, Universitäten aber auch Inkubatoren und Acceleratoren haben den Studierenden sowohl die Gemeinsamkeiten zum in der Regel viel bekannteren Silicon Valley in San Francisco aufgezeigt, als auch die kulturellen Unterschiede durch die vielen direkten Begegnungen mit chinesischen Studierenden und Jungunternehmern erfahrbar und verständlich gemacht (Shenzhen Bay Study Tour, 2023). Dies scheint mir enorm wichtig, dass unsere Manager:Innen von Morgen, die Chancen aber auch Hindernisse im Umgang mit China besser verstehen und eine Zukunft mit den vielen bestehenden, wohl aber auch neuen Abhängikeiten der Schweiz von China besser gestalten können.

LITERATURVERZEICHNIS

Bachmann, S., & Ji, Y. (2020). Institutionelle Partnerschaften zwischen der Schweiz und China: Eine Bestandsaufnahme. FHNW China Centre.

Bardaro, D. (2024). Die vier großen Erfindungen. MandaLingua. Abgerufen am 27. März 2024, von https://mandalingua.com/de/china-guide/chinesische-kultur/highlights/grosse-erfindungen-chinas/.

Casas-Klett, T., Musy, N., & Xiao, Z. (2022). The Swiss Business in China Survey 2022. Zurich: Seismo. doi: 10.33058/seismo.30877.

Freihandelsabkommen Schweiz-China (2014), https://www.wbf.admin.ch/wbf/de/home/themen/wirtschaftspolitik/freihandel/existierende-mit-schwerpunkt-china.html, abgerufen am 2.4.2024.

Gansu International Fellowship Program (2016). Yearbook 2016. The Foreign Affairs Office of Gansu Provincial Peoples's Government. Lanzhou, China.

Insight China (2023). About Insight China. https://insightchina.ch/about, abgerufen am 2.4.2024.

Jorio, L. (2024, April 9). Die Klimapolitik der schweiz verletzt die menschenrechte. SWI swissinfo.ch. https://www.swissinfo.ch/ger/wissenschaft/die-klimapolitik-der-schweiz-verletzt-die-menschenrechte/75394774.

Kierans, G., Jüngling, S., & Schütz, D. (2023). A First Step Towards a „Smart City Brain" for Sustainable Development – Turning Experiences of Two Cities into Replicable Processes. Proceedings of Society 5.0 Conference 2023. https://doi.org/10.29007/zrbr.

Krathwohl, D. (2002). A Revision of Bloom's Taxonomy: An Overview. Theory Into Practice, 41(4), 212-218. Retrieved from http://www.jstor.org/stable/1477405.

Pascal Coppens. (2020). China's New Normal – How China sets the standard for Innovation. Pelckmans Pro. 2nd Edition. ISBN 978-94-6637-184-1.

Rudolf Minsch. (2021). Die Schweiz und China. Economie Suisse Dossier Politik, 1–10. https://www.economiesuisse.ch/de/dossier-politik/die-schweiz-und-china#lead.

Seitz, M. (2022). Current State of China's Belt & Road Initiative (Topics in Business Information Systems, AS22, Jüngling, S., FHNW China Centre).

Shenzhen Bay Study Tour. 2023.

Sister Cities International. (2019, Oktober 11). History of German Sister Cities. Abgerufen am 14. April 2024, von https://sistercities.org/2019/10/11/history-of-german-sister-cities/.

Visual Capitalist. (2017). 2000 Jahre Wirtschaftsgeschichte in einem Diagramm. Abgerufen am 14. April 2024 von https://www.visualcapitalist.com/2000-years-economic-history-one-chart/.

Dr. Stephan Jüngling.

Dr. Stephan Jüngling ist Dozent an der Hochschule für Wirtschaft der Fachhochschule Nordwestschweiz und Stellvertretender Leiter des FHNW China Centre. Er unterrichtet zu den Themen Business Prozess Management, Model Driven Development, Enterprise Content Management sowie Anwendung von Künstlicher Intelligenz und war mehrmals Gastdozent an der Shenzhen Technology University in China. Er hat zahlreiche Publikationen im Bereich der Anwendung von Machine Learning, Smart City und Circular Economy und ist Gutachter der AAAI MAKE Spring Konferenz und Mitglied des Lenkungsausschusses der Konferenz Society 5.0. Er sucht und nutzt die Möglichkeiten des gegenseitigen Austausches der Studierenden, damit sie sowohl die Unterschiede als auch die Gemeinsamkeiten beider Kulturen erkennen und diese zur gemeinsamen Erreichung der Global Susatinable Development Goals einsezten können.

5

EPILOG

Mit der mit den verschiedenen Beiträgen unter dem Titel – Eine Zukunft gestalten – Gemeinsam Horizonte erweitern – haben wir die vielschichtigen Beziehungen zwischen China und den deutschsprachigen Ländern Deutschland, Österreich und der Schweiz aus unterschiedlichen Perspektiven in den Blickpunkt gesetzt. Es wurden vielseitige wirtschaftliche, technologische und kulturelle Verflechtungen beschrieben, die Chancen und Herausforderungen der Zusammenarbeit betrachtet und den Wandel reflektiert haben, der unsere Welt unaufhaltsam prägt.

Der Weg in die Zukunft ist oft ungewiss, doch vieles hängt davon ab, wie wir sie heute anfangen zu gestalten. Es gilt, die gewonnenen Erkenntnisse und Erfahrungen zu nutzen, um konstruktiv und kooperativ voranzuschreiten. Die Zusammenarbeit mit China bietet immense Chancen, erfordert aber auch Wissen und kritische Reflexion.

Als Leser und Leserin dieses Buches haben Sie einen tiefen Einblick in die Dynamiken und Herausforderungen der Beziehung zwischen der DACH-Region und China erhalten. Nutzen Sie dieses Wissen, um aktiv an der Gestaltung unserer gemeinsamen Zukunft mitzuwirken. Es liegt in unserer Hand, Brücken zu bauen und Mauern abzubrechen, um eine Welt zu schaffen, die auf gegenseitigem Respekt, Verständnis und Zusammenarbeit basiert.

Der Weg, den wir mit diesem Buch beschritten haben, ist damit noch lange nicht zu Ende. Sie ist ein fortwährender Prozess des Lernens und der Anpassung. Mit einem festen Willen und einem offenen Geist können wir die Herausforderungen meistern und die Chancen ergreifen, die sich uns bieten. Gemeinsam können wir eine Zukunft gestalten, in der die Horizonte weit und die Möglichkeiten vielfältig sind. – Eine lebenswerte Zukunft!